# 脱人間論

執行草舟

講談社

# 序

我々はいま、人間であることを捨てなければならない。現代社会は、人間の存在をそこまで追い詰めている。我々は、「人間のため…」という言葉を使い過ぎたのである。ヒューマニズムの文明の下で、人間が腐ってしまった。「人間のため…」と言えば、どのような無理難題でも通ってしまう。人間のためなら、他のものはどうなってもいいと思っている。人間のためなら、我々人間自身のことすら考えなくなった。「人間のため…」で、文明は破滅の危機に瀕しているのだ。いま我々は、人間から脱しなければならない。

「脱人間」とは、真の旅立ちのことである。「新しい人間」となって、新しい世に旅立つのだ。これは歴史的には、モーセの「出エジプト」（エクソダス）の思想と同じ考え方に拠っている。モーセに率いられたユダヤ民族は、当時の世界帝国だったエジプトでの四百年の生活を捨て、荒野へと旅立った。神の掟《おきて》の下に生きるために、豊かな生活のすべてを捨てた。自らの魂のために、肉体の安全と安定を捨てたのだ。それは命懸けのことだった。しかし、宇宙の意志と人間の原点を取り戻すために、それを断行したのである。

その当時のユダヤ人は、世界で最も信仰深い民族だった。それでも、エジプトでの豊かな生活と人生の保障が、その民族を神から遠ざけつつあった。そのとき、モーセは民族の魂の滅亡を見ていた。そしてモーセは、神以外のすべてを捨てたのだ。神とは、我々人間を生み出した宇宙の意志である。私は、その宇宙の意志をいま強く感じている。だから私は、私の生命が持つその意志を述べたいと思っている。それは人間の原点を抉《えぐ》ることとなるだろう。

いま世を覆っている人間中心のヒューマニズムは、すでに行き過ぎて腐臭を放っている。ヒューマニズムは、近代に至って人間そのものを神としてしまったのだ。人間の名の下に、我々は何をしてきたのか。人間を裁くものを捨ててしまった我々は、人間の名の下にあらゆるものを足蹴《あしげ》にしている。我々人間は愛を独占し、それを人間の占有物と化してしまった。その愛の名の下に、人間はあらゆる悪業を積み重ねてきた。我々はいま、その「人間」であることを乗り超えなければならぬときにきた。

「脱人間」は、現代のエクソダスである。それは人間の魂を苛《さいな》む現代文明からの脱出を意味している。現代文明とは、行き過ぎたヒューマニズム、似非《えせ》民主主義、物質至上主義と無限経済成長政策のことを言う。現代文明は、人間の家畜化を推進している。それは安定、安全、安楽、権利そして人生の保障を餌として、人間の家畜化を図っている。人間は、苦悩と呻吟《しんぎん》によって自らの魂を鍛練してきた。真の愛が、苦悩から生まれることは、多くの古典の示す通りである。いま我々は、半分家畜化した者を「人間」と呼んでいる。だから我々は、その「人間」を捨てなければならないのだ。

「脱人間」は、あらゆるものの否定によって成される。否定の先にある、新しい「何ものか」を摑むためである。そのための旅路が、「脱人間」なのだ。それは人間生命の燃焼を目指している。永遠を志向する人間の魂の賦活なのだ。不滅への渇望が、我々の旅路を助けてくれるだろう。仏教の精髄と言われる「般若心経」は、すべてを否定した先にある人間生命の躍動を説いている。すべてを捨てて「突進」する生き方を、人間生命の本質に据えた。私は現人間を捨てて、そこに至りたいと願っている。

我々は、いまの腐り果てた文明を捨てなければならない。神に成り替わった現人間の、その自惚《うぬぼ》れと傲慢は留《とど》まるところを知らない。人間であろうとする限り、もう我々は現代の「人間」から抜けることはできないのだ。抜けるには、「人間」であることを捨てるしかない。現人間を捨て、我々は人間の故郷へいったん戻るのである。そこからもう一度、新しい人間として出直す。そこには新しい地平が展開しているだろう。そして、そこは人間を生み出した宇宙の掟に支配されているに違いない。

現代人はすでに、人間として疲弊してしまっている。「人間のため」「人間的な生き方」「人間性にもとる」などという概念の嵐に、子供のときから晒されているのだ。自分を人間だと思えば、もう現代のヒューマニズムに抵触することはいっさい行なえず、またそれを言葉にもできない。その重圧によって、我々の生命の実存が疲弊してしまったのだ。ヒューマニズムの思想が、人間そのものを圧殺している。これはヒューマニズムの正義が、人間を止めどもなく傲慢にした結果と言える。我々はいま、その傲慢な「人間」を乗り超えなければならない。我々は、「人間」を乗り超えて「超人間」になるのだ。その出発が「脱人間」なのである。

新しい人間は、現代人の言う「人間」を乗り超えなければならない。そして、人間以上のものになるのだ。そうなって初めて、我々はやっと本来の人間になれるだろう。この新しい人間は、人間であることを特別視しない。人間であるだけで、偉いものだという傲慢を捨て去っている。人間とは、宇宙の意志を魂に宿す存在である。だから、我々のような「生物の人間」である必要もない。魂さえ宿れば、機械でもコンピューターでも人間になれる。　植物でも鉱物でも人間になれるのだ。我々は、自惚れと傲慢を捨てなければならない。

魂のために、死ぬのが人間である。魂の中に、宇宙の意志が入っているのだ。その意志を、この地上で実現しようとするものが人間となる。ドイツの哲学者ルドルフ・シュタイナーは、宇宙意志を体現するすべてのものに人間を当てはめている。宇宙の意志を魂に宿し、それを実現しようとすることに人間の真の価値がある。魂のために生き、魂の進化だけを目指すものが人間なのだ。我々は現代の肉体中心になった「人間」を捨て、魂の人間にならなければならない。魂のためだけに死ぬ。「脱人間」とは、肉体を捨て魂の淵源へ旅立つことだとも言えるだろう。

また私は本書において、長年にわたる自己の思索の過程を文章化したいと考えている。それは私の苦悩であり呻吟の道程と言っても過言ではない。人間の未来について、悩み懊悩する一つの魂の軌跡と言ってもいいだろう。その過程を読者の前に晒したいのである。その生き恥とも言えるような思考過程だけが、また読者自身の人間的な思索を生み出していくのではないかと思っているからに他ならない。だからこの論稿は、読者の心の中に一つの革命の芽生えを期待するものとなるだろう。本書を通じて、私は読者とともに苦悩し、未来に向かって咆哮《ほうこう》したいと考えている。

そのために、本書を繙《ひもと》くに当たって前もって伝えておきたいことがある。それは一人の人間の持つ不合理と、思考過程に見られる懊悩《おうのう》をそのまま受け入れてもらいたいということである。つまり多くの繰り返しと重複を、私は敢えてそのままにした。それが私の思考過程を支えている核心だと思っているからだ。その煩《わずら》わしさをどうか受け入れてもらいたい。現代的な整理された「合理性」からは嘘しか生まれない。本当のことは、悩み苦しむ我々の生き方と、不合理を抱き締める我々の生命の奥深くに宿されているのだ。本書の読者は、私とともにその不合理を見詰め、生きるための苦悩を感じてもらいたい。遠い憧れに向かって、是非とも一緒に思考の道程を歩んでほしいと願っている。

二〇二〇年二月吉日

執行 草舟

## 目次

## 第三章 人間の本源

## 第四章　人間の歴史



## 第五章　人間の超克

## 第六章　人間の面目



## 第七章　人間の未来

## 第八章　人間の終焉



## 跋

# 脱人間論

本書に登場する人名・作品名などは、
巻末に「解説」として採り上げています。

# 第一章　人間の出発

見よ、幼な子は泣いていた。
——出エジプト記

# 人間とは何か

人間の問題は、始めに我々人類の誕生から語らなければならない。現人類は、その発祥から数えてすでに数十万年を経過した——。

現代に至る文明を築いた現人類は、文明以前の太古より、ホモ・サピエンスという種として、繁栄と衰退の回転運動とも言うべき生成発展の過程を繰り返してきた。いまでは、バクテリアなどの微細な菌類の作用によって人類の祖先が飛躍的発展を遂げたことが、すでに知られている。そして、いまだに人類は菌によって動かされ、菌によって生かされているということもまた言えるだろう。つまり人類とは、いつでも他の「何ものか」の作用によって変化発展してきたのである。現人類に先立つ人類が地上に存在していたのは数百万年以上も前からのこととなる。もし、この地上の人類以前の「別種の人類」という生命体の可能性を語るなら、そのまた遙か彼方《かなた》へと起源を遡《さかのぼ》ることになるだろう。

人間は、いつ生まれ、どのように続いてきたのか。我々はそれを宗教・哲学・科学の力によって追求し続けなければならない。そして、その苦悩こそが人類を人類たらしめている証左となる。しかし、今日、人類は自己の使命を失いつつあるように思う。

我々が人間について考えることが少なくなって久しい。いま本論を記すに当たり、改めて人間とは何かについて考えなければならない「時」がきたと思う。ここに提示する『脱人間論』と題する新たな文明論は、そのまま人類との関係性における宇宙論であり生命論ともなっている。いま我々に必要なことは、脈々と続いてきた「人間」とはいったい何者であり、また何者でないのかを問うことではないだろうか。そして、なぜいま「脱人間」という思想が生まれてきたのかを明らかにしていきたい。

かつて四大文明がこの地上に発生した。そして人類史に、ひとつの衝撃をもたらした。それは、現代に至る文明を築いた農業の誕生だった。我々は、人間の歴史をそこから始めている。しかし、そのことが人間の歴史を歪めてしまった。人類は、農業以前の長い時間において、人間としての自覚を徐々に創り上げていた。四大文明の個々の地域に農耕文明が生まれる以前から、人間は人間という「存在」であろうとする試みを始めていたのだ。

太古から、人類は植物や動物たちとの境が曖昧なまま、しかし人類という独特の種族に至る火種を保持していた。動物と親和し、そして敵対しつつ、人類は自然界の厳しさと戦いながら独立した存在になるべく、自分たちの生命を認識していった。最初の人類は、動物のように神からの恩寵《おんちょう》を受け、自然のままに動植物的な人類だったのかもしれない。しかしそれは、人類種ではあっても、ダーウィンの進化論で説明される、生物学上のヒトという種のことでしかない。

そもそも「人間」とは何か。まずそれを、考古学的に見てみたい。ストーンヘンジやイヌクシュクのような古代の遺跡を見ると、石で積まれた、人間の形を模した碑石がある。この象徴的な人間は、石でもあり、そして人間でもある。神と直接的に交流することのできた、神の分霊《ぶんれい》としての人間はすでに大地に屹立《きつりつ》していたのだ。あたかも墓碑の始まりであるかのようなこの石は、死者を祀《まつ》ることを始めた象徴でもある。

この直立した人間は、すでに先ほど述べた進化論的な「人類種」ではない。すでに動物から分かれ、死者を埋葬し、完全なる認識を得た人間は、神とともにあり、神の命ずるままにその「愛」を認識していた。この「愛」の認識だけが、人間を人間たらしめるものだった。それを農業以前の遙か彼方の頃に、すでに人間は行なっていた。石の中に人間の魂を見る古代の文化は、我々に大きな示唆を与えてくれる。人間が神の分霊としての自覚を持ったときには、神の分霊としての「魂」だけだったに違いない。だからこそ、その古い文化は石の中にも、また自然の物質の中にも人間の存在を見出していた。人類だけが特別に秀れたものではなく、秀れていたのは神の分霊だったのだ。そして人類史的に、その秀れた魂を独占していく我々の祖先の足跡を辿ることができる。

人間が人間であることを自覚したとき、その人間の謂《い》われは魂だった。魂が最も宿りやすいものが、最も尊いものだった。試行錯誤を繰り返した結果、その神の分霊は、我々の祖先の肉体の奥深くに鎮《しず》もれたのである。そのときから、人間は神を志向する存在となった。そして、「愛」の断行がその宇宙的使命となっていった。愛の断行がその使命となったとき、人間はその愛の重荷のゆえに自らの存在理由《レゾン・デートル》(raison d'être)を誤ることとなった。それは、愛の属性として生ずる「知」の悪魔的魅力に負けたからに他ならない。そして、あの「創世記」に記されているように、善悪の判断を自ら下すための果実を口にし、その結果、自立した「人間」はエデンの園を追われ、額に汗して生きるために働き、大地を耕すようになったのだ。

あのギリシャ神話にも表わされたように、プロメテウスが神から盗んだ火によって人間は鉄を鍛錬し、次第に武器を持つようになる。果ては人と人とが「知」から生まれた物質を奪い合うために、殺し合うようになった。後には、垂直に天へと伸びたバベルの塔を建築した。それが神の怒りに触れて破壊されたというのに、性懲りもなく人間は、自分が神にも届くという幻影に浮かされたまま現代に至り、我々も知る摩天楼を作り続けている。

果たして我々人類は新たに何かを生み出すことはできたのだろうか。人類の中心が、愛を断行する魂にあったことを、我々はすっかり忘れてしまった。人類史を俯瞰して、果たして人類は進歩したのだろうかという疑問を持たざるを得ない。私は、はっきりと人類の魂の退化を感じているのだ。

## 人間の思い上がり

英国の歴史家アーノルド・トインビーはその文明論の中で、文明が誕生、成長、挫折、解体を繰り返しながら、滅びては新たに生まれることを理論づけた。表面的には、それは満ち引きを繰り返す波のようなものが我々の文明だったというように見える。そして、人類はいつでも「再びもち直す」ことができると考え、文明の頂点を創り上げることのできる万物の王者だと信じてきた。

しかし、文明論の創始者として名高いこのトインビーの理論の核心を、現代の我々は見落としているのではないか。トインビーは確かに、文明はその興亡を繰り返しながら人類が発展していく可能性があることを説いている。ただし、ある一つの中心軸さえ我々が忘れなければ、という条件の下《もと》にそう言っていたのだ。その条件とは、一言で言えば「愛」を中心とした「信仰心」を忘れさえしなければ、ということなのだ。人間が宇宙の意志によって創られた存在であることに対する敬虔な認識があれば、人類の未来は明るいと言えよう。

それにも拘《かか》わらず、我々人間は近代に至って、自分たちを神そのものだと考え始めた。ルネッサンスがその出発の象徴となるだろう。ルネッサンス以来、徐々に我々人間は人間を最高のものとして、神に代わるものとして自己礼讃し始めるようになった。そしていまや、そうした人間を止める力はどこにもなくなったと言っても過言ではない。

ルネッサンス以降、神を失っていった人間の傍若無人さは、いまさら言葉を必要としないのかもしれない。しかし、この人間喪失の過程は、我々現代人が「人間とは何か」という問題を考えるための前提を忘れ去ってしまった事実として、改めて認識すべき歴史だと私は考えている。それは十九世紀までの知識人たちが極めて大きな危機を感じ、多くの書物に認《したた》めていた、あの変わりゆく人間存在に対する、痛切な懊悩《おうのう》である。「幸福」に関する観念について挙げるとすれば、まだ神の残滓《ざんし》が残っていた憂慮の時代には、我々は神に近づく生き方を幸福と思っていた。そして、打ち勝たねばならない悪徳であった自己中心的な「幸福」と明白に区別していた。

あの『幸福論』で有名なスイスのカール・ヒルティが「この世のさまざまな喜びは不完全なものであり、神のそば近くにあることが完全なものなのだ」と言っていたのは、ごく最近十九世紀のことだった。しかし、その概念はいまや旧世代の遺物と化してしまった。二十世紀に至り、神を完全に失って一世紀が過ぎた頃、人類はもはや自らを省察しなくなり、そのことを懸念する声は存在すらしなくなった感がある。すべての現代人は「幸福」になることは生得の権利だとして、安心・安全・保障が最高の価値になってしまった。この「幸福」は権利主張に代表される「自己の、自己による、自己のための幸福」に過ぎない。それはもちろん、エゴイズムそのものである。そのエゴイズムが、「幸福」の名の下に神に替わるものとなっている。それが現代の実状なのだ。

ここにきて、私は新たな文明論を提起せざるを得なくなった。それがこの『脱人間論』である。いまや我々はルネッサンス以来、五百年以上も続けてきた思い上がった人間礼讃の蜜の味を、忘れられなくなってしまった。それは、西洋に発生したヒューマニズム思想というものの果肉を皆が知ったことによる。人類はいまや人間性の腐蝕の時代を迎えている。「人間のため」「人間性」「人間ならば」「人間だもの」という言葉が、ありとあらゆる自己欲求を正当化する謳《うた》い文句と化している。

この「人間」の大氾濫は、人口の大爆発とともに勢いを増し、現代文明を破滅寸前のところにまで追い詰めている。だからいま、ここで、「脱人間」とは何かを定義することで、次の時代に向かう足がかりを得たいと私は思っているのだ。我々はいまや、現代文明からの脱却が必要な時期にきている。そしてその脱却とは、我々自身が人間である権利を放棄することに尽きるのではないか。我々は、全能ではない。「人間」の名の下にすべてを許す文明を、我々は棄てなければならない。

## 人間を忘れた「人間」

そもそも、現代は人間というものの真の意味が忘れ去られている。人間がかつては何ものだったのかを、いま我々はここで思い出さなければ取り返しのつかない地点にまできているのだ。私はそれを、「脱人間」という考え方の意味を探ることで、現代人が「人間」と呼んでいるものの本質が何なのかを改めて問いたいと思っている。いまを生きる我々は、自分が生得的に「人間である」ことを、疑う余地のないものとしている。現代に生きる我々は完膚なきまでに「人間」だと確信しているというのに、なぜ我々は「人間」から脱せねばならなくなったのか。私はそれを、この論によって少しずつ解き明かしていきたいと考えているのだ。

現代人は事あるごとに「人間、人間、人間！」と叫び、何から何まで「人間」を引き合いに出している。しかし、その言葉を発するときに、一度立ち止まって考えてみなければならない。人間だけが、この大宇宙ですばらしいものなのか。すばらしいとすれば、何がすばらしいのか。我々は人間が生きるために宇宙があり、地球があり、すべてのものが存在しているとすら考えている。我々は、いまやそう信じている。そして、動植物よりも自分たちが当然、上位の生き物だという前提に基づく権利主張はすでに傍若無人の色合いが濃い。しかし人間は本来、神の圧倒的な支配の下で、神を模倣して生きてきたものだった。その生誕のときから、神を目指すように生きる存在として創られたものだった。それがいまや、神を失ったために、人間はその魂のいき場所がなくなった。その結果、ただ傲慢になっていく一方となってしまったのだ。

　フランスの哲学者ルネ・ジラールによれば、人類の営みはすべて、神に近づくための模倣から生まれたという。そして我々の文化は、神に捧げる「供犠《くぎ》」をあらゆる形で体現しようとすることによって発展してきた。文化人類学的に見ても、神がいて初めて本来的な文明を創ることができたのだ。人間はただひたすら「模倣《ミメーシス》の形態」(forme de mimésis) を探しているだけだった。それが我々のすべてだった。しかし、いまや模倣による供物《くぶつ》を捧げる対象となる存在もなくなった。真の命令者を失った人間は、その不安を忘れるためにも傍若無人に振る舞っている。

　神への憧れとしての模倣を忘れた結果できたものが、原爆であり水爆である。それは憧れを失った結果、我々が神の持つ裏面の怒りに触れたのだろうか。そして還元不能物質を無限に作り出すのがいまの我々の文明と言えよう。それらにはプラスチックなどの高分子化合物、化学薬品、抗生物質などの化学物質も挙げられる。放射能も含め、このような還元不能物質は、捨て場がないと分かっている。それにも拘わらず原子力発電所は稼働を続け、地球上で還元できない物質を際限なく作り続けている。日本ほど原子力の爪痕の残る国はなかろう。広島と長崎に投下された、「リトルボーイ」と

「ファットマン」という滑稽で皮肉な愛称で呼ばれた悪魔が為した爆撃の惨劇を目の当たりにした国民が、なぜ、いまなお次々と原子力発電所を作るのか。またそういう政策を推し進めることができるのか。なぜ我々は、捨て場もない還元不能物質を作り続けるのだろうか。

私はこの状態をあのフッサールに倣《なら》って「脳停止《エポケー》」（Epoché）と呼んでいる。自らの記憶装置を破壊し、停止させない限り、このような異常な判断を下すことはできなかっただろう。世界有数の地震国家であるにも拘わらず、事故が起きるまで原発の耐震設備をほとんど問うこともなかった。命よりも、電力と経済が大切なのか。まさにマッカーサーの言った通り、日本人の精神年齢は「十二歳」と呼ばれるにふさわしい現状である。また還元不能物質の捨て先を、他の惑星にしてはどうかと提唱する傲慢な者さえいる。この幼稚な傲慢さはどこからきたのか。簡単に言えば、本来的な人間を失ったことからきているのだ。神の許にいるはずだった人間ならば、自分自身が裁かれる自分より上位の存在がいた。ところがいまや人類の暴走を止める神も、倫理も道徳も何も存在しない。そこには、権利と金銭と自らの安楽と幸福だけしかない。これはもはや人間ではない。

ここで、本書が掲げる「脱人間」という言葉の意味について、誤解がないように言っておく必要があるだろう。「脱人間」の人間というのは存在論的な人間のことではない。つまり先ほどから繰り返し述べている、ルネッサンス以降五百年近くにわたってヒューマニズムを振りかざした挙句の「似非《えせ》人間」のことである。そのヒューマニズムという自己礼讃の自惚《うぬぼ》れに浸り切った「人間」から脱せねばならないということが、「脱人間論」の根本思想なのだ。ヒューマニズムは神ではない。それは絶対的なものではない。人間には、もっと大切なものがある。そのことをついに問うべきときがきたということだ。

この現代文明というのは、「人間のため…」と言えばどのような無理難題でも通ってしまう。我々の文明は「人間」という言葉によって、自らを限りなく甘やかすものになってしまった。そして我々は、もう引き返すことができない所にまできている。引き返すことができないということは、いまさらヒューマニズムに関して反省しても無駄な段階にきているということを意味している。絶対に反省できないほどの深みに嵌《はま》ってしまったと言ったほうがいいかもしれない。だから、反省ではなく、ヒューマニズムに囚われ過ぎた「人間」と言われているものを、もはや捨て去る以外に、人類に残された選択肢はないのである。

反省とは、人類の原初の魂を取り戻すことを意味している。だが現代人は、自己の繁栄と幸福だけを求めることを全く悪いと思っていない。そのような現代的ヒューマニズムの下では、とうてい過酷な生を受け入れる昔の状態に戻れるものではない。フランスの文学者アンドレ・ジードはその『狭き門』において、「人間は、幸福になるために生まれてきたのではない」(Nous ne sommes pas nés pour le bonheur.) と言っている。そうなのだ。我々人間は、自らが幸福になるために人間となったのではない。我々は「何ものか」に、幸福を与えるために人間とされたのである。それを本当に理解しなければ、反省などは絶対にできないのだ。

## 現代の「免罪符」

十九世紀までは、先ほど言った本来的な人間がまだある程度は残っていた。それは過渡期であり、人間存在の理想と堕落の力関係がせめぎ合っていた時代だったと言えよう。もともとルネッサンスが終わってからの四百年間、つまり十九世紀までは、神を見失ったことによる葛藤が続いていた。我々はあの偉大なヨーロッパの哲学や文学に触れるとき、そのほとんどがこの葛藤から生まれた思想であることを知るだろう。それは命懸けの苦悶だった。ところが二十世紀に至って、我々は従来からの信仰も含めて、せめぎ合うものを完全に喪失した。「神は死んだ」というよりも、命令者である神を人間たちが殺した。ほどなくして、命令者を失ったこの集団は暴走を始めた。それが二十世紀だった。

暴走するには大義名分が必要である。それに最も好都合な考え方が「ヒューマニズム」という思想だった。「人間のため」「人間の幸福のため」「人間の利益のため」という大義名分が振りかざされ、どのような思想や技術を展開しても、最終的にはヒューマニズムの渦に呑み込まれていくことになった。表面上の綺麗で優しいその言葉が、全人類の「免罪符」となったのだ。結局のところ、この「免罪符」が人々に言い訳と逃げ道を与えた。その結果、信仰は腐敗し、キリスト教会自体の権威にも亀裂が生じた。「人間のため」と言えば何でも無条件に許されることになり、いまや人類は自己崩壊に向かって突っ走っている。

「人間のため…」という言葉については、ギリシャ七賢人のひとりであるアテネのソロンのことが思い出される。ソロンは神権政治、貴族政治だったアテネに民主主義の政治が確立する時代に活躍した政治家であり、哲学者である。ソロンは、その『断片集』（第四十五番）において、自由な人間の権利を確立するために、「我々は人間なのだから、人間のことを思わなければいけないという人たちに従ってはならない」と述べたと伝えられる。つまり、「人間のため…」ということを信用してはならないと言ったのだ。これが、民主主義を世界で初めて政治手法として行なった人の言葉だということを思い起こさねばならない。反ヒューマニズムの言葉が、民主主義の出発に際して、その根本の真理を表わす言葉として述べられている。

しかし現代では、ヒューマニズムに少しでも抵触する考え方は、いかなるものもその「人間性絶対」の理由によって通らなくなっている。「崇高な人間とは何か」「本来的人間とは何か」ということよりも、ヒューマニズムの綺麗事のほうが優先される。それでは病気で困っている人は死んでもいいのか、弱い人はどうするのかという話に帰結してしまうのだ。議論の主旨が、ヒューマニズムによって簡単に変えられてしまう。しかし、それは、ヒューマニズムの過剰反応であって、決して人間論ではない。人間とはもっと崇高で厳しいものであり、宇宙や自然と対峙し、神を目指して生きるものだった。人間はその誕生の最初から、人間としての使命を全うするために過酷を生きるようにできていた。宇宙的に見て、神が何ものかを証明するための存在として生まれた生き物が人間であるということを、私はいま一度問い質《ただ》したいのだ。

人間は、その魂に存在の本体がある。そして宇宙を志向し、宇宙から与えられた使命を、この地上に具現するために人間となった。少し前までは、多くの人が真の人間の回復を期待していた。二十世紀の哲学や文学は、そのほとんどが「本来的人間性」の回復を扱っていた。このこと自体が、ある意味で、人間の危機を表わしていたと言えよう。十九世紀までの人間のように、反省できる段階にあれば、まだ人類はやり直すことができたかもしれない。しかし二十世紀の百年という長い思考の繰り返しと逡巡を経て、このヒューマニズムがやむことはないという結論が見え出したと言える。それは変えようのない、耐え難い結論である。現代文明の暴走を止めることはもう誰にもできない。

このことは、科学技術の発展の他に、テレビ・新聞・雑誌などのマスメディアが発達し、それに加えてインターネットが世界全体に網目状に張り巡らされたことにもその多くの原因がある。これによって我々の文明においては、地球の裏側の出来事が株式市場を動かし、人々の日常生活にまで影響を与えている。そして多くの人の移動性向を呼び起こし、隣に住む人間が誰なのか、男性なのか女性なのかも知らないのに、南米の最南端の村に住んでいる見ず知らずの人の顔を知っているということが起きている。

いま我々は、目の前の自分の現実問題に向かうことは減り、マスメディアとインターネットが提供する情報によって思想を統制され、共通の幸福観を植えこまれ、仮想現実に生きることを選ぶようにされてしまった。ナチスがマスメディアによる広告・宣伝手法を駆使して、世界で初めて徹底的な統制で国民を操作したことはよく知られているが、それがより強力に発達して現代の我々を支配している。現在も変わらず、何らかのファシズムが蔓延《はびこ》りやすい条件が整っているのだ。現代は、ヒューマニズムが完全にファシズムと化した状況である。ヒューマニズムという「一つの思想」を絶対善として押しつけるのは、すなわち絶対悪のことでもあるのだ。その理屈すら、マスメディアによって分からなくされてしまった。

## 認識がすべての始まり

この再生不能に思える状況の中で、特に激しく冒されてしまったのが、人間としての自己認識である。どのような状況であっても、人間は人間としての自己認識を取り戻しさえすれば再出発できる。しかし、この再認識自体がヒューマニズムによって妨げられているのだ。何が人間であるかという意識を取り戻し、現代に生きる我々自身が本当に人間なのかどうかを、一人ひとりが自問しなければならない。それは取りも直さず、人間の使命を思い出すことと言えよう。その使命が、ヒューマニズムと真っ向から対立するのだ。

「愛の認識」だけが、人間を人間たらしめるものだと先に述べたが、すべてはこの認識から出発する。そして人間なら、本当の愛の実行という、人間に与えられた宇宙的使命を果たさなければならないということに気づかされる。しかしそれは、現代の我々から見れば、過酷な人生を招来することになるに違いない。高次のものを認識すれば、真の人間に向かい、低次のものを認識すれば、低く悪い人間に向かう。そして何も認識しなければ、滅亡へ向かって突き進んでいくしかない。あのデルフォイの神託が表わすような「汝自身を知れ」という、真の認識の道へと我々は戻るべきなのだ。それはつまり、自分が「知らないということを知る」ことである。

真の「知者」とは神のことだけを言う。人間がいくら善悪の知識の実を齧《かじ》ったところで、世界は広く、万能の神は人の手の届かない場所にいる。我々は全能ではないのだ。しかし、それを認識しさえすればいい。人間の眼が認識しないからといって、神の存在はなかったことにはできない。神とは、つまりは宇宙の根源力である。その根源から我々は生まれたのだ。その故郷を慕い、そこへ向かっていくことこそが人間の宇宙的使命と言える。そして、その本質が愛の働きを生む。繰り返せば、認識によって人間は再生する。しかし、その認識がヒューマニズムによって絶望の淵に追いやられている。だから、人間の再生のために、「人間」であることを脱する思想をいま生み出さねばならない。

そのような意味で、この『脱人間論』を新たな自己認識のための出発としたい。「脱人間」を考えることによって、ヒューマニズムによって作られた人間中心の人間観、この現代文明を生み出した間違った人間観を捨て、本来的な人間に戻ることが可能となる。これは、ひとつの文明の否定であり、その文明によって出来上がった人間を超えることである。つまり、「いまの人間」を脱して「超人間」にならない限り、文明をやり直すことはできないということだ。

　現代文明は、この論を待たずにもうすでに死んでいる。現代文明というのは、民主主義、ヒューマニズム、科学文明の三位一体構造で進んできた。この三位一体構造はルネッサンス期に発祥し、人間性の無限礼讃という頂点にまで極まって、ついに神を捨て去った。いや、ニーチェが本当は言いたかったように「神は死んだ」(Gott ist tot.)のではなく、我々人間が「神を殺した」のだ。「神を殺した」とは、我々が宇宙から創られた存在だということの否定を意味する。これが自惚《うぬぼ》れ以外の何ものでもないことは誰にでも分かるだろう。人間は信仰を失ってもう久しい。いまでは、「神」という言葉だけが真意を得ずに宙に浮かんでいる。

## 神とは何か

　ここで神とは何かということを考えておきたい。神とは「この宇宙の根源的実在であり、我々の生命をこの地球に送り込んだ実体」のことである。神から出た宇宙の深淵は、フランスの哲学者テイヤール・ド・シャルダンの言う「オメガ点」(Point Oméga)に向かって、収縮と膨張を繰り返しながら幾重にも重なり合って無限伸縮運動を行なっている。神は、自らの運動を認識するために、宇宙で最も細かい粒子である精神的量子《クワントム・スピリチュエル》(quantum spirituel)を創り出し、それによって人間の魂を形成したとシャルダンは説いている。そして、我々のこの宇宙が終わるとき、人間の魂を形成する精神的量子が最終的に集合をする地点をシャルダンは「オメガ点」と呼んでいるのだ。

この精神的量子が、この地上における人間の使命を認識するための魂の本源である。そして、いま述べたように、この量子は最終的に「オメガ点」という宇宙の最終的な「疑似天体《ぎじ》」を目指して活動を続けているのだ。シャルダンは、この精神的量子を生み出し、その宇宙における質量と方向を指し示す主体を「神」としている。その意味で、我々は神の申し子と言っても過言ではない。なおシャルダンの理論は、東洋的な禅の極地にも通じていると私は感じている。私は禅では中国における唐の時代に活躍した趙州《じょうしゅう》禅師を最も尊敬する。そして禅的最高境地を趙州は「絶点」と表現しているのだ。その禅の境地には、私は「神」の実在を感じている。その実在を趙州の「絶点」という思想の中に私は見出している。この「絶点」のもつ爽々《すがすが》しさの中に、私はシャルダンが「オメガ点」と表現したものと同一の波動を感ずる。宇宙の実在の深淵を表現する言葉には、西洋でも東洋でも我々の心に新風を送り込むような清らかさがあると私は思っている。

この宇宙になぜ地球が生まれたのか、星が生まれたのか、その地球という星の中に、なぜ人間と呼ばれる我々が生まれたのか。それを問うことが、人間論であり、いま我々はそこに戻らなければならない。我々の生命を生み出した宇宙の根源の力を昔の人は「神」と言った。そして、その深淵を表わす言葉として、先ほども言ったようにシャルダンは「オメガ点」と言い、趙州は「絶点」と言っていたのである。この両者は、我々人間の魂が神と合一する「場所」をその言葉によって示している。つまり神の懐と言っていい。そういう意味で神という言葉を私は使いその存在を示していきたい。それは宇宙を創り出し、地球上に生命を生み出した根源のエネルギーのことである。

このエネルギーは、宇宙の本質の中でも最も根本的なものである愛の認識のために、地球上に数多《あまた》ある生命の中から、特別に人間というものを生み出した。人間の誕生の前に、人間の前駆物質としてまず「生命」を生み出すということが、根源エネルギーの行なった重大な仕事だった。地球上には、生命と言ってもたくさんの生命があり、それらはすべて人間を生み出すための過程とも言えるのだ。本当に宇宙の根源の魂を入れるには、その頃の環境からくる諸条件があったのだろう。その条件をすべて満たした「生命体」として、十数万年前に我々の祖先であるホモ・サピエンスとなるべき類人猿が存在したのだと思われる。そして、この類人猿の中に宇宙の根源の魂である神の分霊が入ることによって人間が誕生した。その分霊が、シャルダンの言う精神的量子で形成されていることは先ほど少し触れた。「脱人間論」という思想は、その神の御霊《みたま》から分かれた分霊を宿して間もない初心の状態に戻るための方法論でもある。

実は我々がいま「人間」と認識しているものは人間ではない。神の分霊を魂に持ち、それを認識するものが人間なのだ。宇宙の根源のエネルギーから分かれた、我々自身の霊魂の実在を志向できる存在である。そして、その霊魂を敬う。それが人間なのだ。神の分霊として宇宙の根源を志向することができるものが人間なのだから、それが入る器は必ずしも類人猿のヒトとは限らない。動物的生命であることに越したことはないが、極端に言えば、石に入れば石が人間となり、植物に入れば植物が人間となる。木星を覆っているガス体や、冥王星を覆っている氷の結晶体というものがあるが、それらの中に神の分霊が宿れば、それらが人間となる。

ドイツの神秘思想家ルドルフ・シュタイナーは、人間の誕生について独自の哲学を展開している。その『アーカーシャ年代記』などを読めば、現在の人体に人間霊が宿ったのは、地球が三度も独自の遊星状態を繰り返した後であることが語られている。そして、それ以前には、いまとは違う最初の人間の萌芽が、すでに地球上に「包含」されていたとされる説得性のある哲学に触れることもできる。

その気体中に人間の霊魂が宿っていた時代をシュタイナーは「レムリア状態」と呼んでいた。そしてこの太古の出来事は、現状の地球でも見てとることができる。だから、我々人間の本性を解明するには、いまの遊星の物体化が起きた、遙か彼方の過去にまで遡らなければ分からないと述べられている。直感力の秀れた人なら、それらを読めば、いまの人間だけが人間ではないことはすぐに分かるはずだ。

現代の人間は、突然に自分たちが生まれ、生まれ落ちたその時代がすべてであり最高であると考えている。そして、自分が完全な人間だと信じて疑うことがない。「人間とは何か」を考えることもなく、そう信じ込んでいる。シュタイナーが、人間の魂は気体にも植物にもなるというその思想を書くまでに、どれくらいの研究と努力と期間を必要としたか想像することもない。シュタイナー自身が、大変な頭脳の持ち主でありながら、どれほど膨大な文学と哲学を研究してからその人間論を展開したのかを、想像する知性の片鱗も持たない状態となっている。そのこと自体が、人間的知性つまり人間的魂の劣化だと言えるだろう。

## 人類の大量発生

こうして人間存在の淵源を見ていけば、完全な誤謬《ごびゅう》に基づいて現代文明が過剰発展してしまったことがよく分かる。現代文明がもはや、還元思想に基づく自浄作用の臨界点を越えてしまっていることは、誰もが感じているのではないだろうか。すでに現代文明は死に体《てい》となっている。いまや我々の生きる現代文明は化け物と化し、もはや自己制御のできない自壊過程に入っているのだ。

生命の理論で言えば、「自死過程」とも言い換えられる。イナゴの大量発生や、アマゾンの蟻の定期的な異常増殖、また鼠の一種であるレミングが異常発生し、自分自身で死に向かう行動を始めている状態に等しい。人間中心のヒューマニズムに侵された挙句に、原水爆を生み出し、プラスチックなどの還元不能物質を生み出した人類は、現時点ですでにアマゾン川へと向かう蟻たちの行進の列に加わっている。昆虫学、動物学を研究していくとよく分かるが、イナゴも蟻もレミングも、ある程度の個体数を越えて異常増殖過程に入ると、みな自死する。要するに自己融解を来《きた》すのだ。

私は菌学研究を専門としてきたが、様々な菌を観察して分かったことは、菌も昆虫と同じで、増殖がある段階を越えると、必ず自己融解するということなのだ。この段階を遺伝学的に調べると、その生命体独特の本能である、生きるための根源的な力を失う時期と一致している。生きるために必要な「種」の本能を失って自死過程に入ったものが、一般に自己融解と呼ばれる現象を起こす。いま、我々はその段階にいる。したがって本当に我々はいまヒューマニズム、民主主義、科学文明に汚染されたこの「現代的人間」と呼ばれる存在をやめなければならない。すでにこの「現代的人間」は自己融解を始めている。この「現代的人間」をやめなければならないということが、この論の最も重大で全体の核心ともなっているのである。

自死過程に入った人間は生存本能を喪失し、自分たちの生命を危機に陥れるものを平然と次々に作り始めた。人工放射能物質、プラスチック、食品添加物といった、解毒不可能な、永久に還元できない恐ろしい物質が捨て場もないというのに、無制限に作られていく。これで無限経済成長を続け、科学万能の効率的な社会となって、人類は繁栄し続けられると思い込んでいるのだ。諸手を上げて、喜び勇んで死の行進を始めている自分たちの姿には決して気づかない。

命の代償と引き換えに、経済発展をして何になるのか。放射能に汚染された泥土は、何万年たっても浄化されることはない。多くの食糧は化学薬品に汚染され、我々はもうそこから逃げることは不可能になった。化石燃料は五億年の地球の蓄積を数百年で使い果たそうとしている。そしてその化石燃料から生まれた還元不能物質は、もうすでに処理が不可能なだけ作られ、そして捨てられてしまった。もう我々は、何かを捨て、何かを止め、何かから脱しなければ、破滅しかない。そして物質的なものよりもっと恐ろしいものが我々をいま襲っている。それが人間の使命を忘れてしまった魂の融解過程である。

この人間の魂の融解過程は無自覚な自死過程ではなく、本来的人間としての認識が狂っていることによって生存本能が狂い、敢えて自滅の道へとひた走っている過程である。狂犬病のウイルスに感染した犬は、我を忘れて出会うものすべてを嚙み殺そうとする。一九八三年に公開された『クジョー』という映画があるが、これはウイルスに感染した犬が狂犬病を発症し、見境なく人間を食い殺していくという作品である。これはウイルスにより脳の一部を破壊された犬の悲劇だ。しかし、この脳の一部を破壊された動物の自滅行動が、私には現代の人類の自滅行動と繫がって見える。両者の違いは、狂犬病のように恐ろしさが見て分かるか、魂のように見えなくて分からないかの違いによると言えよう。

私には、脳をやられた者の行動として、両者が本質的に同じに思える。嚙まれる痛みも、それによって流れる血も知っている我々は、その犬の恐ろしさを生《なま》の感覚として自覚する。だから、それを殺そうとし、排除しようとするだろう。一方で我々は、いまや血を見ることもなく、全人類を一瞬で殺すことのできる核兵器を手にしている。そしてその発射ボタンを目の前にしている「人間」は、自分の生存本能が狂っていることに気づいていない。スペインの哲学者オルテガ・イ・ガセットが約百年前に「私たちの時代にあって、国家は驚異的な機能を持つ恐ろしい機械となるに至った……」と描写した光景そのものである。

自分たちが生存するための本能を遺伝子上から奪われてしまったら、我々にはいまの「種」を捨てるという選択肢しか残らない。いまや人類はその段階に入った。特に我々現代人は魂の「遺伝子」を完全に失ってしまった。魂の遺伝子とは、神の概念とその認識である。この魂も人間の遺伝なのだ。しかし、現代人はそれを失ってしまった。魂さえ戻れば、物質的に失ったものなど、大したことではないのだが、問題はこの魂を失った痛手が大き過ぎることなのだ。その原因は、再三述べたように人間中心のヒューマニズムの行き過ぎにあると私は考えている。いまのこの人類と呼ばれる「人間」を脱して、我々は新しい人間にならなければならない。新しく違うものにならなければ、このままでは、いまの人類のまま滅亡を免れない段階にきているのだ。

## 「大衆の反逆」という世紀

もう一度人間の定義を確認しておきたい。人間というのは、地球上の生物である類人猿に宇宙の魂が入った存在だった。それは宇宙の根源、つまり自分たちの根源である「神」を志向する生き物である。宇宙の根源的価値への志向だけが人間の使命であり、これを失えば人間は終焉を迎える。すでにそれをほとんど失ってしまった現代の「人間」は、その終焉が間近に迫っているのだ。自分たちの幸福、自分たちの満足、自分たちの繁栄だけが最重要だと声を上げ、果ては自分たちはすばらしい存在だと自ら言い始めた。

歴史的に思い出されるところまで遡ると、近代のルネッサンスが起こるまでは、人間は自分たちの命よりも、神や宇宙的真実そして魂の価値を大切にしていた。魂の価値と宇宙の真実である神のためには、自分たちの肉体の命などいくらでも擲《なげう》つということが当たり前だった。原始キリスト教の初期には、殉教をしたい、神のために死なせてほしいという人たちがこぞって磔《はりつけ》を望んでいた。現代はそれを極端と思っているが、その極端のほうが人間の魂の歴史としては真実なのだ。しかしその状態を現代は完全に忘れ去っている。私はほぼ半世紀にわたってその間違いを憂えてきた。しかしもう絶対に戻らないということを確信するに至ったのだ。

現代の「人間」は分かりたくないのではなく、分かるための本能を失ってしまったように思える。だから、すでに融解状態に入ったと言っているのだ。自分たちが自死したいのだから、原発や放射能がいかに危険かを話したところで全く意味はない。結局、自分たちは本能的に魂をもつ人間をやめたい、そして自死したいと願っているのだろう。大きく言えば二十世紀全体の価値観の在り方は、その自死過程から引き返すことがなかった。二十一世紀に入って一層その惨状は進展しており、述べてきたようにここで決着をつけなければならない臨界点にまできてしまったと感じている。しかし現状を変えるというのはすでに不可能であり、もうこれは現代の「人間」であることを捨てるという段階にきていると私は思っているのである。

十九世紀末から、二十世紀初頭の過渡期には、まだ人間は残っていた。二十世紀初頭に前出のオルテガが『大衆の反逆』という著書によって、十九世紀に出てきた新しい人種である「大衆」を初めて社会学的に考察した。その頃には、まだ自らに義務を課して生きる少数の指導者がいた。しかし十九世紀に大量発生した「大衆」による初期的支配が、二十世紀の後半になってその絶対支配の状態へ至るとは、一九三〇年の時点ではオルテガも予想はつかなかったことだろう。十九世紀から始まった大衆文明が、二十世紀を通じて完全に勝利した。オルテガはその『大衆の反逆』の最終結論として、まだヨーロッパ文明の救いを信じていた。真のヨーロッパ連合への夢にも大いに期待があった。「新しい自由主義と、ぴったりしない名称だが普通そう呼ばれている〈全体主義〉という二つの形式をとってヨーロッパが現れる時代がやってくるであろう」と、『大衆の反逆』のエピローグにその希望を記している。

　二十世紀を通じて、完全に世界を支配するに至った「大衆文明」とは、どういうものだろうか。端的に言えば、それは「種」の生存本能を失ってしまった文明だということである。つまり現代文明のことだ。生存本能を失ってしまった文明は、やがて滅亡せざるを得ない。これは生き残りの科学的理論と言えるもので、動物生態学の権威コンラート・ローレンツ博士の『八つの大罪』や主要著作を持ち出すまでもなく、すでに動物学では証明されている。生命としての「種」は、その生存本能にすべてがかかっており、その本能はリーダーの指導にすべて与《あずか》っている。かつて秀れた少数者には、人類種を保存するために守らねばならない厳しい戒律が数多くあった。それは極端に言えば、釈迦やキリストなどの秀れた宗教家や多くの哲学者が示した厳しい生き方でもある。

　イエス・キリストは漁師をしていたシモン・ペテロとアンデレに初めて会ったとき、その場で一切を捨ててついてくるようにと命じた。そして二人はイエスに従った。真理に対しての、問答無用なその厳しさの中に、本当の生命とは何かを知るための覚悟が示されている。また釈迦は、悟りを得るまで、毎日呼吸を止めるなどの荒行に挑戦し、太陽の直射日光を浴び続けながら、わずかな水と豆類で毎日を過ごす苦行を六年間行なった。王族としてのあらゆる栄華と妻子を捨てて、である。その苦行の凄まじさは、骨と皮だけになった釈迦の痛々しい相貌を多くの仏教彫刻が示している通りだ。宗教上の苦行はどの世界にも必ずあり、聖人と呼ばれる人たちが尊敬され歴史でも認められてきたのは、その実践のゆえなのだ。

その伝統はそのまま継承され、ヨーロッパでも日本でもついこの間、つまり近世の終わりまで人間の修行として続けられていた。出家したら俗世には存在しないものとして戸籍から抜かれ、修行中に野垂れ死にをしようが、行方知れずになろうが、誰にも知られることもなかった。その厳しい生き方を実践するのが「本来的人間」だった。それこそが、真の人間になるための出発だと思われていた。少なくとも、そのような生き方に対して尊敬心を持つことが人間的とされ、そうでない者は脱落者の烙印を押されるだけだったのだ。

## 苦悩が人間の証だった

イギリスの社会学者でジャーナリストであるダグラス・マレーの書いた『西洋の自死』には、真の人間に至るための苦悩をすべて捨ててしまった、現在のヨーロッパの状態が克明に記されている。マレーは、はっきりとスペインの哲学者ミゲール・デ・ウナムーノの『生の悲劇的感情』の思想を失ったことが、現在のヨーロッパの混迷を生み出していると書いている。そしてその『生の悲劇的感情』を貫く思想とは、魂の苦悩に呻吟する本来的人間の在り方が説かれているのである。イギリスのロンドンでは人口の半数が白人以外の人種で占められ、移民が最も人々に気遣われる中心的な存在になっているとある。行き過ぎたヒューマニズムによって、移民を止めることができなくなった。

もちろん私は差別を擁護しているのではない。しかし民族の魂を失うことによって生じた本末転倒の現状が示す混乱を言っている。人類の中心は、厳しい秩序に生きようとし、使命に生きようとする人間の魂の中に存する。現代人は、魂の苦悩を捨ててしまった。だから秩序を立てられないのだ。そのような意味で、現代人はすでに昆虫や動物の大発生と同様、人間の「種」として死に向かっているとしか思えない。もはや良いとか悪いという問題よりも、すでにその状態だということである。

もともと、宇宙や自然のなかで「種」が生き残るということは、非常に厳しいことなのだ。その厳しさによって成り立っていた人間の秩序が、行き過ぎたヒューマニズムのゆえに崩れてしまった。これは我々人類が、現代に至って「魂」を失ってしまったからに他ならない。マレーの本は、この行き過ぎたヒューマニズムによって、人間本来の魂を失ってしまったヨーロッパの姿が克明に描かれているのだ。

魂の苦悩を捨て去ってしまった人々が、現代社会の中心に躍り出ている。自分の幸福と安全そして保障を何よりも大切に思う「人間」が、社会を覆うようになった。人類文明はそこまできてしまったから、もはや滅びるということを私は確信する。そして滅びた後にどうやって我々が生き残り、どうやって次の文明を打ち立てるかということを、これから述べていきたいと考えている。それがこれからの重要な人間の生き方になるということを提唱したいのだ。

その手始めとして、まず考えなければいけない思想の第一が、本書の中に展開されている「脱人間」ということなのだ。「脱人間」とは何度も述べるが、ヒューマニズム、民主主義、科学文明に汚染された「人間中心主義」の文化・文明に汚染されたいまの「人間」を捨てることである。そして本当の「人間とは何か」を志向する魂の苦悩を再生させることが「脱人間」なのだ。この思想の実行によって、我々は再び本当の人間として出発することができるに違いない。それでは本当の人間とは何かということになる。それは歴史や哲学が証明しているが、現代の人間から見ると非常に悪い人間であり、非情なまでの厳しさをもつ存在であり、多分悪徳の要素として捉えられる人間だろう。いまや、キリストが言っていることも釈迦が言っていることもその本質は、その魂の厳しさのゆえに悪徳でしかないし、現代では「躓《つまず》きの石」にしかならない。

それは、ドストエフスキーがその『カラマーゾフの兄弟』における「大審問官」という章の中で表わした通りだ。中世ヨーロッパに甦ったキリストが、その時代にあっても「持てるものを、すべて捨てなさい」と説くのは迷惑千万だとして、こともあろうに「教会」によって裁かれるのである。現代に生き返ったキリストは二度殺されることになるだろう。精神に生きるのは実際に厳しいことであり、聖書も経典も、その内容は宇宙的秩序の厳しさを説くものとなっている。だから、いまに生きる人間は決してそれを選択しない。釈迦やキリストを始めとして、かつての立派な人間がどれほどの十字架と重荷となる使命を背負っていたのか、人類が生き残るためにどれほど厳しいことを言っていたのか、後に検証していきたい。

現代の宗教家は、キリストや釈迦の持っていた「優しさ」や「慈愛」そして「博愛」の部分だけを都合よく解釈するだけに堕している。もちろん、それらも非常に大切ではある。しかし厳しさはすべて置いておき、キリストがその愛のもつ優しさの部分として喋ったことだけが、すべての愛の主人公になってしまったことが問題なのだ。この『脱人間論』では、次の文明に移る前に、まず自分たちがいまの「柔《やわ》」な文明から脱出する必要を認識してもらいたいと思っている。主客転倒となってしまった文明の現状認識を深めなければならない。いまの世を支配している現代文明を抱えたまま、次の文明に移ることはもう不可能なのだ。そしてこの文明が生み出した「人間」の生き方を捨てた人間だけが、次の文明を生み出す可能性があるのだということを知ってもらいたい。人間の魂が生き残ることのできない文明を推進し続け、自らの幸福、安楽、保障を追求するいまの人間の価値観は、最終的には人類の滅亡に繋がっていく。だからこそ、早くこの文明から脱却することが必要なのだ。

## 見よ、幼な子は泣いていた

さて、本章の扉に「見よ、幼な子は泣いていた」という『旧約聖書』「出エジプト記」第二章六節の言葉を引いた。この言葉の中に、私は原初の人間の初々《ういうい》しい心を見ているからである。そして、その心が見た現代の様相を考えていきたいのだ。人間の初心に秘められた清純を私はこの言葉の中に感ずる。ユダヤ民族の精神を初めに打ち立てたモーセが、この世に生を受けた意味が私の心に伝わってくるのだ。私はこの言葉を、この論の最初に掲げたかった。それは、まさにこの言葉こそが「脱人間」ということの意味を示す象徴的なものだと思ったからだ。現代人からの脱出という点で、参考になる歴史的な事件はモーセに率いられたユダヤ民族の「出エジプト」の歴史しかないと私は考える。ユダヤ民族の「出エジプト」という苦しい体験は、私が述べる「脱人間」を実現するための大きな手掛かりとなる。だからこそ、最初に「出エジプト」の始まりとも言えるモーセ自身の「人間の出発」を挙げたのだ。

これは、まだ赤ん坊だったモーセが、母の手で籠に入れられナイル川に流され、そしてその籠をエジプトの王女が拾ったときの情景である。モーセの命を救うために母は赤ん坊を川へ流さなければならなかった。このときの赤ん坊が後にユダヤ民族をエジプトから脱出させる指導者に成長するとは、母もエジプトの王女も想像だにしなかったことだろう。赤ん坊のモーセが王女に拾われたときの状況をここでは書いているが、私はこれはただの叙事詩ではなく、モーセの予言の言葉ではないだろうかと考えている。モーセは、ただ赤ん坊だから泣いていたのではない。その赤ん坊をエジプトの王女がただ拾ったのでもない。もっと深い本質的な意味を私は感ずるのだ。

王女に拾われた後、エジプトの王室でモーセは育てられる。そして後に、未来を失ったユダヤ人の苦しみを目の当たりにしたモーセは、彼らの指導者となって、彼らをエジプトから脱出させるという歴史が「出エジプト記」では語られていく。この章の扉の言葉も一見すると、赤ん坊のモーセが泣いて救出されるだけの出来事のように思える。しかし私は、これをモーセに託された一つの文明論だと思って捉えているのだ。

そもそも幼な子とはどういう意味だろうか。それは神と直結している、いわば天使のような存在である。そして、その生命と魂は、宇宙の根源と繋がっている。つまり「人間とは何か」を知っている「原存在」と言ってもいいだろう。大人よりも幼な子のほうが神に近い。これはキリストが言った「幼な子のようにならなければ、天国には行けない」と表わされた言葉と全く同じ意味である。そしてドイツの哲学者フリードリヒ・ニーチェが「幼な子は無垢である。忘却である。そしてひとつの新しいはじまりである……ひとつの聖なる肯定である」と言っていたことに繋がるのだ。

つまり、幼な子の中には宇宙的実在、生命的実存が無傷の遺伝子として宿っているということだろう。そして宇宙、生命が創り上げた実存そのままに、全く無垢の形で生まれてくる。それは人間の

「原存在」としてすべてが備わっており、すべてが肯定された存在である。それは一種の予言者と言ってもいいだろう。この人間存在の本質を知っている赤ん坊が泣いている状態が、盛時の物質に塗《まみ》れ果てたエジプト文明の本質であり、延《ひ》いてはいまの世の物質文明だということなのだ。私は、泣いていたことを強調する文言に出会って、直感的にその真意を想像した。そして、このように文明を泣く人間でなければ、その文明を脱することはできないということを考えた。そういう絶望と希望が入り交じった意味で、この「出エジプト記」の言葉を挙げたのだ。赤ん坊は、宇宙自体を表わしている。そしてその赤ん坊はまた、いまの文明を見て声を上げて泣いているのだ。

モーセが「泣いていた」ということが、敢えて『旧約聖書』の「出エジプト記」に書かれたことの大切さを、私は思う。私はこれを読んだときに、ユダヤ民族の将来が暗示されているのではないかと推察した。当時のユダヤ人は、贅沢なエジプト文明の中に埋没し、自分たちの神を忘れ、ただ日常の生活に追われるだけで生きていた。あの当時のエジプトというのは世界一の文明国で、いまで言えば物質文明の頂点にあるアメリカのようなものだった。現代のアメリカに移り住んで、豊かな生活を保障された労働環境を与えられているような感覚である。言葉としては奴隷という身分だったが、実際には現代の移民と何も変わりなく労働者としてエジプトに連れてこられたのだ。エジプト文明という世界一の豊かさ、生活環境を享受していたのがあの当時のユダヤ人だと言える。

## 神を忘れたユダヤ民族

何不自由なく暮らしていたにも拘わらず、モーセがなぜ安住の地を脱出したかと言えば、人々がユダヤ民族の中心だった「神」を忘れてしまったことにその原因がある。豊かになって安心と安楽に甘んじ、ユダヤ人たちはすっかり自分たちの「神」、つまり民族の初心を忘れてしまった。モーセはその神を再び探し求めるために、脱出を決意したのだった。この脱出のことを「エクソダス」(Exodus)という。「出エジプト《エクソダス》」が起こることによって、我々がいま知るキリスト教に至る大宗教や、神という概念とともに現代に受け継がれるような一大文明が築かれた。モーセが脱出することによって、ユダヤ教が歴史的に確立するに至ったのだ。

当時のユダヤ人はエジプトに住み、贅沢を覚えてからはや四百年が経過していた。この長い安住の歴史を断ち切るにはエジプトの地を捨てるよりほかはない。そこでモーセは神を求めて、当時十数万人から二十万人くらいといわれたユダヤ人を引き連れて荒野に出た。この壮大な物語が『旧約聖書』には書かれている。その時にモーセが荒野に出た唯一の理由は「神」だけだった。つまり神の下に馳せ参じて、神から発した自分たちの初心に生きる民族を再び創るためにモーセは旅立ったのだ。

神を志向することがユダヤ人の使命だと言い伝えられていた。しかし、すでにエジプトに長く暮らしたユダヤ人たちはそれを忘却していた。そこで神の下に生きるために、歴史的に言うと途轍もなく大きな事件が起こった。この「出エジプト」という人類最大の出来事は実話である。その歴史上の出来事によって、世界の民族の中でいまだ神を中心とする民族として、ユダヤ人はその存在を維持している。このユダヤ人の存在形態が、古代の多くの民族に共通した最も原初的な人間の姿だと言える。だから、このユダヤ人が神を忘れていたエジプト文明の時代は、世界中で多くの民族が自分たちの神を忘れていく前兆を現わしていたのだ。

ところが、ユダヤ人だけがもう一度、神の下に還るために「エクソダス」という壮大な「革命」を起こした。モーセの指揮下に荒れ野へ出て行き、四十年にわたって砂漠を彷徨うこととなる。その放浪の末、カナンという、いまのイスラエルの地に入り、ユダヤ王国というものを創り上げ、そうしてユダヤ教ができた。このユダヤ教というものができたために、我々は宗教とか神という概念を現代まで忘れないで持ち続けている。ユダヤ人が存在していなかったら、すでに世界文明から、おそらく神など忘れ去られていた可能性もある。「出エジプト」がなければ、人類はもっと早く神を失い、そしてすでに文明は滅びていただろう。

モーセがエクソダスを行なうことによってユダヤ教ができた。このユダヤ教という神中心の文明ができたために、次にキリストが生まれた。そして後に、キリスト教が成立することによって、西洋文明が生まれることになったのだ。またイスラム文明も生むことになった。その西洋文明とイスラム文明が神の概念を現代まで伝承してきたのである。繰り返し述べるが、なぜ最初に「出エジプト記」の言葉を挙げたかというと、人類が自分たちの故郷や、自分たちが創られた根源を慕って泣いている状態を、私はこの言葉から非常に強く感じたからに他ならない。それは、いまここに生きる我々現代人に最も必要なことのように思うからなのだ。

## エジプトを出よ

「出エジプト《エクソダス》」の歴史を参考にして『脱人間論』を書くというのは、私自身がいままで現代文明に対して感じてきた気持ちの表われでもある。私はこの六十年近くにわたって、現代という時代を泣いてきたのだ。私はいま七十歳になったが、それこそ十歳に満たぬ子供の頃から、この現代文明というものを泣き続けてきた。この文明をずっと泣いてきた人間だからこそ、『脱人間論』というものを書くに至ったのだろう。こうして生きてきた自分自身を表わす根源思想を展開する上で、歴史的には「出エジプト記」が私の「脱人間論」と位相構造的になっていると考えたのだ。そういう意味で、私はこのエクソダスを愛しているに違いない。

つまり「脱人間」とは何であるのか。これはすなわち「真の旅立ち」のことである。私は「脱人間」の思想を、そう捉えている。人類史における「人間」の本当の「旅立ち」というのは、歴史上はユダヤ民族による「出エジプト」を言っているのだ。十万人以上の単位で、神を求めて豊かな生活、保障された生活を捨てて、荒野に出て四十年間苦労した歴史的事実は、我々を勇気づける。その苦労をもう一度いまの時代に実行しなければ、正しい人間の魂の道には戻ることができないだろうと考えている。そのための始まりが「脱人間論」という思想だということに尽きる。「出エジプト」が、「真の旅立ち」のことであるように、「脱人間論」も、「人間」からの「真の旅立ち」を意味しているのだ。

我々は新しい世に旅立たなければならない。もうこの世を立て直すとか、この世の中が良くなるという期待は捨てなければならない。私自身はこの年齢まで、現状の中で何とかやってこようとした。しかし、この世の中を変えよう、この世の中を良くしようと思っている限り、この世の中には必ず負ける。人間であろうとすれば敗けるのだ。そしてこの現世に取り込まれる。それは、この世が絶対的な正義に覆われているからだ。ヒューマニズムである。そして、それは経済成長による豊かさに支えられている。だから、この世を直そうとする人間は必ずこの世に取り込まれてしまうだろう。この世の中には、もう一時代前の清純さは片鱗もない。政治にせよ経済にせよ、マスメディアの網の目が張り巡らされ、もう個人が逃がれられることは絶対にないということを実体験から確信した。

この世でやり直そうと思えば、この世のやり方に絶対に合わせることになってしまう。知らないうちに、またヒューマニズムと経済優先という負のスパイラルに陥っていく。だから私は一つの話として、よくこの世では「不幸になれ」ということを話している。それは、幸福になろうとすれば現代社会に即刻取り込まれてしまうことを熟知しているからなのだ。私自身は武士道の哲学が好きで『葉隠』を信じているから、もともと不幸を厭うことはない。だから、現代になびくことなく自己の生き方を貫くことができたと思っている。その経験を基にして、あらゆる人間に、まず不幸になることを厭うなと言っている。不幸になっても良いと思わなければ、自分の人生は立たないということを話してきている。

ところが多くの人から言われることは、「分かりました。では不幸になれば、最後は幸福になるのですね」という言葉なのだ。これは全く土台が違っていて何にも理解されない概念になってしまっている。すでにヒューマニズムの幸福志向、人間中心、人間のためなら何をしてもいい、人間であることが一番正しいという思想に皆、どっぷりと浸かってしまっているのだ。そして、豊かであるほどそれは良いことだという考えが続くのである。だから、現代人の言う「人間」であることを完全に捨てなければ、絶対に本来の人間としては立ち直れないと繰り返し断言したい。

この現代において、もう一度「出エジプト」つまり「脱人間」を推し進める必要がある。エジプトにいることを捨てなければ、「神」つまり宇宙の真理を求めることはできない。エジプト文明の中にいる限りは、ユダヤ人も立ち直れなかった。ユダヤ人がなぜユダヤ教を確立できたかというと、エジプトを捨てたからなのだ。四十年間、荒野に出たけれども、この荒野に出るという苦行があったからこそ、いまに繋がる民族の信仰を持つことができたのだ。

## 遺伝子を生かす

ドイツの哲学者フリードリヒ・ニーチェは、「生まれたばかりの子供になるには、自分自身が産みの苦しみを味わわなければならない」と言っている。無垢の幼な子になるには、途轍もない困難と痛みが伴うのだ。だからユダヤ人は物理的にエジプトから出て行くという究極の選択を採った。これは史実として残り、この「出エジプト」によって現代に至る神の概念が確立したことは再三述べた。ユダヤ人が歴史的に民族として敢行した「出エジプト」は、我々現代人に非常に勇気を与える歴史なのだ。我々がいかに現代文明に侵され切っていても、もう一回本当の人間に戻ることができるということを表わしている。そして人間は、自身の努力で困難を乗り超えて「出発」することができることを示しているのだ。

「出エジプト」の指導者がモーセで、「見よ、幼な子は泣いていた」という象徴的な場面が、この後のモーセの人生の始まりだった。幼な子になるには鋭い痛みが伴うが、同時に絶望から生まれた真の希望もある。いまのヒューマニズムの中に浸っていたら我々の魂は腐り、あとは滅亡しかない。ただ滅びるのを待つだけである。この絶対善の皮を被ったヒューマニズムを捨てれば、まだ人間には希望があるということなのだ。とにかく人間のためとか、人間が一番すばらしいものだという考え方そのものを捨て去らなければならない。

幼な子であるという意味は、無垢だから記憶もまだないということなのだ。つまり新しく出発することができる。幼な子は「原人間」だから、もともと脈々と続く人類の歴史をもっており、遺伝子にその記憶のすべてが入っている。我々は生まれたときから、遺伝子には人間として必要なものが完備されている。それを取り戻すのである。我々はヒューマニズムや現代民主主義や科学文明に侵され、ある意味で生まれてから大人になるにつれ病気が進行してきたのだと言える。我々は病気に侵されているということを知らなければならない。私は長年、菌の研究を続けてきているので、どうしても民主主義とヒューマニズムは一つのウイルスに見えてしまう。現代人は、このウイルスに遺伝子と脳の特定部位が侵されているのではないか。だから「脱人間」という外科手術が必要なのだ。侵された箇所は切り捨てない限り、他もすべて腐り果ててしまう。そうしなければ本当の人間には戻れないということだ。

人間というのは、「神」を求めるために生まれた存在だから、神を忘れれば、人間はただ贅沢になって堕落していくしかない。それは、エジプト文明の頃からいまに至るまで全く変わっていない。現代においては、宇宙を包含する我々の魂を取り戻すことに邁進しなければならないのだ。ユダヤ人はそのままエジプトにいれば「神」を忘れるということを自覚できた。それ自体が非常に秀れた民族だと言えるが、そのままの状態でいれば自分たちは文明に飼われる「家畜」になるということがすでに分かっていたのだ。安全や幸福、食べ物に困らないということで、次第に飼い馴らされていく。その状態になっていくのが分かったから、モーセが指導者となってついにエジプトを脱出した。

## 現代のエクソダス

先ほどエジプトでのユダヤ人のことを「奴隷状態」と述べたが、より正確に言えば「家畜状態」だったのだろう。奴隷と一言で言っても、鞭で打たれて酷使されていたということではなく、身分が奴隷だというだけで、贅沢な暮らしを享受していたことに変わりはない。エジプトで暮らしていれば、奴隷だとしても皆、自動的にそうなっていたのだ。

ユダヤ人はエジプトに連れて行かれ、労働者として働いていた。労働の対価としての生活費は充分にあり、食べ物にも困ることはなく、豊かになっていった。それにも拘わらず、すべてを捨てたのだ。神という宇宙の実在と一致したいと願い、すべてを捨て、自分たちの本来の生き方に戻ることを選んだ。その事実を知れば、我々の進むべき道が分かることは、何度も述べた通りである。幼な子のモーセが入っていた籠は、ヘブライ語で「ノアの方舟《はこぶね》」と同じ言葉が使われていた。だからこそ最初に挙げた言葉に、私は脱出して新しい地に行く大いなる救いを象徴的に感じるのだ。

現代のエクソダスは、ヒューマニズムと民主主義そして科学文明からの脱出である。そしてこの三つは、それを信ずることが真の人間の道だと現代ではされてしまっている。いまでは「人間的」と言えば、この三つを信ずることを意味している。だから、その「人間」から脱出する。この三つを兼ね備えている国の頂点に、いまはアメリカがある。だからアメリカ的な物質文明から必ず脱出しなければならないということになるだろう。いまではアメリカ的価値観が、何と「人間」の中心になっている。そのアメリカは、今世紀に至っても無限経済成長を唱えている。この無限経済成長という思想が、現代におけるエジプト文明なのだ。アメリカとともに西欧と現代の日本もヒューマニズムを売りにして人間を洗脳し、その意識を麻痺させた状態で人々を無限経済成長社会の「家畜」へと変貌させていく。ヒューマニズムを推進している絶対善としての存在がアメリカとその価値観で、自分の文明が一番正しいということを言っているだけだ。ここに全世界が呑み込まれている。

基本的には、もう一度モーセの「出エジプト」の思想を、ヒューマニズムの席巻によって荒廃した二十一世紀に実現しなければならない。それが、私の提唱する「脱人間論」なのだ。現代の物質文明の中では、つまりいまのグローバリズム経済を推し進める文明の中では、もう我々はやり直すことはできない。特にマスメディアの発達による網の目状の思想統制と情報の独占による支配が徹底しており、全世界どこにいても逃れることはできない。本来的人間としての魂を蝕む英米主導のヒューマニズムと物質文明を捨てる以外に道はないのだ。

私自身は六十年以上、この体制にぶつかり体当たりを敢行《かんこう》して戦い続けている。そして絶対にこれを変えることは不可能だという結論に至った。それはいまの文明が、悪魔的魅力を持っているからに他ならない。表面的豊かさを与え、努力を何もしなくてもすべての人間に存在価値が与えられる。その価値は「家畜」としての価値だが、それは与えられる豊かさと娯楽によって限りなく隠蔽されているのだ。ではなぜ私はこの社会に全く取り込まれることなく、曲がりなりにも自分だけの道を貫くことができたのかということになる。前にも触れたが、それは私がもともと現世の価値に生きていないからだった。私は武士道だけが好きで、小学生の頃から『葉隠』の通りに生きたい、武士道だけで生き、それだけで死にたいと思ってきた。武士道で生きたいだけで、人間でありたいとも思ったことはない。

この思想を信念に持つことによって、現世には全く興味がなかった。現世のことは、見ても見えない人間だった。現世などには何の興味も未練もない。見たこともないし、そこに生きてもいない。それで私は知らないうちに現世から脱出してしまうこととなったのだ。つまり現世の価値観であるヒューマニズム、そして安心・安全・幸福から完全に脱却して生きてきた。私は戦いと革命を尊んで進んできた。それは『葉隠』がそれを志向しているからだ。人間精神の精華である「葉隠」は、私の「神」だった。そして、私は魂の革命とは、捨てることに尽きると思った。そういう結論を導き出したのだ。捨てることは最大の革命を生み、最大の戦いとなる。捨てることによって、己の魂を磨き、現世を呑み込むような自己の生き方を創るのである。

この「脱人間論」を遂行するためには、それぞれの人たちが「現代のエクソダス」を行なわなければならない。「エクソダス」の必要を自覚してそうしたいと願い、「脱人間」を行ないたいと信ずるだけで、昔のユダヤ民族のように、新しい文明を築いていける可能性が残るのだ。その新しい「魂の文明」に向かうことだけが、いまの我々の人生に真の屹立《きつりつ》をもたらすことができるのである。

## 人間は「信じる存在」

現代を覆うヒューマニズムの文明は腐り果てた。だからこの文明を捨てた人間だけが、次の文明を築くことができる。ここで重要なことは、モーセはなぜあれだけの偉業を成し得たのかということである。それは「神の言葉」を信じたということに尽きる。それは具体的にどういうことを言うのだろうか。モーセは直接、十戒を神から授かり、神が顕現して話しかけられてもいる。しかしモーセにとっては、神が現われるかどうか、十戒の石板が与えられたかどうかは関係なかった。現代の人間はすでに信仰を失っているから、神の言葉という意味が分からない。だからオカルト的にしか捉えられないのだ。しかし実はモーセは、現代人が考える神の言葉によって動かされたのではない。

モーセが摑んだものは何か。それは「人間とは何か」「人間の淵源とは何か」「人間の魂は宇宙を包含しているのではないか」「人間が持っている宇宙的使命とは何か」という問いだった。人間は宇宙的使命を遂行するために生まれた。そのために我々は人間になったのだということを深く理解していたに違いない。科学のない時代には、これを「神の言葉」と言ったのだが、「人間存在の根源を信じた」ということに尽きるのだ。これは深く人間存在を信じないとできないことだ。モーセが聞き取ったものは、人間に与えられた宇宙の意志だっただろうと私は考えている。

これは人間がその誕生以来「信じる存在」だということがあって初めて成立する。信じることがなければ人類は生まれていない。本能のままに生きているのが動物であり、その本能から何らかの価値観を信じるということによって「人間」が誕生した。信じることがなければ人間にはなれないのだ。「脱人間」も、「脱人間」をしなければならないと信じることによって初めて実在するものとなる。モーセは「出エジプト」を信じ、人間としての原点の響きを感じ取ったに違いない。そのとき、結果はどうなるか分からずとも、信じて出て行くということがすべてであり原点なのだ。

これは現代人が最も嫌う考え方に近い。生活も地位も安全も幸福もすべてを失ったとしても断行しなければならないのだ。もしそれを厭うなら、「脱人間」は絶対にできない。もちろん「脱人間」を行なったとしても、それらが奪われることはないかもしれない。分からないけれども、それらを捨てようと思わなければ、絶対にできることはない。反対に言うと、文明というのはいつでもそうだが、必ず餌《えさ》がある。それはエジプト文明にしても、アメリカ文明にしても、世界を覆うマスメディア文明にしても全く同じことだ。いつの時代も安全と安心そして幸福の幻影は餌だと言えるだろう。

文明が悪い方向に傾けば、それは家畜を生み出し、餌を求める動物園をこの世に現出させることになってしまう。現代はすでに多くの人間が家畜化され、また動物園に飼育された動物になっている。この檻からは、餌を捨てる覚悟をしなければ絶対に脱出できない。最低限度、捨ててもいいという覚悟を決めなければならない。明治のキリスト者で有名な内村鑑三は、この「出エジプト記」について書いている。出エジプトの歴史を、「脱世間」という言葉で表わしているのだ。「出エジプト」は「脱世間」だということを内村鑑三は言っている。

私はそれが最も正しい見方だと思っている。私にとっても、この「脱世間」は実行すべきことだったし、実際にそれを実行してきたのだ。偶然に死ぬほど『葉隠』が好きだったことによって、結果として自然にそうなった。この「脱世間」というのを『葉隠』を通じてやってきたために、自分の人生や思想が垂直に確立していったと言ってもいい。これを現代人がやろうとする場合は、もう一度、餌の価値をすべて分かった上で、「脱世間」の道つまり安全や幸福そして安心を捨ててもいいという覚悟を決めるということなのだ。世間とは、餌の奪い合いだけに生きている状態を言う。それを捨てるのだ。

## 愛は苦難を伴う

人間の中心に魂を据えれば、そのような考え方は当たり前である。前述したヒルティの『幸福論』

にも書かれているように、真の幸福はこの世の幸福ではない。昔の信仰的な考えでは、誰もが当たり前に持っていた考え方だった。しかし、いまはいくら言っても誰にも通じない。誰もその概念すら持っていないとも言える。人間の本当の幸福というものが分かっていた一昔前の人間であれば、「幸福になれ」と言う話が通じた。しかしいまの時代は、物を溢れるほど持ち、人生に保障があることを幸福だと思いこんでいる。そのような「家畜の幸福」を幸福だと思っている。だからいまの世で言うと、却って「不幸になれ」という言葉が真の人間の自由と独立をもたらすことになってしまうのだ。

人間は、信じるためだけに生きている存在である。だから愛も、信じることでしか成り立たない。愛が重要だと、いまの人たちはみな気楽に言う。しかし本当の愛については何も考えていない。愛は、信じる力である。愛の本質というのは信じることだけにしかない。極論すると、人間というものは、何を信じるかだけの存在なのだ。人生を本当に動かすものは、何かを信じた力だけなのである。モーセ自体が神を信じたことから、あのエクソダスが始まった。信じることは、大変な努力と大変な苦悩を伴う。だから信じるということは、苦しい生き方、信じるための苦悩を引き受ける生き方とならざるを得ないのだ。その苦悩に生きるのが本当の人間だということになる。それを嫌だというのなら人間ではなく、すでに家畜化してしまっているということなのだろう。まだ家畜化していない人間に対して、私は「脱人間論」を提起したい。

人類最初の物語、つまり神話など人間の文明を表わす物語の多くは、苦悩の逸話と呻吟する精神と肉体の苦痛の話しかない。例えばこの「出エジプト記」もその一例として挙げることができるだろう。そもそも『旧約聖書』は五千年以上前から続いている書物である。これは人類史において文字ができてからの一番古い書物の一つなので、この書物を読めば、古代人の考えが確かに分かると言える。その苦悩の人類史の筆頭は『聖書』の中で言うと「ヨブ記」に当たるだろう。他にもたくさんあるが、最も人類が葛藤し疑問を抱くのが「ヨブ記」なのだ。善良で信仰深いヨブがなぜ神から幾多の災厄を与えられたのか、理解に苦しむだろう。もちろん読む者も悩み苦しむ。

また「創世記」にある「イサク奉献」の物語も同じである。「イサク奉献」というのは、神に忠実な僕であるアブラハムが百歳になってから初めてできた一人息子イサクを、生贄《いけにえ》として殺すように神から命じられる。つまりホロコーストと言って燔祭《はんさい》の捧げもの、神に対する供物《くぶつ》として息子を捧げるようにという意味だ。普通は山羊とか牛が供されるのだが、あるときにお前の一人息子を捧げろという神からの命令がくる。それをアブラハムは断行しようと思ってモリヤ山に登っていくのだが、斧を振り下ろす寸前で神が止める。

それはただ試しただけではないかという説もあるが、そうではない。これは本当の神からの本源的な問いかけであり要望だった。私の解釈だとアブラハムは本当にそれをやろうとして斧を振り下ろそうとした事実によって、神のためにすでに息子を殺したのだ。だから神は不必要な行為を止めた。もう殺したので、神が「よし」としたという意味である。だから、宇宙の本質を知るためには、自分の子も殺す、つまり愛をも捨てるというのが当たり前のことなのだ。これが良いと言っているのではない。しかし、そのくらい愛と人間の本質を知るのは苦悩を伴うということが、この古代の物語に記されている。

だからこれは別にイサク奉献の話だけではない。世界中の神話に残っている話は皆それに近い。神話上の英雄は、死を与えられる罪に問われ、命を奪われる話が多い。なぜ神話にそれが残っているかと言えば、人間というのは、そういう苦しみを苦しみ抜いて神と対峙する生き物なのだということを表わすためだ。そうやって、宇宙や生命の本質と対峙しなければならない生き物が人間なのだということを教えているのである。

これはキリスト教に限らず、禅にもある。本当の悟りを得るための修行においては、それを阻《はば》むものに会ったときの心得が伝えられている。それは「仏に逢《あ》っては仏を殺し、祖《おや》に逢っては祖を殺し、父母に逢っては父母を殺す」という言葉がそれだ。これは禅の厳しさを表わしたものとして『臨済録』に出てくる言葉である。仏に逢えば仏を殺すという究極のことを、仏教そのものが言っている。「祖」は師を表わし、それすら殺す。自分の修行の道に立ちはだかるものは、自分の親であっても師であっても、すべて殺す覚悟がなければ禅の境地には達することができないと言っているのだ。これも全く同じ話である。先ほどの「ヨブ記」もそうで、あの時代に最も信仰が深かったヨブが、なぜあれほどの不幸になるかということを、いまの人は理解できない。それを不幸と取るけれども、人間というのはそういう苦しみの中から、宇宙とか生命の真実を摑み取っていくために神によって創られた生き物だということなのだ。

だからその努力をやめたら、それはもう人間ではない。この努力は、十九世紀ぐらいまではまだ残っていた。例えば仏教徒の中にもあるし、キリスト教徒の中にもいたし、それこそイスラム教徒やヒンズー教徒の中にも数え切れぬほど多くいた。信仰のためには、自分のあらゆるものを捨てる人間というのはいくらでもいた。ところが二十世紀にはそれがほとんどいなくなった。仏教徒で言えば、ベトナム戦争に反対してサイゴンのアメリカ大使館の前で焼身自殺した僧侶がいた。それは全世界に衝撃を与えた事件だった。あの頃が最後ではないだろうかと思う。もうすでにそれが衝撃だったのだ。あの焼身自殺の過程で、本当に死ぬまで坐禅を組んだまま燃えていった。非常に衝撃的な映像が目に焼きつけられ、誰でも覚えている。あのような人物がいる限りは人間は人間であることができたのだ。

## 「負い目」のあった時代

いまやキリスト教でも仏教でも、一番偉い人が絶えず医者の診断を受け、人間ドックに入って検査をしている。昔の神父は例えば体に良いことは何一つ考えていないし、病院にも全く行かない人が多かった。世間で言えば、もの凄く頭が固い、変人とさえ言われるような人たちだった。私がまだ幼い頃までは、神父の多くは病院など行かなかったのだ。病気になったら神の思し召しとして死んでいった。それほど世間の価値観とは隔絶して、自らの身体を省みないで生きているのが、神父たちだった。あのハンセン氏病患者が隔離されていたモロカイ島へ、自ら志願して行ったダミアン神父は、死を覚悟してそこへ行ったのだ。そして本当に感染して四十九歳で死んだ。生前は教会の上層部と軋轢が生じるほど、自分の意見を曲げない頑強な意志の持ち主だったと言われている。それはすべて愛のなせる業だ。愛は妥協しない。そうでなければあのような一生は全うできなかっただろう。

　このような人物たちが、まず人間の基本として存在していた。そうでない人ももちろんたくさんいたが、偉大な人たちを見て「負い目」を感じていたのだ。そこに、まだ人間が正常だった謂《い》われがある。「負い目」は全く悪いものではない。魂の成長を人間の成長と考えているなら、それを持っていることは当たり前のことなのだ。「負い目」が人間を人間らしくしていた。現代では、ヒューマニズムと人権の行き過ぎが、それを取り払ってしまった。これは、肉体を人間の中心に据えることで起こってきたのだ。これによって人間の魂は回復不能の痛手を受けつつある。自分は立派な人間とは違っていても、立派な人たちを立派だと思って尊敬できればそれで良かった。駄目な人間は、駄目だと認識していたら、それはそれで人間的だった。駄目な人間だというのは仕方がないし、その駄目な人間も、もちろん生きなければならない。だがそれは大衆として生きているということなのだ。

ところがいまでは、行き過ぎたヒューマニズムがもたらした過度の平等と人権意識によって、「負い目」を持つことが人間の中から失われつつある。その結果、多くの人々が何の努力もしないままに、自らを誇るような世の中が現出している。「負い目」がないのだから、自分の生き方や人生を自ら恥じ入る人はもういない。現代は「人間」であることの中心を、完全に肉体の存在価値だけに持ってきてしまった。だから、あとは何をしようが肉体を持つ「人間」でさえあれば価値があるということになってしまった。こうなってしまったら、もうこれは「人間」を捨てるしかない。そして「脱人間」という真の人間への旅立ちを行なうのである。一九七〇年ぐらいまでは、偉大な人、努力している人を見ると全員が負い目を持ったものだ。そのような精神的に苦悩し、人生に努力している者だけが尊敬されていたのだ。人間を人間たらしめていたこのような「負い目」も、ヒューマニズムによって打ち壊されてしまった。

明治で言えば、あの第一高等学校の学生、藤村操《みさお》の自死がある。一高生だった藤村は、人生の懊悩に真正面からぶつかって破れ、日光華厳の滝に投身した。それに、当時の知識人の多くが衝撃を受けた。一高で藤村を教えていた夏目漱石や学生たちに、大いなる動揺を与えたのだ。在学中の岩波茂雄なども自身の人生の転機となったと述べるほど深く痛み入った。明治時代つまり十九世紀の終わりくらいまでは、藤村操という一高生が、人生の不合理に悩み苦しんで、巌頭から飛び降りて自死したことが、多くの人の魂に衝撃を与えたのだ。皆、悩んではいるけれど自分はそこまではできない。自分は弱い人間だが、もっと強くならなければいけないという奮起を促す事件となったのである。

そうである限りは人間の魂は残っている。まだ魂に救いはある。自分の生き方を変えることで何とかなる段階にある。まだ人間が残存している状態なのだ。ところが、いま藤村操が同じことをしたとしたら、誰からも理解されない。藤村のように、国家問題や哲学的懊悩で自死しても誰の理解も得られない。却って病気や悪徳くらいに言われてしまうだろう。いまはこういうことをした場合、病院に行かなかったとしたら犯罪者呼ばわりされる。私は武士道の思想で死ぬ気で生きてきた。命懸けの生き方に対する、現代人の反応はよく分かっているのだ。この社会は、もうやり直すことはできない。少なくとも、人間の生き方や魂の価値についてはそうだ。

いまや命懸けで生きるような感性は徹底的になくなった。そして、徹底的にヒューマニズムに侵された人間観だけを「人間」だと信じるに至っている。現代において、人間であろうとすれば必ずヒューマニズムの悪徳である綺麗事という正義に呑み込まれてしまう。他者と自己に対する真の認識がなくなった文明が、いまのヒューマニズム文明と言える。だからこそ、このヒューマニズム文明の中で、「人間」でありたいと思う考えを捨てようということを何度も言っているのだ。こうなったら徹底的に捨てない限りはもう何も進まない。少しでも、いまの「人間」の残滓があれば、必ずもとに戻ってしまう。

ただ実際に捨てようとすると、生の苦しみに苛《さいな》まれてくる。一生涯にわたり、魂の成長のために苦悩と呻吟を伴うことになるからだ。宇宙の根源や生命とは何かを求めて苦しむために生きているのが人間だということを、再認識しなければならない。人間というのは、宇宙を志向して苦悩するためにもともと創られた。モーセが言っているのも、エジプトで自分たちが安楽に暮らすために人間として生まれたのではないということだ。人間を創った神とは何か、宇宙とは何かを志向するために我々はいるのだということを、モーセは言っている。そのためには、すべての生活を捨てなければならない。それがエクソダスなのだ。

## 人間を超えて

繰り返すが、私はこの『脱人間論』は「現代のエクソダス」だと思っている。そして、これこそが真の人間への出発だと思っているのだ。先ほど人類史の苦悩の例として「ヨブ記」と「イサク奉献」を挙げたが、これは『旧約聖書』の中にある物語である。その他に、日本の神話では「スサノヲの物語」がある。そして現世に近いものでは「日本武尊《やまとたけるのみこと》」の苦悩も、あれはすべて真の人間に成るための苦悩の物語なのだ。日本武尊の伝説は、実在していた人間の魂の物語だ。だから伝説になれる。肉体のことではないから、伝説となるのだ。そして、そこに残っている伝承はすべて苦悩と悲哀の話だけだ。これは世界中のどの神話も宗教も、伝承はあらゆる方向でそう言える。愛の物語として、多くの文学と実話がたくさん残っているが、それらのほとんどが苦しみの話なのだ。愛は宇宙の本質であり、我々を創り出した淵源にある「何ものか」だと言えるだろう。そして、それは悲哀から生まれたということが示されている。

その悲哀が「何か」ということを考え続けることが、真の人間としての苦悩を生み出すのだ。そして多分、宇宙が終わる本当の終末には、最後の最後に人類は悲哀をつんざいて屹立《きつりつ》する「愛の本質」

に到達するのだろうと私は思っている。到達するときは、いまの宇宙が終わるときに違いない。だからそこに到達して宇宙が終わるまで、人間に指名されたものは、神を求めて苦悩し続けなければならないということなのだ。そう昔の秀れた人たちが、口を揃えて言っていたことを忘れてはならない。昔はそういう人はたくさんいた。多くの人はできなかったとはいえ、そういう人を尊敬していたことが確かなことなのだ。すでにその尊敬がなくなった意味は、イナゴの大量発生と同様に、種の終わりだということに他ならない。終わらないためには、進んで「人間」を捨てることしかない。

いまはそうなっているのだから「脱人間」が必要なのだ。この世を捨てて真の道に入る。いまは「人間であること」が権利になっている。人権を中心として、「生きること」までが権利と化してしまった。そのようないま流の「人間」を捨てる。私はその新しい人間を、「超人間」と呼びたい。その「超人間」になるために、いまの「人間」を捨てなければならないのだ。「超人間」とは、内村鑑三が教会を「超えて」、自分自身で神の教えというものを追求していったときの状態を言っている。この状態を内村はビヨンド（beyond）と表現した。超人間の「超」とは、このビヨンドに等しい。

内村鑑三は「無教会」という思想を打ち立てた。教会の腐敗に義憤を覚えていたからだ。教会の腐敗を乗り超えて、本当のキリスト教の教会を建てるために教会を捨てた。そして「無教会」が必要だと言ったのだ。「無教会」の「無」を表わすのは、「no」ではなくて「beyond」だと言っている。要するに乗り超えていくためには、捨てなければならないということなのだ。だから無教会とは脱教会だった。内村鑑三は、脱教会ということも言っている。「脱教会」であって「超教会」、つまりビヨンド・チャーチなのである。だからこの「脱人間」というのは人間を捨てる、つまり超《ビヨンド》えるということになる。まずは捨て去らないことには超えられない。超えてから捨てるのではない。捨ててから超えるのだ。

何度も言うがヒューマニズムの文明というのは、マスメディアを中心にその網の目が生活の細部に至るまで支配している。普通の人が逃げられるような代物《しろもの》ではなく、もう雁字搦《がんじがら》めになっているのだ。絶対に逃げられないというのは、私が六十年以上にわたって見て確信できる。先にも言ったが、私が影響されなかったのは、もともと世間を捨てているからなのだ。私は、現世は大嫌いだった。だから「脱現世」を自然に行なうことができた。『葉隠』の魂だけが私の生きる世界だと決めていたからだ。それは覚悟というか、ただそれを信じるということで生きてきた。そして結果論ではあるが、これ以上の幸運はなかったと思っている。私の最大の幸運は、現世を捨てていたことに尽きるのだ。『葉隠』は私が人間として生きる、真の出発となったのである。

## 文明の本質

ただ信じることだけが、すべてなのだ。信じることは人間の証である。動物は何かを信じることはない、つまり本能だけしかない。だから、いまの人たちが言っている生き方は本能に生きる動物と同じなのだ。本能に生きるということ自体は間違いではない。類人猿としては当たり前のことだ。自分が楽をしたい、餌が欲しい、幸福でいたい、自分だけ安全でいたい。これは動物としては当たり前のことなのだ。そんなことは誰でも分かっている。ただ、私が言っているのは、「人間とは何か」である。人間は、本能を乗り超えて自分の大切なその肉体よりも、もっと大切なもののために生きなければならないということだけを言っている。

私は偶然にも武士道が好きだったので、そういう「脱現世」を自動的に行なうことができたということはすでに述べた。だからいままでも、地位やお金や持っているものを捨てることを別に何とも思わない。少なくとも、その覚悟はいつでも持っていなければ絶対に真の人生は失う。愛の物語として残っているものはすべて、相手のために自分の命を捧げるものしかない。それだけが愛なのだ。しかし、いまでは人を愛するというのは、自分が幸福になりたいから相手を好きだとする人がほとんどになってしまった。

これは自己愛といって、本当の愛ではない。自己中心のエゴイズムであり、自分を愛するから相手に好かれようとすることでしかない。家庭を見ていても、自分が幸福になりたいから妻を大切にするとか子供を大切にしているように見える。しかしそれは、子供を本当に大切にしているということではない。それは自分なのだ。そこが分からなければならない。しかしいまでは多くの人がそうなっているので、もはややり直しはできないだろう。これは超えていく以外に道はない。そのために「脱人間論」という思想があると思ってほしい。

モーセは神の抱く苦悩を引き受けようとしたのだ。親を慕う子のごとくに、そう思った。その決意が、あらゆる苦悩を乗り超える覚悟を生み出した。だから我々も、敢えて苦悩に突入しようと思わなかったら、「脱人間」はできない。ウナムーノの言葉に「真の愛は、苦悩の中にしか存在しない」(No hay verdadero amor sino en el dolor.) というものがある。この言葉は愛の真実について語っている。だから本当に人を愛そうと思ったら、本当の愛が欲しいと思ったら、苦悩の中に生きるしかない。これはウナムーノ以外にも多くの哲学者がそう言っている。だから、再びそういう苦悩の人生を繰り返すことのできる人間に戻らないとならないのだ。

いまの言葉は、ウナムーノの『生の悲劇的感情』の中にある。そこには、あのギリシャの賢人ソロンの挿話が出てくる。民主主義を初めて政治手法として取り入れた人物だということは先に述べた。「人間のため…」というものをすべて信じてはならないと述べたソロンは、一人息子を失った父でもあった。ソロンが息子の死を嘆き悲しむのを見たある衒学者が、「なぜ泣くのか、泣いても何の役にも立たない」と言ったのに対し、ソロンは「正にそのためなのだ。何の役にも立たないからだ」と答えたという話をウナムーノは書いている。この問答はまさに現代の抱える人間観を象徴しているのではないか。本当の愛を知るソロンは「人間のため…」という言葉だけではなく、「何かのため…」という物質主義そのものを信じていなかったのだ。

　内村鑑三が「脱世間」と言っているのも、非常に重要な思想だったと私は考えている。明治、大正時代にもうすでに、「出エジプト」の考え方を「脱世間」だと見ていたのだ。「脱世間」という思想がなければキリスト教の本当の信仰のことは分からないということを内村鑑三は感じていた。もともと信仰とは「脱世間」のことなのだ。信仰とは、魂のために生きることを言う。そして、それが人間の人間たる謂《い》われとなっていた。その代表が宗教生活だったということである。修道院も山の中にあり、曹洞宗の大本山永平寺なども人が誰も行けないような山の中にあった。

　要は「脱世間」ということで、人が言葉を交わすことすらできないような状況を創っていた。そういうところに閉じこもって、「人間が何であるか」という苦しみを苦しみ抜いている人を、世間の人が尊敬することによって、現実世界も人間的な営みができたのだ。そういう時代なら、脱世間をする必要などはない。しかしそういう苦しみを苦しんでいる宗教家も、もうすでにほとんどいない。宗教家の多くも自分の命が何より大切で、人間ドックにばかり入っている。宗教界の頂点にいる人々が、自分の身体が一番という考え方になっている。だからもう、人類文明は終末を迎えたということを如実に感じるばかりなのだ。

我々は自分たちの文明の本質を感じなければならない。文明とは何かを考えれば、宇宙とは何か、生命とは何かを考えることになる。人間が築き上げた文明は、宇宙の投影図だからだ。文明の本質を考えれば、安全、幸福、保障といったものは文明の本質ではないと分かる。文明が宇宙の投影図であり、宇宙を模倣して人間が創ったものである限りそうなのだ。だから本当の文明は、愛に悩み、信じることに苦しみ、友情のために呻吟し、魂の成長のために煩悶するのだ。破壊と生成の無限変転とは、そのことを意味している。それが宇宙の本質である。この宇宙の本質を、そのまま地上で実行するためのものが人間の文明だと言える。これは、人間が誕生したときから、一部の秀れた人間にしかできなかった。この秀れた人を尊敬することによって、文明が築かれていったのだ。生命を燃焼し切った星が、自分を破壊し新しい星を生み出すというのが、真の愛であり幸福なのだという宇宙的真実をいまは誰も認識していない。

自己犠牲と言えば消極的な印象になってしまう。しかし、それが生命の本質なのだ。それは、真の生命の躍動の根本である。愛の本質は自己犠牲に尽きる。自分の身を削り、相手に自己存在を捧げることが愛の本質なのだ。そのために苦悩し続けることが真実の人生を創り上げる。「幸福論」の定番だった先述したヒルティの『幸福論』の頃まではそれが常識だった。だからひと昔前のヨーロッパではヒルティに倣《なら》うということで話が済んでいたのだが、いまやそれは「非人間的」とされるほどである。ヒルティの場合は、西洋人でキリスト教文明の信仰からきているから、狂信者とか厳格なキリスト教徒だからとか、偏っているからとされてしまう。最も良かったとしても、いまの世ではとても無理だと一蹴されるだろう。これはキリスト教に限らず、仏教でも禅でも何の宗教でも、昔の立派な人はみな、同じだった。しかしいまは禅ですばらしい人がいたとしても、禅で頭がおかしくなった禅病だと言われてしまう。現代人は、自分たちが病気なのかもしれないと疑うこともなく、努力をしている正常な人のことを病気だと言っていることが多い。

我々はこういう文明の本質を、真の意味で感じなければいけない。文明の本質は、それだけで宇宙的使命を持っているのだ。この宇宙的使命について苦しみ抜いていく必要がある。宇宙的使命の一つが愛の実現である。その愛の断行によって苦しみ抜くのが人間だという認識をいま一度、取り戻さなければならない。愛の認識が、人間の出発であることを真に知るときがきたのだ。

# 第二章　人間の証明

内在意志とその望みは、どうなってしまったのだ。
――トーマス・ハーディ

## 三島由紀夫の死から

我々の文明はすでに、人間中心の行き過ぎたヒューマニズムに侵され切ってしまった。そして、身動きの取れない状態まできている。このことは前章で述べたが、本章ではより詳しく現代社会の病巣に焦点を当て、いまなぜ「脱人間」が必要なのかを述べていきたい。

行き過ぎたヒューマニズムは、民主主義と科学文明にとって都合が良かった。だから、その応援を存分に受けることとなったのだ。それによって我々現代人は肉体だけの人間中心思想に陥り、魂の鍛練に重きを置く昔からの人間観は、話しても全く通じない状態になってしまった。この状態は二十世紀に入ってからますます拍車がかかり、特に世紀後半からは惨憺たる状況になってしまった。私の記憶では、一九六〇〜七〇年代まではまだかつての人間観を取り戻せる感じはあった。それが完全に取り戻せないと予兆されたのは、二〇〇〇年前後あたりだっただろう。

それより前に人類の危機を予感し、現世から姿を消した三島由紀夫の自決事件は、一九七〇年十一月二十五日に遡《さかのぼ》る。すでに五〇年前の出来事になる。三島の遺書ともなった「果たし得ていない約束」の中には、いまの我々が表わされている。「私の中の二十五年間（戦後のということ）を考えると、その空虚に今さらびっくりする。私はほとんど〈生きた〉とはいえない。鼻をつまみながら通りすぎたのだ。二十五年前に私が憎んだものは、多少形を変えはしたが、今もあいかわらずしぶとく生き永らえている。……それは戦後民主主義とそこから生ずる偽善というおそるべきバチルス（ウイルスのこと）である」と記されている。そして、三島の憂慮したとおり「無機的な、からっぽな、ニュートラルな、中間色の、富裕な、抜目がない、或る経済的大国」となった日本は、いまや自らが経済成長という幻想に食われながら、何もなくなりつつあるのではないか。こうして人間が人間ではなくなる前に、「最後の人間」として三島由紀夫は旅立った。

また哲学者の森有正はフランスで戦後日本を憂え、単に外からきた言葉だけの「民主主義」に対し、人間の生命に血肉化された真の「経験」に根差した日本人の魂を取り戻そうと苦悩した。その苦悩は、珠玉のようなエッセイの数々に見られる。そして、頭だけのヒューマニズムによって各自の欲求不満だけが社会の主張となっていることを痛切に問うた。単なる経験は誰でもできるが、それを血肉化した真の「経験」とするには、人間には上位概念が必要なのだ。「経験」なしの、借り物の民主主義は権利主張だけとなるのは目に見えていた。

森有正は、生前、私のために目白のカテドラルでバッハの「パッサカリア」を弾いてくれたことがあった。その荘重なオルガンの音楽は、私の脳裏に焼きつけられている。私の脳の中で、その通奏低音の繰り返しが、人間としての魂の発展を促し続けている。森もまた、魂の苦悩に生きた真の人間だった。演奏の後、バッハの人生に話が移り、バッハが自己の求める魂のためにその肉体的人生のすべてを犠牲にしたことを話してくれた。バッハは激務のために失明したことを、死の瞬間まで、神の恩寵として喜んでいたと話してくれたのだ。そして森は、自分もバッハのようになりたいと語っていた。私はただ森有正を仰ぎ見た。三島の死からさほど遠くなく、森もこの世を去った。

三島の自決の頃が、一つの時代の節目となった。日本だけではなく世界でも、例えばフランスでは一九六八〜六九年頃には、若者がパリの五月危機を皮切りとした学生運動を通じて世界秩序を破壊していた。そしてヒッピー文化を標榜する人間が世界中に増加の一途を辿った。あのベトナム戦争のときにヒッピーが平和運動を唱えた姿は、決して本気ではない。ファッションとしてのベトナム反戦平和思想が盛り上がり、無気力と努力をしないことの言い訳となり、麻薬と性の解放がそれと表裏一体をなした。これは第一章で触れた、ベトナム戦争のときに愛による犠牲的精神によって坐禅をしながら焼け死んでいったあの僧の姿とは、全く逆だということが分かるだろう。

しかし、いまはもうあの僧侶も、ただの異常者か偏《かたよ》った人間という扱いをされてしまうだろう。さらに酷《ひど》ければ、ただ目立ちたかっただけだと言われるのではないだろうか。またはテロリストか。どちらにせよ、いまでは抗議して焼け死んでいく僧の映像が流されることもない。いまのヒューマニズム過剰の世界では、あの僧の映像は、心が傷つくとかトラウマになるといった、観た人の「気持ちの問題」が最優先されてしまうに決まっている。それが現代流のヒューマニズムと言われているものなのだ。

あの命懸けの抗議に「崇高」を感じるのが、魂を重んずる本来の人間だった。魂の芸術を標榜した岡本太郎は、その僧侶の映像を「それはただの自殺というより、一種の強烈な儀式だった。……正坐した僧侶は最後までその姿を崩さず、炎に包まれたまま死んで行く。……生きながら炎に包まれ、火の神聖を身に負う。それは忿怒像そのままを再現する」と『美の呪力』に書いている。こういう人物がいたから、まだ社会の健在は保たれていたのだ。しかしいまではすでに、その映像を流すこともない。

人間とは何かという本質とは逆方向に向けて、針はすでに振り切れてしまっている。もはや社会は元に戻れない段階にまできている。このままでは、人間は身動きが取れなくなるだろう。社会の「空気」は、人間の魂を圧殺している。ヒューマニズムは、自分を神としてその愛の名の下に、畏《おそ》れを知らぬ暴走を始めてしまった。人間は、神を忘れ神を捨てたと言うが、捨てようが何をしようが、神によって創られた存在であることに変わりはない。宇宙の愛の下に我々が生きているのはいまも同じだ。宇宙の愛によって生かされているにも拘わらず、それを我々の自意識が捨てたのだ。このような傲慢な人間になることによって、たがの外れた暴走が始まった。その暴走が、第一章でも述べた原爆や水爆そして環境破壊へと繋がっていった。そして、あらゆる化学物質の汚染を作り出したのだ。

汚染もさることながら、我々がヒューマニズムの過剰な人権意識によって、すべて善人になってしまったことが致命的だった。魂の練磨どころか、最初から皆が秀れた人間になってしまった。誰もが自動的に秀れた人間になった結果、社会は「何でもあり」の状態になった。何をやっても裁かれず、すべてが良いことになってしまった。学校なら、もう本当の評価を付ける人がいない。評価を付ける人がいないのなら、全員が良い子であり、全員が何かを持っており、全員がすばらしいということになるに決まっている。そして現にいまそうなっている。皆が善人で優秀だということは、皆が自分は愛に生きていると思えることを意味している。私が知っている限り、いままでの人生で自分には愛がないと思っている人に会ったことはない。全員、自分には愛があると思っている。全員がそう思えること自体、この人類という種はもう死んだも同然なのだ。

## 地獄に生きている

人間の魂の本質である「愛」を何とか得るには、一生涯の苦悩と大変な努力を必要とする。それでも得られるか得られないか分からないのが「愛」なのだ。それが宇宙の本質であり、その本質を捉《とら》えることはなかなかできない。ところが、いまでは全員がその「愛」を持ち、それが分かっていると思っている。昔はそのような人物は、聖人君子とか大宗教家や一部の偉い人だけだった。だから、そういう人物を皆が尊敬したのだ。魂の鍛練の具合が、尊敬の基準になっていた。そして尊敬しているうちは、その他の多くの人には「愛」がなくても社会はうまく機能した。大衆の心にそういう「負い目」があることが、多くの自制心を生み出していたからに他ならない。ところがいまは、誰もが自分はすでに愛の修行もできているのだから、もう改善の余地はない。片鱗だの疑問さえなく、誰もが自分は秀れた善い人だと思っている。

　私がそういうことに気づいたのは、ちょうど三島由紀夫の自決した二十歳の頃だった。いまでは七十歳となったが、それからすでに五十年を生きていることになる。それでもまだ、自分は愛のない悪人であり、至らない人間だと本当に自覚している人には会ったことがない。それでは何を思っているかというと、自分はそこそこ秀れており、それなりに愛があると思っている。この、「そこそこ」と「それなりに」というのがいかにも現代的だ。しかしそう思っているから、それ以上の魂の鍛練をしようとは思わない。

　いかにも、現代ヒューマニズムは愛を安売りしてしまった。そして、そのことによって家畜化された人々の力を利用して経済成長を遂げてきた。しかし、愛はそれほど簡単に手に入るものではない。愛を持つために、あらゆる苦悩を乗り超えようとしたのが人間の魂の歴史だった。その愛を持っているなどという者は、昔は最も愚かな人間と思われていた。多くの宗教家は、自分が愛を持っているなどと思っている人間自体、地獄に堕ちるのだということを言っている。

　あの源信は『往生要集』において、「おのれと愛の羂《あみ》に誑《たぶら》かされ、悪業を作りて、いまその悪業の報《むく》いを受くるなり」と地獄に堕ちる者に向かって言っている。これは、自分は愛の心を持って生きてきたのに、なぜ地獄へ行くのか、と問う人間に対する閻魔《えんま》王の言葉として記されている。つまり愛の下に自分は生きていたなどと思い込んでいる人間が地獄に行くのだということが書いてある。自分で自分には愛があると思う人間が、一番罪深い者として裁かれると言っているのだ。愛の下に自分は生きているなどと思って、自己中心的な愛もどきの押し付けをやっているよりは、自分のことを悪人だと思い、罪深い人間であり悪魔だと思っている人のほうがまだ救いようがあるということだ。

ダンテの言う「地獄には地獄の名誉がある」(Ch'alcuna gloria i rei avrebber d'elli.) ということが分かっていれば、真の人間として生きられる。ダンテが言うように、地獄に生きているという自覚のある人間は悪人である。しかし、悪人である限りはまだ人間だと言えるのだ。反対に、自分が愛の下に生きているなどと言う者は、もう人間ではないということに等しい。ダンテの『神曲』やミルトンの『失楽園』そして源信の『往生要集』や道元の『正法眼蔵』を読めば、我々の生が天国とはほど遠く、却って地獄に近いということがよく分かる。『往生要集』には、地獄というのは人間界のすぐ隣にあると書かれている。それを現代で分かっている人はほとんどいない。自分たちは高みにいて、天上界の人間だと思ってるのが現代人と言えよう。

さらに言えば、地獄というのは隣ではなく、本当は現世と重なって一緒に存在しているのだと私は思っている。かのダンテも地獄は現世にあると思っていた。現世自体が地獄で、実はともにこの世に在るのだ。だから、自分がどちらに傾くかは毎日、自分自身の生き方によるものだと皆が分かっていた。自分が地獄のほうに行く可能性があるのを悩み抜くのが人生だった。芥川龍之介の『羅生門』に描かれた、老婆が若い女性の遺体から髪を引き抜いている地獄絵図を見れば、我々は自己の罪深きことを知り、また自己が地獄に生きていることを実感する。そして、その地獄を生き抜くのが人生だということもよく分かるのだ。これらの文学も読まれなくなって久しい。「天国」「地獄」というのはキリスト教の思想だけではなくて、『往生要集』のような仏教でも存在するが、重要なことはどちらに行くかを悩み続けるのが人生だということなのだ。現代人はとにかく懊悩《おうのう》を避け、問いを持たずに生きている。あたかも地獄がないと思っているように見える。

## 大衆は審判者か

さらに日頃、現代社会を見ていて非常に問題に感じ、すでに人間が終末を迎えてしまったのではないかと考えざるを得ないことがある。それは、大衆の一人ひとりが審判者になったということだ。

かつては人間が地獄に落ちるのか天国に行くのかを決めるのは、それだけの力と能力があると認められた、いわゆる権威者だった。そういう判定をすること自体が、一つの文明における権威だった。例えば昔はカトリックなどでは、臨終の際には、ローマ法王から指名された神父の終《しゅう》油《ゆ》の秘蹟《ひせき》を受けなければ、地獄に落ちるとされていた。だから、死に際には、どんな悪人でも皆、終油の秘蹟を望んだのだ。地獄に行くか天国に行くかということは、やはり自分で決められることではないと分かっていたからである。ところが最近の五十年間を観察していると、家族が死んだり友達が死ぬと全員が「天国で元気にしているだろう」、「うちの母は天国に行きました」などと平気で言う。逆に嫌いな人が死ぬとあいつは「地獄」に落ちたと勝手に言っている。好き嫌いで、「天国」に行くか「地獄」に行くかすべて決めているのだ。

これは大変なことで、私が『脱人間論』を書く動機になったものの一つだ。もうあらゆる個人が、昔の大宗教家や大政治家そして大学者などが持っていた権威など歯牙にもかけない。カトリック教会が持っていた権威とか、天台宗、比叡山が持っていた権威など、そういうものを年端もいかない小さな子供まで含めて、現代は全員が自ら持つようになってしまった。嫌いな人が死んだら地獄行き、好きな人が死んだら天国だと言っている。また、それがそのまま世間を通ってしまう。

昔はそれを判定してもらうために、教会があり信仰があり世の中の掟《おきて》があったのだ。その実力や地位がそこまで到達した者だけが、宇宙の秩序を代弁する判定者として認められていた。それが、いまではすっかり忘れ去られている。別に教会という権威が良いということではないが、実はこういう宇宙の秩序の位があって判定しているということが、文明の基本だったのだ。この位を尊敬し分《ぶん》を弁《わきま》えていたのが、人間の文明だった。いまや全員が位を無視して、好き放題、自分が判定者になっているのだから、もはや現代には秩序など存在しない。

自分には愛があると思って、愛の名の下にいろいろと勝手なことを言っている人間は、正式な仏教とかキリスト教では、最も地獄に落ちやすい人間だということが言われていたことは先に述べた。そして、それが書いてあるのが源信の『往生要集』であり、ダンテの『神曲』であることも書いた。それでは現代の文学で言えば、そのことが書かれているものは何だろうか。私は高橋和巳の『悲の器』にそれを強く感ずるのだ。『悲の器』は、国立大学法学部教授の正木典膳が、病気の妻を抱え、肉体関係をもった家政婦からは、その後裁判を起こされ、人々から蔑《さげす》まれるまでの内面的葛藤を描き出している。自分は愛を持ち正しく生きていると、かつては考えていたその主人公の話である。確かにこの主人公は悪いことをしていたというわけでもないが、実は愛がありそして自分を正しいと思う人間が地獄に行くということを描いているのだ。

絶対的な愛、絶対的な正しさというものは人間界ではあり得ない。我々は全員、一生涯、生身の人間として愛と正しさを求めて苦悩するために生きている。神武天皇の建国の詔《みことのり》ではないが、正しさというものは「養う」ものなのだ。「正しさを養う」とは、日本建国のときに、政治の在り方として神武天皇が決めたことである。その「正しさ」の中に、「愛」が含まれていることに文脈を見れば誰でも分かるだろう。それらを追い求めるその苦悩が、人間だということを忘れてしまったのではないか。前述の天国と地獄の話ではないが、自分が命を与えられているだけの人間だということも忘れている。全員が価値の審判者になったということは、歴史的に見てあまりに根深い問題なのだ。その根深さは、すでにやり直せない段階まできている。

我々が価値観の審判者となってしまった原因のひとつとして、実は自分が「人間的」だと思っていることが挙げられるのだ。いまの「人間的」とは、「神」に等しいことを意味していると気づかなければならない。だからいま流の「人間的」などという、ヒューマニズム的な考え方を捨てなければならないと言っている。あの『悲の器』の正木典膳は自らの罪を裁かれた法廷を後にして、自分以外の皆が天国に行ったとしても「私は行かない。私は死んでも、私には闘いの修羅場が待っているだろう。私を踏みつけにせんとする悪魔どもがつぎつぎとあらわれ、現われつづける。我が待望の地獄が。私は慈愛よりも酷烈を、奴隷の同情よりも猛獣の孤独を欲する」と言う。正木典膳は、自分の正義と愛を法廷において裁かれることによって、人間としての魂の飛躍を摑み取ったのではないだろうか。そして、人間が人間以上のものたりうるか否かを証明するために地獄へ下ったのだ。これは我々の直面する「脱人間」の問題そのものである。私は正木典膳に、それがたとえ悪人だとしても、苦悩する真の人間性を感じている。

## 魂の宿るもの

我々は人間であることを乗り超えなければならないのだ。「人間」つまりヒューマニズムでいう「人間性」の終焉が近づいている。人間と呼ばれるものが我々だけだと思うことは、それ自体がすでに思い上がりである。そのように思えるのは、我々が実は神を失ったからに過ぎない。実は、人間は生命体である必要もないのだ。宇宙意志としての魂の宿る存在が人間であり、私が言っているのはその歴史的な人間についての話である。

過去にも哲学者ルドルフ・シュタイナーが、人間と呼ばれる魂が気体や植物だった時代のことを本にも書いていると、第一章でも少し述べた。シュタイナーは非常に論理的な本が多く、前出の『アーカーシャ年代記』という、古代の地球を霊的年代史として追った本は面白い。そこでは、太古にあったとされるレムリア大陸が存在した時代には、真の人間は気体だったと推測されている。気体の中に人間の魂が入っていればその気体が人間となる。木星のガス体の中に、人間の魂が宿ればそのガス体が人間なのだ。いまはたまたま、地球上の生命体としての動物であるヒトという類人猿の中に入っている。このままいくと、その魂は、もうある程度は抜けていく過程が始まっているのではないかとさえ私は思っている。抜けたら違うものに入るのだが、その入ったものが次の人間になるのだ。

人間の魂が別のものに宿ったとして、我々はどうなるのかと言うと、抜けても死ぬわけではない。動物としては生きるのだ。「家畜」になるだろうと私は思っている。その家畜になったときには、それは別の物に宿った「新しい人間」の家畜になるということだろう。そして今後、その新しい人間がどういうものになるのかは正確には分からない。その選択肢の一つがＡＩ（人工知能）とそれを搭載したロボットかもしれないというのは私の予想である。ＡＩなんかに人間の代わりが務められるわけがないと言う人が多い。またＡＩが人間に追いつけるわけがないという人間が大部分だが、その人たちの言う人間は肉体と本能である感情のことを言っている。しかし、人間とは魂なのだ。現人間がこのままの状態を続ければ、ＡＩが人間化し、現人間がＡＩの家畜になる可能性は大きいと言えるだろう。

金属だろうが石だろうが、植物だろうが気体だろうが、何にでも魂は宿ることができる。その証拠に、第一章にも登場したテイヤール・ド・シャルダンは、人間を構成する宇宙意志が、この大宇宙が終焉を迎えるときには、宇宙に存在する人間と呼ばれる魂だけが集まって一つの「天体」となるのではないかとまで言っている。それを「オメガ点」と呼んでいるのだ。それが宇宙の終焉の姿だろうと示唆している。これは非常に納得のいく理論で、私もそうだろうと思う。多くの哲学者が指摘しているにも拘わらず、宇宙を志向する魂を持つものが我々だけではないということが、全く分からないほど我々は傲慢になってしまった。

いまや個々の人間は、個と肉体に捉《とら》われ過ぎた結果、人間を人間たらしめている魂という、全体を覆う宇宙の意志である霊魂の存在があるということを全く考えなくなった。人間が人間という魂でできていることの認識がない。魂というのは、種族でも肉体のことでもなく、人間の魂という宇宙的霊体としてあるということを知らなければならない。それがないと、個を大事にし肉体を大事にし、個々の自分だけを大事にするようになる。つまり個別であり断片になってしまう。我々は宇宙の一環として、人間という全体霊の分霊がそれぞれに分け与えられているのだ。分霊が集まって全体で一つの人類の魂を構成していることには多くの人が気づいていない。

## 豚は崖から降ちていく

人間という魂が宇宙には必要である。この魂が愛とか信とか義などという価値となって、人間を人間たらしめているのだ。だから人間には完全な個というのはない。人間の自己固有とは、宇宙と自己の魂との固い結合ということである。だから個があるのは個別の肉体だけだ。そして愛や信や義という、神とか魂と呼ばれる宇宙の根源力の顕現のために人間は存在している。その魂のために、自分の肉体などは擲《なげう》たなければならないのだ。相反するようだが、もちろん地球上の生命体に魂が宿った現人間の場合は、肉体がないと魂の活動もできない。だから、その意味で肉体は尊いということになる。個別の肉体と宇宙の魂が合体して、唯一の存在を創っている。ただし先ほどから述べているように、人間の魂は気体にも入る。気体だろうが、液体だろうが、植物だろうが、金属だろうが何にでも入る。

人間が真の人間であったときには、我々は肉体に魂という宇宙的実在が注がれたということを認識していた。肉体があって、魂があるというこの二元論が学問的にも大いに意味をもって議論されもしたのだが、それはそもそも人間が真の人間だった時代までの話ということだろう。まだ多くの人が本来的人間だった頃のことであって、いまはそうではない。いまは肉体は肉体だけの話になってしまっている。しかし肉体は真の人間とは関係ない。肉体を人間だと思っていることが、いまの時代の決定的な間違いなのだ。

肉体は動物である。肉体の中に入っている魂だけが真の人間なのだ。私は先にも触れた通り、もう人類自体からは、人間の魂は抜け始めているのではないかと考えている。人口の増加率で言っても、恐らく人間の魂を持っている人間の比率は少なくなっているか、薄まっていると考えられる。または分霊があまりにも細かく分けられ過ぎてしまったのではなかろうか。一人ひとりの人間は限りなく明るく、限りなく軽くなった。魂の懊悩は、どうでもいいことになってきた。すでに我々の魂は、肉体に食われてしまったように私は感じている。人間の価値を、現代人の肉体礼讃が、限りなく貶《おとし》めている。

アンジェイ・ワイダ監督の映画『悪霊』はドストエフスキーの文学をもとに製作された。人間存在の原点を抉《えぐ》る名作として名高い。最後に近いところの台詞が私の記憶から離れない。豚に人間の悪霊が宿って崖から降ちていくことを語っているのだ。それが現代社会を象徴しているように感じられてならない。この映画はソ連が崩壊する直前の一九八七年に公開されたというのも予兆的だが、そのラストシーンは『新約聖書』の逸話が下敷きになっている。キリストの有名な逸話を、ドストエフスキーが現世の問題に重ねて思索した文学である。イエスがガリラヤ湖に着いたときに、レギオンという悪霊に取り憑かれた凶暴な男を助け、その悪霊が豚の群れの中に入ってガリラヤ湖に自ら身を投げ溺れ死んだというものだ。

現代人はすでに人霊ではないものに取り憑かれているのではないか。実際、人間と豚は肉体的な成分の配合が最も近いとも言われている。実に予言的な物語だ。これを聞いてこのままで良いと思える人がいるだろうか。我々のうちすでに多くの人たちは崖の淵まできているのではないか。人間は、堕落すると豚になると多くの国で言われている。過去の人たちは、本能的にそう思ったに違いない。しかし、いまの我々は動物の中で人間に最も「体質」が似ているものが豚だと科学的に分かっている。その事実を知れば、このイエスの逸話は笑って見過ごすことはできないのだ。臓器移植では、すでに豚の体内で人間の臓器が作られている。この技術も、このまま発展していくだろう。しかし、我々は豚でいいのか。我々はそこまでして肉体を生き伸びさせたいのか。私は現人類にそれを提言しているのだ。悪霊が入るものとされていたものの中で作った臓器で生きたいのか。多分、真の人間の魂を失った者に、この話は通じないだろう。

## 『葉隠』の中へ

人類の文明は、肉体を痛めつけることによって魂の価値を高めようとしてきた。それが人生の修行だった。つまり宇宙とは何なのか、生命とは何なのかということの本質を摑みたいと思っていたのだ。それを摑んだ度合いの高い人が指導者と呼ばれる人たちだった。そういう人たちが、例えば王や貴族そしてローマ法王や天台座主などに成っていったのだろう。その人たちは修行の結果、宇宙の本質を垣間見ることができるようになり、それによって各人の正しい生き方はこうだとか、生き方の善し悪しを判定していた。いまはこの修行の結果をすべて無視している。誰もが、何の修行もせずに、自分の好き嫌いだけによって物事を判断する権利を握ってしまった。そして、そこに自ら人権という正義を打ち立てている。つまり現代ヒューマニズム文明の悪弊によって、人間がいままでに築いた宇宙的な真の文明が死んだということなのだ。

このような世の中は、もうすでに真の人間の築いた「社会」ですらない。もはや人間の文明ではないのだ。もう死んだということが、分からなければならない。この死んだ中に暮らしていたら、魂の鍛練は望めない。釈迦もキリストも、あれだけ素養があり人としても立派な人間が、すべてを捨てて乞食のようになって修行したのだ。あれだけ分かっている人間ですら、その修行の道に入り、悪魔にも誘惑されながら、持続的に克己心を培い、自らの身を修めながら、絶えず宇宙の本質に近づこうとしていた。いまの人間は全く歴史を顧みることもなく、自らを神だと思う者さえいる。

どの角度から見ても、この文明が終末を迎えていることを、いま分からなければ先はない。現人間からは魂が抜け始めているのではないかと体感的に私は思っている。そのことには先に少し触れた。人口比にしても十九世紀初頭は約六億人だった世界人口が、二十世紀初頭には約十五億人に膨れ上がり、いまや七十七億人となってしまった。単純に見ても、人間の持つ「何ものか」の価値が薄まっていることは想像にかたくない。ホモ・サピエンスの十数万年の歴史と、その後の農業文明以来の歴史とに鑑みて、もうこれは完全な異常事態だと言っても過言ではあるまい。

私自身も生まれたときからすでに半世紀を優に越え、その間の激変を見るだけでも、人類の様相が引き返せない段階にまで変化してしまったことを感じざるを得ないのだ。しかし、まだ魂を中心とした人間に戻れるのではないかと思っていたからこそ、半世紀以上にわたって不断の挑戦をしてきた。しかしこの五十年を振り返れば、人類の魂はその多くが世の中から抜け去ってしまった状態にしか見えない。もう人間を人間に戻せなくなってきている。そして、それと並行して「自然」ももう戻すことはできない。あとは、どうこの自然の中で生き抜いていくのかを考えるしか道はない。この危機感は日々増す一方である。ここで、いま流の「人間」であることをやめないと、もう人類は成立しないだろう。人類であることをやめるというとおかしいが、人類であることを乗り超えるしか先は見えない。それも個々人のそれぞれがただ独りで、単独で乗り超える必要がある。

つまり、現在の文明社会の下《もと》では、自分が人間であろうとしてもできないということになる。私自身は何とかこの文明に侵されずに、魂の苦悩の中を生きる人間観を確立することに成功したのは、再三言っているように、『葉隠』の恩恵だけなのだ。私は『葉隠』が好きでそれを信じ、それを愛し、そのためにのみ死のうとして、今日まで生きてきた。つまり全身全霊をもって、『葉隠』の思想を信じたということだろう。『葉隠』の中に入ったということは、結果として、現世はすでに捨てていたのだ。かのドン・キホーテが「騎士道物語」の熱に浮かされて、現実世界でもそのままの物語を生きようとしたことに深く重なると言ってもいい。葉隠の「死に狂い」とドン・キホーテの「狂信」はまさに同一のものだった。

私は肉体的に現世に生きていたとしても、精神と人間性のすべてを「葉隠思想」の中に没入していた。だから物質的、現実的にどうこうということではなく、本当に精神と肉体も含む人間としてのすべてが、丸ごと「葉隠」になっていた。魂のすべてが「葉隠」で、肉体はついでにこの世に生きているというだけの状態とも言える。肉体もいつ死んでもいい覚悟で生きているけれども、偶然まだ死なないというだけなのだ。私は「葉隠」の力によって、偶然に肉体の魔力から解き放たれていた。だから、肉体にも捉われることなく、魂の問題に突入できたのだろうと思っている。しかし『葉隠』に出会うことがなかったとしても、少なくとも現代人は、「肉体論」が「人間論」ではないことをここにおいて知らなければならない。

## 肉体は器

人間の迷いは、目に見える肉体のゆえである。人間にとって従であったはずの肉体が、主になってしまった。真の人間の在り方を思考する哲学者ミゲール・デ・ウナムーノは、その多くの作品において肉体を伴った人間の揺れ動く感情の苦悩について、その信仰との葛藤と懊悩をひたすらに描いている。ウナムーノは、肉体を持ったままの魂の復活と言っている。それが永遠を摑む人間の姿だと言っているのだ。永遠の生命を手にするとき、必ず肉体を伴ってそうしたいという言葉が出てくる。その苦しみこそが、あの膨大な哲学を生み出したと言っても過言ではない。しかしもちろんのことだが、ウナムーノは肉体を徹底的に従として扱っていることを忘れてはならない。

人間が人間だった時代は、肉体を伴ったまま苦悩し、魂を進化させるのが人間であるという認識があった。そのための苦悩を人生において実践するために、肉体を必要としていたに過ぎない。現人間は、動物の肉体という枷《かせ》を課されることによって、宇宙エネルギーの個別化に最も成功した存在となった。そしてその代償として、計り知れない苦しみを伴うということになったのだ。宇宙エネルギーが入るためには何らかの物質が必要とされ、有限の何ものかがないと無限の魂は宿ることができない。その有限性において、いまの人類は最も個別性に秀れた人間となっている。その秀れている分だけ、反動の苦悩も大きいということに尽きるだろう。しかし、その苦悩をすっかり忘れてしまったのが、いまの「人間」である。

繰り返しになるが、別に肉体でなくとも、限定された物質があれば人間はできる。石でも、木でも物質であればそこに魂は宿ることができる。あとは気体も同じである。あまり認識されていないが、我々が吸っている空気も宇宙的には石のような固体と同じなのだ。空気は地球上に付着した皮のようなもので、これは実はもの凄く固い物質だ。空気という気体は目に見えないとはいえ、強力な物質と言えよう。人間の眼では見えなくとも、成層圏に突入したらどんな物質でも燃えてしまうのは、すべて空気の抵抗によることはよく知られている。角度を間違えたら木っ端微塵になる。空気は実はコンクリート並みに硬い。だから空気も、その有限性の限定ができれば、宇宙エネルギーはそこに宿ることができるのだ。

先述したシュタイナーの言っている「エーテル体」「アストラル体」も同じで、地球上はこういった気体という殻に覆われている。いま言ったように、この殻に有限性の枠ができて、その中に人間の魂が入ったら、地球上の空気が人間になるのだ。それは空気が物質だからだ。だから星とかその他の物質は、霊魂の宿る媒体として宇宙では欠かせぬものとなっている。変な話だが、例えば幽霊のようなものは、肉体の死とともに人霊が肉体から遊離して、空気という気体の中に仮に宿っているということに違いない。幽霊は、気体の中に人間の霊魂が入っているという例となる。誰かが現世に未練を残して死んだ場合に、幽霊になるというのはオカルトではないのだ。生前にその誰かをつくっていた人霊が、死んだ後もまだ浮遊していて、空気の中で、ある種の存在を取り戻しているというのが幽霊なのだと言えよう。

魂は神を求めているのだが、それを宿している肉体の本能は限りなく地上的なものを求めている。西洋哲学とかキリスト教では、特に肉体の問題が言われるのだが、それは魂の宿ったときの器としての意味なのだ。その器があることによって、我々人間には懊悩が生ずる。それが我々の場合は肉体ということになる。肉体は大切である。しかし、その肉体よりももっと大切なもののために生きるのが真の人間の使命を築き上げていると言っていい。

## 電脳という人種

現人間の中から魂が抜けてしまったとしても、すぐに肉体が無くなるわけではない。家畜化した肉体は残っている。肉体から抜け出した魂は、必ず何か別の物質的な器に入っていくに違いない。だからそれは、いまや別の何ものかに入ろうとしているのかもしれない。もしくは宇宙空間に他の物質を求めて拡散しているのかもしれない。魂は、新たな物質を宇宙空間に求めることも大いにあり得ることだ。人間という魂が宇宙には必要である。その魂は、いつでもどこかで物質化する。いまは我々の中に宿っているだけに過ぎない。だから本来、その魂が宿る我々は、ただ宇宙を目指し、宇宙を考えなければならないのだ。いずれ人間の魂は我々を抜ければどこかに入る。そして最終的には「オメガ点」に吸い込まれていくのだろう。

まだ次の段階の人類が何なのかはよく分からないので、ここでそれを詳しく述べることはできない。しかしＡＩやインターネットの躍動を見ると、すでに人間の魂のようなものが入り始めている徴候は見てとれる。ＡＩやインターネットの中には、すでに霊魂らしきものがある。すでに「電脳化社会」になっているので、機械そのものがほとんど独自の世界を創っている。まだ完全ではないが、ある程度、人間の機能が移行していることを感ずる。もしＡＩの中に霊魂的なものがすべて入ったら、ＡＩが人間になって、我々人間はＡＩの家畜となる可能性もあるのだ。ただし、家畜は自分が家畜であることを自覚できないので、実際にそうなっても全く気づくことはないだろう。家畜は自覚のないことに、その特徴がある。

「電脳空間《サイバー・スペース》」（Cyber-space）という言葉がある。その言葉を創ったのはウィリアム・ギブソンという人だが、いまこの電脳空間と表現された世界がある程度はすでに人間化していると私は思う。私もインターネットのホームページで自分の意見を「アップ」するようになって、電脳空間と呼ばれるコンピューター網の中を「自分の意志」が駆け巡っている実感を得ている。その駆け巡っている状態を、自分もそれを使うようになって何とかいまその感触を摑めたのだ。私は近頃、何か新しい人類と付き合いだしたような気がする。電脳は、人間の神経に限りなく近い。あとは、不合理の許容と自己再生の方法論だけの問題のように見える。少なくとも一つの輝く「新人種」が出来つつあるように思う。昔の日本人が、アメリカ人や中国人と付き合いだしたのと同じような意味で、新鮮な人格のあるものと交流している感覚だ。日本人である私も、新しいこの電脳空間が一つの「人種」なのだというつもりで付き合っている。

何かそういう新しい人種と知り合って、交流が始まったような感覚はまた実に愉快だ。電脳空間と呼ぶ神経細胞の中を、自分の思想つまり自分の魂が駆け巡っている感覚は楽しい。電脳空間は、その時空の超え方にも特異なものがある。電脳空間の中で、ある種、時間も空間も含めて、いろいろな条件もすべて取っ払って、いきなり直《ちょく》に位相空間を往還できるように感ずるのだ。そういうことがいま起こっている。インターネットという電脳の一つが人間を操作しているとも言える。それが実感値として分かる。我々はもう操作されつつある。だから新しい人間が、何か生まれつつあるように思えてならない。

電脳空間は、我々とは違うひとつの人間の脳と神経細胞を持っているように感ずる。だから、これに我々のもつ不合理と混沌が加われば、新しい人間とも成り得る。あとは、どういう器に入るかだけの問題だ。これから必要になるのは形としての器なのだと思う。器が出来れば、多分それに伴う不合理と苦悩そして混沌が生じてくるのではないかと考えられる。スイスの哲学者マックス・ピカートの『沈黙の世界』に書かれているような沈黙の深みと混沌を、時間とともにAIが獲得していけば人間に代わるものとなるだろう。混沌というのは人間を支える沈黙の厚みのことで、不合理と苦悩であり ダンテの『神曲』にある深淵（De profundis）のことを言っている。

多くの人が知るIT企業の社長が、今後の時代はAIがすべて働いて、人間は遊んで暮らし、ユートピアのような「パンとサーカス」（生活保障と娯楽）の時代になると言っていた。それがつまり家畜化ということに他ならないのだ。もう言っている本人も分からなくなっている。その社長は家畜の意味が分かっていない。人間である自分がAIを使っているつもりになっているが、実は使われているのだ。それでいて自分のほうがAIの主人だと思っている。家畜は気づかず皆そう思っている。だから逃げない。普通は誰かに支配された場合、支配されるのを嫌い、餌を拒絶し一目散に逃げてしまう。自分の自由に本能のままに生きたいからだ。

ところが本能を消去して人間に媚びるようになったのが、動物の中で言えば、家畜化された動物であり愛玩のペットなのだ。家畜には、脳の変成により野性を失った生き物だけがなれる。我々はもうすでに家畜になりつつある。喜んでその状態を望んでいる。もし家畜化を望まないなら、労働のすべてをAIなどに取られるのは冗談じゃないと思うのが普通だが、「パンとサーカス」で遊んで暮らしましょうと言っている。逆にいまの家畜が言葉を話せるとしたら、我々人間のことを餌を運んでくれる「召使い」と思っているかもしれない。支配されているのに、自分が支配していると思っているのが家畜の特徴なのだ。もし家畜化していない一昔前の人間だったら、ＡＩに敗けないように書物を読み魂を鍛錬して生きなければならないと思うはずだ。しかし家畜は現状に疑問を持つこともなく、改善する必要も全く感じない。

すでにこのＡＩと呼ばれる人工知能について、あのホーキング博士も「人類が開発している人工知能は非常に役に立つことが分かっている。しかし、完全なる人工知能は人類に終わりを告げる可能性がある」（The primitive forms of artificial intelligence developed so far have already proved very useful, but the development of full artificial intelligence could spell the end of the human race.）とはっきり警告していた。英国のアラン・チューリングがいまのコンピューターの先駆けとなる巨大な計算機を使って暗号を解読したのは第二次世界大戦の頃のことだが、いまや当時からは想像もできないほどその性能と軽量化が進み、進歩は留まるところを知らない。

## 魂の進化が人間だ

本来の人間は、魂のために生き、そして魂のために死ぬ存在である。そういう存在だけが人間だと言われてきた。だから人類の文明は、宗教とともに発展したと言えるのだ。まだ「本来の人間」が多かった十九世紀までは、確かにそのような考え方が人々の間に共有されていた。たとえ自分ができなかったとしても、魂のために生きた人間たちを少なくとも尊敬はしていた。魂のために生きる人たちを尊敬する限りは、やり直すことができる。

ところがいまや、魂のために生きる人を尊敬することもない。現にいまでは、宗教家を見ても学者を見ても政治家を見ても、もう魂のために生きている人はほとんどいない。作家もすべて自己中心的な作品しか生み出さず、自分の名声や自分の生活だけを思っている。すべてがそうなってしまった。人間は魂のために生き、魂のために死ぬ存在であるにも拘わらず、そうではないものをいまは「人間」と言っている。だからいま「人間」と言われている、その「人間」を捨てるしかない究極のところまできたのだ。

ヒューマニズムは、皆が考えているよりも、その支配力はあまりにも強く圧倒的である。それは西洋の近代が生んだ真の「リヴァイアサン」なのだ。普通の良識ある人が本当に人間的に生きようと思ったら、いまは絶対にヒューマニズムに食われる。弱い立場の人間のことを持ち出されれば、現代ではそこで議論は終わる。また厳しいことを言えば、誰かの心が傷つくだろうと、そう言われて終わってしまう。本来、心などは傷ついた人間が悪い。その傷を乗り超えていくのが人生だった。正しいことはあくまで正しいのだ。それが生命と文明の法則であり、そうできない人間はその事実を弁《わきま》えて暮らしてきたというのが人間の歴史だ。いまはその弁えが、人間から欠落してしまった。すべては行き過ぎたヒューマニズムによる誤った人権意識のなせるわざと言えよう。

ここで、人間は魂の進化のためだけに生まれた存在だということに改めて触れたい。人間は宇宙の魂である根源的意志を志向することによって、そこから生ずる宇宙的使命を果たすために生きている。または宇宙が何であるかを理解するために生きている。宇宙が何であるかを理解する度合いが魂の進化の程度なのだ。それが人格化したものを「内在意志」と言う。だから人間というのは、自分たちの魂の進化つまり内在意志の確立のためだけに生きているというわけだ。進化とはもともと、魂のことだけで、技術の進歩や生物学上のダーウィン的な「進化」という考え方は根本的に間違っている。

現代は物質至上主義によって、肉体を人間だとしてしまっているから、魂の進化ということを忘れてしまった。魂の進化だった部分を、物質に当てはめて、物質が進歩発展し発達することを、宇宙の意志だと勘違いしている。これは、魂にとっては正しかったことを逆手に取って、物質主義者が都合よく利用しているに過ぎないのだ。だから正しい進化というのは魂だけの話である。永遠に向かう魂のことだ。それをいまは物質主義に当てはめて、物質が進歩していくことを進化だと錯覚している。これは科学文明とヒューマニズムに汚染されてしまった我々が、神の法則である魂の進化を物質へ適用し、その運用を間違えてしてしまったということなのだ。技術の進歩によって、人間自体が進化したと勘違いしてしまっている。その結果、自分が神になってしまった。

その間違いは、現代では修正不能のところにきている。どうして原水爆ができたのか、またプラスチックなどの還元不能物質ができたのかと言えば、物質の進歩を誤って「神の法則」である「魂の進化」と同一視してしまったからである。魂の進化は宇宙的に正しく、人間としても正しい。しかし物質に当てはめたらすべてが間違いとなる。物質は、いつでも「還元思想」が正しいのだ。循環思想のことだ。物質を魂と同一視したから、還元不能物質や抗生物質ができ、水爆ができるようになった。物質の無限の進歩そのものが正しいことだと人類は錯覚してしまった。その一環として、現代の無限経済成長の考えが生みだされた。無限変転する苦悩の魂についてだけに、進化という概念は使えるのだ。人間は魂の進化のために生きている動物だから、先に進んでいくことは正しい。先に進んで行くということは魂については正しいことなのだ。それを物質に当てはめたことが、二十世紀に花開いた物質文明の悪魔性を招いた。

## 無戒の時代

人間の物質的進歩という欲望のために神は殺された。そして、そこから西欧の科学文明の独善的な発展が始まったのだ。神を失ったために、人間自身が神にならなければならないということになってしまった。その異様な発達の結果が現代社会を創った。それはルネッサンスから始まって、最初はせめぎ合いがあったのだが、その悩みも大体十八、九世紀で終わり、二十世紀からは良心の呵責も何もなくなった。いまでは物質の進歩は、そのまま人類の発展だと断定している。その結果、人類の魂の進化はもう存在しないことになった。現代では魂の懊悩は姿を消して、すでに久しい。

そうなれば、人間のやることはすべて正しいことになる。遺伝子の操作をしようが、原爆・水爆を作ろうが、いくらプラスチックを作ろうがすべて必然であり、将来の人類のためだということになってしまった。それがいまの状態だ。地獄に行くのも、天国に行くのも、自分たちで決めている。原爆を作った人間が死んだときも、周りの人は天国に行ったと言っている。ロバート・オッペンハイマーやエンリコ・フェルミも、それら原爆を作った人たちもみな、家族とか友人は天国に行ったと言っている。行くわけがない、勝手なことを言うなと私は言っているのだが、その意味が分からないようだ。概念自体を失っているから議論をしても仕方がない状態にまでなっている。

だからいまの人間を捨てるということなのだ。それはもう一度、人間の初心を思い出すことを意味している。苦悩する魂にはよくある「退行的進化」である。誤解されることのないように、何度も繰り返すが、いまの社会で人間的と言われている人間を捨てろということなのだ。ヒューマニズムの時代にあっても、あくまでも本来の人間だけが人間なのだ。本来の正しい人間については、いまの人は却って人間だとは思わない。むしろ鬼だ悪魔だ、果ては時代錯誤の原生動物のように思ってしまうようだ。魂のために肉体を捨てることは、いまの世の中に受け入れられるものではない。そこには、現代的な綺麗事や優しさと抵触する本来的な厳しさがあるからに他ならない。その厳しさに生きる人間は、現代人から見れば、冷酷無比な人間に見えてしまうだろう。

あのモーセも、いまの人に言わせれば酷《ひど》い人間になるだろう。皆が安楽に豊かに暮らしていたのに、神を求めて荒野に出て四十年間、誰にとっても苦しみしかない状態を招いた。しかし詳細にその苦しみを描いた、膨大な叙事詩が民族としてのユダヤ人を創り上げたのである。これはいまの時代にとっても同じで、人類は再び荒野に出る「脱人間」を実現しなければならないのだ。そして、自己の魂を苦しめるために、哲学や文学そして真の歴史を学ばなければならない。そう生きれば、いまではそのまま「脱人間」に繋がってしまう。それ以外の方法では正しい人間は取り戻せない。このままでは、いまの人間はみな人間ではなくなってしまう。いまのヒューマニズムの人間観から考えると、魂を重んずる普通の人間観を主張すれば、酷い人間とされてしまうからだ。

いまの時代を、京都大学の梅原猛は「無戒の時代」と表現していた。まさに戒律の無い時代である。戒律があった時代は、悪人も善人もすべての人間は人間として屹立《きつりつ》していた。そのままで、存在していたのだ。戒律とは宇宙の秩序のことだからだ。無戒の時代には、宇宙の秩序がなくなる。つまりそれはもう人間ではない。またスペインの哲学者オルテガは同じような意味でそれを「無道徳《アモラル》」(amoral)と言っていた。「不道徳《インモラル》」(inmoral)ではない。不道徳というのは、道徳を破ることなのだ。しかし無道徳というのは、道徳の存在がもともと無いことを言う。現代の象徴である大衆というのは、まさに無道徳だということをオルテガは言っている。本当にいまの状況はそうなっており、引き返せない臨界点にきたということなのだ。それを認識せねばならない。そして、ただ独りでそこから抜け出せと私は言っている。

現代人は、島崎藤村の『破戒』という小説の「破戒」の意味すら、もうたぶん分からないだろう。それは、現代人が読書をしなくなったからではない。現代には人間としての戒律がないから、その意味が分からないのだ。『破戒』は昔は名著だったが、いまは主人公の丑松がなぜ戒めを破るために苦しんでいるのか、すでに分からない。「何でもあり」の時代は、自己の「負い目」に苦しむ人間のことなどは全く分からない。その懊悩が分からないのは、現代人がゲーテの『若きウェルテルの悩み』を読んで、その悩みが分からないと言っているのと全く同じ意味だ。あの苦しみ抜く純愛がすでに分からない。「好きならすぐ告白して、付き合えばいいのに、何をしているのだろう」と言うのが、現代人なのだ。私はある人にこの本を薦めたことがある。そして言われたことは、「この本は何を書いているのでしょう」ということだった。いまは戒律も純愛も存在しない。人類史において人間と言われる生き方をする人間のほうが、逆に「冷酷」だとされ蔑まれている時代なのだ。

## 差別が文明を創った

人間社会を築き上げた「戒律」が文明を進展させたのである。そして、その戒律が、人間生活の中に差別を持ち込んだのだ。つまり差別が、文明の本質を支えている。差別とは、種々の価値観の違いを言う。その差別によって、文明的なものの多くが生まれた。現代人の好きな善悪は置いて、それが宇宙の秩序に沿って生きることの意味となっていた。秩序というのは、つまりは差別化のことだ。そこから生まれた種々の価値観が、人類を築き上げてきた。差別がなかったら秩序はない。差別がないものを「無明《むみょう》」というが、いまはもうその状態に近い。これは悪い意味での混沌であり、無秩序・無戒のことだ。この混沌と無秩序が現代を覆ってしまった、ということだろう。そして、この混沌から逃げる場所は現世にはない。だからいま「脱人間」をするためには、現世を捨てて魂のために生きた本来の人間の魂の中に入らなければならないのだ。魂で生きた、本来の人間とともに生きることが「脱人間」の手始めとなる。

魂に生きる人間は総合的な人間、全人的な人間になる。現代はその存在がすでに死に絶えている。もしまだ戒律を受け入れる気があれば、元に戻ることができるかもしれない。しかし、その要素はもうない。いまでも戒律を受け入れる人間ならば、現世に生きながらでも読書だけで人間性を取り戻していくことができるだろう。例えばキリストの生き方を理解できれば本来の人間に戻れる。ところがいまのキリスト教は、現代のヒューマニズムのほうにキリスト教の教理を合わせてしまい、キリストの神性そのものを引きずり下ろしてしまった。釈迦もそうなっている。

本来、釈迦やキリストが言っていることは、宇宙の真実であり、もの凄く厳しいことなのだ。キリストも神のためにはすべてを捨てろと言っている。「マタイ福音書」十章三十四節以下を読めばそれは分かる。また「ルカ福音書」十二章四十九節以下も同じである（聖句は四七二－四七三頁）。神だけが正しいので、神のためには家族も捨て、妻も捨て、友人も子供も捨てなさいと言っている。弟子になりたいと言った人も、この場ですべて捨てない限りは駄目だと言っている。

これは極論だということは分かるけれども、その覚悟を問うているのだ。要は人間にとって何が一番正しいのか、何が最も価値があるのかを問うている。キリストもそう言っているし、釈迦もそう言っている。しかしいまの仏教やキリスト教を見ていると、もはや誰も「厳しい戒律」については言わない。厳しい宗教的修行でも医者の監視下で行なっているぐらいだ。もちろん個人で言えば私にも同情心はある。可哀そうな人を見れば同情の心を持つに決まっている。手助けをしようとする。そういう部分は私でも誰でもある。しかしその同情を強制し、さもそれだけが正しく、いつでもそうせねばならないと全人類に押し付けていることは間違いなのだ。厳しさのない慈愛は、ただの我儘の許容と放縦になるだけである。その基礎になっている人間自体の魂の鍛練には触れることもなくなっている。

「フィーリング時代」というのが、いまの世相をよく表わしている。まさに個々人の好き嫌いと、快・不快を都合よく表現したものだ。人間の素地となる規律・命令・服従・献身などをすべて取り去ったあとに残るただの「感覚」だろう。これはヒッピー文化よりも性質《たち》が悪い。ヒッピーは既存の秩序の破壊という、秩序自体の認識がなければ出てこない文化だった。フィーリング時代は個々人の曖昧な気持ちや感情のみが行動の裏打ちとなり、反抗する先も何もない。抵抗するものすらないのである。インターネットの悪利用がそれに拍車をかけている。ネット上にあふれる言語を見ても、きちんと話す、書くということが嫌悪され、根拠のない無責任な呟きによって多くのネット世界が支配されている。無記名の誰だか分からない「人間」の感情が、全世界に同時的に公開されることによって、自分が大したものだと勘違いできるような仕組みが作られている。こうして低次元の無秩序と混沌がますます広がっていく。

## 「羯諦」しかない

ヒューマニズムが生み出した大衆文明が行き着くところまで行ってしまったということは、もう元には戻れないということを意味している。文明をやり直すことができた時代は、人格と教養のある人物がどの国でも支配者だった。そういう人間がいれば、文明は何度でもやり直すことができる。それが文明的な意味での「還元社会」ということである。しかし、いまは違う。魂のために生きた過去の本来的人間を学ぶには、現人間を捨てて直接にそれらの魂の中に戻る以外にない。現代人が人間的であり続けようとすれば、決して魂の世界には戻ることはできない。魂の世界は過酷だからだ。そのやり方が分からないと皆が言うが、魂に生きた人を信じてその中に戻ればいい。いまや人間として正しく生きるためには、とにかくいまの「人間」の価値は捨てなければならない。

人間にとっては魂が最も重要だから、魂以外のものをすべて捨てなければならない。そうしなければ、魂のことは決して分からない。物質的なものは余裕がある分だけやればいい。私は魂の価値だけで生きているが、現世のものも多く持っている。魂の鍛練の経験が深く、失敗の積み重ねが厚いので、余裕があるのだと思う。だから、必要なら何でも持つことができる。しかし、いつでも捨てる覚悟でいる。いま持っている金銭や地位といったものに自分が囚われたら、自分の魂は死んでしまうと思っている。知識についても、そう思っている。私はそれらを持ってはいるけれども、それに全く囚われてはいない。知識など、いつでも捨てる覚悟はできている。

この考え方はキリスト教だけではなく、仏教でも全く同じで「般若心経」にもそれがよく表わされている。「般若心経」は、仏教の一つの集大成というか、仏教思想の精髄である。「大般若経」という、仏教というものを知的にまとめた大経典の精髄だけを集めたものとなっている。「般若心経」は有名なので、誰でも知っていると思うが、とにかく何もかもすべてを否定し尽くしている。要は囚われないということである。別に私が言っていることは厳しいことでも何でもない。昔から魂を重んずる人々が言っていることなのだ。

「般若心経」には不生不滅とあるが、生きていることも否定し死や存在すらも否定する。食べることも否定し、何か感じることも否定し、好きなことも喜びも否定し、悲しみも否定し、苦しみも否定する。つまり、すべてを否定するのだ。それが、魂を得るためには必要だからである。息を吸っていることも、空気があることも、我々が地球上にいるという認識も、すべて捨てなければ駄目なのだ。これは私にはよく分かる。「般若心経」は、魂とその宇宙的使命だけのために生きろということを言っているのだ。それは宇宙との一体化のための方法論だ。すべてを捨てないと、魂が浮かび上がってこない。

その魂は何かというと、「般若心経」の最後に出ている。「羯諦《ぎゃーてー》羯諦《ぎゃーてー》、波羅《はーらー》羯諦」という言葉だ。この「羯諦」というのは、「突き進め」という意味である。突き進め、突き進め、ただひたすらに突き進め――。本当の人間の魂とは何かという意味では、これが真の価値を射抜いていると私は思う。ただひたすらに行くのは何に向かって行くのか。それこそが、宇宙の本質に向かって行くということだ。宇宙的使命を求めてがむしゃらに、突進せよと言っている。しかし最初からそこまで崇高なことはできないので、武士道のように目の前の運命に突進せよ、体当たりせよ、自己の運命を愛せよということが現世的には大切なのだと私は思っている。

自分の運命に向かって体当たりしていく。何にも考えず、体当たり、体当たり、体当たりというのを繰り返していく。この思想で文明の中を生きていると、宇宙と通じていく。そうすれば、知らないうちに文明を突き抜けて宇宙のほうに自分の魂が出ていく。これが「般若心経」の教えに繋がってくる。宇宙に出ていくと、人類の使命と結びつくことができるわけで、これが宇宙の秩序を地上に投影する力となるのだ。しかし、そうするためには現人間と現世を捨てなければできないということである。この「般若心経」の思想と同じ思想を語っているのが、『聖書』や『コーラン』そして『バガヴァッド・ギーター』だと思えばいい。どこも違わないが、違うのは言葉や言い表わし方だけである。これは文化圏による違いだろう。

## 「非有」から「有」へ

我々は人間として、わざわざ肉体を持って生まれてくる。そして、生まれた後にすべてを否定しなければいけない過程に入るのだから、人間とは複雑なものである。なぜわざわざそれほど面倒なことをするのかと言えば、それは苦しまなければ人間の本質が生かされないからなのだ。苦しみを与えられるように人間は創られているということだ。宇宙は苦しみなのだ。愛は苦悩である。愛が苦悩だということを分からせるために創った存在が、人間だということに尽きる。それを多くの哲学者が言っている。だから愛が嬉しいこととか、喜びだと思っている人は、みな動物に近い。前述したが、ウナムーノも肉体を持ったまま、永遠の生命を得たいと言っていたが、肉体を持つことで愛の苦悩を得ることができるからなのだ。

苦しんで、苦しんで、苦しんだ果てに存在しているものが、神ということになる。神とは愛の本源であり、宇宙の真理である。その神が苦悩の親玉だとすれば、自己主張と権利の親玉が悪魔《サタン》だと言える。悪魔の本質は、ヘブライ語で悪魔の語源を調べれば分かる。それは「告発者」のことを言う。それは神の持つ裏面なのだ。神は宇宙の掟《おきて》である。その掟の裏側には、すべてを他者のせいにして、自分は楽をし正義と安楽そして保障の中に生きようとする性分が潜んでいる。掟の持つ厳しさを忘れれば、その裏面が出てくることは決まっていることと言えよう。行き過ぎたヒューマニズムを、私は悪魔に近いと感じている。

神を模倣するためだけにできたのが人間だということは何度も述べた。その厳しさを仰ぎ見るのだ。そして、その神本体がそもそも苦悩の存在である。宇宙を生み出すための苦悩を、敢えて耐えている存在が神だということだ。巨大な混沌を創り出し、星を創り、星がまた爆発し、その爆発した材料によって次の星を創る。繰り返されるこの愛の無限変転が宇宙の本質なのだ。その本質を創り出している本源が神だから、神そのものが苦悩の存在なのである。だからその愛を体感するためには一度、物質を壊す必要がある。肉体が意味を持つためには、肉体を壊して一度は死ななければならない。死の苦しみを味わうのだ。死ぬために生きるのが生命である。それは苦しむためであり、神に近づくために他ならない。

そうすれば破壊と創造を繰り返す宇宙のことが分かってくる。東洋哲学の泰斗である井筒俊彦がその『意味の深みへ』において、「カオス」(混沌)という無と有のあいだに存在するものについて書いている。古代インド哲学のウパニシャッド的な見方では、「非有《アサト》」(a-sat)とは、単に何かがないとか、何にもないという意味ではない。我々が普通「無」という言葉で理解するような単純な存在否定の意味ではなく、それは何ものも明確な輪郭で他から区別されていない存在状態を表わしている。すべてのものが混合溶融する存在の昏迷であり、いずれがいずれとも識別されず、どこにも分割線が引けず、渾然として捉えどころのない在り方、それがカオス（混沌）である、と。

これは存在よりも無に近い。しかし、存在していないわけではない。それが「非有」なのだ。だから「非有」から「有」への動きは、ここでは、カオスからコスモスへの存在論的変貌として捉えられる。私はこれが宇宙の実在だろうと思っている。最近の物理学界で騒がれている暗黒流体（dark fluid：ダーク・フルーィド）のことと言えるのではないか。私はここに愛の本体を感じている。また私は子供の頃に革命家の宮崎龍介氏から「非無点」（無点に非ず）という概念を教えてもらったが、まさにそれはこの「非有」に近いだろう。つまり、それが現世を支える我々の魂の本源である。

人間というのは、この非有（魂）から有（物質）への動きの中で苦しむことによって、宇宙の摂理、生命の尊さ、そういうものを理解できるような存在にならなければならない。歴史的にそういうものを理解した人の書物を読んでいると、皆、その狭間で苦しみ抜いた人が書いたものだった。私は自分では苦悩しているとは思わないが、六十年以上にわたって現世と戦って生きているわけだから、それ自体が苦しみといえば苦しみかもしれない。現世が大嫌いということは、現世に生きなければならないことに大きな苦しみを伴うのだろう。

私は本来の魂とか、未来に向かう人類が好きなので、人間としてはやはり苦しむようにできているに違いない。しかし、苦しんだ分だけ宇宙と一体化していく。そして、愛を体現していくことが人類の役目だと分かってくる。苦しまなかったら愛は分からない。愛は自己犠牲であり、その本体は神なのだ。神自体も自己犠牲である。それと一体化するためには、まず自己犠牲で苦しんで、苦しんで、生きながら死に、死にながら生きなければ、本当の人生は生き切れない。いままで生きた大人物や、いろいろな魂を残した人たちのすべてが苦しんできたのだ。釈迦・キリストは言うに及ばず、である。これを我々は思い出さなければならない。

## 分限を知ること

人類史を見ればこの苦しみに負け、虚無に陥る人もいたし、自殺した人もいた。また、この戦いが全く意味がないと思う人もいた。古くから快楽主義者もいれば虚無主義もいた。そして、人生自体を降りてしまう人間も数えきれないほどいたのだ。しかし、その虚無で自殺した人や、負けた人は可哀相で、そのように傷ついた人たちこそが正しいと言ったら、もう人間の文明は終わっていただろう。虚無に陥って自殺してしまったら、それは自殺した人間が悪い。

デンマークの実存哲学者ゼーレン・キルケゴールはその『現代の批判』の中で、「現代は本質的に分別の時代であり、反省の時代であり、情熱のない時代であり、束の間の感激に沸き立つことがあっても、やがて抜け目なく無感動の状態におさまってしまうといった時代である……自殺者でさえ、今日では、絶望して自分に結末をつけるのではない。むしろ現代の自殺者は、この自殺という行為について実に長いあいだ熟慮に熟慮をかさね……ついに思慮分別に窒息してしまうのである。だから、そのような人間をほんとうの自殺者と呼べるかさえ疑問だといっていい」と、すでに十九世紀に述べている。つまり自殺も、いまや葛藤の上になされるのではなく、ただの熟慮に起因している。つまり何ごともしない人間が、懊悩の過程を経ずしてただ頭の中で考えて死ぬということだ。そこには虚無すらないのかもしれない。現代への予言で、これほどに正鵠《せいこく》を射ているものは他にはない。

かつては、あくまでも突き抜けようとして苦しんでいる人が立派な人だった。自殺したり虚無に陥っている人間、そして人生楽しければ良いと言っている人間は下らない人間だと言われていた。それを社会がはっきり言っているときはまだ健全と言える。いま下らない人間を「下らない」と言ったら、言った人間のほうが傲慢な差別主義者として悪者にされてしまう。そうだとしたら釈迦、キリストも現代では全部そうなる。釈迦、キリストなど差別の権化だと言えるほど、話していることはすべて差別的だ。キリストは特にそうだとも言える。神が分からない人間はすべて最低だと断定している。そうならば、神が最高の差別主義者だということになってしまう。神は審判者である。審判とは差別をつけることに他ならない。

差別が宇宙であり、秩序とは差別なのだ。キリスト教のことをかなり例として挙げたが、仏教の精髄の「般若心経」も要するにすべて否定が正しいのだと言っている。差別とは、否定なのだ。いまは肯定がみんな正しいと思っている。いまの世の中は肯定しかない。何でも認めればいいと思っている。これは仏教的に見て、皆が低俗な人間になったからなのだ。生まれたままで良いと言って、「人間だもの」などと嘯《うそぶ》いている。現代人は、最初から試合を投げて放棄しているから、別に人間として生きようとする道はもともと選んでいない。現代人は人間になろうとしていない。肉体を人間であると思っている以上、生まれたときから充分な「人間」だと思っている。ここに、人間の終わりを見るのは、歴史的に言えばごく当たり前のことと言えるだろう。人間は、人間にならなければ人間ではない。その苦しみの過程こそが、人生を創り出す。そして、愛を認識し他者に対する真の思いやりを育むのだ。思いやりは、苦しみの経験の中からしか生まれない。それが魂の法則である。

昔から下らない人間は山ほどいた。しかし、そういう人間はそういう人間で、自分の分限《ぶんげん》や分際《ぶんざい》は弁《わきま》えていた。人間として修行し、宇宙の摂理とか愛の本源に向かって苦しんだ人たちのことは尊敬していた。「分限を知る」という言葉ほど、現代で使われなくなった言葉もないだろう。『論語』では「矩《のり》を踰《こ》えず」ということが言われていた。「矩」というのも、自分がけじめとしてどういう人間か分かっているということだ。いまは分限や分際を、真の自由と規律との共通の源泉として把握しなければならないと思っている。それはフランスの哲学者モンテーニュが「人間のかたち」(la forme de l'humaine condition) と呼んだものであり、森有正が「経験」と言ったところのものである。

武士道に生きた人間は、人間として向上するためにそのような生き方をしていたのではない。武士道を信じていたからこそ、却って自分は卑怯な人間で下らない人間だったと思って死んだ人も多い。自分を下らないと思えたのは、武士道を愛していたからなのだ。武士道を愛していなかったら、自分を下らないと認識することはできない。少なくとも武士道を好きなら、自分が人生の壁から戦わないで逃げたりすれば、自分を下らない人間だと思うということだ。そう思う存在でいれば、それはまだ人間なのだと思う。これはウナムーノが「自分が何者かを知っているものが英雄なのだ」(El héroe sabe quién es.) と言っていたことに通じている。

「出エジプト記」の言葉を第一章の扉で述べたこともあり、キリスト教の例が多いが、これは仏教でも同じである。源信も『往生要集』で自分を善い人間だと思う人が最も罪深いと述べていることはすでに触れた。「般若心経」も究極の否定にその本質がある。「般若心経」の否定は壮絶なものがある。皆、平気で唱えているが、意味を考えれば身の毛もよだつほどの厳しさだ。仏教は優しいとか慈愛に満ちているなどと言うが、生きることも否定している経典だということを忘れているのではないか。

生きることも否定、死ぬことも否定、息を吸うことも否定、何か美味しいと思うことも否定、何か綺麗だと思うことも否定、何をしても否定だという世界であることを先に書いた。このことは、何度でも思い出さなければならない。

あらゆる感覚を全部否定して、すべてを幻想だと言い切っている。そしてそれは真実なのだ。右にも左にも二進《にっち》も三進《さっち》もいかないお経である。しかし昔の人が、この「般若心経」を最も尊いお経だと言ったことが人間の魂にとって最も重大なことなのだ。昔の人はすべてを否定したお経を、一番尊い人間として守るべきものだと言った。その意味を分からなければならない。仏教にたくさんの宗派があったとしても、あらゆる宗派が共通して尊んでいるお経が「般若心経」なのだ。全否定を全仏教徒が尊んでいる。全否定の揚げ句に「般若心経」が言っているのは、先述した「羯諦羯諦《ぎゃーてーぎゃーてー》」のみだ。ただ突き進めと言っている。その意味を、何度でも繰り返して考え続けなければならない。

## 「無目的の合目的」

これまで述べてきた「ただ突き進め、ひたすら突進せよ」の思想は、私は『葉隠』を信奉していたのでよく分かった。武士道も体当たりだからこれは本当に「無目的の合目的」ということなのだ。つまり「死に狂い」である。それは、あのインマヌエル・カントが言う「生命の本質」であり、「魂の本質」なのだ。目的がないところから出て、実は一番すばらしい目的に適《かな》っているというのが「目的の無い合目的性」(Zweckmäßigkeit ohne Zweck.《ツヴェックメースィヒカイト・オーネ・ツヴェック》)という思想だ。カントの『判断力批判』に出てくる概念である。そして、それを生命の本質としているのだ。無目的の合目的で生きることが人間の理想だと言う。そうすれば生命として真の生命燃焼ができるという意味だろう。

この「無目的の合目的」という言葉は、この『脱人間論』を端的に表わす言葉で、副題にしてもいいくらいだ。だからもう幸福になろうとか、出世したい、地位が欲しい、自分の家族の安泰が欲しいと思うのは、すべて卑しい。卑しい目的を否定すべきなのは当然のことだが、高貴な目的ですら駄目だと言われている。すべて否定なのだ。本当に生き切るとは、目的を持つこと自体が間違いなのである。文明を度外視して、宇宙的な観点から見れば、いかに卑しいものも、いかに高貴なものも、その本質は変わらない。高貴な目的でさえ否定される。だから、人生は体当たりと突進だけが真実となる。それを実行するために、現人間のもつ現世の権利を捨てるのだ。

仏教で言う「色」「受」「想」「行」「識」という人間の感覚機能からくる「五蘊《ごうん》」の妄想に捉われていてはならない。「色」は肉体（物質）、「受」は感受性、「想」は心の作用、「行」は行動、「識」は意識のことであり、人間を成り立たせているものである。だが、このような人間を人間たらしめているものによる判断はすべて間違ってくる。宇宙の秩序が正しい。さらに現代ではその肉体さえ不在の妄想が極限にまできてしまっている。超物質主義ということだろう。電脳空間による仮想現実が、この「五蘊」の妄想を促進し、行為そのものがヴァーチャル化し、何ごとも成せない仮想人間が膨大に増えている。物質を物質として認識した上での五蘊ではなく、何も認識しないことの無欲さ、無意味さ、遊びが横行し、妄想の網目が全地球を覆いつつある。

古代インドの聖典『バガヴァッド・ギーター』には「人は行為を企てずして、その行為の超越に達することはできない」とある。がむしゃらの体当たりだけが、人間としての道を拓くのである。現代社会は、行為そのものからますます人間が離れていき、戦うことの野蛮性は消滅し、限りなく無菌で色もなく音もなく匂いもない、偽物の現実が世界を支配していく。電磁波と電脳空間を通せば現実は洗浄され、宇宙ウイルスのように人間の神経を麻痺させる。電磁波と電脳の欲望による悪利用が、人類の未来を暗くしている。我々は、そのような時代をいま生きているのだ。この現実を人類にとって、よく使うためにこの「脱人間論」の思想がある。

何度でも繰り返すが、私は武士道だけが好きだったので、この現実に突進する野蛮性を幸運にも持つことができた。非常に助かったのは、武士道が別に立派な思想ではないという点だった。どちらかといったら偏《かたよ》りが激しく野蛮だと言われ、人から褒められることは全くなかった。それが良かった。武士道がすばらしいものだと皆が言っていたなら、私も自分を良い人間だと勘違いしてしまった可能性がある。武士道を信じて生きてきて、親からも先生からも、皆から馬鹿だと言われ続けてきた。武士道なんか好きな人間は右翼だと言われ、殴られ通してきた。三十〜四十年前までは、本当にそうだったのだ。しかし、それが良かった。褒められたことがないというのは、すばらしいことだと今日になって尽々と感じている。

私は武士道に命を懸けて生きてきた。『葉隠』に命を捧げているのだ。いまの時代、武士道に命を懸けていたら変人、気違い、役立たずと言われる。さっきも言ったように、褒められたことはいままで一度もない。それが私にとって何ものにも代え難い幸運だったと思っている。だから皆にも現人間と現世を捨てろと言っているのだ。そんなものは捨てても、何も困ることはない。却って自分の生きたいように生きられるのだ。現世を捨てて六十年以上経つ私が言うのだから間違いない。それに慣れてくれれば、現世に生きている人より現世もうまくいく。

## 愚かさは強い

現代の人間は、表層的ヒューマニズムによって肉体が人生の中心にある。だから現代的な人間観を捨てなければ、決して魂に到達できない。キリスト教も仏教も、魂に生きるには突進しかないと言っている。全く『葉隠』と一緒のことを言っているのだから面白い。やはり生命の真実はそこにしかないのだろう。ただひたすらに突進せよ、体当たりをせよ、生きるか死ぬか迷ったら死ぬほうを選べと言っている。つまり、辛く困難で評価されない道を行けということである。そして、ただひたすらに突き進めとだけ言っている。『葉隠』が言っているのもそれだけなのだ。現世だけで判断した場合、愚かにも思えるようなことだ。もともと、人間存在とは、科学的に見れば愚かなものなのだと知らなければならない。

哲学者で仏文学者の森有正は私にいつでも、人間とは愚かだからこそ人間なのだと言っていた。森は特に西洋文明についてそう語っていた。森は次のように言っていた。自分はキリスト教を長年研究してきて、キリスト教というのは本当に愚かなものだと感じている。ただ信じる、もしくは気違いになって突進せよと言っているだけだ。本当にキリスト教というのは愚かなものだ。キリスト教は、イエス・キリストが神の子だと信じろと言い、その理由は何もない。信じなかったら殺すというのが昔のキリスト教なのだ。マリアが処女懐妊をしてキリストが生誕したと思わなければ火炙《あぶ》りになる。つまり、いまの科学文明からすればどうしようもない愚かさだ。そう森有正は言っていたのだ。しかしその森有正が言っていたことで、いまも忘れられないのは「その愚かなものを信じ切っていた文明が、世界を制覇したのだ」ということである。

　それに引き替え、どちらかと言えば東洋を支配していた「道徳」、つまり「儒教」は現世肯定が強い。きちんと道徳を護り、現世でどうやったら上手く生きられるか、人間関係をよくする術が中心だった。ほとんどの教えがそうで、礼儀作法と上手な生き方ばかり言っていた。アフリカなどの植民地化された部族社会もそうで、皆、道徳や礼儀にすごくうるさかった。そういうことばかり言っていたところは、ほとんどが植民地支配を受けた国になった。なぜかというと損得に長《た》けるようになってしまったからだ。結局、損得抜きで突進して体当たりをする西洋人に負けたのだ。そのことを森有正がいつも言っていた。私はそれを二十歳の頃に聞いたのだが、それがもの凄く残っていて、いまでもそう信じている。

　東洋においては、儒教の圧倒的な力によって、仏教の本質が西洋におけるキリスト教ほどには社会に浸透しなかったことが残念に思われる。仏教の本質とは、つまりは再三述べたあの「般若心経」である。「般若心経」の思想は現世的に見れば愚かとしか言いようがない。何をしようが全否定するということが、そのすべてなのだ。禅の修行も同じで、創始者 達磨大師の逸話で伝えられているのは「面壁九年」だ。つまり死ぬまで座っていろということだ。九年座り続けて下半身が腐った逸話は、これは死んだという意味しかない。要するに、お前は死ぬまで座っていろと言っている。それが禅の凄さなのだと思う。それで悟りを得るのでもなく、良くなるのでもない。また、すばらしい人になるのでもない。宇宙と一体化するためなら、死ぬまで座っていろというのが禅なのだ。それを「面壁九年」と言う。面壁九年というのは、九年間ただ座れということではない。体が腐るまで座っていろということなのだ。つまり何にもしないで一生やっていろということだ。すべて捨てろという意味だ。

愚かさの頂点である。仏教が社会を覆えば、果たして東洋はどうなっていたのだろう。

## セントラル・ドグマの呪縛

ついにいま「脱人間」という、「人間」であることを捨てるときがきたのだ。いまのこのヒューマニズムの時代に「人間」であろうとした人は、全員がヒューマニズムによって生み出された現代グローバリズムの経済思想に、取り込まれてしまう。そして家畜化を推進するための餌である幸福思想によって、人間の魂を喰われ尽くしていくのだ。それを私は確信している。取り込まれないだけの知恵のある人など、一人もいない。釈迦でもキリストでも、いま生きていれば取り込まれてしまう可能性がある。

何度も言うように、あまりに複雑化した網目状のシステムが組まれたマスメディアや電脳空間によって、現代文明はもう逃れることができない。モーセのいたエジプトの時代には通信網がないので、エジプトの国から逃れさえすれば、その支配から脱することができた。ところが、いまは世界中が通信網で繋がっているから、もう逃げる場所がない。朝から晩までどこの国でも、何が何でもすべてが支配・管理されてしまう。いまや完全に社会はジョージ・オーウェルが『一九八四年』において言っている「ビッグ・ブラザー」(Big Brother)の監督下にある。

砂漠の真ん中にいても駄目、カナダのロッキー山脈の頂上でも駄目だ。だから現人間と現代という時代を捨てるしかないということを言っている。どうして私がこんなに断定的に提唱できるかと言えば、私自身が現に脱人間・脱世間というものをもう五十年以上やっている人間であり、やることによって自己固有の魂を維持し発展させることができたからだ。そして、現世を捨てた生活など何も困らないということを実証してきているからなのだ。実際には、捨てたとしても別に何にも困ることはない。普通にやっていれば肉体も死ぬことはない。大丈夫だから、とにかくやれということを言っている。

「般若心経」なども、少しは意味を考えて唱えてもらいたい。子供のときから一つも否定されない現代人は、一つでも否定があったときには、もう自分の生命を燃焼させることすらできなくなってしまう。そのように命懸けの生き方をやめさせようとして右往左往していれば、人間の魂そのものが死んでしまうのだ。いまの時代は、みな人間は自由で自分が好きなようにしろと国家もすべての人も言っている。命懸けの生き方の選択も自由なのである。命懸けの生き方は、いまでは否定的に見られている。そうしたい人はする自由があるのではないか。これはヒューマニズムの大いなる矛盾だと言えよう。現代ヒューマニズムは、肉体を失うことだけを恐れ、人間としての生き方を失ってしまったと思っている。肉体優先の行き過ぎたヒューマニズムの考え方から脱することは何よりも大切なことである。

我々は、現代のセントラル・ドグマに深く支配されている。現代のセントラル・ドグマとは、言うまでもなく肉体の安全と幸福そして人権を振りかざす行き過ぎたヒューマニズムである。ヒューマニズムだけを礼讃するこの世のセントラル・ドグマは、要は「偽善」である。偽善は現代においてその多くが許されている。言葉は少し違うが、いまはやりの「パフォーマンス」というものが偽善というものと等しいものだろう。そして、現代はそれしか選択肢がない。だからヒューマニズムの「狂信者」として生きる以外のことは、すべて駄目なことになってしまった。

第二次世界大戦後のヒトラーではないが、何を置いてもヒトラーだけは許さないというのもその一つである。いま話題の新進気鋭の哲学者に、ドイツのマルクス・ガブリエルがいる。そしてそのガブリエルは、とにかく人間というのは、あれをやっては駄目、これをやっては駄目という「思い込み」が一番いけないということを、「新実在論」ということで話していた。この人はいま世界で最も秀れていると言われている哲学者でもある。民族の話も出たが、だいたい民族などというものは、何か思い込みと偏《かたよ》りというものの代表的なものだと言っていた。そして、その思い込みこそが哲学的思考の最大の敵なのだと言うのだ。

ところが話がナチスになったら、突然ナチスだけは絶対に駄目だと開口一番に言っていた。それは絶対悪だと言う。そしてこともあろうに、「我々ドイツ民族は、ヒトラーだけは決して許すことはできないし、話題にするのもけがらわしい」と言っていたのだ。そういう考えが一番いけないと話していた矢先に、ヒトラーは例外だとする思い込みを話している。ナチスなどは良い例だ。人間というのは皆、考えることは自由で、みな自分が思ったことで生きて良いのだと言っているにも拘わらず、ナチスを肯定すると言ったら駄目だと言う。だからもうみな相当にヒューマニズムというセントラル・ドグマに侵されていることを知らなければならない。ナチスが歴史であり思想であり時代の潮流であったということを、冷静に分析できない限り、ナチスの代わりになるファシズムが横行するだけなのだ。もしかすると、現代を覆うヒューマニズムがファシズム思想そのものなのではないだろうか。

ナチス否定と言っている人間のどれだけが、ヒトラーの『我が闘争』を読み、その世界史的背景を分かっているのだろうか。内容も分からないでただ否定するのであれば、歴史は二度繰り返されるだけだろう。現代人のナチス絶対否定も、戦後英米のヒューマニズム絶対礼讃の裏表であることに気づかなければならない。ナチス絶対否定そのものが、英米グローバリズム絶対礼讃に直結していることを知らなければならないのだ。しかし、このナチス否定のような、現代のセントラル・ドグマから抜け出すのは容易ではないようだ。マルクス・ガブリエルはいい例になるだろう。もう誰も抜け出せないほどの網の目がヒューマニズム礼讃には張られている。だから捨てなければならないと言っている。ヒューマニズムの「人間」と「社会」を捨てれば、このようなセントラル・ドグマなど全く気にかかることもなくなる。つまりは真実が見えるようになる。

魂のために生き、魂のために死ぬ存在が人間なのだ。人間とは魂の進化のために生まれた存在だということを大前提としなければならない。そうすれば、いまの世の中のセントラル・ドグマから抜け出すことができる。そして人間としての正しい見方ができるようになるのだ。肉体や物質に捉われない見方ができるようになる。肉体はもともと全く関係ない。ほとんど零《ゼロ》と言ってもいい。肉体は魂が乗っているものとしてだけの価値しかない。自動車というか乗り物のようなものである。現代は自分の肉体を物質主義に当てはめて、肉体を一番大事にしてしまった。そこに多くの間違いが生じているのだ。

## 餌を貰うな

「脱人間」とは、「現代のエクソダス」である。そう繰り返し言ってきた。現代のエクソダスとは、ヒューマニズム、無限経済成長、大衆民主主義、科学至上主義からの脱却を指す。それらをすべて捨てるのだ。そして、それらの複合作用によって飼いならされた「家畜」と化している状態からの脱出を意味している。もうすでに家畜化が半分ぐらいは進行しているというのがいまの状態だ。重要なのは、家畜であることを脱するために、餌を拒絶しなければならないということなのだ。出エジプトの時代においてはエジプトから与えられていた、あらゆる利益をユダヤ人は捨てた。

現代の餌は、みなが飛びついている自由・平等・人権の他に、保障・安定・安楽・幸福などのことだ。これらを願うことを捨てない限り、もう絶対に真の人間には戻れない。つまり、魂に生きることはできないのだ。これらの餌から自己を解放すると、保障・安定・安楽・幸福というのは、これら自体が一つの魂を攻撃するファシズムだということに気づく。『聖書』を読んでも『ファウスト』を読んでも「悪魔のささやき」とは、これらのことに尽きるのだ。だからこれを捨てることによって、本当の意味での自己の解放ができる。これらすべてを美しく良いものだとする現代のファシズムのことを、私は「笑顔のファシズム」と言っている。逆の意味でのスターリンやヒトラー肯定と変わらないと言っている。スターリンやヒトラーを全否定することによって、却って「笑顔のファシズム」を全肯定しているのだ。

幸福の名の下に我々に与えられた餌を食わないことから、「脱人間」は始まる。現代社会とマスメディアが掲げる人間的幸福というのが、ヒューマニズムに基づいている。ヒューマニズムの名の下に、我々にはたくさんの餌が与えられている。それらをすべて拒絶しなければならない。それらを拒絶して、愛や信や義のために、魂の息吹を復活するために生きるのだ。魂の世界の住人に成るということだ。愛や信や義は、保障・安定・安楽・幸福などと併用してできると思ったら大間違いだ。併用できないから、「般若心経」でも『新約聖書』でもすべてを捨てろと言っている。愛とか信とか義というのは、それそのものが宇宙の本質であり苦悩なのだ。つまりは「ヨブ記」に収斂《しゅうれん》する思想ということになる。「ヨブ記」であり「イサク奉献」である。そこにある本当の苦しみを見詰めて、いわゆる崇高な生《せい》を生きる決意を固める。

ヨブは、信とか義を試されていたのだ。だから信とか義とか愛の本質をいま話していると思ってほしい。その本質は呻吟であり、苦悩であり、悲痛だということを言っているのである。これは良い悪いの話ではなく、そういう愛と信と義を求めるのが人間の魂なのだということを深く認識せねばならない。そういうものだという前提が、いまの人にはない。その前提が戻れば、今度は自分ができなくとも愛と信と義に生きた人を尊敬することができる。それだけでも充分と言えよう。

それが、以前までの時代の「人間的」と呼ばれたものだった。自分ができなければ、その頃までは少なくとも自分は恥ずかしく申し訳ないということを感じていた。だから自分は駄目で卑怯で屑なのだと認めて、分際を弁《わきま》えて大人しく暮らしていた。それはそれで人間として、立派な人生と言える。自分を弁えることは、それだけでひとつの「教養」である。反対に、いまや天国に行くのも自分で決めている。自己裁定で、自己評価ですべてが回っている。

餌を食わなければ、愛や信や義の世界に行くことができる。ただし、行っても苦しみだけだということを覚悟しなければいけない。現代流に言えば、何の得もない。だから皆できないのだと思う。愛や信や義で苦しむことは、それだけで魂を重んずる人間なのだということを、いま一度思い出さなければならない。人間とはもともと、そういうものだというのが大前提となる。その苦しみを戦い抜くために人類というものは生まれた。いまの現世で生きている限りは、これを思い出すことも戻ることもできない。だから「脱人間」が必要なのだ。相当の変革というだけでなく、全否定ということが必要となる。だから、「脱人間」をするには、時代と世間と評価を求める自己をすべて否定しなければならない。つまり、現代人であることを捨てる。

だから信じるとしたら、まずは過去の人類の文献を読み、そういう書物を読破して魂に生きていた人間を信じる以外にない。私は昔の魂に生きた人と同じことを言っているだけだから、私を信じれば、昔の人が言ってきたことをすべて信じるのと一緒である。魂に生きた人々の文献は、私が言うことと変わらない。それは私がそうやって生きてきたからに他ならない。そしてその結果は、ただ苦しむ人生に入るだけだとしか言えない。現代の人生観では、いわゆる得はないということだ。いま流に言えば得することは何もないし、むしろ損しかない。野生動物と家畜の差を考えれば分かることだが、野生動物というのは大変なのだ。いくら苦労しても餌が獲れない日もある。しかし普通の動物は野生であることを好むし選ぶものだ。動物は野生でいることが神の使命だからだ。神の使命だったものを忘れた生き物が家畜なのだ。

家畜は人間から餌を貰って暮らしている。人間も、いまその家畜になりつつある。その主人は、これから出現してくるだろう。人間の使命は、魂のために生きることだけにある。だから魂のためにだけ死ななければならない。野生動物には保障も餌もない。野生動物は、肉体を生かすために生きるのが使命なのだ。だから、どんな苦労をしてでも一日中、山野を駆け巡って餌を獲ろうとしている。それをやめたのが家畜だ。しかし神の摂理は凄いと思うのは、何万種類も動物がいるのだけれども、人間が家畜化に成功した動物というのは何十種類しかない。せいぜい百種類くらいと言ってもいいだろう。ほとんどの野生動物は家畜化できなかった。そのくらい神の摂理は強いと言える。だから人間が家畜になるというのは最低なことであり、自ら望まない限りそうはならないのだ。現代人は、魂を捨てて家畜化の餌に飛び付いた。いま言ったヒューマニズムが掲げる権利としての保障・安定・安楽・幸福を求めたからだ。しかし、いまの「人間」に真の生命的幸福が訪れることはない。

## 幸福の違い

現代人は神の側にいない。ドイツの宗教哲学者マルチン・ブーバーは、この現代の様相を「神の蝕《しょく》」(Gottesfinsternis：ゴッテスフィンスタニス) と呼んだ。神の蝕とは、神を見失った迷いの中にいる人間の状態を表わしている。ただし、神がいなくなったのではない。神が中心にいることは変わらないが、それを見る眼を失った現代人の姿を表わしている。それは魂の価値を見失うことであり、理想と生命の淵源から離れてしまうことを意味しているのだ。その結果、全く苦悩のない軽薄で肉体だけを重んずる人生が展開される。つまり、「神の側にいない」とは、苦悩の中にいないということなのである。生きること、信ずることそして愛することとは、魂の苦悩を乗り超えていくことを意味する。その結果として、人間の成長がもたらされる。

愛と信と義は、魂の苦悩を呼び醒ます。先ほど挙げた「ヨブ記」とか「イサク奉献」は、それを表わしている。それを忘れさせた文明が、ヒューマニズムとその申し子である経済優先のグローバリズムと言えよう。何度も言うが私ほど運が良かった人間は少ない。子供の頃から『葉隠』を愛したからだといつでも言っている。武士道も苦悩の哲学だから、私が武士道で六十年間生きたということは、武士道的な苦悩の中を生き通してきたということなのだ。それが結果として私の信念を創り、魂の進化に向かう人生を生んだのではないかと思う。武士道とは、不可能に挑むことを言う。だから、苦悩を生むのだろう。つまり、「突進」の中に、燃え尽きる生である。

武士道とは、生きながらにして死ぬことを言う。死以外の価値観を捨てるわけだから、私はその苦悩の中を生きてきた。その苦悩の中を生きてきて、心の底から本当に良かったと思うからこれを提唱している。先述したヒルティも、キリスト教の信仰の中だけを生きてきて良かったと思うから、あの有名な『幸福論』を書いたのだ。そのヒルティが言っていることは、愛のために死ぬことに尽きる。だから、幸福というと少し言葉が変なのだが、いまの人が言っている幸福ではない。現代の幸福は、自己中心のエゴイズムだ。だから実は不幸なのだが、不幸だと認識していない。現代のセントラル・ドグマによる洗脳によって、認識できないのである。

我々はいま、物質中心の生き方を不幸だと認識する必要がある。そして、それを「よし」とする。「不幸において悩まず、幸福を切望することなく、愛執や恐怖そして怒りを離れた人は、叡智が確立する」と古代インドの聖典『バガヴァッド・ギーター』にも述べられている通りだ。それを確立した人が良くも悪くも人類の歴史を創った人たちだった。一方「自己において喜び、自己において充足し、自己において満ち足りた人、彼にはもはやなすべきことがない」という超現代的な警告も同時にその同じ聖典によって発せられている。真の未来を拓くものは、過去の魂の叡知しかない。

ヒューマニズムという現代のセントラル・ドグマが我々に与えるものは、すべてが餌に過ぎない。その餌を貰っているほうが幸福だと言うなら、それは「家畜」なのだ。良く見ても、動物園の動物である。それは動物園の動物のほうが、野生動物より幸福なのだと言っているのに等しい。野生動物と動物園の動物のどちらが動物として幸福かを認識できなければ、話にならない。ただ現代人は、動物園のほうが幸せだと思う人のほうが多いのではないか。きちんと温度管理され、柔らかな藁の上に寝られ、餌も貰える、良い子、良い子と可愛がって貰える。だから、現代の病根は深い。動物園の動物ショーを見て、それでも良いと思っている。それを屈辱だと思わない。

少なくとも私が子供の頃までは、動物園の動物のほうが良いなどと言う人は一人もいなかった。しかしいまは動物園のほうが良いという人が多い。そして、それを「人間的」だと思っているのだ。だから、「脱人間論」の考えが出てきたとも言えよう。それは、もう人間として終わっているということだ。そういう答えがくることは私にはよく分かる。現代の人間は動物園のほうが良いと言うに決まっているのだ。それは、得だからである。そういう卑しい人間性を捨てなければならないという話を私はしている。卑しい人間などに同調すれば、自分も必ずそうなってしまう。

辛くもウナムーノはそのような人間をこう表現した。「他の動物の体内で、宿主によってすでに準備された栄養によって生きている寄生生物は、見る必要も聴く必要もない…。ただ自分を体内に抱えている宿主が見、聴きさえすれば充分なのである」と。先ほども例に挙げたが、人間の迷いの象徴として仏教が挙げる五蘊すら、いまや現代人からはなくなってしまったのではないか。そういう寄生生物のような人間たちに合わせて、自分も同じ寄生生物であろうとしている。それを却って人間的と思っているのだ。人間の価値が、その魂つまり内在意志にあることが分からなくなってしまった。

現代は悪平等によって、真っ当な人が寄生生物のような人間に合わせてしまう。その人たちは皆、自分が大切で幸福になって何が悪いかと言っている。そういう人間は、そうさせておけばいい。関われば、自分もそうなっていくことを忘れてはならない。そもそも「人間だもの」と言っている世の中である。真の人間は魂の苦悩の世界に住むから、その魂の鍛練に向かう人生を選ぶ。そして、自己の「文学」を持たなければならない。理想と、それに向かう生き方だ。もちろん、理想とは、真の人間の魂を得るということである。つまり動物園から出ることを言っている。そして、自分で餌を探さなければならない。

## 幸福を求めるな

人間は安楽を求め、幸福になるために生まれたのではない。ここが重要なことで、いまの人たちはそこを誤解をしている。幸福は、苦悩の魂に与えられる神の恩寵である。それも結果論だ。だから実は、人間というのはもともとが幸福になるために生まれたのではないのだ。宇宙と生命そして人間の本質が何であるのかを突き止めるために生まれた。つまり神とは何かということだ。愛の本源とは、信とは何か、義とは何か。それらの本質を突き詰めるために生まれた。だから、苦悩するために生まれたのだ。

いまの人たちは、安楽で幸福になるために生まれたと思っている。それを全く悪いと思っていない。それが、「卑しい」と言われていたことだと忘れてしまった。しかし、アンドレ・ジードもその『狭き門』でアリサに言わせている通り「人間は、幸福になるために生まれてきたのではない」のだ。これはひと昔前までは、どの文学においても、それが物語の核心を創っていた。自分自身が幸福になろうとすると、幸福はそのままエゴイズムになってしまう。それを、本当に分からなければならないときにきている。

本当の幸福は、苦悩の中にある。それも先ほど触れたように結果論として、過ぎ去った後に感じる心の作用なのだ。自己の魂の苦悩の中で、振り返って感じる概念だった。昔、宇宙の本質や神に迫ろうと思い、苦悩の道や愛の本質を求めて生きていた人は、結果論として本人の人生や霊魂が幸福を感ずることもあったということなのである。自分が幸福になろうとしなかったから、幸福になった。そういうことが分からなければならないと思っている。いまの人たちは幸福になろうと思って生きているので、私が見ている範囲では一人も幸福な人はいない。もしかしたら、私が最も幸福かもしれないと思うほどだ。私は不幸でかまわないと思って生きているから、逆説的だが幸福を感じているのかもしれない。

幸福は魂のエネルギーだから、完全な逆説を生む。不幸を望むことが真の幸福を創る。幸福という概念は究極の逆説なのだ。だからヒルティのように、キリスト教の信仰に生きてすべてを愛に捧げ、他人のため、キリスト教社会のためだけに生きようと思っていた人間が、人生を振り返って結果論として自分は幸福だと認識することができたのである。そしてあの有名な『幸福論』を書いた。しかしヒルティの人生は、現代の一般論から言えば不幸な人生だった。他人のためにすべてを捧げた。それで何も報われていない。何も報われず、いま流に言えば貧しい生活で何もない。しかし人間は、この魂の進化のために苦悩し呻吟するために生まれた。この中心課題を毎日、何回も何回も問い直さなければならない。『葉隠』は、武士道を貫徹するには「毎朝毎夕、改めては死に、改めては死ぬ」と言っている。魂とは、そういうものと言える。もともと生きるとは辛いことに決まっているのだ。それが真実である。

## 逆説に生きる

真の愛を求めるためには、いまの「人間」を脱するしかない。真の幸福、真の愛を掴むためには、魂の根源を考えねばならないからだ。いま流のヒューマニズムによる人間尊重、人間第一と言われている考え方は、肉体のことであり、また生まれながらに持っている「気持ち」と言われる好き嫌いの感情のことでしかない。先にも触れたが、あのミゲール・デ・ウナムーノは、その『生の悲劇的感情』において、「真の愛は、苦しみの中にしか存在しない」と断定している。そして人生は「苦悩の愛」を選ぶか、それを諦めて「幸福」を選ぶしかないということを語っているのだ。ウナムーノのような崇高な哲学者がこう述べたことの意味は途轍もなく大きい。私に言わせれば、ウナムーノの『生の悲劇的感情』に語られていることが、ヨーロッパを築き上げた原動力だったのである。

ウナムーノの根源は、魂の涸渇感と愛の呻吟である。どちらも、人類を人類たらしめていた原動力と言っていい。そのウナムーノが、人生は苦しみである愛を選び、愛のために一生苦しむのか、もしくはそれをすべて諦めて幸福を選ぶしかないと言っている。これは本当に含蓄に富む。簡単に言うと、いまの人たちはみな諦めて幸福のほうを選んでいるということに尽きる。ただ再三言っているように、それが真の幸福ではないということを知らなければならない。事実、苦悩の生涯を送ったウナムーノほど、私が見ても幸福を享受した人はいない。その幸福は、ウナムーノの生が燃焼し尽くしたものだったからに他ならない。ウナムーノが『生の悲劇的感情』を書いたのは二十世紀の初頭のことだ。だから二十世紀の初頭が一つの分かれ目なのだろう。

ウナムーノの次の世代にオルテガがいる。そして、まだ多くの人が危機感を持っていた。一九三〇年にオルテガも『大衆の反逆』を書いた。まだ多くの哲学者や文学者が、大衆社会の危険について論じていた。その内容はすべて、魂を失うことへの危機感だと言っても過言ではない。軽薄と安直に走り、魂の鍛錬から逃げることの危険を警告するものが多い。人間は苦しまなければ、真の人間として成長していくことはできない。そしてその苦しみとは、魂の躍動に人生の価値を見出す生き方ということに尽きる。その魂の躍動とは、魂の鍛練のことを言っていることが分からなければならない。その魂の躍動が苦しみなのだということを、皆が分からなくなった。それでいて皆「生きがいが欲しい」と言っている。生きがいとは魂の躍動であり、それはそのまま苦悩のことなのだ。

それは動物なら野生に戻ることだと何度も言った。生きがいを得るとは、野生に戻るということを意味している。とにかく餌を探して歩かなければならない。人間の場合は、魂の鍛練の過程である苦悩の中に入ることなのだ。魂の躍動によって、人間は遠い憧れに向かって生きることができるようになる。この魂の躍動という苦悩によって、人間は初めて「憧れ」に向かうことができる。そのことを私は以前に著わした『「憧れ」の思想』（ＰＨＰ研究所刊）に書いた。その憧れとは、宇宙の本源を仰ぎ見る精神を培うことを言う。そして、我々人間の生命に与えられた宇宙的使命に向かう生き方を問い続けることなのだ。生命とは何か、魂とは何か、人間とは何か。そういう人間の淵源に向かっていかなければならない。そこへ向かう人生は、苦しみと呻吟でしかない。私もそうだが、苦しみと呻吟の人生を歩んでいた人たちが、皆、「幸福論」を書いているのだ。人生とはそういう逆説になっている。

## 人間の去勢化

カントがその『判断力批判』において言った「無目的の合目的」が最も正しい人間の生命観なのだ。無目的という解決不能の不合理の中を生き抜くのが、我々人間の正しい生命であり魂なのだ。その体当たりの苦悩だけが、合目的という人間の真の人生を築く。だから我々は苦悩の中を突進しなければならない。魂は、苦悩を抱き締めるために存在する。別に目的はない。そういう宇宙的実在なのだ。人間は憧れに向かって生きるために存在している。それが目的ではなく、人間の実存がそうだというこことに尽きる。苦悩と呻吟が、結果として人生の幸福を招き入れることもある。しかし、それはそれだ。それが人間の本質である。

先ほどのウナムーノの言葉のように、愛のために一生苦しむか、諦めて幸福を選ぶしかない。それが人生なのだ。その幸福への願望が、異常増殖をしてしまったのが現代である。だから現代は、世の中を捨てなければ魂の躍動には入れない。魂の躍動に生きるために、現代においては「脱人間」をしなければならないのだ。いま「人間」であろうとすると、必ずいま流の幸福にいく。だから、「人間」をやめるしかない。「人間」をやめると、本当の人間に向かうことができる。これも逆説だろう。現代の人間観の中に住む限り、本当の自己とは永遠に出会うことはない。

いまの家庭のマイホーム的幸福は幸福ではない。自分たちの幸福を求めて、家族を愛しているつもりになっているだけだ。家族を愛しているのではなくて、自分が幸福になりたいからに過ぎない。だからエゴイズムなのだ。本当に子供のことを愛していたら、子供をすばらしい人間にしようと思って厳しく躾けるはずだ。親は嫌われ役を敢えて引き受けなければならない。それが愛だ。いまの家庭にそれはない。なぜかと言うと、親は自分が好かれたいのだ。これは愛ではない。自分の損得である。そして自分が楽《らく》な人生を送りたいということだろう。

「脱人間」とは、あらゆる現世的なものの否定の先にある「何ものか」を摑むための旅路である。だから「脱人間」は「エクソダス」なのだ。あのエジプトを捨てて荒野に出ていったユダヤ人と同じだ。苦労しか、もう道は残されていない。この苦労の中に生きようと思わないこと自体が、「家畜」となっていることの証左と言えよう。魂の苦悩を遺棄《いき》することは、家畜としての人生を招来する。人間としての生存本能を失っているということになる。家畜とは去勢されることなのだ。もう性別もない。善悪もない。そして気概もなく、憤《いきどお》りもない。

　いまの人は本当に去勢状態になっている。だからいまの学校における「いじめ撲滅」もすべて子供の去勢化を目指している。子供の感情を、合理的に創り上げられると思い込んでいる。これでは子供の心が崩壊してしまう。もちろん、いじめが良いと言っているのではない。いじめの否定が行き過ぎて、生命と魂を浸蝕していると言っているのだ。子供の感情を奪い取ろうとしている。子供が喧嘩したり、誰かを憎んだり、嫌ったりするのは当たり前のことだ。それを自分で反省し、苦しんで少しずつ直していくのが人生である。それをあそこまで神経質に否定するというのは去勢化でしかない。一昔前の坪田譲治や佐々木邦などの児童文学をもう一度読み直してみるといい。本当の子供の善悪を通り越した躍動する魂が描かれている。「いじめ対策」は、もっと子供の躍動する魂に寄り添って考えなければならないのではないか。

「脱人間」をした人は苦しみの中に入るのだから、それを大前提としてすべてを理解すべきだ。あらゆる現世的なものの否定の先にある「何ものか」を摑むための旅路である。旅路というのは、苦しむことなのだ。この「何ものか」というのは、「不滅性への渇望」だと言える。魂の不滅、自分の生命の不滅性への渇望に生き、人間生命の燃焼のために死することである。それが「脱人間」という旅なのだ。

## マスメディアの大衆操作

我々は、いまの文明の人間観を拭い去ることはできない。我々はもはや、現代の人間社会を覆うように世界中に張り巡らされた精密な情報網に完全に支配されてしまっている。その網の目によって、ヒューマニズムと民主主義そして科学文明の人間観を、骨の髄まで打ち込まれてしまった。我々の頭は、すでに深層まで物質文明に侵されている。だから、「人間」であろうとすることを捨て去らなければならない。「人間」であろうとすれば、必ずその現代的宿命の網の目にかかるのだ。「脱人間」を断行することによって、我々は新しい地平線の展開を見ることだろう。それが、我々を魂の生まれ故郷に導いてくれる。その地平線の先にあるのが、我々の生まれ故郷だ。それは我々人間を生み出した、憧れの淵源でもある。現代の「人間」をやめない限りは、我々はそこに突入できない。

現代文明はその力を、マスメディアの大衆心理操作によって維持発展させている。その網の目は細かく、我々には逃げる場所はない。だから、それらのものが持つ価値観をすべて捨てるのだ。現代は「人間」を捨てなければ、それができない。現代社会から受ける恩恵という餌を吐き出すのである。人間のため、人間的考え、人間性によってなど、現行のヒューマニズムの考え方のすべてを切り捨てるのだ。我々の生命は、その洗脳によって疲弊してしまっている。我々は人間的とか、人間として、人間でなければいけないとか、そういうヒューマニズムの言葉で、生命も魂もその実存が疲弊してしまっているのだ。それに気づかなければならない。

人間であることを捨てると、生命と魂が甦ってくる。そのとき、実は本当の人生の喜びを得ることができる。しかし、魂が甦ってくると苦しいことしかない。だが、そこに入らなければ我々の本当の人生はない。かつての人間の魂は、この世で「人間」であろうとしている限り絶対に復活しない。現代の我々のみじめで弱い幸福志向は、自分の魂の働きを諦めた結果なのだと知るべきだ。我々の現世での生命力は、生命と魂の実存的な価値を阻害され疲弊しきっている。行き過ぎたヒューマニズムも、すでに提唱されてから二百年近くを経過した。二百年も人間が最高で人間を大事にしなければならないと言われ続けて、もう身心ともに疲れ果てているのだ。良い人間でいなければ駄目だ、人助けをしなければ駄目だと言われ続けていれば疲れ果てる。

　現代ヒューマニズムはその域に達している。そして、それがまた嘘で、すべてに裏があるのだ。いまの子供を見ても、周りから見せかけの善意を受け過ぎている。だから現代の子供はやはり疲れ切っているではないか。かまわれ続ければ、人間は疲れ果てる。先ほど少し取り上げた「いじめ問題」ではないが、少し友達に意地悪しても、先生を中心に十人の大人が飛んでくる。そして限りない説教が続く。心理カウンセラーとか、警察まで最近はくる。それから児童相談所、担任の先生から隣の組の先生、校長先生から教頭まで、それに両親とすべて合わせて十人くらいの大人が血相を変えてやってくる。それで、いかにお前が悪い子か、滔々と説かれる。こうなったら子供は何もできない雁字搦《がんじがら》めの中で窒息してしまうだろう。だからいまの子供は、無気力で冷めていて、子供らしくないと言われているが全く仕方のないことだ。まさに家畜の去勢と何も変わらない。

　その結果できたのが、いまの社会だ。去勢された者だけを良き社会人と言っている。そこまでいまのヒューマニズムは行きついてしまった。そしてマスメディアがそれに拍車をかけている。何をやっても「コンプライアンス」だ「犯罪」だと言って、マスメディアが飛んできて、みなを突き上げる。

マスメディアに言いたいことは、そのコンプライアンスを一番守ってないのがマスメディア自身ではないかということに尽きる。労働基準法とかコンプライアンスを、マスメディアより守っていない会社を私は見たことがない。滅茶苦茶で自分たちはやりたい放題だ。自分ができていない人ほど他人を批判する。人の会社が少しでも何か労働基準法に違反でもしたら、飛んできて、突き上げている。マスメディアは現代の悪魔としか言いようがない。

先にも出たヘブライ語の語源で「サタン」の意味が、「告発をする者」というのは偶然のことではないだろう。みじめで弱い現代人たちは、そのようなマスメディア主導の幸福思考を受け入れた結果いまのような状態になった。そして、その弱さが反対に現代の人間の傲慢を生み出している。弱い人間というのは傲慢なのだ。そしてこの情熱のない時代に、無気力な弱い大衆に唯一の生き方を与えるものが、マスメディアだと十九世紀にすでにキルケゴールが述べている。このマスメディアによる突き上げが、大衆の代弁者として皆を喜ばせている。それで大衆の溜飲が下がるのだ。こうして抜きん出る者の首を絞めたり足を引っ張ったりして、世の中を限りなく水平にしていく。

ヒューマニズムの結果が、人間を傲慢にした。ヒューマニズムがくるところまできて、人間をここまで傲慢にした。現代社会のコンプライアンス、いじめ問題もその多くがこの傲慢からくる。人間は神なのだから、何でもできると思っているのだ。そういう傲慢な考えを持ってしまったから、いまのコンプライアンスの考え方を生んでいるのだろう。人間が、不合理で欠損のある生き物なのだということがよく分かっていない。

ヒューマニズムは急速に人間を傲慢にしていく。人間であろうとすれば、その傲慢に自己も食われてしまう。だからこそいま「人間」を脱するのだ。我々は「人間」を超えた「超人間」にならなければばならない。我々人間を生み出したのが宇宙の意志だと信ずれば、現行の「人間」を超えられるはずである。我々はいま「人間」を超える存在、「超人間」というものを目指さなければならない。だから「脱人間」を行なうということは、「超人間」に向かうという意味になる。これは大変なことだが、必ずやり遂げなければならない。「脱人間」によって「人間」を超えなければ、我々現代人は人間にはなれないのだ。

## 私は火であり供物である

人生の根本は、あらゆるものの否定である。人生とは、否定の先にある「何ものか」を目指す生き方とも言えよう。真の肯定は、否定の苦悩の中から生まれる。安易な肯定は、軽薄と幼稚を招くだけだ。現代社会はその安易な肯定によって、幸福と成功を安売りすることによって成立している。その網目は細かく、ほとんどの人たちがその安易な幸福を手離すことができないでいる。保障・安楽・権利がその幸福を下支えしていると錯覚しているのだ。現代の人間観から脱するには、否定によって真実に近づく方法論を身に付けなければならない。否定による真の生命の発見は、「般若心経」の心でもあることは何度か述べている。それを体感するために、ここでは『バガヴァッド・ギーター』を取り挙げることとする。『バガヴァッド・ギーター』においても、すべてが自己否定から出発しているのだ。

『バガヴァッド・ギーター』にある「私は火であり供物《くぶつ》である」という言葉を、私は否定の根源として愛する。我々は火であり、供物だということは何か。それは、自己を形あるものと思っている自意識の完全否定なのだ。我々の存在は、我々のものではなく宇宙の暗黒流体（ダーク・フルーィド）として存在し、神に捧げられる生命なのだ。我々は、苦悩と紅蓮の炎に焼かれながら生きている宇宙の魂である。そして、その魂は神に捧げられている。これが、人間の始まりだった。人間は、人間であることの否定によって文明を築き上げてきた。呻吟と苦悩、それが人間だと言っている。我々は初めから、すでにもう神に捧げられた供物だった。それが人間の本質である。

初めから、宇宙の本質と神の本質を考え続けるために、我々は人間となった。それを正しく認識していた人物のひとりが、歴史的に言うとモーセだったと言える。第一章で述べたように、モーセは神を考えなくなったエジプトで、すでに骨抜きになった民族を引き連れて脱出した。つまり、人間の原点回帰を目指したのだ。人間の魂に課された宇宙的使命に戻ることが、原点回帰になる。エジプトを出て行くこと自体が、人間の本当の故郷に還って行くということを意味する。物質的にはカナンの地を目指すと言っているけれど、実は目指しているのはカナンではなく、本当の人間の故郷に向かって還ろうという思いである。カナンが、有ろうが無かろうが関係ない。物理的には戦争をしたりしているが、それもどうでもいいことだと言える。自己超克というか、自己を超越する旅に出たということなのだ。

この苦悩する魂の旅に出るというのが、『脱人間論』の主旨だ。それは耳にたこができるほど繰り返し述べている。そして、このたこが重要なのだ。「脱人間」という思想は、体の中に本当に打ち込まれないと意味をなさない。自分の体内にしこりのようなたこを創らなければならない。そのための繰り返しである。だからこれは、どこまで言っても、述べ過ぎということはない。絶えず自分自身に言い聞かせながら生きていくことが必要となる。旅に出ることとは、苦しみに入るということだからだ。現代ならヒューマニズムが与える餌を拒絶して、餌も自分で取るようにしなければならない。自己の内在意志に、命を懸けるのだ。この考え方は一朝一夕に身に付くものではない。いまの「人間」はすでにもうそれを分かることはない。だから、ただ捨てるということなのだ。

自分だけが、ただ自分だけがそこへ向かう。これを実行するには、「ただ独りで生き、ただ独りで死ぬ」という覚悟がないと断行できないということを、いつでも言っている。協力者を得ようとか、誰かに理解してもらいたいと思えば失敗する。「ただ独りで生き、ただ独りで死ぬ」という覚悟で孤独にやるべきなのだ。それができた人間だけが真の人間として、「超人間」として甦ると思っている。協力者を求めた人はしくじる。これは少なくとも、この本を読む人に対して伝えたい。いまや私は私の本を読んだ人との結びつきだけを考えている。これがマルチン・ブーバーの言う「我と汝の問題」であり、それ以外は求めてはならない。あとはすべて捨てるだけだ。どうなろうが、これだけは信じて生きると思うことを信ずれば、それだけで人生はいい。

## 「現実的人間」とは

現代人は、ただ突き進む「羯諦羯諦《ぎゃーてぃーぎゃーてぃー》」の状態になるのが、特に苦手のようだ。体当たりを避けようと思っているのだろう。私はそれを行なうことによって、自分だけの道を突き進むことができた。そして結果論としては、現世でも途轍もなく楽になり多くの幸運にも恵まれるようになってきた。とにかく現世は捨てたけれども、その捨てた現世の中でも経済的にも肉体的にも家庭的にも、普通より良いほうになってしまっているので、何だか申し訳なく思ってしまう。だから現世は、捨てたほうが上手くいくということも言えるのではないか。つまり捨てると周りがよく見えるのだ。現世の中に自分も入っていると、現世と一緒に流れていってしまう。だから何も見えない。

執着して、その渦中に入ってしまうと見えないのだ。現世を出れば、現世が客観的によく見える。多分、このような状態があのスイスの神学者カール・バルトの言う「現実的人間」（der wirkliche Mensch《デア・ヴィルクリッヒエ・メンシュ》）という状態なのだろう。現実的人間とは、キリスト教の強い信仰に生きていた人間の、生きる力の強さを、バルトが歴史的に検証して言った考え方だ。現世の価値を離れ、信仰に生きた人々のほうが、現実の社会でも経済・政治・家庭のあらゆる面で、現実に打ち勝ち成功を収め得ることを述べている考え方だ。

昔の神に対するもの凄い信仰を持った人の多くが、幸福な人生で成功の人生だった。現実がよく見え、科学的に考えられるのだろう。商売もきちんと儲かるようにやれる。儲からない人は我欲によって儲からないようにやるから儲からないのだ。体当たりは難しいものだが、それができるようになれば、恐らく現世のことは非常に簡単なのではないだろうか。現世のことなど私は考えたことがない。考えたことがないのに、ほとんど上手くいき、ある程度は成功もできるのだから、逆に言えば現世はすごく簡単だということも言える。現代社会は、動物園だから考えても全く仕方がない。ストア派の哲人セネカもあれだけ孤高で厳格な哲学を説いていたが、きちんと資産は持っていたし、貴族で大金持ちで何でも手に入った。セネカは厳しいことをたくさん書いているが、自己の生き方しか見ていなかった。だから地位や財産はどうでも良かったし、執着していなかった。その結果、裕福にもなれたのだろう。セネカは、「現実的人間」の代表者のひとりだ。

現実の中にだけ生きる者は、現実に負ける。魂に生きる者は、現実に負けることはない。信念を持てば、その人は現実に勝ち抜く人間となる。私は信念を持っている。だから人生に強いのだ。私にとっては信念を貫くことが幸福なのだから、死ぬまで幸福に決まっている。宇宙や生命の本質を見詰めている人間は、現世などはどうでも良いから、成功しようが失敗しようが関係ない。だからその分、強くなれるのだろう。そして結果的に成功してしまう。宇宙の問題のほうが大問題なので、現世的には成功しなかったように言われている内村鑑三も、あれだけ歴史に名を残していて、これだけいまの人にも尊敬されているのだから大成功者だと言える。それを現代人が分からないだけだ。捨てれば、本当に成功している人が多いのは事実だ。ただ、成功などをしたいと思うこと自体が、卑しいことだと知らなければならない。本当に成功も失敗も人生の結果論に過ぎない。人生にとって最も尊いことは、体当たりで力一杯に生き切ることに尽きる。「人生意気に感ず、功名誰かまた論ぜん」である。

ウナムーノが言っていた、私の一番好きな思想がある。「飛行機や自動車などという、あんなものは英米人に作らせておけばよい。我々スペイン人は魂の問題を考えているのだ。だから彼らよりも格が上なのである」という言葉である。現世の問題は宇宙や生命そして文明の本質と比べれば、どうでもいいことなのだ。私も現世を捨てている。だから会社経営をしているが、経営の本など一冊も読んだことがない。体当たりしかしていない。体当たりしていたら、ある程度成功するわけだから、簡単なのだ。人々のためになり、社会の役に立てば、商売は繁盛するに決まっている。

会社を潰している人というのは、経営学だ、ＭＢＡだと死ぬほど一生懸命やっている。成功するためにに坐禅にまで行くという、馬鹿げたことまでやっているのだ。要は、自我だ。その卑しさが分からなければならない。アメリカの「何とかの法則」というものを取り入れている会社はほとんど潰れている。そんなことをやる前に、体当たりをして目の前の仕事に本気でぶち当たっていれば、成功するに決まっているのだ。大切なものは、誠《まこと》を措いて他にない。

## 断片化の時代

人間の魂は上昇するものであり、そのエネルギーはスパイラル的に回転している。しかし、人間の肉体は重力によって枷をはめられ、その維持だけですでに飽和状態になっている。それは地底に向かって下降する、逆スパイラル構造である。だから、宇宙からのエネルギーを肉体が直接に受ければ、その肉体は破壊されて維持することができないだろう。だから宇宙エネルギーとの直結は、魂に限られるのだ。

例えば、この宇宙との直結という点で、クフ王のピラミッドの中に入ると燦々と宇宙エネルギーが降り注ぐと言われている。そしてそれを受けるための王の部屋、女王の部屋はピラミッド頂点から直下に作られたのではなく、中心から少しずれているそうだ。古代から人間はそうやって、ミイラ化した肉体組織の破壊を少なくする工夫をしながら、宇宙エネルギーを受ける仕組みを創り上げてきた。仏壇に置く物は、本尊の仏像の他は中心からずらして置くのもそういう理由からだ。人間の魂は、宇宙エネルギーを自己の魂の中で自己化した後に、スパイラル状に上昇させて進化していく。我々の魂の力は、宇宙エネルギーを変換した力なのだ。

肉体は、重力で地底に向かって引っ張られるので、魂の上へ向かうエネルギーと肉体の下へ向かうエネルギーの相克が、あらゆる人間の苦しみを生み出してきた。この苦しみを、人間として当たり前だと考える前提がなくなってしまった。その錯覚によって、現代の幸福観が生まれたのだ。現代の家庭や学校がその代表的な例となるだろう。上昇する魂の涸渇感と、下降する肉体の煩悶との相克を乗り超えようとする苦悩が人生である。いかにして宇宙エネルギーを魂で受け止め、この世においてそれを肉体的行動として表わしていくかが人生の正否を分けるのだ。

ヒューマニズムがくるところまできたことによって、ついに「人間」の魂は腐り果ててしまった。現代では、重力に引っぱられる肉体を異常なほど重視している。だから肉体や物質に対する研究が異常に進み、下降する重力に基づいた物質世界の分析や研究は過剰なほどになっている。その結果、上昇を志向する魂の鍛錬はすっかり忘れられてしまった。物質科学は大いに発達したのだろうが、人間の魂は退化してしまったということだろう。そして、人間は科学的な動物になっただけだと言えよう。それが嵩じて生み出されたのが、原水爆であり、還元不能物質であり、遺伝子操作の産物だということだ。そこに至ってしまうのは、人間がすばらしい存在だという思い込みを捨てないからである。そういうときにだけ、すでに機能不全に陥っている「魂」のことを持ち出してくるのだ。人間には魂があるから尊いのだと嘯《うそぶ》いている。すでに、人間ではなくなってしまったということを全く認識していない。

私の言っていることは、かつて本当の魂を持っていた人々が言っていたことと全く同じことである。それは私が不断の読書によって、過去の偉大な魂と語り続けてきた人間だからに他ならない。「脱人間論」という思想は、極論的なことに聞こえるかもしれない。しかしそれは、歴史の流れに基づいた非常に正統的な話をいま改めて提唱しているのだ。私が言っていることは、歴史的な人間論である。だからこそ、未来へ向かっての本当の「黙示録」にもなっているのだ。しかし、現代は広く魂の病が覆っている。そこから見れば、歴史的なものの見方はおかしく見えるのだろう。病人から見れば、健康人が病気だということだ。現代は歴史の流れが切断され、あのジョルジュ・バタイユが「人間の断片化」（la fragmentation essentielle à toute vie humaine）と言った状況に陥っている。すべての人間が原子化してしまい、その孤立化が進んでいる。あのニーチェも、幻想の中で四肢が断片となった肉体を見たように、現代の人間は断片化している。その原子化の弊害として、現代人には肉体はあっても、それそのものが断片的で全人的なものではなくなってしまった。

人間と呼ばれるものは宇宙の主体であり、人類に降り注いだ宇宙的使命の地上における顕現化なのだ。それが我々の魂と生命を創り上げている。それが個人の中に入ったとき、個人の本能的エゴイズムと結び付いてしまうと、生命の原子化ということが起こる。それがバタイユをして断片化と呼ばしめたものだ。個別であり極端な細分化が進み、ルネッサンス期以前までにいたような全人的な、総合的人間はすでにいなくなって久しい。個々人が自分の心を握って自己閉塞し、ついに人類の霊魂はミクロの段階までばらばらに粉砕されてしまった。

ニーチェは先ほど触れたように未来について嘆いた。「私が目にした中で最も恐ろしい光景は、戦場や屠殺場のように人間の肉体がバラバラに散らばっている光景だった」とその幻想を語っていた。全人的で固有の人格をもつ人間の消滅の幻想である。いまや、本当の人間を取り戻さねばならない。宇宙的使命に基づく、自己固有の内在意志を持った真の人間である。だからこそいま「脱人間論」という思想を世に問わねばならないのだ。それは、我々がまだ人間であることの証明に繋がるだろう。我々は、もう一度、自分が真の人間であることを証明しなければならない。そのために、現行の「人間」から脱するのである。

# 第三章　人間の本源

何か、不可能なものがほしい。
——アルベール・カミュ

## 不可能なものが欲しい

一体、人間の本源とは何なのだろうか。ここでいままでの考察も踏まえて、人間の本源について多角的に考えていきたい。人間の本源とは何かを考えることで、現状の我々が持つ人間観の誤謬をより鮮明に認識することができる。太古より人類が追求してきた本来的人間とは、どんな存在だったのだろうか。いままでと少し角度を変えて、それを見ていきたい。そして、我々の考える「人間」と本当の人間の違いは何なのだろうか。我々はどのようにして本来的人間となることができるのだろうか。前章まで見てきた通り、もはやいまの人類は滅亡の危機を免れ得ないが、ここで改めて新しい角度から人間であるための前提を問いたいのだ。

この目的のためには「何か、不可能なものがほしい」(Je me suis senti un besoin d'impossible.) という思想が、この章を象徴するのに相応《ふさわ》しい哲学となるだろう。これはフランスの哲学者アルベール・カミュの書いた戯曲『カリギュラ』の中の言葉である。ローマ帝国の暴君カリギュラは、月を手に入れたいと願い続けていた。不可能なものを手に入れたいと考え、圧政をふるった人物として歴史に名を残す。しかしカリギュラは暴君であるために、却って人間の本質を表わしている。悪人だが、正直なのだ。人間は、そもそも不可能に挑戦するために出現した生き物だということを私は言いたいのである。善いことではないが、カリギュラは暴君だからこそ人間の奥深い本質をさらけ出してしまったと言えなくもない。あのゲーテも、『ファウスト』の中で「不可能を欲する人間を私は愛する」(Den lieb ich, der Unmögliches begehrt.) と言っている。不可能は、人間の魂を駆り立てる情熱の根源に違いない。

つまり、容易《たやす》いものほど人間的ではないということなのだ。不可能が物質的なものにだけ傾いたとき、我々の歴史は不幸を生み出した。そしてそれが魂を震わせたとき、我々は崇高を摑んできた。我々は不可能を志向する悪徳と不安定さの上に、人生を築いている。だからこそ、魂の鍛練が必要となる。人間は悪にも流れやすく、またすぐに怠惰にも陥ってしまう。いまの人の成功哲学とか幸福論というのは、最も容易いものを幸福として、それを得ようとしている。そこに根本的な間違いがある。人間にとって価値の高いものは、なかなか手に入らないものなのだ。もし簡単に手に入れば、それは自己に対する「ごまかし」となる。人間は価値の高い不可能なものを求めて苦悩する。その過程が人生であり、その困難が結果として幸福や、やり甲斐を創り出す場合も多い。つまり、人間が得ようとするものは困難の先にある「何ものか」である。

本当に価値があるものは、手に入れることのできない「何か不可能なもの」と言えよう。現代人は、不可能なものに挑戦する人を愚かだと思っている。しかし、愚かどころか不可能なものに挑戦することが最も人間的なのだ。その前提をいま分からなければならない。そして、昔は多くの人がそうだったということを思い出さねばならない。不可能に挑戦するのが人間存在の本質であり、本来の人間に備わる特徴を表わしていた。あの中国の偉大な詩人李白も、湖に映った月を手に入れようとして、溺れ死んだという伝説があるほどだ。李白ほど、天才という形容詞が似合う人物も稀《まれ》である。何の意もなく、自分本来の人生を生き切った人だ。自己を磨き、世界と一体化したこの詩人は、ただ月を見つめ人間の神秘を味わっていた。そして、本当に月と一体化するために死んだ。最後まで、不可能なものを欲した人間だった。その姿勢が、李白の偉大な運命を創り上げたに違いない。

月面着陸を成し得てしまった現代においては、月の女神は人類から遠ざかってしまった。科学思想によって分かったつもりになり、却って人間にとっての大切な心を失ってしまった。そして合理的に物事は判断できると自惚《うぬぼ》れ、人間に分からないことはこの世にないと勘違いしたことが、いまの我々の傲慢な考え方を生み出してしまった。月のロマンティシズムが、人類を創ったのである。人類は月からきた「天使」によって、その魂を浄化されてきた。そして、その心こそが人間の本来のものだったのだ。いまの物質的な月は、もう人間の月ではない。いまの月は物体であり、むかしの月は女神だった。その真実を、いま摑まなければならない。むかしの月が、本当の月なのである。

## 原人間とは

我々はいま、本来の人間とは何かをまず考え直さなければならない。我々を生み出した「原人間」のことを、ヘルメス思想に基づく西洋の錬金術では「マカントロポス」(Makanthropos) と呼んでいた。錬金術は、後に西洋の近代科学を生み出す母体となった、中世の総合人間学である。この錬金術で言う「マカントロポス」は「原人間」と訳されている。原人間は、大宇宙における生命の存在と宇宙との相関関係を、自己自身の中に幻影のように投射された生命体だった。それは、大宇宙の中の存在の淵源である「宇宙的実在」の固まりともいうものだった。神の魂を自己自身の中で育むべく、あたかも神の魂を幻影のように投射された生命体が原人間なのだ。神の姿が、宇宙の彼方から光を含む電磁波として地球上の類人猿に投射されることによって、我々は原人間になった。

『旧約聖書』の「創世記」では「光あれ」という神の言葉に続いて生み出されたものが人間とされて

いる。「創世記」を読むと、真実を感ずる古代人の感性には全く驚かされる。天地創造のとき、神霊としての光が神から発せられた。その光と電磁波は、テイヤール・ド・シャルダンの言う「精神的量子《クアントム・スピリチュエル》」(quantum spirituel) という言葉でも置き換えられる。それは、神が「創世記」で最初に天地を創造したときの息吹となった光のことである。天地創造の際に、混沌とした地上と海の上を動いていた霊気がある。そこに光が入り、人間の原型が生まれたと想像される。この霊気が、人間の魂を創った。精神的量子の中の一番分かりやすいものの一つが光でもあるのだ。魂の力が増していくと、人間も光って見えるというのは、人間の持つ精神的量子が光の粒子と同じ細かさになる結果ということだろう。だから、光っているものほど価値が高い。地上でも、その投影を我々は感じている。我々は神の投影を受けた分霊だということを、思い出さなければならない。

太古の人間を表わしたものに、『ゾハール』に伝えられた「カバラ」の大いなる象徴を描いた有名な「反射像」がある。海水面に鏡像として映りながら生まれ出る、あたかも二人の人間が存在して見えるあの図である。『魔術の歴史』の著者エリファス・レヴィはそれについて次のように言っている。「人間は陰《かげ》の陰であり、それは神の力の具現である。……人間の姿に表明された神の言葉の総体は、ゆっくりと上昇し、朝日のごとく水面から出る。片方の足を大地に置き、もう片方を海に置く。そして、全身を創造の大海に映して、自分の反射像に息を吹きかけ、その像に生命を吹き込む」と。そして、その大地が人間の領分であるとしている。まさに原初のアダムが、海面に映し出され地上へと生まれ出るように、我々もこの現世においては神の虚像として生きていることになる。

神のいる世界が本当の実像なのだ。つまり、最新の物理学によって証明されつつある宇宙に充満する「暗黒流体《ダーク・フルーイド》」(Dark fluid) の世界である。我々の住む地上と呼ばれる、この虚像の世界で起こることは、実像の世界からきたエネルギーの投射なのだ。それが我々人間だということである。だから人間は、我々がいま思っているような、自己の幸福だけを求めて生きるような微小な存在ではない。もっと宇宙的な、偉大な存在にならなければならないということに尽きる。それを自覚し、その崇高の実現に自己の人生を懸けることを、私は人間の宇宙的使命と言っている。それを認識することによって、我々が人類となった謂《い》われを絶えず思い出さなければならない。

　詩人として名高い西脇順三郎は、詩的にこれを「幻影の人」と表わしている。西脇はその生涯にわたって、この幻影の人と話し合って生きていた。絶えず突き付けられる苦悩を味わい、自分の本当の姿の影を見続けていたのである。その苦痛と深い喜びが、西脇の詩作を底辺で支えていた。苦しみが喜びの根源であることを、西脇の詩は我々に教えてくれる。それは西脇が、いかに苦しくとも、幻影の人という自己の本体を見詰め続けた人だったからに他ならない。自己存在を支える、自己の本体と語り続けた西脇順三郎は偉大な生涯を送った。そして、すべての苦悩を乗り超えて、自己の人生を一篇の詩と化したのである。我々の祖先は、その幻影の根源を神と命名したのだろう。

　原初の人々は、人間を神の分霊と言っていた。神の分霊として、宇宙の霊魂は地球に降り注いでいた。そして、その分霊の一部が、後に人間の魂となり、地球上に棲息していた類人猿に入ることによって、肉体を持つ人類が生まれた。だから、まず魂となったものの原型は、全体的な存在である神の分霊だと言える。その分霊がまた分離して一人ひとりの人間に入ることによって、個々の人間が生まれたということになる。だからこそ、その一人ひとりの中に入っている魂は、その元となった根源の魂を求めて生きなければならない。それが我々の魂が持つ宇宙的使命ということで、私が前から言っているものはそれだ。一人ひとりの魂は、まず地球全体を覆う宇宙的魂があってのものと言える。主が宇宙全体の魂で、従が個々の人間の魂なのだ。

「神と霊魂とは、そのありさまを等しくしている」と聖アウグスティヌスは言っていた。我々の霊魂は、その一つひとつは小さいけれども、宇宙のエネルギーであり神と呼ばれるものの似姿なのだ。分霊である霊魂のことを考えれば、おのずと宇宙の根源である神にまで繋がっていく。我々一人ひとりに与えられた魂は、宇宙から与えられたものであって、初めからあるものではない。魂の故郷は、まず地球上に降り注いだ宇宙の霊魂というものである。だから、まずはその霊魂の許に帰らなければならない。その先は、神と呼ばれる大きな存在に行き着くこととなる。最終的には人間はそこへ還らなければならない。そのような段階を追っていくのが、本来的人間の生き方である。

この宇宙存在である根源エネルギーとしての神のことを、パスカルは「いたるところが中心で円周がどこにもない円」だと表現した。神とは無限の存在で到達不能のものだから、どこにいるのか分からない。どこにでもいて、どこにもいないのだ。その分からない状態を、パスカルは楕円の中心と言っているが、私は遠く煌めく「到達不能の灯《ともしび》」とも表わしている。これは距離で表現するか、円という摑むことのできないもので表現するかの違いだろう。どの表現だとしても、人間には計り知れない、巨大な存在が我々人間を突き動かしていた。それを、原人間は実感していたのだ。

## 現代人の誤謬

人類発祥の初期においては、神とともに暮らす、霊的なマカントロポスと呼ばれた原人間が人間の当たり前の姿だった。これは残された遺跡を見れば明らかだが、すべての生活が神との関係だけだった。これを現代人は、昔の人は科学がなくて遅れていると言うが、それは全く逆である。遅れているのではなく、昔のほうが魂に忠実であり、魂の進化のためにだけ生きていたのだ。現代人こそ物質的な科学技術は進歩したのかもしれないが、本来的人間の、魂の観点から見れば退化の一途を辿っている。歴史の進展とともに、人類は加速度的に神から離れ、いまや精神的なものは死に絶えてしまった。いまの人間のヒューマニズムは、神を失ったヒューマニズムで、すでに自己礼讃でしかない。

人間の魂は、かつては誰もが感覚的に持っていたのだが、宇宙という故郷に戻らなければいけないものなのだ。いまも魂の故郷は存在するが、それを感じる機会はますます減っている。魂の故郷に戻るには、まずは原人間まで戻らなければならない。これはどういうことかと言えば、エジプトとか中国文明などの四大文明や、日本の古代まで戻るなどという程度では全く足りない。「原人間」の段階まで戻らないと、ホモ・サピエンスはもうやり直すことはできないという意味だ。そうしなければ多分、神の分霊としての我々の魂は、何か違うものに移ってしまうだろう。

我々はあまりにも、肉体に固執し過ぎた。その結果、動物に成り果てている。その動物も野生動物ではなく家畜だ。我々は魂を失ったら、いま地球上で生きている野生動物以下になってしまう。動物園の動物、または家畜と化した豚とか牛と同じだ。餌をもらう去勢された家畜に堕してしまう。肉体だけで言えば、人間は身体能力も敏捷性も本能的な強さも、動物には敵わない。身体能力的には、ずっと人間のほうが下なのだ。だから魂を磨かなければ、我々は動物以下となってしまう。肉体という物質と、魂という宇宙エネルギーによって創られている人間は、肉体は動物として生き、魂は宇宙の秩序の下に生きている。この魂は愛と犠牲の精神を具現化するために働いている。しかし、我々はいまヒューマニズムに基づく過剰な人権意識のために、精神を喪失するところまできてしまった。

現代社会はヒューマニズムと人権のために、肉体が最も安っぽい家畜とされていくところに嵌《は》まり込んでいる。現代人は魂を失ったら、野生動物にすらなれない。野生動物の状態とは、皆で殺し合っている状態のことを言う。古代の一時期には、人間も皆が殺し合うという弱肉強食の時代があった。そういうときなら、魂を捨てれば野生動物に戻ることもできる。厳しい自然環境のもとに晒されて、日々の糧《かて》を得るのにも命懸けという時代のことだ。いまは過剰な人権のために、却って家畜状態にされてしまうということになる。いまの人間はまだ家畜と聞くと怒るだろうが、本当に家畜になったときには家畜であることの認識はなくなる。保障のゆきとどいた、安心で安楽で便利な社会になったと思うに違いない。

宇宙の意志、つまり愛とか信とか義を実現するためには、基本的に肉体はほとんど擲《なげう》たねばならない。それが条件なのだ。だから肉体を愛と信と義のためにどう擲つかということが、歴史上の人物たちが言っていた人間の生き方となっている。キリストが言っていることも、釈迦が言っていることも、そういうことなのだ。宗教とは、どういう風に愛とか信とか義のために我々の肉体を投げ捨てるかという、その投げ捨て方の教えなのである。あのエリファス・レヴィは「苦しむことを知らず望みを持たぬ者に災いあれ。……歩こうとせぬ者を自然は無慈悲に引きずっていく。われわれは生の真っ只中に、そう大海原に投げ込まれ放り込まれているのだ。泳がなくてはならぬ。さもなければ、死んでしまう」と、錬金術を人生の成功や安楽そして快楽へ応用しようとした者へ警告を発している。いまその言葉が思い出されるのだ。

「自然に還れ」(retour à la nature) と、ジャン・ジャック・ルソーは言った。そのとき、ルソーはもう人間が野性には戻れないことに気づいていなかったに違いない。我々の肉体は、もう自然に戻ることはできない。我々は、文明の中を生き抜かなければならないのだ。文明の中を、還元思想という循環社会の機構によって生きなければならない。つまり再生可能で循環する文明である。そのために「脱人間」が必要なのだ。「脱人間」とは、いまの文明の基盤を維持することによって、新しい文明を継続的に生み出し、魂の宇宙回帰を果たすことを言っている。いまの文明から、ヒューマニズムの行き過ぎを削り落とすことによって新しい文明は生まれる。そして魂は、いつでも原点に戻らなければならない。自己に勇気さえあれば、魂は故郷に戻れる。

そうすれば、我々は自己を殺すような文明を乗り超えることができるだろう。そして人間が生きることのできる文明を復活させるのだ。そのためには、まずいまの行き過ぎたヒューマニズムの人間観を捨てなければならない。人間は神ではない。人間には、我々を創った命令者が存在する。それが宇宙の意志である。もう一度それを取り戻さなければならない。それが「脱人間」なのである。

## 負のエネルギーと人類

生命力は、宇宙の負のエネルギーである。そして、それが肉体の根源を動かしている。それは最新の物理学ではオクスフォード大学のジェイミー・ファーンズ博士の研究により、ダーク・マターの重力とダークエネルギーの斥力《せきりょく》を合わせ持つ負の質量を持った「暗黒流体《ダーク・フルーイド》」（Dark fluid）という存在であることが浮き彫りになりつつある。その暗黒流体から生命力は生まれてくる。生命力というのは、我々が普通にエネルギーと言っている計測できるこの世の物質エネルギーではなく、暗黒流体という負のエネルギーから注がれてくる。

負のエネルギーは、計測不能のエネルギーで、科学では解明することのできない、人間が把握できる範囲を超えたものである。そして、それが肉体の本源を動かしているのだ。その負のエネルギーによって生きている肉体であることを忘れて、現代人は正のエネルギーであるクエン酸サイクルを動かすエネルギーや、細胞代謝のエネルギーといった計測可能なエネルギーが本体だと思っている。我々が、細胞代謝の熱エネルギーで生きていると思っているのだ。つまり、その細胞代謝をさせている計測可能な正のエネルギーが生命力だと思っている。しかし、そうではない。それよりも、もっと深いところに本体はある。

この負のエネルギーの一つが生命エネルギーであり、科学では測ることのできない宇宙の根源的実在である。この生命エネルギーもある程度細かいとはいえ、その中の最も細かいものを「精神的量子」（クアントム・スピリチュエル）とテイヤール・ド・シャルダンは呼んでいた。それが負のエネルギーの中で最も細かいものと言っていいだろう。実はこの特に微細な負のエネルギーが、我々の魂とその精神活動を司っている。だから愛とか信とか義は、すべてこの精神的量子が司っており、それは人間の行動の根元となるものなのだ。

九州大学医学部名誉教授の井口潔博士の言葉で言うと「心的エネルギー」とも言い表わされる。それは博士の提唱する「生物学的人間教育」の根本的な概念を構成する思想の一つだ。負のエネルギーは「心的エネルギー」であり、人間の魂や精神の働きを司っている。この心的エネルギーのために肉体を犠牲にするのが我々の使命なのだ。フランスの生理学者アレキシス・カレルは「実際において肉体全体は、心理的・精神的エネルギーの総和を意味するようである。思想は内分泌腺の娘であり、脳髄の娘でもある。人間は考え愛し苦しみ崇拝し祈るために、その頭と同時にその器官全体、つまり肉体のすべてを使っている」と言っている。

　こうして人間の精神と肉体の関係、さらに精神と生命エネルギーを区分けしているのだ。精神的量子と生命エネルギーの境界線は、人間には非常に分かりにくいのだが、この脳髄や内分泌の器官は我々人間特有の臓器であり、生命エネルギーと精神的量子が混合されている器官とも言える。このような精神を司る器官において、人間の特徴が際立つのだ。精神的な負のエネルギーを使うということは、人間特有のものなのだ。そして、その器官において人間はすべての動物に勝っている。しかし筋力や敏捷性などの身体機能は、もちろんライオンやゴリラなどには全く敵わない。

　人間の魂は感覚器官を経由すると同時に、それによって制限をも受けている。つまり感覚器官を通してしか、見える世界や事物に接することができないということだ。肉体は、魂がこの世で生きていくための物質環境に釣り合った外皮であり、魂の活動を制約することで我々の地上的な存在を可能にしている。肉体なき魂はいたるところに存在できるが、活動もできず無限の中に放散し、宇宙の中に吸収されてしまう。だからこそ、肉体という容器が必要であり重要なのだ。そしてまた、この肉体を乗り超えて魂の活動範囲を広げることが、禅などの宗教的な修行に見られる人間力の鍛練となっている。

　宇宙の理論から言うと、人間の魂を動かしている粒子は細かいほど、価値が高い。そして精神のエネルギーのほうが、肉体を動かしている生命エネルギーよりも細かい。だから、精神のエネルギーのために、肉体を犠牲にするのは当たり前なのだ。エネルギーは宇宙の秩序に従っているので、地球上の物質でもきめが細かいほど価値が高い。金属のなかでは金が一番価値が高い。金というのはきめが一番細かくて、古来、金を欲する人間の営みは途絶えることがなかった。これが先ほど述べた地球上での物事の軽重を決める見方に通じているのだ。

　地球上のものは、何でも宇宙の投影図だということと共通している。価値が高いものは、きめの細かいものだということを見れば、物質よりも宇宙エネルギーのほうが主体であることがよく分かる。きめが細かいほど高級だと言われるのは、要するに理屈などない宇宙の真実なのだ。宇宙の真実に近いほうが尊く、高級だと言われるということに尽きる。しかし、この金のきめ細かさの価値も、それよりももっと細かい精神的量子によって魂に芽生える愛や信や義と比較すれば、問題にもならないほど低い価値なのだ。その量子は、負のエネルギーの中でも、人間の魂にだけ作用する神のエネルギーと呼ばれるものである。この精神的量子が、昔の人が神と呼んだエネルギーの根源なのだ。だから逆に言うと、宇宙の根源から直接に発せられているエネルギーが、この精神的量子だとも言える。

　現代人のもう一つの間違いは、「人間であること」と「生きること」に対する考え方である。この二つは「権利」ではない。それは「与えられたもの」だということを認識しなければならない。とにかく、このような生命エネルギーとか精神的量子などの負のエネルギーが、宇宙から注がれ与えられることによって我々は生かされている。だから人間であることなど、権利であるはずがない。これが与えられているものだと分かるか分からないかが、人間とは何かを理解するための一つの試金石になる。与えられているものだと分かると、与えている主体は何かということに繋がる。それが、神と呼ばれる宇宙の意志でありその根源エネルギーなのだ。

　その宇宙の根源エネルギーが、愛とか義とか信の本体だということは再三述べている。いまの人は、人間であることを当然の権利だと思っている。だから人間の生きがいや生き方のようなものまで権利化してしまう。しかし我々が人間でいられるのは、上から与えられた恩寵だということを知らなければならない。あくまで上が存在することによって、下が存在できるということを忘れてはならない。その恩に報いることとして、我々は宇宙的使命に向かって肉体を擲《なげう》たなければならないのである。

## 負のエントロピー

オーストリアの物理学者エルヴィン・シュレディンガーは、その『生命とは何か』において、生命についてこれを「負のエントロピーを食べて生きるもの」(What an organism feeds upon is negative entropy.)と定義した。エントロピーというのは、熱力学第二法則とも呼ばれ宇宙の崩壊エネルギーのことを表わす。生命は、そのエントロピーに抗するものの補給によって生きるという意味である。負のエントロピーとは、エントロピーに対抗するという意味だ。エントロピーに対抗しているものが、我々人間の生命であり、動植物の生命なのだ。そして、宇宙エネルギーと拮抗するエネルギーであることを表わしている。これが生命そのものの定義である。

人間の生命を維持し、その生命エネルギーの中でも、より細かい粒子が負のエネルギーの中の上等のものであり、人間の魂を司っている。生命とは、肉体と精神が滅び去ることに抵抗する「何ものか」であるということを、「負のエントロピーを食べる」と表現しているのだ。人間は死ぬと、人間を常に地上に押しつけている重力から解放される。しかし重力は地球に人間を縛りつけるものでもあるが、肉体に重力(求心力)をかけることで、凝固した物体としての形を維持させ、宇宙エネルギーの中の斥力(遠心力)に抗うものでもある。肉体は枷《かせ》でありながら、宇宙に抗する力を我々に与えるものでもあるのだ。

生命とは、肉体と精神が滅び去ることを防ぐ何ものかであり、負のエネルギーがそれを司る。地上において負のエントロピーを発生させるものが、負のエネルギーの働きなのだ。負のエントロピーの一例は、人間に身近な表現で言えば、「苦痛」や「苦悩」そして「呻吟」のことである。それらの働きは、その価値を司る負のエネルギーが精神的量子や生命エネルギーを集め凝縮して垂直方向に向かわせるためのものと言えるだろう。逆に「快楽」や「安心」は、負のエネルギーが動物的な正のエネルギーに食われた状態であり、生命を拡散させ散らす水平方向に向かわせるためのものと言えるだろう。滅び去っていくエネルギーが快楽や安心であり、生命的には自然である。しかし、そこに垂直方向に向かう愛や信や義といった、人間の根源存在を打ち立てることが大切なこととなる。それを成す力が苦悩であり呻吟のもつエネルギーである。

先ほども出た神秘思想家のエリファス・レヴィは『魔術の歴史』の中で、「精神は降下するために衣（=肉）を着け、上昇するために衣を脱ぐ。知的存在は全く上昇的なものだ。…魂は過ちを償うと、外を取り巻く地上の大気の闇を離れ、太陽に向かって上昇していけるほど強くなる。祈りは上昇していき、恩寵は下降していく。一度上昇した精神はもはや下降はせぬ」と述べ、精神と肉体の関係を感覚的に説明した。このことを感覚として人間が分かっていた時代はさほど前ではないが、ここ百年の間で人々からこの感性はすっかり奪われてしまい、快楽と放縦のほうへ一辺倒となってしまった。

快楽と安心そして放縦という意味では、安部公房の『砂の女』を思い出す。主人公の男は、餌も女も住む場所もすべて用意され、限りなく崩れ行く砂の中に閉じ込められる。しかし最後には、自らの意志でそこを脱出しようとは思わなくなってしまった。「べつに、あわてて逃げだしたりする必要はないのだ。…逃げるてだては、またその翌日にでも考えればいいことである」と言いながら、日常性の中へ埋没していった。砂は一つの象徴であり、崩れ消え去るものだ。あれがエントロピーであり、このエントロピーの法則に則っているものが、現代で言う幸福であり、安楽であり、快楽であり、保障なのだ。まさに現代人は安部公房が描いた、そのような蟻地獄の中を生きている。いまの人間が言っている幸福は「砂の女」である。そこに何ものかを垂直に立てるのが、人間の生きる意義となる。

## 革命が日常

肉体も魂もその本質は、絶えざる抵抗と反骨に生きている。つまり人生とは革命なのだ。その肉体は生命維持に全力を尽くして死に対抗して戦い、精神は人間としての存在意義のために全力で働き続けている。その本質的自覚が、愛の実現に繋がっていく。生命体は、分かりやすく言えば肉体が崩れ去るのを少しでも防ぐために、つまり「死」に抗して日々戦っているのだ。死に向かってはいるが、死に対抗して、絶えず生きようとして戦っている。だから抵抗と反骨が人間の本源だと言っている。戦いを厭う者に、生きる価値はない。生きるとは、戦い続けることに他ならない。

精神も同じで人間としての働きのために、毎日戦っている。それは愛の実現がその主力となっている。愛は重力に対する斥《せき》力、そして斥力に対する重力という絶対矛盾のスパイラル的エネルギー作用の中から生まれる。だから、愛は苦悩の中に存するのだ。つまり愛の実現に向かえば、絶えず反対に作用する矛盾がこの世に出てくるということに他ならない。だから、愛というのは一番すばらしいものだが、最も苦悩を有するということになる。またその苦悩が人間の魂にとっては最大の幸福となる。これが愛における重力と斥力、斥力と重力の関係である。つまりは、すべてが逆説になっているということに尽きる。

斥力というのは遠心力だから、放散しようとする力であり反発を生む。重力というのは求心力だから、ものを中心に集めようとする力だ。要はこの重力と斥力のせめぎ合いが、宇宙のエネルギーの本体である。だから必ず、宇宙はすべて逆説的な結果を生むのだ。重力を苦しみとした場合には、斥力が幸福になる。そして斥力を不幸だとした場合は、重力が幸福になるわけである。だから重力が悪いとか斥力が悪いとか、どちらが良いというものではない。どちらが欠けても存在できないもの、つまりそれらは表裏一体なのだ。重力が悪になれば斥力は善だ。斥力が善になれば重力は悪となる。だから、形式的な決まりごとは宇宙にはない。

これが愛の「無限弁証法」というものを生み出している。無限弁証法と呼ぶのは、愛が永遠に拮抗する力と力の絡み合いであり、固定できないもののことだからだ。つまり、絶対矛盾から生まれる真の「価値」を求める運動である。この無限変転の苦しみが、宇宙の本体を構成する。それが愛の本体であり、星の本体、我々の存在の本体でもある。存在とは、その苦悩を苦しみ続けるエネルギーの集合体を言うのだ。星が年を取り爆発して星雲となり、その星雲がまた次の新しい星を生む。その苦しみが宇宙的な愛の本質を創る。我々は宇宙から生まれた。だから、宇宙の愛をこの地上で実現することがその宇宙的使命なのだ。それには、苦しみ続けることを受け入れなければならない。現代は、安易な幸福を得たいがために、人間にとって最も尊い存在意義を捨て去ってしまった。そのような「人間」を、我々は逆に捨てなければならない。それが「脱人間」ということなのだ。

愛は宇宙最大の真理であり、宇宙最大の幸福である。そして宇宙最大の苦悩でもあり、そこから生まれた人類の背負った永遠の呻吟でもあるのだ。とにかくこの肉体も魂も、抵抗や反骨つまり革命によって支えられている。革命と言うと、どうしても何か異常なことで非日常的で、日常を壊すもののような印象がある。しかし、実は革命が人間の本体であり日常性なのだ。抵抗と反骨と革命が、生命と魂にとっての本質である。だからいまの人間のように、ただ平和が良いとか幸福が良いと言われても、返答に困ってしまう。その前提がまるで逆なのだ。先ほどから言っているように、実は革命と抵抗と反骨が生命であり魂なのだということを忘れている。歴史を見ても分かる通り、戦いに生きた人だけが生命を燃やすことができ、魂を生かすことができた。これが歴史的事実である。

モーセがその一人だ。モーセはエジプト王家の子供として、王の許でエジプトを統治する地位が与えられると言われていたにも拘わらず、それを捨てて抵抗した。釈迦も王族としての生活そして妻や子供も捨て、真理を求めて二十九歳にして出家したのだ。それは、革命が生命と魂の本体だと感じていたからだろう。仏教の本質は、釈迦のその生き方の中にある。釈迦は自己の幸福を捨て、他者の幸福のために生きたのだ。それが愛である。だから、本質的に自己の幸福を求めることの間違いを知らなければならない。自己の幸福を求めることは、少なくとも卑しいことだと分かる必要がある。求めてもいいが、それは人間にとっては少しも価値の高いものではない。ここが、現代はヒューマニズムの行き過ぎによって分からなくなっている。自己の幸福を追い求めることを恥と思わなくなった。それがエゴイズムだと分からなくなった。そして、それを人間的と言っているのだ。

我々人間は、日々生命の本質と向き合わなければならない。それこそ『葉隠』の言う、日々生きながら死に、死にながら生きるということが、人間の本源である。日々、革命を起こし生きながらも死んで、死にながらも生きているわけだ。これは肉体を維持する細胞も物理的には同じである。我々の細胞は日々死に、そして日々新しく生まれている。それによって、肉体は健康な状態を維持しているのだ。そして、日々肉体に襲いかかる病原菌と戦い、それをすべて殺しながら我々は生きている。それを日々思い返さなければならない。現代社会に特徴的な病気として免疫不全症候群（エイズ）がある。これは免疫不全で体が戦いをやめてしまった状態に陥る病気と言えよう。百メートルほど外を歩いたら、空中のあらゆる菌に感染して死んでしまう。それがエイズであり、自己の肉体が戦いをやめた病気だと言えるのだ。

いまや全人類が、その免疫不全状態に近づいている。現代の象徴的な病として、免疫不全症候群が最も分かりやすいだろう。この免疫不全の思想が基になっているのが、無菌志向であり殺菌であり、菌を無くすという考え方なのだ。その思考が人類を滅ぼすものだと分からなければならない。しかし、文明と生活の動きは急速度で無菌・殺菌思考へと傾いている。もともとは、人間生活にとってはさまざまな菌がいて、病原菌にも抗って戦うことで体は自然と丈夫になっていくものなのだ。現代では何事においても「無菌」状態を作り出そうとする。それは、人間が屹立して垂直に生きようとする抵抗力を奪う不自然な人工的空間である。これは、現代にしかない特有の「思考の病気」だと言える。現代の歪んだ人間社会が生み出した病気だ。その犠牲となっている多くの人々のためにも、この病の本質を摑む必要がある。そうしなければ、この病に対しても、本当の抜本的な対処法を生み出すことはできないことになってしまう。

## 愛の躍動

肉体は地上の食物によってできている。先ほど、生命エネルギーと精神エネルギーの差について述べたが、そもそも命を生かす生命エネルギーは精神エネルギーよりも粒子が粗い。まず、粗い「負のエネルギー」が生命を生かしている。その生命エネルギーによって生かされることによって初めて、肉体は地上の食物を栄養源として摂取できるのである。負のエネルギーによって生き、そこに食物を投入することによって、負のエネルギーが細胞代謝の働きで正のエネルギーに変換されている。人間の持つ「正のエネルギー」というのは、熱エネルギーに変換できた負のエネルギーのことを言う。それが生命の神秘に支えられ、「細胞学」として我々の前に現われる。

魂は宇宙の負のエネルギーの中の精神的量子という、一番細かいものを吸収しそれを滋養にする。「人はパンのみによって生くるにあらず」と「申命記」においてモーセが言っているように、人間には魂の食べ物が必要である。精神に必要な食べものというのは、精神的量子という愛の力や知力そして宇宙の意志を言っている。だから、愛を目指す宇宙的使命に生きれば、我々の魂の力は飛躍的に発展していくのだ。そして、それは最終的には、宇宙を包含するほどの力をもつに至る。

宇宙の意志を知るためには、不断の読書によって魂の力を磨く必要がある。魂の書物を読むのだ。本を読むというのは「人はパンのみによって生くるにあらず」という、神の摂理の地上的実行とも言えよう。魂の糧となる精神的量子という食べ物が、愛の実現と読書による知の獲得だと思えばいい。肉体を生かしている食物が、通常、我々の言う食べ物である。こういう魂の糧と肉体の糧の違いを、区分けすることが大切となる。魂の食べ物の中で一番大きいのは、愛の実現だ。その次が、読書である。読書は、先ほど触れたように知を司っている。しかし、知とか理というのは愛よりはずっと下なのだ。

愛のゆえに、一生涯にわたり苦悩するというのが本来の人間だった。愛のゆえに苦悩することによって、初めて精神的量子を自己の魂の食べ物として得ることができる。苦悩し呻吟している状態そのものが、精神的量子の働きを増幅している。現今の多くの家庭のように、「もう我が家には最高の愛がある」と頭から決めてしまえば愛は失《う》せる。真の愛を得ていくための苦悩をやめたら、すでに「愛」は精神的量子ではなくなってしまい、ただのエゴイズムとなるのだ。以前、私は「知情意」について『生くる』（講談社刊）という本に書いたことがあるが、愛というのは、知性、情感、意志などを束《たば》ねた、それらの働きを生かす本体そのものなのだ。いくら知情意があったとしても、愛がなければそれらを生かすことはできない。知情意の前に、人間は生まれ、そして生きる過程において多くの愛を受けている。そうしなければ、人間は成人まで生き延びることができない。自分が受けた愛を他者へ返すためにも、やはりエゴイズムを去り、自分を超えた宇宙的使命を自覚する必要があるのだ。そして、自己の生命を人類に捧げなければならない。

私は日常のすべてに武士道を取り入れて生きてきた。私にとって読書は、自己の武士道の一つなのだ。だから、私の読書とは、書物に対して命懸けで死に狂いの体当たりを繰り返すものだった。読書の中に、死のうと思って本を読んできた。したがって私の読書は結果として、そのすべてが躍動し、自らの人生において生きている。それは私の武士道の中に、真の愛の力があったからに他ならない。つまり、武士道が宇宙の魂を私に引き付けてくれたのだろう。武士道の根源は愛だ。そう私は自己の人生を通じて分かった。私の武士道への信仰が、武士道の中に鎮《しず》もれる愛を浮き上がらせたと自負している。武士道の中に死ぬつもりで、生きてきた。先ほども言ったように、読書は私の武士道の一つである。だから読書のためには、死も厭わぬ覚悟で万巻の書物を読み込んできた。その書物の魂が、私の中で武士道の愛によって、すべて活性化されるようになったのだ。

あらゆる哲学、あらゆる文学、そしてあらゆる芸術が私の中で躍動を始めた。それに気づいたのは三十代の半ばである。そのとき、私は武士道という日本の文化が私に与えてくれた本当の「愛」の力を実感したのだ。本物の宇宙的な愛を、私は武士道から受け取ることができた。それ以来、私は自己の武士道をあのフランスの哲学者モーリス・パンゲに倣《なら》って「運命への愛」(amor fati:アモール・ファーティー)と呼んでいる。武士道の中に潜む愛を受けたとき、私は本当に自己の運命を愛することができるようになった。

武士道は、私に溢れるほどの精神的量子を注ぎ込んでくれたに違いない。その精神的量子が魂を司る。魂の食物であるこの精神的量子を食さなければ、本当の人間の生命は躍動しない。だから読書によって、知力を得るのと同時に、愛を吸収しながら魂の進化発展を促《うなが》さなければならない。精神的量子を、自己の魂に入れなければ、本当の人間の生命にはならないのだ。動物には、精神的量子はない。だからパンのみの生活が続けば、人間は他の動物と何も変わらない存在まで成り下がってしまう。

まさに「パンとサーカス」(生活保障と娯楽)を与えられたローマ人たちが、限りなく堕落していったように、人間は肉体を重視すれば、どこまでも動物に近づいていく。ローマから続く享楽主義は、なぜなくならないのか。それは、精神的量子の絶えざる供給なくしては、人間の魂は必ず肉体の本能に負けるからである。これは、魂が地上において活動するために、肉体というものを与えられたときからの、人間に課せられた最も深い呪いと言ってもいいだろう。この呪いは、精神的量子を絶えず食し続けることによってしか解決しない。

本当の愛や恋は、快・不快や享楽とは逆のものである。現代の多くの人の捉える愛とは、ただの肉欲や癒しの快を求める恋愛もどきであって、三島由紀夫の言う「ピグミーの恋」というのがぴったりだろう。恋愛至上主義とは最近になってよく聞く言葉だが、すでに北村透谷の活躍した明治時代の深い精神的恋愛とは違った意味になってしまっている。いまの恋愛は、「癒し合い」と「幼児性向」だけの遊びに等しくなってしまった。それは、あの中河与一の『天の夕顔』に見られるような、本来の苦しむ恋である「忍ぶ恋」の対極に位置する。つまり文明・文化としての恋とは逆のものと言えよう。安易な肉欲と癒しへ向かったときに、恋愛は終わりを告げる。自己の欲望を遂げることのできない苦しみが、愛を育む。安易に愛を言葉にしたら、終わりは近い。

## 狂気と人間

世界文学において、真の人間を目指す物語の一つにセルバンテスの『ドン・キホーテ』がある。ドイツの哲学者エルンスト・ブロッホは、この『ドン・キホーテ』を人類最高の文学としている。つまり、ドン・キホーテの持つ狂気こそが、人類の根源を支える愛の具現化した姿に他ならないと言っているのだ。またスペインの哲学者ミゲール・デ・ウナムーノは、その『ドン・キホーテとサンチョの生涯』において、ドン・キホーテの持つ狂気の根底に、本来あるべき人間の生き方を見ている。まさにその本来的人間について述べている。ウナムーノは同書において、人間とはまさに「人間以上のものたらんと欲するときにだけ、人間は本来的な人間となる」（Sólo es hombre hecho y derecho el hombre cuando quiere ser más que hombre.）と言っているのだ。

いまの「人間」をやめ、人間以上のものを目指さなければ本来的な人間にはなれない。愛と信と義のために、苦しみ抜くことによって、やっと普通の人間になれると言っているのである。ウナムーノが『生の悲劇的感情』や『ドン・キホーテとサンチョの生涯』を書いた頃には、もうすでにそういう現実があったということなのだろう。だからウナムーノも、この言葉を書いたということは、ある意味ではこの『脱人間論』の予兆を感じていたということになる。ただし二十世紀初頭の頃は、まさかここまで状況が酷くなるとは思ってはいなかっただろう。

ドン・キホーテという文学について、セルバンテスを批判するまでに独自の解釈をしたウナムーノは、またドン・キホーテとは別の狂気に取り憑かれた人間としての視点を有する人物だったのかもしれない。ドン・キホーテはいつの時代でも「狂人」と評され、現世から見ると異常者だとみなされている。ところがあのプロテスタントの怪物カルヴァンが、「狂気とは、神の並はずれた理性と比較した場合の人間の尺度である」と述べているように、神から見たら狂気こそが本来の人間的なものである確率は限りなく高いのである。この現世において異常だとみなされることは、神から見れば正常であることも多いのだろう。

ドン・キホーテは、とにかく勇気のある崇高な人間として生きたいと思っていた。その熱い思いが、世間から見れば愚かなことばかりをドン・キホーテに強《し》いたのである。しかし神から見れば、この狂気の人間のほうが小賢しい人間よりも上等であるに違いない。神から見れば、ドン・キホーテは狂気ではない。高いものに憧れることが、本来の正気なのだ。ドン・キホーテがやろうとしていた生き方が、本来の人間ということになろう。ドン・キホーテは騎士道物語に取り憑かれ、それを現実世界にまで当て嵌めようとした。ドン・キホーテにとって騎士道物語は神だったのだ。人間は本来、神の模倣《ミメーシス》として出発したことを思い出してほしい。それが歴史を経て、魂の書物を模倣するようになったということだろう。これこそが、ルネ・ジラールの言う人間の本源である。あの聖フランシスコも、「福音書」に書かれていることをそのまま自分の人生で実行しようとしたではないか。スペインのアビラの聖女テレサももちろん、ドン・キホーテを愛読し、騎士道に憧れ、少女のときに冒険の旅に出たと伝えられている。

もともと、狂気が人間を創ったと言われているのだ。狂気が、人間の精神を育んだのである。精神を追求すれば、必ず肉体は破壊される。それが分かっていて、人間は精神に生きてきたということなのだ。しかし、それを断行するのが本来の人間だった。ミシェル・フーコーはその『狂気の歴史』の中で、狂気は目に見えぬ人間の営みであると述べ、その狂気なしでは理性は存在し得ないと言っているのだ。死という現実と永遠の生を全く認めないのが、大衆の愚かさである。そこからは何の危機感も生まれることはない。それに比して、死の意義と永遠の魂の崇高とを失う危機感による人間世界の終末を予言するのは、いつの世も狂人と呼ばれた人たちの真の知恵だった。

ウナムーノの「人間以上のものたらんと欲するときにだけ、人間は本来的な人間となる」というのは、私自身の人生を顧みても五十年以上そのように思い続けて生きてきた思想だ。そして、やっと普通の人間になれたのかもしれないという思いが強い。だから、これをやらない限りは、絶対に人間にはなれるはずがないのだ。人間でいいと思ったら動物になるか、少なくとも人間以下になる。いまの人間たちは、別に動物になろうとしてるわけではないが、「人間でいい」と思ってしまっている。それでいいのだということで、すでに諦めている。しかし「人間でいい」と思ったら動物で終わる。動物になった自覚もなく、さらに自分が正常だと思っている。私が紹介してきた世界文学や歴史を見ても明らかなことだが、この「人間以上のものたらんと欲する」考え方が、すでに二十世紀最大の人間的課題とされていたのだ。その苦悩と呻吟が、二十世紀の真の大文学と魂の芸術を創り上げていたことを強く感じている。

## 神は間違えた人間を救う

本来の人間を目指すもう一つ別の例を言えば、それはゲーテの『ファウスト』だろう。ファウストは魂を悪魔に売ることによって、人間以上のものになろうとした。ファウストは、人間以上のものたらんと欲する人間だったが、そのやり方を間違えた。ファウストの場合、その学識に基づく自惚れが間違いを誘ったのだ。だから宇宙を志向しても、つまり何か不可能なものを目指したとしても、間違いはある。しかし間違ったからと言って、目指していたものが悪かったのではない。目指しながらやり方が違ってしまったが、人間以上になりたいという目的は同じであり、目指していたことはドン・キホーテと一緒だった。だから二人の生き方は世界文学として歴史に残り、永遠の命を得たのである。

高みを目指そうとして間違えた例は、歴史上よくあることだった。方法を間違えると命を落とすことも考えられる、非常に危ないものだということだ。だから勇気を必要とする。生きることは、勇気に支えられていることがそのほとんどなのだ。知性はほとんど関係ない。すべてが勇気なのだ。これは「運命への愛《アモール・ファーティー》」とも言い換えられる。どんな艱難辛苦の運命が待ち受けるか、一度運命の輪が回り出したら止まらない。だから、不幸になってもいいという覚悟が必要である。そして、自己の運命を愛することが、人間として成長していくのに一番必要とされているのだ。自分の運命を愛さずして、人間成長の恐怖を乗り超えることはできない。

結局ドン・キホーテもファウストも、最後には神によって救われている。これは文学を読めば分かることだが、神は間違えた人間を救うのだ。つまり行動した人間のほうを愛するということだ。これは「般若心経」で言う「羯諦羯諦《ぎゃーてーぎゃーてー》」（行け、行け）に通ずる。そういうことを『ドン・キホーテ』や『ファウスト』から学ばなければならない。ファウストが悪魔に魂を売るほどに知的なものを欲したということは、非常に尊いことなのだ。それだけ真実が欲しいということであり、何か分からない謎に挑戦したい、得難い知識が欲しいということを意味している。いまはもう、このような人はほとんどいないだろう。魂が欲するものは、現代では限りなく低下している。それに替わって肉体と物質に対する欲望が増大の一途をたどっている。

現代人の考え方の欠点は、ファウストに対してもドン・キホーテの見方にしても、どちらを見ても人生の「失敗者」と考えていることがある。この一見して失敗に見える生き方が、現代的に見れば嫌がられるのだと思う。ところが、この歴史的な世界文学の主人公の生き方を、多くの秀れた人たちが最も偉大な者として讃えている。だから、ここに真実の人間論があるのだということを分かってほしいと私は思っている。もちろん私も失敗していいと思って生きている。全く失敗して構わない、そう思わなかったら私は何もできなかった。私も、自分の人生で行なってきたことのすべてが理性的には間違っており、すべてが現代的な意味では狂気だった。しかし、だからこそ私は自分の運命を真から愛することができるようになったのだ。それは、時代の考え方よりも自己の運命を信じてきたからに他ならない。

パスカルは「人間が狂気を持っていることは必然的である」(Les hommes sont si nécessairement fous.)と言っていた。実は、人間の本質にとって、現代流の優しさや穏やかさのほうが間違っている可能性が高いのだ。どちらにせよ、独自の狂気の世界を持ち、ある種の狂気に取り憑かれて生きていかなければ、神の理性に近づくことはできないだろう。そうしなければ、人間の限界を乗り超えることはできない。到達不能のものを目指すということ自体、すでに狂気のほかに何ものが成し得るというのだろうか。あの大航海時代のスペイン、ポルトガルが、八〜九割の乗組員の死を前提とした船旅に出たのはキリスト教の狂信なくしてはあり得なかっただろう。

この信仰のために死のうとした国から生まれた大文学が、『ドン・キホーテ』なのだ。大文学が、その国の魂の気概を表わすと言う内村鑑三の言葉に従えば、スペインは崇高な狂気の国と言えるだろう。しかし、そのヨーロッパの一角にある狂気の国が、世界を征服し、ヨーロッパの世界支配の基礎を作り上げたのである。中南米を切り拓き、現在でもスペイン語が四億人以上の人々によって話されている事実は驚くべきことだ。現在のスペインは狂気の国ではなくなったが、また世界的な国でもなくなった。あのエミール・シオランは「一民族の凋落《ちょうらく》は、集団の正気《しょうき》が頂点に達したときに一致する」と述べている。いまやグローバリズムの波に完全に組み込まれたスペイン民族は、正気そのものとなってしまった。それはあのキリスト教カトリシズムに対する狂信を失ったことが原因であることは間違いない。ヒューマニズムの正気によって、一気に凋落を迎えたのだろう。これはスペインだけに限らない。感染性ウイルスのごとく、この病はヨーロッパ全体に根深く広がっている。

## 人間の種類

現代を覆っている「人間でいい」「人間でいたい」という考えでは、本来的な人間にはなれない。人間は不可能に挑戦し、人間には無理だと思われるようなことに挑戦しなければならない。人間にできることだけをやっている人は、全くもって真の人間にはなれない。そういう人たちは、解《わ》かる問題しか解《と》かないという人なのである。解からない問題に挑戦するのでなければ、勉強はできるようにならない。できることだけを行なっている人が最後に行き着くのは、「人間だもの」という考えしかない。

この「だもの」を「だから」にしなくてはならない。「人間だから」、多くの人がやらなくていいこともやらなければならない。崇高に向かわなければならないということだ。人間にできそうなことだけをやっている人は、必ず人間でいたい、人間でいい、または人間だもの仕方がないという人間になる。これは必ずなる。人間以上のことをやろうとしていたら「人間だもの」には行き着かない。もう少しいい状態で留まれるというか、人間としての「残心」が生まれる。残心は人間にとって最も尊いものである。それは本来の人間が持つ、魂の余韻なのだ。

人間にはこの「人間だもの」と「人間だから」の二種類しかない。「人間だもの」というほうは本当に切り捨てないと「現実の行動」はできない。「人間だもの」の擁護が現代を創り、またこの考え方が世を覆っている。これが風潮の主流となったのも、いまのヒューマニズムの行き着いた結果であり、人間存在としては最低の段階にまで下ってしまった。最低の人間を、すばらしいものだとしてしまったのだ。最低の人間がいることは一向に構わないが、それはあくまでも最低なのだということが分かっていないと、人間の認識が崩壊することになる。すでに、その認識の崩壊によって、何か途轍もない間違いに現代社会は突入していると考えられる。

ウナムーノは『生の悲劇的感情』において、「人間性は不滅性を渇望し、永遠の愛を掴み獲ろうとしなければならない」(Este es el anhelo: la sed de eternidad es lo que se llama amor entre los hombres.)と言っている。先に検討したウナムーノの言葉である「真の愛は、苦悩の中にしか存在しない」と共通することだろう。我々は、自己存在の不滅性を求めることが、そのまま真の愛に向かうことにもなる。愛と不滅性は同一線上にある。魂の不滅性を信じなければ、人間は本当の愛に生きることはできない。有限の存在には、本当の愛はない。愛は、不滅性から生まれるのだ。宇宙の無限を想う憧れから生まれる。本当の人間の存在理由《レゾン・デートル》を志向し続けた、本来的人間がウナムーノその人だったのだろう。

英国の社会学者ダグラス・マレーがその『西洋の自死』の中で、ヨーロッパはウナムーノの「生の悲劇的感情」という思想を失ったために、いま滅びようとしていると語ったことは、先にも触れた。ウナムーノの思想は、それほど人間存在にとって重要な思想だと言える。「生の悲劇的感情」は、ヨーロッパの脳髄と言っていい思想である。その中で言っていることはただ一つしかない。人間は永遠の愛に向かって苦悩する存在だということを認識しなければならないということだ。つまり魂の永遠と、人間存在の不滅性を求めて、苦悩しなければならないということに尽きる。それをウナムーノは生涯にわたって訴え続けた。これを失ったために、いまのヨーロッパは、移民一つ止められない、情けない、自分の安全と生活のことしか考えていない人間たちになってしまったのである。

　何度も言うが、真の愛は苦悩の中にしか存在しないのだ。それを厭うなら、すべてを諦めて幸福を取るしかないということをウナムーノが述べている。この対比は何度繰り返しても足りないほど重大な問題で、この『脱人間論』の中枢概念となっているのである。そして、現代人が最も誤解している問題と言ってもいいものだろう。愛を明らめるための苦悩を取らなかった人間は、誤魔化しの幸福をとる志向しかもう残っていない。現代人は、すでにほとんどがそうだと言っても過言ではない。この愛の苦しみの中を生きる勇気を持続するために、不断の読書による精神的量子の注入が必要なのだ。精神の糧を日々食する人にして、初めてこの苦悩を生きることができる。そして精神的量子が精神の中で躍動してくると、この愛の苦悩の中、つまり宇宙の本源の中で、自分は生きたいと思うようになる。私はいまの人間を象徴するヒューマニズムと肉体至上主義は、人間の魂の苦悩を捨ててしまった結果の逃げだと思っている。

　その動物化の渦中にいるものを、現代人は「人間」と呼んでいる。だから現代人の言うその「人間」から脱しなければならず、それ以外に現代を乗り超える道はないと言っているのだ。ダグラス・マレーが著書に引用した『生の悲劇的感情』についての示唆はすこぶる大きな真実だろう。現代社会を生き抜く生き方は、本質的には二者択一しかない。中途半端に片方に足を残すことはできない。いかに苦しくとも、またいかに悲惨になろうとも、我々は真の人間の道を取り戻さなければならない。真の人間になるために、いまの人間を捨てなければならないということが現代の悲劇ともなっている。あのシモーヌ・ヴェイユは「わたしたちの悲惨が神を映す影である。わたしたちは、自分たちの悲惨をじっと見つめれば見つめるほど、神を見つめていることになる」(Notre misère seule en est l'image.

Plus nous la contemplons, plus nous le contemplons.）と言っていた。その思想を思い出さなければならないときは、いまを措いてない。

もし自分と自分の家族の幸せだけを最高のものとするのであれば、とことんそれを追求し大人しく生きるのがいい。これは全く悪いことではない。ただし、それが本気であればの話となる。本気の愛でないならば、それは腐り果てた家族となってしまう。いまは家族が自己の逃げ場となってしまった人間が、あまりにも多い。その場合はエゴイズムの、下らない人生を送っているということを分かっていなければならない。それが最低限の愛情ではないか。しかし、自己の幸福のために家族を利用していることだけは知っていたほうがいい。そういう人間をオルテガは「大衆」と呼んでいる。大衆として自己を認識し、真の人間として自己の人生を犠牲として他者のために生きている人を尊敬していればいい。そして、自分たちを大したものだとは思ってはならないということだ。いかに人権があろうとも、自己のエゴイズムと幸福に生きる者は弁《わきま》えて生きる必要がある。

ここで思い出すのは、私が尊敬してやまぬ人物のことである。戦前、戦後の日本の政治の黒幕として、経済・政治・社会を大きく動かしていた歌人であり国家主義者だった三浦義一のことだ。いまでこそ戦後日本では右翼という言葉で一括りにされ、その生き方や歴史における貢献なども、全く取沙汰されることはなくなってしまった。しかし、日本の歴史を大きく変えるほどの、国家的な活動を水面下で行なっていた人物なのだ。その三浦義一をして、自分の人生を振り返り伝記を書かないかと問う友人たちの勧めに対し、「俺のやったことは書き残すに価いすることはひとつもない。恥多き人生だ、つまらん一生だった」と語っていた。これは現代人が、深く感じ入るべき言葉なのではないかと考える。義一の孫、三浦柳《りゅう》氏のエッセイ『残心抄―祖父 三浦義一とその歌』にその言葉を見たとき、私は真の人間の歩む道を垣間見た思いを抱いた。真に生き切った人間の悲哀と謙虚が滲み出る言葉である。

## 「小さな幸福」の席捲

日本では特に、マイホーム志向（家庭中心主義）が増加の一途を辿っている。そして、あろうことか自分の家族を作ることだけで、自分は大したものだということになってしまった。まるで家族を上辺だけ大切にすれば、それが善人でたいしたもので、社会と特にマスメディアは最高レベルのことを成し遂げているような扱いである。もともと家族とは自己自身のことであり、肉体を継続させる最低限の義務なのだ。昔は身内の話をするというのは、公には憚《はばか》られることだった。何かで話す場合でも、まずは「私儀」ということで遠慮すべき恥ずかしいことなのだ。「愚妻」、「愚息」と卑下することが普通のことだった。

それは、家族が自己自身の話であり、エゴイズムだということを誰もが知っていたからだ。身内を褒めることなどは論外であり、恥知らずの者以外は言うことはなかった。ところが戦後日本はマスメディアの影響で、家族を褒めることが普通になってしまった。良い家族を築いたか築かないかは別として、家庭を築いたということだけであれば、誰にでもできる普通のことに決まっている。家族を作るというのは普通の人生というか、命を繋いだということに過ぎない。だから苦悩の伴う魂の鍛練を諦め、普通の「幸福」を選んだということで理解すべきなのだ。もちろん、家庭も作り魂の鍛練も行なうのが一番良いことは論をまたない。

そもそもこのマイホームが主流になった理由というのは、国家が経済の無限成長を戦略として考えるようになってからと言えよう。つまり消費社会を作り、限りない物質欲を煽り立て、イベントやレジャーそしてスポーツといったことにお金を使わせるのに、自己中心の小さな「核家族」がことのほか便利だったということに尽きるのだ。何のことはない、一般大衆を煽動するのに便利で簡単だったからというだけの理由だ。この辺りを明確に理解した上で、本来の家庭がどのようなもので、どのようなものではなかったのかを明確にして考えれば、おのずと家庭のあるべき姿が見えてくる。

本来の家庭は仕事を中心に作られており、現在のように消費を中心としては作られていなかった。それに現代の家族観、つまりヒューマニズムに基づく家庭は、その成り立ちの基本が「許し合い」「励まし合い」からできており、生きる力の弱い人間の醸成場ともなり受皿ともなってしまっている。その結果、無気力人間を大量生産し、家庭内暴力や家族殺人の件数は尋常ではない数に上っている。世界のどこに、殺人事件の半数が家族殺人だなどという国があるか。それがいまの日本なのだ。

家族の弊害は日本が最大だが、ヒューマニズム全体となると、これは日本には限らない。もしかしたらヨーロッパのほうがその弊害は大きいかもしれない。もともと強いキリスト教信仰という精神を持っていたものが、神が消えたことによって本当の愛も根こそぎ消えてしまった。以前のヨーロッパ人は愛を選んだ人が、苦悩の一生だということは分かっていた。精神が不滅性という永遠を求めるのだから、苦悩だということとしかない。それを知っていたことが、ヨーロッパの偉大さだった。昔はそれが、キリスト教信仰によってヨーロッパの中心となっていたのだ。

しかし先ほどマレーの著書について言ったように、ウナムーノの「生の悲劇的感情」という思想が失われたために、ヨーロッパも小さな目標が人生となり、日本よりは個人主義的な面が残るとはいえ、全体としてこぢんまりとしてきてしまった。また欧米人が得意とする権利主張では、その特権が低所得者層や移民に際限なく行き渡り、中流階級は自分たちの利権を守るためにほとんど身動きの取れない状態となってしまった。日本人や多くのアジア人と違って、ヨーロッパ人というのはキリスト教によって、昔は愛のために苦悩していた人間が圧倒的に多かった。それがヨーロッパの核心を創っていたので、それを失ったときの代償もすこぶる大きい。ヨーロッパの凋落は見るに耐えない。

いまやフランスを筆頭に、いわゆる白人はヨーロッパの主流ですらなくなった。半分近くが黒人や有色人種で占められ、白人はいわゆる差別に絶対に反対できない「善人」になっている。社会の激変を口にすることも、差別に繋がることを恐れて誰も口にしない。ロンドンの人口の半分が白人以外の英国人によって占められた現在でも、何も言えない。善人思想、ヒューマニズムによって押し寄せる移民を止めることもできず、反差別によって「ここはキリスト教国である」ということを口にすることさえ憚られるまでになっている。イスラム教徒の移民の気持ちを傷つけてはならないということらしい。キリスト教がヨーロッパを創ったことを、ヨーロッパ人自身が忘れ去ってしまった。キリスト教だけが、ヨーロッパの力であったことを客観視するヨーロッパ人もいない。あの狂信と清冽の十字軍を生み出した野蛮さと高貴さは、もはや跡形もなくなってしまった。

現代の民主主義世界は、日本であるとヨーロッパであるとを問わず、人権やヒューマニズムそして肉体至上主義に侵されてしまった。人々は、小さな幸福というエゴイズムの中に立てこもり、魂を捨て去りその家畜化の過程にいるものだけを「人間」と呼んでいる。だからこそ、いま「人間」を脱しなければならないと言っている。現世の「人間」に失われたものを、我々は自力で取り戻さねばならないのだ。先ほどのウナムーノではないが、精神的なことを目指して初めて、日本人でありヨーロッパ人の良さが戻ってくる。

しかし、この考え方は現代人の忌諱《きい》に触れ、まさに現代人にとって最も苦手なものとなっている。その理由は現代人が、生まれながらに自分に価値を与えてくれる人権至上主義と肉体至上主義を捨てられないからだ。この思想によって、最低な人間でも絶対肯定してもらえる。人権・ヒューマニズムと、肉体至上主義を捨てない限り、魂の鍛錬はできない。魂の鍛錬によって、本来的な人間は真の永遠を求め、愛を断行し、自己の肉体を何ものかに捧げ尽くさなければならないのだ。精神とは、そのような魂の不滅性を言っていることを思い出さねばならない。

## 青春の苦悩はもはやない

人間は、宇宙の神秘を解き明かすために生きている。人間の宇宙的使命は、この宇宙の神秘を解き明かそうと願い続けて生きることなのだ。この宇宙的使命を果たすために魂の鍛錬がある。そのようにして、真の人間に向かうことによって、初めて人間は本来的な人間になる。そう生きれば、神の分霊として生まれた原人間というマカントロポスと同じものになれる。だから現代に生きていることは、魂にとっては辛いことである。信じられないことだが、いまでは「人間」と考えられている概念を捨てなければ本来の人間にはなれない。

だから、現代人はほとんど全員そうしなければならないだろう。本当にこれは何度も何度も言う必要があるが、「人間でありたい」「人間的でいたい」「人間だもの」が我々の魂を堕落させている。無条件に、人間は秀れていて美しいとマスメディアはいつも叫んでいる。そのほうが大衆の人気を取れるからだ。例の視聴率ということだ。そして「我々人間は必ず良くなる」と勝手なことを言っている。人間の心の美しさだとか、優しさと言った無責任な綺麗事を言っている限り、絶対に脱せられないほどヒューマニズムは酷いところまできてしまった。

フランケンシュタインを創り出してしまうような、現代の医学・生命科学を考えたときも、「人間のため…」という言い訳でそれがすべて罷り通ってしまう。人間の命を救うためとか、病気で苦しんでいる人のためにという理由の下に、後々何の責任も取れない「無明《むみょう》」の世界に人類は進出してしまっている。人間的ということを振りかざす、その思い込みを捨てなければ、このヒューマニズムと科学万能の考えは止めようがない。原発も、将来の人間の生活と幸福のためにやっていると言っている。そう言えば、かつて原子爆弾を広島と長崎に落としたトルーマンも、原爆投下の理由としてアメリカ軍の兵隊の命を救い、戦争を早く終わらせる人命重視のためと言っていた。

ここで最初に触れた、民主主義を初めて政治に導入したギリシャの哲人ソロンを思い出すが、「人間のために…」という言葉が出た時点で、狡賢《ずるがしこ》い政治の匂いを嗅ぎ取らなければならない。人間がやってはいけないことをやるための、言い訳になっている可能性を真っ先に疑うべきなのだ。現在では「人間のため」ということは、すべてが嘘と思ってほぼ間違いない。これは自分たちの利権やエゴイズムが中心になっていることの証明の言葉でもある。だからいま流に言う「人間」の命など、救う必要はないというところに自分を置かないと、正しい判断はできないだろう。

ヒューマニズムの綺麗事は、人間を人間たらしめていた「青春の苦悩」すら奪ってしまったことに気づく者は少ない。人間成長の躍動のゆえに、人間は青春の苦悩に躓《つまず》く者が昔から多かった。失敗して命を絶つ者もいた。現代社会はその危険を予《あらかじ》め回避するために、青春の苦悩そのものをヒューマニズムの名の下に奪ってしまった。もちろん、我々の命を守るためにである。そもそも昔の人間が青春の苦悩と呼んだものは、自分の命を捧げ尽くすものを追い求めるということだった。自分の命を捧げ尽くすものは、自分の命よりも大切なものという意味になる。これがいまはなくなってしまった「青春の苦悩」と呼んでいたものだ。つまり愛とか友情は、危険であり苦悩なのだ。挫折するものも多かった。昔の人間も大抵、苦しむのは青春だけで止めてしまった。しかし青春時代に苦しんだ人たちは、そのまま苦悩を続けて魂の到達点に行く人たちを尊敬した。いまは自分が青春の苦悩もしていないから、魂の苦悩をしている人たちについて知ることもない。

ここでこれを出したのは、もともと魂の鍛練を考えたら、苦悩しかないということを思い出してもらいたいからである。完成に向かって永遠に成長していかなければならない我々の魂は、鍛練しなければ何の価値もない代物なのだ。それを自覚し、一つでも上を求めて生きることが大切になる。昔は多くの人が青春時代だけは苦しんだ。だから私が話している苦悩というのを、何となく肌では分かっていた。そして、その苦悩を続ける勇気を持つ人たちを「偉い」と思ったのだ。前に述べた、苦悩の果てに死んだ明治の青年、藤村操の例を見れば青春の意味は分かるだろう。しかしいまや変人扱いされている。もともとやらないから、分からないのだ。青春の苦悩というものは、愛を求める苦悩のことで、自己の青春に体当たりすればそうなるに決まっているものだった。

ドイツの文学者ハンス・カロッサは、年を取ってから青春を思い出し、若い頃の苦悩や葛藤を文学に著わした代表的な人物だ。カロッサは、青春の苦悩をずっと一生持ち続けたのだ。そして、さらに年を経たことによって、より青春がよく分かるようになったのだろう。『美しき惑いの年』はカロッサが六十歳を越えてから、十八、九歳の頃を振り返って描いた文学だ。それは自己の「根源的な姿」

を尋ね続けた日々の、かつてと変わらぬ姿がそのときにもあったから書けたのである。年をとってから青春時代の文学を書くというのは、魂が年をとっていないからできるのだ。一生を、青春として送ったということだ。

ヘルマン・ヘッセも私は青春時代によく読んだ。そのヘッセも七十、八十に至っても青春を生きていた。だから、変わらずに青春時代を思い出せるのだ。変わらないどころか、厚みが増しているとも言える。より年をとったほうが、青春時代のことがよりよく分かる。逆に苦悩を忘れた人は、若い頃のことをよく覚えていない。記憶を喪失してしまっている。だから自分の人生に全く美しさを感じることもできないのだ。

## 反幸福のすすめ

現代人にとってはかなり耳が痛いことかもしれない。しかし心構えとして自己の成功、健康、名声、安楽、保障を捨てなければ、魂の懊悩に突入することはできない。つまり、本来的人間になることはできない。成功も健康も安楽も保障もそのすべてだ。健康を捨てるとは、病気になれということではない。健康のことばかりを考えていては駄目だということだ。最後には、こういう「もの」に対する思いをすべて捨てて、本来的人間に向かって魂ごと日々の出来事に体当たりしていく。そして徐々に自己の肉体をも擲《なげう》つ覚悟になれれば申し分ない。それは大人としての人生が固まるということであり、また固めなければ本来的人間にはなれないのである。

本来的人間が本当の人間だということが分かれば、現代の人間観を捨てない限りそうなれないことも分かる。現代の人間観はエゴイズムの解放であり、自己の幸福と肉体大事が双璧として聳《そび》え立っている。この自己の幸福と肉体大事から出てくる現世的生き方が、我々の魂の鍛錬を阻害し本来的人間に成長することを止めているのだ。現代人は、人権の化け物である。ここから派生する人生観は自己の幸福、つまり成功、健康、名声、安楽、保障しかない。自己の幸福と肉体大事は、そのような俗世間的な生き方を生み出す力しか持っていない。この点が私の人生経験によると、現代人にとって最も理解しづらい点だと思われる。

だから、どうしても繰り返し何度も述べることになるのだが、少しずつ角度を変えながら書いていくので、読者は自己の人生と照らし合わせながら徹底的に考えていってほしいのだ。幸福と肉体大事を否定する点が、最も現代人が引っかかり、抵触する点となっている。現代人は必ず、現在自分の持っているものを変えずに、持ち続けたまま何とかできないかと考えてしまう。それをすべて捨てるとは、何と過激なことかと思うだろう。いまのマスメディアによる幸福志向と肉体絶対優先の考え方のほかはすべてが過激思想と言われるに違いない。自己の幸福と肉体大事は、健康から名声、安楽から保障までの人生観とすべて自動的に繋がってきてしまう。

本来の人間とは、かつてはこういうものだったと知ってはいても、現代社会の洗脳による将来不安や自己のやり甲斐のほうが、どうしても心から離れなくなってしまっている。それを振り切るには、やはり、過去の魂に生きた人たちの人生を書物によって研究しなければならない。本来の人間は、とにかく人間以上のものたらんと欲するときだけ本来的な人間となることができた。もう一度、「人はパンのみによって生くるにあらず」という人間の根本を思い出して、自己の勇気を奮い立たせねばならない。魂を失えば、人間は滅びるのである。人間とは、いま、ここで話している人間が本来的なものである。そして、本来的人間だけが未来の人間となっていくことができるのである。

私は現代において、本来的人間の魂に挑戦し続ける人生を貫いてきているので、それをここで例に出して話したい。私はぎりぎり、本来的人間の最低線を何とか維持してきた人間だと思っている。そうでなかったとしても、本来的人間でありたいと強く願って生きてきた。それを可能にしてくれたのは私の場合、『葉隠』に尽きることは何度か述べた。『葉隠』の武士道によって、何とか人間を目指す人生を歩むことができた。なぜかと言うと、『葉隠』が人間には無理なことを要求しているからなのだ。『葉隠』に書かれていることは、自分の命を捨てることであり、忍ぶ恋に生きることであり、未完（中途挫折）の人生に挑戦しろということである。そして、すべてに死に狂いを提唱している。自分の命を捨てるというのは、人間には無理なことだ。人間には無理なことを要求するものだったから良かった。人間にできることを要求しているものだったら、これは何にもならなかったに違いない。多分、欲望が増大しただけだったのではないか。

私は小学生以来、『葉隠』を信じ、それを愛し、それだけで生き、それだけのために死のうと決意していた。『葉隠』は人間以上のものにならなければならない思想である。『葉隠』の中の武士というのは人間以上のものなのだ。ただの人間ではない。馬鹿か狂人にならなければ、決してできないことを要求してくる。武士道に生きるとは、ただの人間を捨てることを意味しているのだ。「死ぬためにだけ生きるという思想」を考えれば、肉体などはないも同然なのだ。そうなれない場合は、「お前は屑《くず》だ」ということが書いてある。これが良かった。できなければ屑の人間で終わるという思想であると分かり、できなかった自分を考える必要がなくなった。人間は誰でも、屑は嫌だ。

だから何とか、人間でいられたのだと私は思う。私は『葉隠』の思想通りに何とか生きてきた。もちろん百点だとは言えないけれども、何とか『葉隠』にしがみつくことによって、最低限度の人間として人生を今日まで生きてこられたということだ。人間として生きてきたということの意味は、本来の人間とは何か、人類の魂とは何かを忘れたことはないということなのだ。武士道とは、原始の人間の道とも言えるものだった。人類の初心は、武士道的なものであったに違いない。自分ができたとは言わないが、できなかったとしたら、自分がまだできない情けない人間だということだけは分かる。それが分かれば、人間であることは間違いないのだ。

私の生き方は、現代の人間観のすべてに抵触する。自由・平等・権利などの反対だ。それが幸運だった。自由と平等と権利意識の中に暮らしている人権主義者や、ヒューマニズムの人道主義者はもう全く本来的な人間にはなれない。人間という名称は使っているが、現代社会の大衆支配システムの中に取り込まれた「家畜」と呼ばれてもしかたがない存在になっている。自己の権利ばかりを主張するのは家畜のすることだ。大体、権利に生きる人とは、「餌をくれ」と言っているだけなのだ。要するに餌をよこせ、または自分が貰ってる餌は、隣の人が貰った餌より少ないではないか、どうにかしろということを言っているだけである。これが人間だと言えようか。「人間」の名の下に、現代は人間の家畜化が徹底して行なわれている。

## 『葉隠』の信念

私が『葉隠』から導き出した信念は三つある。少し詳しくみていきたい。この三つは、人間としてはほとんどできないことである。そして現実社会においては何の利益もなく、夢も希望もないことなのだ。第一の項目は「死に狂い」だ。この「死に狂い」という思想は、自分の死の日まで自己固有の運命に体当たりを繰り返すことだけに、生きることのすべてがあるということを意味している。将来を考えることは全くない。毎日死ぬのだから、将来を考えてはならないのだ。毎日、今日死ぬと思って生きる。これを「死に狂い」と言う。キリスト教で言うと、『新約聖書』に同じ思想が出てくる。キリストの言った「明日の事を思い煩《わずら》うな」ということであり、また中世の中心思想だった「死を想え《メメント・モリ》」(memento mori)である。天の国に行くには、何を食べるか、何を着るか、何をするかと明日のことを思い煩うより、永遠の命を得るための死を想って、今日しかないと生き切ることが重要となる。天の国とは、永遠との出会いということだ。要は『葉隠』の思想と同じことを言っている。

　第二に「忍ぶ恋」である。「忍ぶ恋」は、到達不能の憧れに生きるということに尽きる。永遠に向かう生き方だ。それともう一つは、他者に自分のことの理解を求めない。つまり例えば誰かを好きになった場合、その好きだという心は死ぬまで誰にも漏らさないということなのだ。だから、他者がそれを理解することはない。これは生きる上で相当に深い思想を醸成していくことを促す考え方となる。これに近い思想はやはりパスカルの『パンセ』にある、「ただ独りで死ぬ《オン・ムラ・ソール》」(On mourra seul.)というものだろう。ただ独りで死ぬとは、ただ独りで生きるということに他ならない。これが忍ぶ恋の最も分かりやすい言葉でもある。私は忍ぶ恋を表わすのに、このパスカルの言葉を援用して、自己の人生観として自己の忍ぶ恋を屹立《きつりつ》させている。「ただ独りで生き、ただ独りで死ぬ」という命題を、私は自己の人生に課しているのである。忍ぶ恋は、私の人生に溢れるばかりの「憧れ」を与えてくれた。それは私の存在論的ロマンティシズムを生み出した。

　『葉隠』の第三の思想は、「未完」ということである。これは犬死にでもいいという人生観を私に与えている。「自分らしい」人生を拒絶する思想と言えよう。私はこの考え方によって、いつどこでも何にでも挑戦できる生き方を身に付けることができた。自己の人生を「未完」のまま終わらせることの覚悟と言ったらいいだろう。つまり、人生は「何かを完成しなくてもいい」のだという思いだ。人生は中途で挫折していい。中途挫折で終わっていいというこの思想が、私が打ち立てている「未完の思想」なのだ。これは自分が犬死にで死んでもいいのだということを納得することによって生まれる。納得しなかったら、未完の思想というのは分からない。私はもちろん未完の思想で生きているから、何事も成し遂げる気はない。つまり成し遂げられなくていいと思っている。だから大いなるものに挑戦できるのだ。とにかく私は、全力であらゆるものに体当たりするだけであって、何かを完成させようとか、成し遂げようとは思っていない。

何事も成せなくてよければ、人生は壮大なものになっていく。この未完の思想によって書かれている文学が、埴谷雄高の『死霊』そしてドストエフスキーの『カラマーゾフの兄弟』なのだ。これは二つともそれぞれに、人生における宇宙的な壮大なものを描こうとしている文学である。文学には表わし切れない壮大な主題を文学の中に落とし込もうとして始められた作品だ。だから、初めから両方とも未完に決まっている。未完を受け入れた人物だから、挑戦できた壮大な文学と言ってもいいだろう。この二つの文学が完結するということは、人類が到達点に達してしまうことを意味している。だから、それは人類が終わるときとなるだろう。

テイヤール・ド・シャルダンの言う「オメガ点」に行き着かなければ、この文学は終わらない。オメガ点に行くのは、我々ホモ・サピエンスではとても到達できるものではない。だから、これはすべて未完に決まっているのだ。本当の人間は、この未完の中を生きている存在なのだということが分からなければならない。現代人は、この完成しなくてもいいということが分からないのだろう。未完自体をよいものだと思っていない。必ず完成しなければならないと思っている考えがエゴイズムを生む。やり甲斐も含め、自分の業績であり幸福とならなければ納得しない。つまり、すべてのことを自分のためにやっている。

私がいま話してるのは、人類的なことに繫がっている。人間の使命は、宇宙的に見ればすべて未完でなければ嘘なのだ。我々は宇宙的使命に生きなければならない。そしてその観点から見れば、個人や個々の人生などどうでもいい話となる。そして、それが正しい本来的人間の生き方を創っている。到達できるはずがないものを目指していることが、人間として当たり前の考え方を創る。我々人類は到達点に向かうための一過性の存在なのだから、未完であることが正しいのである。我々個人は、その到達点に向かう無限直線の一点であり、人類に与えられた宇宙的使命の一部であって、そのためだけに生きることが自己の人生とその運命の燃焼を生み出すのだ。

私は知らず知らずのうちに、この『葉隠』の三つの思想を、自分の人生の柱に立てていた。無意識にこの思想を柱に立てたことが、人間性が失われた現代を生き抜く上で、途轍もない幸運を私にもたらしてくれることになった。後に、先述したカントの「無目的の合目的」という思想を知って、私は自分の幸運を嚙み締めた。私の武士道が、そのまま人間の宇宙的使命に通じていたことになるということを感じたのだ。人間がその宇宙的使命によって創り出した文化が、西洋では騎士道、日本では武士道だった。それを知らず知らずに摑んだのだから、自分の運命を愛するというか有難いと日々思っている。それが運命だったのだろう。何にも知らないで、とにかく武士道が好きになった。それは男の子供によくありがちな、本能的に格好良いと思っただけのことだったに違いない。しかし、それが運命だった。

とにかく武士道とか禅に関わることは、小学校一年のときから好きだった。すべての点で感応したのだ。そして、私は自分の最初の武士道の実践を、「喧嘩」と「読書」に決めた。だから私は、小学生のときから、死ぬほどに「喧嘩」と「読書」を繰り広げていた。喧嘩はさすがに大学生までで止めたが、死ぬほどの読書は七十歳のいまでも続いている。だから読書が、体当たりで命懸けの私の武士道を固めていってくれたのだ。そして、『葉隠』から派生する読書は、そのすべてが自分の血となり肉となったことを後年に至って思い知った。『葉隠』によって私がどうして本来的人間に近づけたかというのは、理論よりも体験のほうが分かりやすいと思う。とにかく私は、学生時代から「死に狂い」と「忍ぶ恋」そして「未完」の価値観以外は一切受け付けないということを貫き通した。それが期せずして宇宙の法則と同じだったということである。

ただ、私のこの『葉隠』の例で一つ言えることは、人類が生み出した古い偉大な文化と呼ばれるものは、武士道以外でも本当に追求していけば、ほぼ同じ結果を生むだろうということだ。それはまだ初々しい人類が生み出したものだからだ。それは人類が宇宙を体現するために生み出した法則なので、宇宙と同一とまではいかないかもしれないが、やはり宇宙を投射したものとなっていることは間違いない。私はたまたま武士道だったけれど、武士道でなくとも禅も同じだろう。禅もやはり行き着くところまで行けば同じに決まっている。禅も、この文化を確立するために数え切れないほど多くの人々が、命を削りながら人生を捧げ尽くしてきた。その涙の結晶が、今日の禅を支えているのだ。キリスト教もそうだ。偉大な人類がキリスト教を生み出すために、殉教者だけで何万、何十万と数えられている。その人たちが死にながら、命を捧げて生み出してきたものがキリスト教だと言える。だからその中には本当の人類の魂があるに決まっているのだ。

武士道にしても、武士道のために死んだ武士は大変な数だろう。私が好きで知っている人間だけでも、無念の死を遂げた者は一万人は下らないだろう。茶道などでも千利休に始まって、その道のために多くの人が死んでいった。いまでも道と名のつくものは、日本では武士道と関係しているから、すべてが命懸けのことなのだ。ただし、いまではその根本が忘れ去られ、ほぼ形骸化してしまっている。武士道以外でも、何かに打ち込んでいる人がいたら、その打ち込んでいるものの中に、こういう本来的人間の生き方を見出すだけで、現代人からの「脱人間」はできる。本当の生き方を問うはずの「道」が、いまではヒューマニズムに呑み込まれてしまっている。私が知る限り、何々道はすべて消費社会における虚飾的存在となってしまった。私はたまたま武士道だったが、要は何か他のものにでも本当に命を懸ければ「脱人間」に繋がるのだ。

## 狂気の極み

禅は、本来的人間になる指標として大変な価値を有している。ただ何度も言うように、本当に命を懸けなければ何の意味もない。命懸けでないなら、禅も消費社会の飾りに過ぎないものとなってしまう。禅の思想は、全否定にその価値のすべてがある。禅の思想の中心とは何かと言えば、すべてを否定するということに尽きる。すべてを否定するという真の過酷が禅の生命である。武士道はその否定を、すべて死に狂いで乗り超えるのだ。西洋ではこの文化をキリスト教の独裁的な信仰が担った。これらすべてに共通してるのは、「狂」という一点に尽きる。

人間以上の「何ものか」を成し得るには、ドン・キホーテのごとく、狂わなければできないのかもしれない。人間が想像できる範囲のものは、どうしても現世の力に圧し潰されてしまう。それは己れのエゴイズムを刺激し、自我の欲望と結びついてしまうだろう。シオランの、「一民族の凋落は、集団の正気が頂点に達したときに一致する」という言葉を前に書いた。その「民族の正気」とは、皆が科学的に物事を考え合理的に生き、1＋1が2で、2＋2が4という、当たり前でいわゆる「正しい」と言われていることだけを信じてしまうことを言っている。皆が良い人で、皆が良いことをしたいと表層的に思っているのが正気なのだ。もし一民族が皆そうなったら、その民族は滅びるということをシオランは言っている。狂気がない場合、結局、何も成し得ないものになってしまうということだ。

歴史的に偉大だったころの民族は皆、気が狂っているとしか思えない。日本の明治維新を生み出した力は、吉田松陰などを中心とする、「尊皇攘夷」という狂気の思想が荒れ狂ったからに他ならない。またヴァイキングの植民活動や大航海時代のコンキスタドール（征服者）たちの夢もそうだ。埴谷雄高は、この狂気の内実を一つの方程式に表わしていた。それがIch《イッヒ》 + Ich = Ich, Ich − Ich = Dämon《デーモン》というものである。自我は、いくら重ね合わせようが、いくら努力を積み上げようが単なる自我で終わるしかない。しかし、自我から自我を引き落とした者は、「魔性の力」を得ることができるのだ。その魔性が、本来の人間である。魔のない人間は、自我だけの動物となる。本当の人間は、恐ろしい生き方をする存在だ。なぜなら、人間は神の分霊であるからに他ならない。良くも悪くも、本当の人間は宇宙的使命に生きなければならない。その使命とは、利害損得に生きる現世的人間から見れば、間違いなく魔性なのである。つまり狂気だ。

例えば、英国十七世紀に絶大なる権力を誇ったヘンリー八世がそうだった。自らの子供を残すために、六人の妻のうち二人を断頭台に送っている。その目的のためには、身近なものを少なくとも五十人は殺害したと伝えられている。これは決して良いことではない。しかしテューダー朝の繁栄と権力を築くためには、死活問題だった。だから、ヘンリー八世と当時の英国にとっては正しい。その王は狂信に生きた。血統を残すための壮絶なドラマは、狂気とはいえ、人間としての躍動を多くの人々が感じていた。現に、ヘンリー八世は偉大なる英国を生み出す礎石を、すべて自己の力で成し遂げたのである。人に何と言われようが、断じて行なった。悪人になることを恐れなかった。それはすべて英国を愛していたからなのだ。魔性の王だが、いまだに人気が高い。多くの人が、そのような王に生命の燃焼を感じるからだ。

その娘である女王エリザベス一世にしても、あの大英帝国の黄金時代を築くために、どれほどのものを失ない犠牲にしたかは想像することができない。実の父によって母は断頭台に送られ、血を分けた姉によって監禁されたこともあった。度重なる暗殺や陰謀の脅威で、いつ知れず命を落とすかもしれないという中、ようやく王権を得たのだ。その後「私は見るが、語らない」という独自の政治信条を得るまでのその情勢の起伏たるや、現代人には理解し難いものがあるだろう。いまで言えば「悪女」と呼ばれるにふさわしい血みどろの劇を繰り広げたのだ。しかし歴史を振り返れば、この「処女王」は、聖母マリアに重ねられるほど神化され、大英帝国の繁栄の素地を築いた理想の女王として讃えられている。

## ラーラの忍ぶ恋

また「忍ぶ恋」の狂気を考えるとき、ウナムーノが私淑《ししゅく》した哲学者、作家のマリアーノ・ホセ・デ・ラーラの人生を私は思わざるを得ない。ウナムーノは、ラーラを心の師としていた。十九世紀スペイン・ロマン主義の作家として数多くの著作と随筆を残し、存命中は膨大な執筆活動を新聞紙上で繰り広げていた人物である。私もまたこのラーラに、心の底から惚れ込んでいる。スペインは自由主義による立憲革命に成功し、その後王位継承問題から近代化、反近代化の二極の争いが拡大していく社会情勢にあった。その時代に、ラーラは「ロマン主義的な自由主義の行動派」を標榜し、現実のスペイン社会に対する痛烈な風刺を書き続けた。

短い生涯に書いた作品は数知れず、ウナムーノを始め後のスペインの思想家たちに多大なる影響を与えた。この人物の生涯は、ある既婚女性への果たされぬ憧れからくる悲恋によって動かされていた。そしてラーラ自身は、その命を二十七歳にしてピストル自殺という結末で終えることとなった。ゲーテの『若きウェルテルの悩み』を地でいった人物と言えるだろう。この狂気を抱き締めた思想家の残した言葉は、当時のスペイン社会を表現したものだが、普遍的人間に対する鋭い視点を残している。この観察眼は偉大なる狂気からきたものだと私にはよく分かるのだ。それは狂気だが、実に美しく人間的である。

このラーラの思想の中に、現代の失われた人間性を表わしているとしか思えない言葉がある。それは「一八三六年クリスマスイブ」というエッセイに載っている一文である。「人間の心は、何ものかを信ずる必要がある。信ずべき真実がないとき、人は嘘を信ずるのである」(El corazón del hombre necesita creer algo, y cree mentiras cuando no encuentra verdades que creer.)。これが今から約百八十年前に書かれている。私はこれを読んだとき、腰を抜かすほどに驚いた。もともとラーラのことは予言者だとは思っていたが、これほどとは、この文に出会うまで分からなかった。ラーラの涙が時空を越えて伝わってきた。ラーラの叫びが、私の魂に届いたのだ。私の魂は震撼した。ラーラが信じたものを、私はいまのこの世に実現しなければならない。私はそう確信した。

現代人は、信ずべきものを失っている。それが現代の混迷の原因である。神を失い、本来的人間を失った。愛を失い、友を失い、真の家族を失った。本来の自己を失い、本来の魂を失ったのだ。我々は、二十世紀に至って、祖先から引き継いだものをほとんど失った。合理主義と科学そして平等思想が、人間の本当の文化をすべて奪ってしまった。効率のために、我々の霊魂と血潮は、経済構造の中に吸収されてしまった。いまは何もない。人間的なものは何も残っていない。だからこそ、現代社会は逆に人間性を声高に叫び続けるのだろう。老子の言う「大道廃《すた》れて仁義あり」の状態とも言えよう。ラーラの霊魂を私は思い浮かべる。忍ぶ恋に生きたラーラの魂が、その同じ思いで今生《こんじょう》を生きる私の許に訪れてくるのだ。人間は信ずべきものを持っていなければ生きられるわけがない。二十世紀に我々は、そんな当たり前の考えを失ってしまった。

「信ずべき真実がないとき、人は嘘を信ずるのである」。そうラーラは叫び続けた。私はこの思想の中に、ほとんど現代そのものを感ずる。すべての信ずべきものを我々は失った。このことは、二十世紀の前半ですでに完了していた嫌いがある。それから半世紀以上を経て、今日ではもう何も残っていない。我々は、自分の祖先すら信ずることができないでいる。そのような渇いた時代を、我々は生きているといえよう。我々の心は涸渇してしまった。だから、我々は信ずるものを欲しているのだ。その隙間に、現代の国家とマスメディアが入り込んできた。我々の渇いた心は、人権とヒューマニズムの美しい響きに酔わされたのである。経済成長の見果てぬ夢が、我々の将来に甘い罠を仕掛けていた。我々はラーラの予言のごとくに、国家とマスメディアの嘘を信じた。信ずるものがない我々は、それを信ずるしか生きる道が残されていなかった。

　ラーラの予言に出会ったとき、私はラーラと魂の合一を果たした。ラーラの魂のゆえに、私は現代の嘘に斬撃を喰らわす覚悟を決めて生きている。現代の嘘から脱却するためには、現代の価値ではないものを信じなければならない。信ずるものが他になければ、人間は生きている時代を信ずるほかないからだ。信ずべきものを見つけてほしい。そのために、私の著作が役立つことを願う。古い魂ならば、何でもいい。信ずるものを作ってほしい。それが、現代人が生きるために最も必要なことではないだろうか。過去の哲学と文学に、それを見出すことが一番確かな道であるように私は思う。自己の魂に忠実だった人間を信ずべきである。善悪に拘泥《こうでい》しないことが大切だ。たとえ悪人でも、自己の生命に忠実に、魂の燃焼をした人間は美しいのだ。

　忍ぶ恋をともに生きたラーラを、現代に甦らせることは私の願いの一つである。だから、この『脱人間論』の中に、ラーラの魂が摺り込まれたことを私は非常に喜んでいる。信ずべきものがないときに、人間は嘘を信ずるのだ。現代を脱し、本来の偉大な文化に繋がり、それによって躍動する未来を切り拓く。そのために、我々は真の人間として再生しなければならない。過去の偉大な人類文化の中に、早く信ずべき道を、我々は見出さなければならない。勇気を奮い起こすのだ。我々は真の人間となるべく飛躍しなければならない。そうしなければ、人間に未来はない。

## いまや人に非ず

いまでも偉大な文化として残っているものに、禅と武士道があることは何度か触れてきた。これらは、すべてを否定する文化である。そして、何もかもを、すべて死に狂いで解決しようとする文化とも言える。つまり狂気の文化だ。西洋もキリスト教などは先ほどから言っているように、もう狂信も度を越したものがあった。狂気によって魂の不滅性を得ることに向かい、永遠を摑み取ろうとしたのだ。しかし、それらの文化の崩壊によって、却って人間は限りなく非人間に近づいていくことになった。つまり、全否定や狂信や死に狂いがなくなると、人間はますます非人間に近づいていくことになってしまったのだ。

これはシオランの先ほどの理論と同じで、正気が却って人間性を喪失させてしまうことに繋がっている。そして非人間とは、狂気の魂を失った肉体だけの人間であるということになるのだろう。肉体だけしかなければ、もちろんすでに悪人ですらない。だから、いまの時代には悪人はいない。悪人と呼ばれる人がいないから、もはや「不道徳」にもなれない。いまの人はすべてオルテガの言う「無道徳」になっていることはすでに述べた。道徳がもともとないということだから、不道徳にはならない。すべて善人である。私がいつでも言っている「不良性」というのは、反骨心を持つことと同時に、不道徳のことでもある。不良性は不道徳に生きて、その報いとして自己の人生でそれを償うことを意味している。しかし、道徳があってこその不道徳だ。私は自分が不道徳だった昔を、いつでも懐しんでいる。そして誇りにさえ思っているのだ。

人間としての認識はすべてが差別化から始まる。差別化の考え方が、人間の文化を育み文明を築き上げてきたのだ。差別化によって、すべての人間に役割認識を持たせ、人間であろうとする努力を求めることができる。現代は行き過ぎた人権意識と平等主義によって、人種も性別も年齢も、正常も異常もすべての境界線を曖昧にして、非人間を大量に生産している。これに大衆文化、マスメディア文化が拍車をかけ、平等意識が誤った方向に捉えられてしまった。人間はもともと生命論で言えば、初めから平等なのだ。貧富も性差も老若も関係なく、その人の生命が燃焼し切れば人間として価値のある人生を送り、そうでなければ不完全燃焼となり燻《くすぶ》った人生を送る。平等を叫べば叫ぶほど、ただの権利主張になる。それは「人間のため…」という偽善である。

『西洋の自死』の中でダグラス・マレーが、「生の悲劇的感情」を忘れ、人権とヒューマニズムの氾濫によってヨーロッパは滅びると書いていることはすでに述べた。これは現代人の考える人間を乗り超えなければ、真の人間にはなれないということを示している。「脱人間」の決意によって、我々は真の人間になるのだということだ。再度言うならば、「生の悲劇的感情」を忘れることによってヨーロッパが滅びるというのは、要するに苦悩を忘れたということを意味している。そして人権とヒューマニズムの氾濫というのは、いまの人間だけがすばらしい、生きることは権利だ、幸福になる権利があると言っていることを指す。人間が幸福になる権利などあるわけがない。権利化した時点で、それはすでに幸福ではなくなる。だから進化思想と似ていて、やはり物理的進歩を進化だと思うのと一緒で、権利を幸福だと言うのは物質化のことを言っている。つまり幸福を物質として見ているということだ。

原初の人間は、神人性と人間性を両立させていた。神人性は宇宙的使命のために肉体を捧げる自己であり、人間性は愛と優しさに満ち肉体をいたわる人格と言うことだ。これはどちらも必要なのだが、二つとも宇宙的使命の中に一環として含まれる二本の柱なのだ。どちらが欠けてもバランスが崩れる。フランスの哲学者シモーヌ・ヴェイユは「人間には、架空の神性が与えられた」（Il a été donné à l'homme une divinité imaginaire.）と述べていたがその通りで、人間は初めから神ではない。だからこそ、架空でもその神性を纏《まと》い、何とか神に近づく努力をしていたのが人間だったのだ。キリストでさえ、架空の神性を纏ったのだとヴェイユは続けている。

キリストは神人性についても人間性についても、両方について話しているのだが、現代人はこの人間性の部分だけしか見ていない。それが間違ったヒューマニズムを生み出した。つまり自分たちに都合が良いほうしか取らない。こうしてそれが自己肥大化してしまったのが現代だと言える。もう脂肪だらけで、膨張してもとに戻れない状態になってしまっている。原初の人間はこれを両方やっていたのだ。「脱人間」というのは、これを両方やる人間にもう一度戻ることを意味している。これを両方ともやる人間は、現代人の目から見ると人間ではない。

## 大衆は誰でもない

だから「脱人間」の根本思想は、現世に暮らしているままで、原初の人間の生き方をするということである。そして、その人間だけが人類の真の未来を拓くことができるのだと知ることにある。それは、いまの人間に理解を求めて行なおうとしても、もう絶対に無理だと私は断定しておく。現代のマスメディアの力が、我々の考えるよりもずっと大きく厳しい力を持っているからである。テレビを観ていなくとも、マスメディアの影響は見えないところに浸透している。マスメディアの影響をすべての人が受けているから、その現代人と話せば影響を自ずと受けてしまう。私はマスメディアの影響はほとんど受けていないので、皆が共通して持っているような権利意識や幸福の概念そしてマイホーム志向も何もない。それは偏《ひとえ》に、私が現世に興味がないことにその大きな原因がある。

現世に興味がなくとも、現代を理解することは簡単なことなのだ。何が現代の悪なのか、それこそ読書を通じて学んだ「人間の魂」のおかげで、それはほとんど知ることができた。国家とマスメディアの詐術《さじゅつ》によって、すべての人間が善人とされている。しかし、その許されている範囲のほかで、何かを行なう人間はすべて悪人にされる。行為をした瞬間に、「独立した個人」のやることはすべて間違っていることになり、悪人になってしまう。それは独立した個人が、家畜であるマスの大衆ではないからだ。

現代の常識は、平均値だ。誰のものでもない平均が、「人間」と呼ばれている。しかしこのヒューマニズムは、現代人には捨てがたい魅力がある。それは平均値のゆえに、誰にも責任がなく万人に好かれるからに他ならない。みんなで堕《お》ちれば、堕ちた「人間」のほうが正しいことになってしまう。自分が努力しなくても一人前だとされ、誰もが低い状態でも良いということになる。他人も頑張らないし、自分も頑張らないから仲良くできてしまう。お互い何もしないもの同士、表面的な「平和」を得ることができる。

つまり人を厳しく見ないということだ。自分も他人も等しく低いところにいることで、共通の「堕落論」が出来上がる。だからお互いに駄目同士で友達だったら、ひたすら堕ちていく。それがいまの家庭であったり、恋人同士であったり、友人であったり、対象が誰であれ、昔の言葉で言えば「傷のなめ合い」と言われていたものになっているのだ。ただ、いまはそれを傷のなめ合いだとは思っていない。傷のなめ合いのことを、認め合いお互いを褒め合う優しさだと言っている。テレビなどを観ると、スポーツでもすぐお互いに讃えあっている。必ず讃えるということは、すべてが嘘なのだ。讃えることはすばらしい、本当なら。しかしそれはいつでも、ではない。

　キルケゴールは『現代の批判』の中で、現代とはすべてに「本気にはならない」時代であり、「魂の抜けた、ある種の言い回しや表現だけが流通する」以外、言葉はないと言っている。結果として、「善に心ひかれて偉業をなし遂げる者もいなければ、悪にせかれて非道な罪を犯す者もいない」と言い当てている。そして「情熱のない反省」ばかりが横溢し、「現存するものを曖昧なもの」にしてしまわないと安心しないのだと言う。まさにこれが現代だろう。そうすることで、実は人間は人間ではなくなっているのだ。「いまでは個人はもう神に属するものではない。自分自身にも、恋人にも属していない」と、人性も神性もないものが「人間」となってしまったことを、すでに一世紀半も前のデンマークにおいてこの実存哲学者が言っているのだ。

　いまの人たちの言う優しさは、傷のなめ合いである。だから、根本的には優しさでも何でもない。それは自分の評価を求めるエゴイズムなのだ。限りない自己肯定の延長であり、お互いの足の引っ張り合いとなっている。自己満足とも言えよう。大衆は一切であって無である。あらゆる勢力のうちで最も危険なもので、そして最も無意味なものだということを、オルテガもその『大衆の反逆』の中で予言していた。そしてまたオルテガは、大衆とは何か巨大なもの、すべての人々であって何人《なんぴと》でもない、抽象的な住む人もない荒涼とした空虚な原野だという意味のことを言っている。

## 過酷さと優しさの均衡

先ほど述べた神人性と人間性の両輪の弁証法的な無限回転によって、人類は原人間として立ち上がった。その神の掟が人間の肉体性を打ち砕き、真の人間になるための苦悩が与えられた。魂は鞭打たれ、本来的人間になるように彫琢されていった。神の掟とは、宇宙と地球の秩序のことである。そうして神人性と人間性は平衡を取っていたために、人間性と呼ばれるものは美しいもの、尊いものとして、社会的に働いていたのだ。神の掟が魂を鞭打っているときは、こういう癒しとか優しさというものには価値があった。キリストの時代などは、人助けもそうだが、優しさはとても価値が高いものとされていた。

それは歴史を見れば分かるように、この時代には人間は蔑まれ、みな足蹴にされて生きていたからである。そのときには人を優しく扱ってあげることは、確かに非常なる価値があった。例えば中世の終わり、つい五百年前までは、子供を十人近く産んでも一人しか育たなかった。出産自体も母親の生命を脅かし、生きることと死ぬことは表裏一体となって、日々の生活の中に浸透していた。そのような時代に人の命を助けることは、大変な価値だったことは間違いない。しかし、いまやもうそれはそれほど価値がない。人口過剰と安全は行き過ぎており、このような時代の「人命第一」という意見は、偽善の匂いが漂う。尊重すれば、自分が善人になれ、他者から認めてもらえるということに過ぎない。

昔は過酷な環境の中を生きることによって、厳しさと優しさとの平衡が取られていた。そのために、人間性と呼ばれるものが美しいもの、尊いものとして働いていたのだ。この二つが平衡を取っていなければ、慈愛とか優しさもいまと同じで全く価値のないものになってしまう。優しさも、神の掟の下にあって、初めて人間的な機能を果たしていた。神の言葉が、いつでも人間の傲慢を打ちのめしてくれていたのである。

例えば『聖書』の「マタイ福音書」十章三十四節以下にもそれが記されている。「地上に平和をもたらすために、私がきたと思うな。剣を投げ込むためにきたのである」。そして「父母と娘や息子を離反させ、夫婦を別れさせ、家の者を仲違いさせるためにこの世にきた」という言葉をキリストが言っているのだ。また、「ルカ福音書」十二章四十九節以下も同じだ。「私は火を地上に投じるためにきたのだ」と。そして「この世に分裂をもたらすためにきた」と言っている。これらの言葉は、人間が神の掟を忘れ、自分たちの幸福を求めることへの戒めなのだ。こういうことを、現代人がどう理解するかが鍵となってくる。この厳しい神の言葉があることによって、却って優しさが生きてくるのだということが分からなければならない。

いまのように、こういう厳しい言葉を言うこともない社会では、優しい言葉などは放縦を生み出すことにしかならない。「マタイ福音書」も「ルカ福音書」も読んでいけば同じことが書かれているが、キリストがこれだけ幸福を戒めるのは、やはり幸福が昔からエゴイズムの原因だということの証左だろう。得てはいけない、持ってはいけないものが幸福なのではないか。それは他者に対して祈るものであって、決して自分が得たり、自分の日常にしてはいけないのだ。無くて当たり前のもので、永遠に得られないから求めるものが真の幸福なのだと思う。それも他者のためにだ。だから愛と同じものだと言えるだろう。

## バベルという傲慢

人権とヒューマニズムという人間性が独り歩きを始めたのは、近代初頭のルネッサンスを少し過ぎた頃だった。その時代を生きたフランスのモラリストであるミシェル・ド・モンテーニュは、すでにヒューマニズムの危険について警告を発している。その『エッセイ』第二巻第十二章に、「実に我々の不遜を罰する為に、我々の悲惨と無能とを思い知らせる為にこそ、神はいにしえのバベルの塔の混乱を生じさせたのであった」と書いている。そして続けて「こういう神の抑制が無かったら、我々は我々の盲目と暗愚とを、いかなる傲慢不遜にまでもっていくか知れたものではない」ということを書いているのだ。ヒューマニズムの始めに、すでにモンテーニュのような知識人はこのように書いている。バベルの塔は幸福と成功の象徴というか、この塔を建てようとしたことそのものが人間の傲慢の極みだった。現代があまりにモンテーニュの言葉通りになっていることに驚かされる。

ここで象徴的なのは、バベルの塔を造ることができなくなるように、神は人間の言葉を別々にして分からなくしたという逸話だろう。神はロゴスであり、「初めに言葉ありき」ということなので、やはり人間にとっても言葉は根源的なものであり、神性の象徴だった。そして、ここで言葉が通じなくなったということは、心が通わなくなった、いや、いなくなったことを表わしている。だから、人間がすべて言葉が通じなくなったことの意味は、神の分霊としての人類が、全体としては宇宙的使命を求めることが少なくなったことを表わしている。原子化し、断片化し、それがあまりに酷くなってしまった。結局、人間同士が意思疎通する必要すらなくしてしまい、散り散りになっていくことに繋がるのだ。言葉というのは一つの象徴である。散り散りのまま、それがエントロピー的に増大を続け現代に至ってしまった。

バベルの塔が象徴するように、自分たちの幸福を求めることが人間の一番の弱さなのだろう。偉大なことから離れようとするのは、小さな幸福を求める許し合いから始まるように思える。許し合いと癒し合いは肉体大事に帰結して終わる。そしてこの肉体がすべてという価値観に堕ちることによって、精神的なものから離れていくのだ。ダンテが『神曲』の「地獄篇」において描いた、悲恋のパオロとフランチェスカを見ればよく分かる。幸福を求めた二人の魂は、永遠に彷徨い浮かばれることはない。

ルネッサンスからの人間の暴挙がいまも続いている。まずは神の罰を思い出さなければ、人間は人間にはなれない。人間は現代に至って、人間をやめる決意をしない限り、もう人間としての存在は失われてしまうだろう。我々人類はいま、進化論で言う生命の起源を熱心に探究している。それは、我々の本体を肉体の生命だと思っているからに他ならない。確かに我々は肉体の生命でもある。しかし我々は肉体の生命であることを拒絶する「何ものか」を持っているのだ。それが魂だ。魂についてフランスの哲学者アランは「魂とは、肉体を拒絶する何ものかである」(L'âme c'est ce qui refuse le corps.) と言っていた。我々はそれを持っているのである。私はそれを真の人間だと思っている。そこに私は人間としての誇りを感じているのだ。

人間は偉いものだという馬鹿げた認識は、つい最近のことと言えよう。キリスト教でも仏教でも過去の宗教家が述べているように、人間とは実は生まれながらに罪を背負っているみじめな存在なのだ。生まれたままであれば動物に近い。それが修行によって、どれくらい上がることができるかというのが人間論だ。別にキリスト教だけではなく、禅などもすべてそうで、まずは人間とは否定されるべき存在となっている。だから修行によってどれくらい人間としての格を上げることができるかということだ。上がらなかった人は、駄目な人間、価値の低い人間として認識しなければならない。そしてそれが嫌なら、そこから上がることを考えなければならない。認識がなければ、上がる決意も持つこともできないだろう。上がれない場合は、弁《わきま》えて大人しく暮らすしかない。

しかし、いまのように生まれながらにして人格を持ち、もう人間として充分なのだという考え方ではどうしようもない。生まれただけで、すでにすばらしい存在だとされている。先に述べたモーセのように、幼な子というのは神々しいもので、無垢なことは確かなことである。しかし、だからと言ってその赤子が立派な人間であるということには直結していない。幼な子がそれ自体ですばらしいわけではない。幼な子自体に価値はない。それは、人類の希望の原器としての価値ということに尽きる。

我々は人間の起源を探求しなければならない。人類の発祥ではない。人間の発祥である。ダーウィン的な肉体の探求は、どちらにしても最後はバクテリアに行き着いて終わるだけだ。我々は肉体の生命ではない。我々は人間であるために、肉体の生命を投げ捨てる存在でもあるのだ。私はそれを人間だと思う。私は自分がそのような人間に生まれたことを、何よりも誇りに思っている。またそのような原人間としての「幼な子」に戻りたいと考えている。

# 第四章　人間の歴史

しかも、人間の悲痛より深き悲痛はない。

——フリードリヒ・ニーチェ

## 神の模倣

前章で「人間の本源」ということを振り返ったが、ここでは実際の人間の歴史がどのようなものであったのか見ていきたい。本章を語るに当たってまず、「しかも、人間の悲痛より深き悲痛はない」(Menschen-Schmerz aber ist der tiefste Schmerz.) というフリードリヒ・ニーチェの言葉を掲げた。これは、そもそも人間の歴史が、悲哀であり悲痛の歴史だという事実を、深く認識しなければならないからである。そして、これこそが人間を人間たらしめていた特徴と言ってもいいのだ。

歴史を調べれば、すべての出来事が、苦悩と悲痛によって生み出されたことに気づくだろう。いまの人たちが言う幸福とか安楽、そして安心や保障などは、かつては最も低俗で人間の歴史を堕落させるものとして、歴史に名を刻んだ人たちからは軽蔑されてきたことを知る必要がある。つまり、もともと、ある種の水平思考や大衆文化を軽蔑することによって、人間の歴史は立ち上がってきた。その日暮らしや日和見《ひよりみ》主義そして享楽主義など、魂の堕落を戒めてきたのが人類の歴史だったのだ。

人間存在は精神性を求め、愛や信や義を求める苦悩に真実を見てきた。そして、その苦悩の繰り返しと積み上げが人間の歴史を創り上げてきたのだ。または、そういう崇高さを目指す人たちが上層階級となって権力を握り、その人たちが築き上げてきたのが人間の歴史だということも言えるだろう。その点をまずよく分かって人間の歴史を見なければならない。かくして人間の本質を見つめたニーチェが、「しかも、人間の悲痛より深き悲痛はない」という言葉を述べたのである。宇宙には様々な悲痛があるが、愛を求めて呻吟《しんぎん》する人間の悲痛は、あらゆるものの悲痛や悲哀の中で最も深いものだということをニーチェは言っているのだ。私もその通りだと思う。その人間の悲哀や悲痛の核心をもう一度思い出して、祖先たちが流した涙とそれを支えた魂を仰ぎ見なければならない。それだけが、人間に真の未来をもたらす原動力となるだろう。

まず人間の歴史とは、「神の歴史」であったと認識しなければならない。何度も繰り返しているが、改めてここでもう一度再認識してほしい。それが歴史の事実だからだ。神がなければ、そもそも人間は自らの存在を認識する力を持っていなかった。ここで先に少し触れたルネ・ジラールの「模倣の理論」（ミメーシス）という思想を考えたいと思う。ジラールは人間の文明——つまり政治、経済、芸術、生活のすべてが神を「模倣」するものとして生まれたとしている。そして、それを人間の「原意識」の根源に据えたのである。人間の文化は、それらの模倣を土台として、古代から連綿と続く神への供犠《くぎ》の形へと派生しながら発展していったとしているのだ。ジラールはその思考の上に、あの膨大な「ミメーシスの哲学」を築き上げていった。人間がこの世に創造されたときは、自己存在を認識する力を持っていなかったことは先ほど述べた。それで神と呼ばれる宇宙エネルギーを模倣することによって、人間というものが何であるかを規定し始めたのだ。

その規定の最初に、神つまり宇宙の本質が置かれた。その宇宙の本質は何かというと、破壊と創造そして生成発展の無限循環に尽きる。つまり、これが人類の魂に投射されたのである。それが人類の中に形として表われるのは、まず性と暴力において顕著となった。その性と暴力が浄化発展すると、それが愛や信そして義に収斂《しゅうれん》されていくのだ。だから愛の本源は、無限の生成発展の真っ只中に存する。そして、それは地上において性と暴力のエネルギーと表裏一体を成していく。

このような宇宙の成り立ちの根本を、我々人間がどのようにして地上に反映するかということに文化の淵源がある。愛は、まだ未完成の性と暴力によって支えられている。そこに、愛に至る人類の苦悩と呻吟の本質が横たわっている。どちらにしても、まずこの性と暴力が、人間の最も原初的な形態として我々人類を形成するものだったと知らなければならない。それを従来の哲学から離れて再編成した脱構築という手法で、もう一度新しい哲学として再生したのがルネ・ジラールやジャック・デリダそしてミシェル・セールだったと言ってもいいだろう。

人間は自らを神の申し子として、まず最初に認識することが大切だった。神を模倣することから、人類の歴史は始まったという事実を見つめる必要がある。かつて人類は皆、神の模倣としての自分自身の役割を認識していた。神の模倣として、宇宙の本質、宇宙の秩序を人間社会の中に落とし込もうとしていた。そして、宇宙の成り立ちそのものに愛の本質があったことに気づき出した。だから結果として、愛が地上で最も尊い魂となったのだ。愛や信や義は宇宙の秩序から派生してきた。我々は、地上における宇宙の投影を「正義」と考えるに至った。正義とは、そういうものだった。これらは、すべて宇宙を構成する要素なのだ。物質的な要素としては破壊と創造、それから生成発展だった。それが精神に至ると、愛や信や義を生み出したのである。だから人間とは、神によって存在する「何ものか」でなければならない。そこに人間の悲痛が生まれた原因がある。

もともと人間は、神がいて、その神を目指すものだった。それを認識するために生きる存在だったのだ。神の分霊として、神の行なうことを地上に投影しようとする意識が、人間の意識を生んでいったことはすでに述べた。そこから人類が生まれた。「幼な子」という意味は、人類の初心に基づいた心で物事に接しようとする姿勢のことだ。幼な子の尊さとは、地上的な汚れをいくら肉体に受けても、心の奥底に、人間の原初の素直さを持ち続けることを言っている。中世ドイツの神秘主義者であり神学者のマイスター・エックハルトは、「神のために苦しむことによって、その人は愛するものを得る」と述べ、人間のことを「神に耐える存在」と言っている。つまり、神から与えられる試練に挑戦することが人生だということである。

言葉を換えれば、宇宙の生成発展の苦悩をその身に現成するということになる。そのように、神に近づく苦痛と苦悩が愛の本質なのだ。神を認識し、それに耐えるように生きていく。その苦痛に耐えることが人間の本質を創っている。第三章で述べたように、精神的なものというのは宇宙の最も細かい粒子で分かりにくいものだから、それを生命的に実現しようとする我々は、すべてが苦痛となってしまう。それは、肉体と精神を司る原動力が拮抗する関係にある以上は、仕方のないことだと言えよう。精神的なものを、肉体の人生において行なう難しさはかかる理由による。創造と破壊と生成発展ということは、意識としては苦痛を伴う。そしてその奥深い本質に愛が横たわっているのだ。だからこそ、愛を認識するということは大変な苦痛を伴うものとなってしまう。しかし、それを分かろうとして苦しむことが人生を創るのである。

## 虚心と恩寵

神を考えるとは、神を想い、その苦しさに耐えることを言う。それを私は、人間が宇宙的使命に生きるときに与えられる苦悩だと思っている。ある意味で、ルネッサンスからの人間は、そういう神や宇宙を志向する苦しさから逃れようとして、人間解放を行なってきたと言ってもいい。最初はあまりにも厳しい神の掟《おきて》からほんの少しだけの心の自由を求めた。これがヒューマニズムの発端になったという歴史的な事実は分かっている。しかし、いまやそれが留まるところを知らずに発展して、何もかも好き勝手にやるところまできてしまった。だから人類はいま、滅びようとしているということを繰り返し言っている。

エックハルトは「虚心」(das ledige gemüete) ということも述べている。この禅的な言葉は、日本人には理解しやすいかもしれない。心が虚であればあるほど、強力な、より大きなものが天から降り下ってくるということを書いている。実にこの「虚心」こそが一切のことを為す原動力となる。虚心は、空《くう》とも表現される。この虚心になることというのは、人間にとっては非常な苦しみを伴う。そこに至るまでの過程そのものが、すでに愛の実現過程と言ってもいい。だから、虚心というものを持つことの苦しさや難しさがある。虚心にならないと愛は入ってこない。自我を捨てなければ何も入ってこないのだ。だから、自我を捨てずして愛が入ったと勘違いしたなら、それこそが自己愛になってしまう。このエックハルトの理論に従うと、いま言ったように虚心にならなかったところには神からの愛は入ってこない。エックハルトが「私が私自身を捨てるならば、神は必ず御自身のために望んだ一切を寸分違わぬ形で、私のために望まれるに相違ない」と述べた通りである。

普通の人間たちは、宇宙的使命を目指して苦悩したり、神を認識するための修行をしていない。だからその人生で得られる愛は、本当の愛ではない。その場合の愛は、性的欲望であり、所有欲であり、多くは自己愛となってしまう。愛とは違うものなのだ。本当の愛は、自己が虚心つまり真実の状態になったときに感じる宇宙の本質から生まれるものだ。「般若心経《はんにゃしんぎょう》」の例でもすでに述べたように、すべてを否定したその先にあるものということとなろう。

あのシモーヌ・ヴェイユは虚心の状態に「真空」(Le vide) という表現を用いている。心が真空にならなければ神の恩寵は入ってこないと言っているのだ。そして、そのときの心の状態は自我を捨てるということしかないとしている。真空にならなかったら、神の恩寵は入ってこないということが最も大切な考え方となっている。ヴェイユの思想の意味はそういうことなのだ。そして私が最も感動した言葉が続く。「真空は最高度の充満である」（Le vide est la plénitude suprême.）というものだ。ヴェイユはすでに人間を脱していると言えるだろう。

真空を満たす神の恩寵を一言で言えば、「愛」ということなのだ。心が真空にならなかったら、愛は入ってこない。だから多くの人間が愛だと言っているものは、そのほとんどが愛ではないことはいま述べた。中世の世においても、欲望のままに快楽を追求して生きている人も多かったが、その人たちは神に逆らって自我に生きているだけだということは自覚していた。自覚をしていれば限度は弁《わきま》えているということになる。現代の人間は弁えていないので、この自我と快楽を追求することが留まるところを知らず、ひたすらに突っ走っているという世の中となってしまった。

結局、現代人は全く虚心になるどころか、いまの生活と状態でいることの何が悪いのかと開き直っている。それは欲望であって、地上の非常に汚れた低俗なことなのだという認識そのものを失ってしまった。それがいま問題となっている。本来の人間がほとんどいないという、恐ろしい世界が出現している。歴史に沿った人間がいないのだ。人間の意味をすべて失ってしまった。神を認識する以前に、自分がそういう低俗な人間なのかもしれないという自己認識すらない。キリスト教で言えば「原罪」とも言い表わされるが、もともと、生まれたままでは人間は「悪」でしかない。人間は罪を背負って生まれてくるのだということが分かっていると、人生において良いものについて考え、その良いものを得るために苦しむ人生に入っていく勇気が湧く。

それが普通の人生だった。いまはそれが無いから、もう戻ることができないのである。現代は「人間は生まれながらにすばらしい」という考え方になってしまった。それは、現代の経済優先の消費文明による大衆操作のための洗脳だと知らなければならない。生まれたままの人間など、全く素晴らしいことはない。人間は、生まれたときには禽獣《きんじゅう》だと言われていた。それを、何とか修行し教育を受ければ禽獣から人間になると言われていた。そういう存在が人間だということを、すっかり忘却しているのが現代人と言えよう。真の弁《わきま》えは、人間が神によって存在する何ものかであり、神がいなければ何の価値もないということを認識しなければ生まれてこない。もともと人間存在は、神の模倣として始まったということを、改めて思い出すべきときがきたのだ。

## 性と暴力

神は、創造と破壊そして生成発展を行なう存在である。それを地上の人間に投影した場合は、その悪の面として性と暴力がその発露となる。性と暴力が、宇宙を投影した悪の縮図になっているのだ。特に文明の初期において、それは顕著に現われる。つまり性と暴力の問題をどういう風に処理していくかが、人類の文明を決するものだった。それを考古学的・文化人類学的に研究し直した人物が先ほども言ったルネ・ジラールであり、新しいところではジャック・デリダやミシェル・セールなどの哲学者たちだ。

展開を分かりやすくするために再度説明する。性と暴力は、人類文明を裏で支えた現実だった。ジラールはそれを「供物《くぶつ》」ということで説明し、神に捧げる「供犠《くぎ》」としての儀式を人間が生み出した原因とした。政治・経済、科学も、その始まりはすべてその供犠の形態の表われだと言っている。神の模倣として供犠が生まれ、その供犠の模倣を行なうことで人類文明は続いていった。そして、この供犠自体が、すでに性と暴力の象徴となっていたのだ。しかし現代では、この性と暴力が文化としては否定されてしまったので、ただの欲望の野放しと放縦という形になってしまっている。そのために、それは規制するもののない、かつてよりも陰湿で残虐で無責任な方法で表社会にも浸透してしまった。

性と暴力と一言で言っても、性というのは単なる生殖のことではない。性の文化という意味だ。言葉を換えると猥褻《わいせつ》文化である。そういうものが人類の文明にはあったわけだが、実はこの性の文化は我々が考える以上に重要なものだと言えるのだ。性や暴力は、宇宙の力そのものが地上に投影されたものだからだ。宇宙の混沌の本質的な力が、地球の文明社会に投影されたものが、性と暴力を生み出した。それを、人間は上手く生成発展させない限り、人類の文明に未来はないということなのだ。

だからそれらを一方的に否定したら、その表面としての宇宙や神の否定に繋がってしまう。いまが、そうだ。現代では神不在のゆえに、性も暴力もすべてが否定になってしまっているのだ。文明史は、現代の常識から見れば逆説に見えるだろう。性と暴力の正しい認識が大切となる。しかし、人間文明の本質が性と暴力に基づいていることを忘却したときから、普通で考えられる変質性や残虐性を超えた性と暴力が蔓延《はびこ》るようになったことも感じている。現代人は表面的には善人で綺麗事が好きで、性と暴力を根源的に貶めている。その反文明的思考が、人類を破滅させるような暴力を超えた陰湿な暴力をつくり、性も無法状態となって異常性愛が大手を振って権利主張をすることが普通とされる世の中になってしまった。

性と暴力を嫌う綺麗事の現代が、却って陰湿な形でのそれらの発露を招いてしまったのだ。異常性愛は文化としてあるのではない。それは、正常な性に対する反発が生み出したものだ。それは歪んだ文明の権利意識に過ぎない。結婚や子供そして正統な相続といった法的な権利を得るための要求の変形した模倣である。人間は、自らが何をしてもいいという神自身となってしまった。人間は弁えを忘れ、原水爆に始まって、何をしてもいい状態になってしまった。還元不能物質や遺伝子操作そしてフランケンシュタインのような怪物だろうが何だろうが作ってしまうのが、いまの人間だ。

それをすべて、「人間のため…」という決まり文句で推進していく。「人間のため…」ということで、すべてを通しているのがいまのヒューマニズムの社会なのだ。ヒューマニズムの過剰が常態となって、この考え方はもう留まることはない。だからすべてが「人助け」となり、そして「人間のため」、「幸福のため」、「安心のため」と言ったら何でも通ってしまう時代となってしまった。この時代はもう留まるところを知らない。だから、そのような人間からの脱却が必要だということを言っているのだ。根本的なことを言うと、人助けや人間のためなどということよりも、もっと重要なことが人間にはあるということを知らなければならない。

人間は、人間のために生きているのではない。人間は、人間に与えられた宇宙的使命のために生きている。それが分かっていなければ始まらない。人間のことを考えるのは、第二義的な選択肢に過ぎない。「人間のためと言ったらすべて信じるな」とソロンがもともと言っていたように、古代ギリシャの昔から、それは人間が自分たちの我儘を通すときに使っていた常套句なのだ。その言葉は、ソロンのときから中世の終わりまで千年以上も最も戒められていた。一番戒められていた言葉が、ルネッサンスから解放されて、いまに至ってしまった。いまは「人間のため…」が、すべての正義の根源となり無制限に許容される言葉となっている。

## 暴力否定の嘘

暴力と我々がいま言っているものも、宇宙の本質の一つである。だから暴力否定は、本当はとんでもないことということになる。暴力を否定するなら、生命現象も自然現象も含めて宇宙現象のすべてを否定することになってしまう。そして当然、国家機構もそうなる。権力による暴力の独占装置である国家などなぜ認めているのか。要するに、暴力否定は国家による民衆統治のための洗脳に過ぎない。国民から牙を抜いておくのが一番楽に国民を支配できる。そのようなことも、いまでは判断できなくなってしまった。自然に対しても、地震から火山の爆発まですべて否定だ。宇宙では、星などもすべて爆発するのだから、これも全部暴力と言えば暴力であり破壊なのだ。しかし、破壊は創造のためにある。古いものの破壊がない限り、決して新しい創造はない。これが宇宙の秩序であり、それが愛の実行である。この愛の本質のほうを重要視しなければならない。

　愛と言うと綺麗な言葉なのだが、それは紅蓮の炎という破壊によって支えられている。実は「性と暴力」も「破壊と創造」のゆえに、「愛の実現」だとも言い換えられる。そして、それは宇宙の本質であり、愛はその中心に位置するエネルギーということが言えるのだ。愛は何か美しくて綺麗なものというような、単純なものではない。そこを深く認識しないから、綺麗事がそのまま罷《まか》り通ってしまう。本当は、戦争の本質ですらが愛だとも言える。愛のために戦争は起きる。だから愛がなければ、戦争は起こらないということになる。人間の精神が、利害損得と打算だけになれば、戦争などという馬鹿なことはしないのだ。

だから戦争を絶対してはならないと決めたら、愛を捨てるしかない。正義も捨てるしかない。正義と正義がぶつかり合わなかった戦争は、人類史にはない。戦争を絶対にしてはいけないと言ったら、愛と正義を捨てなければならない。一番重要なことは、その点にある。戦争は、正義のためであり、愛のためでもあった。基本は、自分たちが愛するものを守るために戦争をする。その他の側面としての悲惨であるとか死の商人が儲けるとか、そのようなことはつまらない枝葉のことでしかない。戦争を人類が繰り返してきた根本は、愛であり正義なのだ。

現代の人類は、戦争を完全否定することによって、愛と正義を完全に失ってしまった。そしてグローバリズムの金銭絶対思想に呑み込まれてしまったのだ。それを分かる必要がある。いまは確かに人をいじめることも否定、喧嘩も否定、戦争も否定だから、皆が人間としての正義と愛を放棄してしまった社会を形成してしまっている。愛と正義を放棄しない限り、必ず二人以上の人間が集まれば喧嘩にもなるし、対立もする。悪いことをしている人間を止めるのも、ある意味では暴力だと言える。いまや悪いことをしている人間を、少しでも強く止めたら暴行罪で捕まるほどだ。過剰な暴力否定になっている。

暴力の否定をするのが悪いのではなく、暴力否定の意味が分かっていなければならないということなのだ。暴力の否定は、すなわち宇宙の生成と発展そして創造と破壊を否定しているということに直結している。それが分からなければ、自己固有の人生はない。もちろん暴力を最小限に抑えて、上手いこと陰と陽の拮抗バランスを取っていこうとする努力は必要となるだろう。それは私が「不合理」と言っているけれども、努力することは重要なことだ。戦争をなるべく回避して、話し合いでやろうとする努力は人間文明の精華とも言える。しかし、どうしてもそれが上手くいかなければ、戦争になるのは仕方がないということに尽きよう。

最終的に絶対、戦争が駄目なら、自分の本当に正しいと思うことも、自分が愛するものを守ることも捨てるしかない。つまり相手に「服従」するしかないのだ。いまはその状態にある。いまの社会は、英米グローバリズムにすべてが従っていることによって成り立つ、表面上の平和だ。その状態がどういうことを招くかと言えば、この世の中で最も悪知恵の働くものが勝つのだ。そして、本当に人類が滅び去るときまで、それが続くだろう。悪と戦うのも戦争なのだ。戦争を根絶してしまったら悪が蔓延る。

このことを、いまは多くの人たちが忘れている。だから戦争の完全否定は、悪を許すことに繋がってしまう。何度も言うが、いまはそうなっている。いまの世の中は何でもありで、好き勝手放題になった人間の勝ちという現象が目立つ。真面目な人間は発言権もないし、我慢して生きるしかないという状態が現代である。ヒューマニズムの力によって、この状態はもう戻ることはない。そして、必ず滅びる。だから、いまの「人間」をやめるしか、未来を築くことはできないのだ。「脱人間」のときがきた。

## ミルグラムの実験

いま暴力と服従の関係が出たので、「暴力」と「服従」という心理を探った科学的実験を思い出した。それは米国イェール大学の心理学者スタンレー・ミルグラムが一九六一年に行なった「アイヒマン実験」の記録である。アイヒマンというのは、ナチス政権下時代に大量のユダヤ人を強制収容所へ輸送する責任者だった人物だ。戦後に、イスラエル特務機関がアイヒマンを逮捕して驚くべきことが判明した。それは、多くの人の考え方と裏腹に、この人物は決して残酷な特殊な人間ではなく、結婚記念日に妻へ花を送るようないわゆる平凡な小市民的な人間だったことが分かったのだ。

なぜ、このような平凡な人間が、冷酷非道なことを行なえたかの可能性を探るための実験が、俗に言うこの「アイヒマン実験」と呼ばれたものなのだ。ヒトラーの時代にユダヤ人虐殺というものが行なわれた構造として特筆すべきは、命令されたからやったのだと皆が口を揃えて言っていたことにある。なぜこれほど残虐なことができたのかを解明するために、アイヒマンの例に倣《なら》い、ごく普通の人を対象に科学的な心理実験が行なわれた。

この実験の内容は複雑になるのでここでは割愛するが、その結果を示せば、それはごく平凡な普通の市民でも、一定の条件の下に置かれれば、冷酷で非人道的な行為を平気で行なうことを証明するものだった。アイヒマンの陳述は、科学的に裏打ちされ証明された。それは暴力を振るうという、もともと人間の持っている性質にその原因が隠されていた。暴力の最も悪い出方と言えるだろう。自己判断を放棄した無責任な人間は、命令に服従して言われた通りにやるとき、一種の「思考停止《エポケー》」による暴力が浮き上がってくることがあぶり出されたのである。これは暴力が、不自然に歪められた形で条件さえ整えばすぐにでも行なわれる可能性を大いに示した。また人間性と呼ばれるものの崩壊の一端を見ることができたのだ。この現象は「ミルグラム効果」と呼ばれることになった。それが、いつでも人間には内在していることを認めそして知ることが大切なのだ。

実際、ミルグラムは「服従の本質とは、人が自分を別の人間の願望実行の道具として考えるようになり、自分の行動には責任を取らなくていいと考えるようになることである。また服従は恐怖によってもたらされ、恐怖のせいであり自分の行動には責任がないと考える」という心理状態が見られたのではないかとしている。そして、この状態はもともとの暴力否定が強いからこそ、そうなってしまったと考えられたのである。つまり普段から、愛や正義について積極的に考えない人間に多々見られるということだ。それは「善人」ということだ。しかし人間の性質として、暴力が内在しているということは、この実験からもよく伝わってくる。暴力をきちんと宇宙のエネルギーとして認めていれば、このような実験結果にはならなかっただろう。

ある種、真面目な人ほどもともと暴力否定が強いから、命令であればということで簡単に服従するのだ。命令されたら人を殺す人というのは、実は真面目な人だとも言える。だからこそ、現代の場合は一番良い人間、真面目な人間と言われる人が、国家政策を信じ守り過ぎて最も低俗な娯楽人間になってしまっている。真面目にやっている人は、間違っているものに対しても真面目に取り組んでしまうということだろう。ユダヤ人虐殺も、ヒトラーだけをやり玉に挙げて、その絶対否定ということで「事足れり」と現代人はしているが、実はヒトラーはヨーロッパ人の大多数が潜在的に持っていた願望を体現しただけなのだ。そうでなければ、あれほど大規模で徹底的な組織化の下に、権力を握りユダヤ人虐殺を行なうことはできない。ドイツ以外でも、ユダヤ人を憎む一般人の強い協力の下に、あの政策は初めて遂行できたと言っていいだろう。

根本的にはルネッサンスでヒューマニズムが芽生え、いまの人類に至って徹底的な暴力否定になってきた。人類の価値観ということにおいて、最上位にもってきてはならないものを正義にしてしまったのだ。このような主客転倒は秩序と順番の逆転現象に繋がり、それは時代の進展とともに激しさを増している。だから現代では、社会が制裁の力を失ったため努力しない人間が最も得をしているとも言えるかもしれない。そして考えを放棄した真面目な人は、ほとんど国家の言いなりになっている。何かの都合で、国家とマスメディアから人を殺せと言われれば殺すだろう。消費文明を牽引しろと言われれば、大量消費もする。流行を追う人というのはある種、良い子で真面目で優等生なのだ。そして、現代的な意味で、最も得をする最も卑しい人間へと転落していく。現代社会は、暴力の否定によって悪を成敗する力がなくなってしまった。

## 悪を悪で制する社会

アメリカの例で言うと、いまアメリカ社会は銃規制の問題で皆が騒いでいる。いまの段階では拳銃を持っているからこそ、皆に自由があるとされている。女性でも持っているし、普通にきちんとした人も拳銃を持っているから、悪い人間もその恐怖感によって悪が抑制されているのだ。こういうことを理由に様々な言い分がある。私が知っているアメリカ人でテキサス出身の女性などは、アメリカでは銃がなかったら女性が一人で車には乗れないと言っていた。あれほど広い平原を走る国道で、車を止められたら終わりだと言っている。警察などを呼んだとしても、来るまで何十分も何時間もかかるのだから、もう強姦にせよ強盗にせよそこからの逃げ道はない。銃で自分を護身しない限り、それで終わりなのだと言っていた。

このような状況でも普通に生活できるのは、女性でも銃を持っているからなのだ。アメリカ社会は、女性も銃を持っているということによって、広い草原でも車を走らせることができる。いま例えば銃規制と言って銃を取り上げようとしたら、たぶん悪人は銃を隠してしまうだろう。そうすると真面目な人間だけが銃を国に差しだして、悪い人間だけが銃を持つことになる。その結果として今度は、その悪い人間だけが強い力を持つ社会になってしまうということになるのだ。だからアメリカの銃社会は、根が深い。そして、人権を中心に据えた民主主義の国家の歴史が持つ真実を、我々の前に突き付けていると私は考えている。

これは一理あって、本当にそうだと言える。核兵器の保持も、どこか一国だけが持つのではなく、何ヶ国かが持つことで、悪を悪で制する形でしか現代では秩序を維持することができなくなってしまっている。そういうことがいまアメリカの銃規制の問題なのだが、日本人は感覚的にそれが分からない。アメリカのきちんとした、いわゆる普通の人たちがどうして銃を捨てられないかということが、である。要するに、善と悪の問題とは、そういう問題なのだ。悪を抑えるのは力であり、力というのは言葉を換えれば暴力なのだ。だから、まともな人間が完全に暴力を否定してしまったら、悪が蔓延ることになってしまう。

いまの日本で、すべてに「不正」が行き渡ってしまっているのも、そういうものの表われの一つなのだろう。暴力の恐怖がなくなれば、逆にいい加減な人間が幅を利かすようになってしまう。すべてに悪が蔓延ってしまった中では、それを抑える力は暴力しかない。日本でも昔は、怠け者は殴られて直った。しかし、いまはそれを行なうこともできないという悲惨な状況にある。平和的手段で言うことを聞かなかったら、暴力以外では悪は抑えられない。それが人類なのだ。我々は神ではない。完全な暴力否定は、実は人間の傲慢の極みの一つの現象と言っていいだろう。

子供も、どうしても仕方がなければ殴るしかない。動物と一緒なのだから、口で言うことを聞かせることはできないのだ。これは仕方がない。それしかないのだから、いまは子供の虐待の問題もたくさん出てきているが、それは程度を弁《わきま》えぬ人間を罰していくしかない話だろう。躾もすべて虐待だということで、何もかもしてはいけないということになると、子供を躾けたり叱ったりすることはもう誰にもできなくなってしまう。行き過ぎて殴ることは誰でもあり得るから、それは個別に見ていくしかない。人間は物ではない。全員一律で工場生産のような管理など土台無理な話なのだ。

いまの時代は、子供は全く躾はできないと思ったほうがいい。これは親の責任ではなく、国とマスメディアが権力を以てそうしているのだから仕方がない。権力がもう躾をしてはいけないと言っているのも同然なのだ。その意味は、文明の崩壊を迎えたということに尽きる。もう人間が終わったということを意味している。躾ができない状態になったら、人間ではない。そうすれば人間の文明はもうない。崩壊と分かっていることを正義として行なう社会は、文明が終わることを示している。現代人は、あまりにも酷い例に囚われ過ぎて、本質的なところを見失ってしまった。人間が人間でなくなる日は近い。

どの家も、昔から子供を躾けるのは力ずくだった。子供というのは動物だから、自分の本能を抑えつけられたら、命懸けで暴れ回る。これを抑えつけるのは力なのだ。私もそうされてきたし、自分の子供にもそうした。だから行き過ぎて傷つくことも、殴ることもあったがこれは仕方がない。愛情があれば、人間は必ずそうするに決まっている。動物化する我が子を、平気で見ていられる親は、親ではない。力ずくを絶対に駄目だと言うのなら、もう何も怒らない、やらないしかなくなってしまう。子供の躾ができない状態は、もう人間としては終わりなのだということを知らなければならない。

行き過ぎてしまった暴力否定が、本当に文明社会を崩壊させるところまできてしまった。それは、我々現代人が神を失うことによって、歴史に基づく人間の知恵を失ったからに他ならない。もともと、人間の文明は暴力を必要悪として発展してきたのだ。だから我々の祖先は、その暴力を美学として磨き偉大な文化の域にまで発達させていた。その文化が、日本では武士道であり、西洋キリスト教社会では騎士道だった。必要な暴力を、鍛練によって美学にまで高めていた。そして不断の自己規制の養成によって、文明の維持に必要な暴力を最小限に抑えていたのである。暴力の行使をする階級を養い、厳しい鍛練を課していた。暴力に対する考え方も、我々はそろそろ歴史の叡知に学ばなければならない。

## 神と言葉

人間の歴史は、言葉の歴史でもあった。言葉は神との交信のために発達したものだった。それは、神の模倣を行なうための手段だったのだ。言葉は神でもあり、それは聖書にもあるように「ロゴス」(logos) のことを言っていた。それは世界の始まりからあった、人間の起源の一つである。だからすべての言葉は神との交流によって生まれたと言っていい。文献学的には、この起源は間違いない。考古学的に言っても、このことは文字が発達した頃から、ほぼ間違いないということが証明されている。残っている文字の発達過程によって、その基となった発話体も現代ではほぼ摑めている。いま我々が実際に喋っている言葉も、その始まりは神との交信のためにできたということをここでは確認しておきたい。

あのミシェル・フーコーは、人類が持つ狂気にひとつの崇高な人間性の原点を見出していた。そして、その狂気の淵源として、言葉の起源に潜《ひそ》む神との接点を見出していた。フーコーは「バベルより以前、〈大洪水〉より以前に、おそらくは自然の標識そのもので合成された文字があった」と記しているが、神と交信していた頃の言葉は、現在よりも遥かに大きな「呪力《じゅりょく》」をもっていたことを示唆している。漢字で言えば、日本の白川静による甲骨文字の研究は大変に有名である。甲骨文字もすべて神との交信のために創られたことが現在では証明されている。農耕文明における収穫や天候を考えるとき、事故や危機がこないかどうかについて神にお伺いを立てるために創られたのだ。例えば漢字で「器」という字も、神に尋ねる手紙を入れたもので、神にお伺いを立てながら、占うための容れ物のことを意味していた。

文字と同様に古い起源を持つ天皇について、民俗学者の折口信夫はいみじくもその発祥を「生身の天皇は〈ミコト〉（天皇霊）の〈容れ物〉に過ぎない。天皇は、肉体的な〈血〉によってではなく、精神的な〈霊〉によって選ばれる。……神の聖なる言葉を自身で聴くと同時に、その聖なる言葉を人々に向かって宣《の》り伝えることができる存在であった」と書いている。つまり、日本においても全く神の言葉を宣り伝えることができた人間が力を持っていたのだ。高御座《たかみくら》に上ったら、神武天皇以来の祖霊の魂が入ってくるということでもあり、実は器としての肉体は誰でもいいとも言える。現代の哲学では貴族というのもそうで、あのオルテガも、肉体の家系が貴族ということではなく、貴族的な生き方を志向する人が貴族なのだと言っている。つまり、貴族とは霊のことを言っているのだ。

また言葉だけでなく、人間の発祥を探求した民俗学者たちは、どの民俗学の研究においても必ず神の研究に帰着している。このことが意味するのは、人間の研究が必ず我々を生み出した宇宙と、生命の淵源の研究に行き着くということである。宇宙の本質が我々の文明を創り、人間というものを生み出した。現代の人間はそれを忘れている。クロード・レヴィ＝ストロースやエミール・デュルケームを始めとして、柳田国男、折口信夫など多くの民俗学者が、人類文化の研究の末に宗教の発祥の研究に行き着いたのは偶然ではない。

人間の歴史や民族の歴史を研究していれば、必ずその発祥が宗教であり神であるということが分かる。レヴィ＝ストロースは神話の研究も多いが、やはり昔から続く口伝《くでん》として伝承してきたものが、文字によって神話と成ることができたということを述べている。つまり、言葉は神話以前から存在していた。また、「雨が降ると蛇が出る　雨が降って蛇が出ると洪水が起きる　だから蛇は水の神である」という風に、レヴィ＝ストロースは神話となっていくその過程を発祥の時点から追っているのである。

実は言葉や文字に始まり、その作用によって徐々に出来上がっていた我々の生活を取り巻く物質、つまり机も椅子もその発祥はすべて神霊が宿る呪物《じゅぶつ》だった。呪物だから、それは神への供物《くぶつ》にもなるものだった。あらゆる物が、そういう起源を持つものだったということを忘れてはならない。神との交信、神に捧げるために作った捧げ物である贄《にえ》が、徐々に世俗化してきたのが、我々が物質と呼んでいるものなのだ。折口信夫は「人間たちは、自分たちの祖先であり神でもある聖なる生贄《いけにえ》を、祖先でもあり神でもある存在のために捧げた祝祭の最中に殺戮し共食する」と述べているが、この供犠《くぎ》が人類の根源であることを再び認識しなければならない。だから我々の文化は、その起源が性と暴力によって創られているということがよく分かるのだ。そして、それは宇宙の本質を表わすと言っていい。

我々の歴史の淵源を見ると、宇宙の本質が人類の出発なのだということは誰にでも分かる。宇宙の本質が人類を創った。だから人類は宇宙の本質を正義として、それが一番正しく、それを文明に投影するために生きなければならないということなのだ。そう考えると、やはり信仰に生きていたときが一番正しかったと言わざるを得ない。神と呼ばれているものは、要するに宇宙の真理だということが分かれば、神の概念がなければ人類文明は無に等しいことも分かるだろう。

## 宇宙は不思議ではない

もちろん宗教と言っても、現在の我々が思うような組織的な宗教ではなく、それは自己の生存の根源を志向する自然崇拝に近いものだっただろう。宗教心が、いまの大宗教に発展したのは後のことになる。その発祥においては、誰もが自然に持つ生命を愛し宇宙を志向する崇拝の心のことだったと思う。我々を創り上げてきた宇宙を仰ぎ見るとき、かつての人間は自然の中にある不可思議を抱き締めていたことを私は感ずる。つまり、それを不可思議として見るのではなくて、自己存在の中心として見ていたに違いない。

不可思議を、ただの不可思議だと思っているのは、現代人の思考形態に過ぎない。ここのところが難しいのだが、宇宙を不思議だと思うのは、現代人だからそう思ってしまうと言える。そうではなくて、あれは不思議ではなく、あれを存在の本体と思えるかどうかということが大切なのだ。我々のほうが宇宙を真似して生きているのだから、宇宙は不思議ではない。そういう感性を取り戻さないと、現代の「人間」から「脱人間」をすることはできない。いまの我々のほうが、却って現代に至っては不可思議な存在になってしまったということを深く認識しなければならない。本来の人間は、不可思議を神という実在として崇めていたので、それは美しく崇高な憧れるべきものだった。

このように宗教と言っても、古代人のそれは宇宙から与えられる自然な形で生まれた宗教心に近いものだったので、我々の祖先は、自分たちを生み出し、自分たちを人間たらしめているものを崇拝した。それこそ、人間として当然のことだろう。その素朴な信仰心によって、ルネ・ジラールなどの理論の通りに、我々の文明はすべて宇宙の「模倣」から始まったことが分かる。宇宙の模倣ということは神の模倣ということだ。ここでまた一度戻って重要なことを再認識しなければならない。つまり、宇宙の創造と破壊そして生成と発展、こういうものの厳しさが、我々の生命においては悲哀や哀しみなどとして体現されてきたということだ。それが人類だったということである。

生活と信仰の名残を残す文化遺跡のひとつに、イヌイットなど北極圏の人たちが、ずっと崇拝し続けてきた石を積み上げた人像がある。それは、根源的な素朴な道標《みちしるべ》である。第一章でも触れたように、それはイヌクシュクと呼ばれ、人間が生きるための精神的・肉体的な道標ともなっていたものだ。石を積み上げてそれを崇拝していくことにより、天に向かって屹立《きつりつ》した人類の姿を現わしているようにも見える。道案内の道標が、人生の深淵に通じているようにも思えるのだ。太古の石の像について、あの岡本太郎は「神聖なものは避けては通れないものであり、人は巌のように強烈な存在に向かい合うと奮い立ち、いらだち、畏れと同時に全身が燃え上がる」と言っている。それは神聖だからこそ、人間自身もそれを見て神秘と合体できるという、昔からの自然崇拝の象徴なのだ。

我々を生み出したものを、我々は崇拝しているのだ。それは、言葉を換えれば神の認識である。このような考え方が人間の歴史の発祥となった。本章の最初に挙げたニーチェの言葉を考えると、人間が抱えてきた歴史の悲痛がなぜ悲痛なのかと言うと、我々の存在と使命が宇宙を体現しているからなのだ。宇宙は、非常に過酷であり厳しい。愛の本源もすべて創造と破壊から生まれてくる。そういうものを体現しているから、人間の悲痛は、いかなるものの悲痛よりも深い深淵を秘めている。それを知らなければ人間にはなれない。それこそが、人間の文明の中心を立ててきたのである。

## 神のための祝祭

ヒューマニズムが神に祭り上げた「優しさ」や「幸福」そして「喜び」というのは、人間存在の根源ではない。それは根源存在を追求する途上において、ほんの少しだけ滴り落ちる「生の休息」に過ぎない。もちろん、それが在ってもいいが、それはあくまでも人生の中心ではない。昔は、人生というのは苦しみであると皆が言っていた。苦しみだけれども、毎日働いて生きていたら少しは喜びもあるのが人生なのだ。いまの人が求めているのは、優しさや幸福だけになっているという点が間違っている。本来は多くは存在しない一滴のしずくの部分が拡大され、それがすべてになってしまった。一滴のしずくとしての価値が主流にくることはできない。そしてその価値は、少ないからこそ本当は輝くのである。

過去の農村のように、まず働くことが主体で苦しみが八〜九割だった場合は、時折のお祭りも本当の民族的文化となっていた。一年に何回かの楽しみはかけがえのない「幸福」を与えていた。ハレの日というものが、それだ。それは、一年に何日かだから楽しいのであって、それが日常性に宗教的なけじめをつけていた。いま我々はそれを忘れてしまった。いまは逆になっていて、人生においてお祭りのほうが主になっている。お祭りが主になれば、それはもはやお祭りではない。そして、人生に幸福をもたらすものですらなくなる。そのとき、お祭りは人生を堕落させる単なる娯楽に成り下がってしまうのだ。

人間生活は宗教心が中心であり、それが人間の根源を立て、我々の中枢を創るものだというのが人類史だった。つまり我々を生み出したものを、我々の祖先は崇拝した。よく考えれば当たり前のことだが、自分の根源を知らずして自分が何者であるのか分かるはずがない。そのような意味で、人類の歴史は祖先崇拝から始まったとも言えるのだ。祖先を通じて、神を見ていたと言い換えたほうがいいかもしれない。自己を知ることが、人間の歴史を創ってきた。そして自己を知ることは、祖先を知ることに繋がっていた。その祖先たちの生き方の中に、具体的な神の姿を間接的に見出していたに違いない。祭りの起源を辿れば、人間の形成過程を覆うものは、神を志向するための祖先崇拝に行き着くことが分かる。

祖先たちの複雑な霊魂の混合を経て、現在の我々がある。神はその複雑な径《みち》を通って、いまの自分に来たっている。自分は、自分を創り上げたものによって存在するということだ。それが人間の歴史だった。つまり、それが人間の意識の主流を占めてきた考え方だったのだ。祖先はいままでの存在を背負った宿命として在り、自己はこれからの運命と対峙する存在として在る。だから、自分の存在の根源を崇めることが、人間の未来へ通じる始まりとなった。宇宙と生命と文明の中に、それぞれの神を見出していた。そして我々の祖先は、それぞれを神として祀《まつ》った。宇宙と生命と文明の中には、種々のものがあるが、それらすべてを神として祀ったということだ。

それを祀ることによって、自分たちの生存の発展を成し遂げてきた。祀ることが、祭事の始まりとなった。そもそも祀るということは、何ものかの本質を真似るということなのだ。崇めたものを真似るために祀るということを行なった。要するに神の模倣だ。偶像を創るなど、そういうものもすべてが模倣で、神の想像の姿を真似て創っている。もともと、人間が動物と分かれたのは、死者を葬り、祀ることによって文明的人間が生まれたことは広く知られている。それは死者というものが、神に通ずるものとして尊崇されていたからだ。死者は、生きている人間よりも、一歩だけ神に近づいた人間だと考えられていた。

もちろん死者が絶対的に尊いのではなく、黄泉《よみ》の国に行って、宇宙の根源により近づいている人間だから、近づいていない人間より尊いという考え方だ。祖先は自分たちの霊的な師ということだろう。だから死者のほうが主になり、生きている人間は従ということになる。つまり、ある意味では人間の歴史というのは「生の否定」なのだ。生だけが正しいのだったら、動物のほうが正しい。そうではなくて人間は、死のほうが宇宙に近いので正しいと認識した動物だから、初めて人間になれたのである。宇宙の模倣を存在の中心に置いたので、人間になれた。しかし、いまではその弁《わきま》えを失ってしまった。ついに、自分たちが考えていることが宇宙だと思うくらいになってしまった。

自分たちが神だと勘違いしている人たちは、自分たちを裁く存在を失った。その結果、生だけが主になった存在と化したのである。存在の本体が、宇宙という死の世界であることを忘れてしまった。それを忘れれば、宇宙という本体に存在が近いほど位が高いことも忘れられてしまう。だから、死者が本当の意味で祀られることもなくなった。つまり、我々は人類であることを失いつつあるのだ。

## 悪徳の始まり

死者を祀《まつ》ることによって、人類は文明の発展を成し遂げてきた。しかし、神を志向していたその清純な心は、文明の進展とともに組織の肥大化に呑み込まれてしまった。文明の精華だった国家も組織の肥大化をもたらして、あらゆる悪徳を生み出す温床となってしまったことは確かである。人類はもともと清純な心で始まったのだが、組織が肥大化するにしたがって悪徳が増大してきた。悪徳の始まりは何かと言うと、組織悪によって程度の低い人間を指導者に立ててしまったことから始まっている。歴史の悲劇は、必ず指導者の無能にその原因がある。その指導者が、いまは大衆の中から「人気」だけで選ばれることとなってしまった。

歴史はそこまで落ちていくが、それは一日にして成ったのではない。人口の増加に伴って組織の肥大化が起こり、その組織が人間の魂を蔑《ないがし》ろにすることから、徐々に歴史は水平化へと向かった。悪徳は徐々に人間の魂に浸潤していった。そして、人類は肉体を主と考え魂を拒否する大衆に迎合するように成ってしまったのだ。「大衆」は、初めから悪徳の素因だったことを知らなければならない。良くも悪くも、大衆とは「人間的価値」つまり「魂」を追求する存在ではなかった。そうではない人間たちを、大衆と呼んできたことを忘れてしまった。しかし、その大衆に長い歴史の末に文明の行く末を決定する地位を与えてしまった。だから悪徳の文明が、いまの世界を支配しているということを理解しなければならない。

大衆文明などというのは、はっきり言えば人類の文明ではない。それは、人間の本能と肉体が持つ最も悪いところが人間の価値となってしまったものだ。もともと文明は神を志向し、人間の魂の宇宙的使命を地上に実現しようとする人間が指導するものだった。もちろん昔から大衆はいた。国家を大型化し強力にしていくには、大衆も動員しなければならないので、そこから歴史の悪徳が始まった。先述した、古代ギリシャにおけるソロンの苦悩を思い出してほしい。人間の持つ清純な心が、効率と利益と簡便さに敗けたのである。効率的な組織の運営をするには、どうしても少しは折れなければならない。その折れたところが、徐々に文明を蝕《むしば》む悪徳と呼ばれるものとなっていったのだ。

しかし、いかに悪徳が主流になったからといって、人間がその出現の原初に持っていた清純な心を否定するのは間違いである。いまは人間の魂の否定に入ってしまった。私はその魂を守ろうとしている。原初の心に戻らなければ、人類としての存続はないのだということを私は言っている。原初に持っていた清純な心とは、すばらしい宝物なのだ。それは単にすばらしいだけではない。我々人類の根本を支える最も重大な精神構造でもある。実はこの清純な心を維持していない限り、文明は維持できないということを忘れてしまった。文明を支える基準は、人間が持っている清純な心なのだ。文芸評論家の保田與重郎は「清らかな心が崩れるとは、精神が崩壊することだ」と言っていた。清純な心が、本当はあらゆる文明を支える根本だということを果たして思い出すことができるのだろうか。

## 無駄が人間なのだ

現代人は、効率良くやるとか無駄をしないとか、そのような合理的なことが文明を支えているように勘違いしている。しかし、そうではない。文明を支えているのは、あくまでも数少ないが清純な心を持った人たちの力である。いまは最小の努力で最大の効果を得るという、合理主義的な考えが主流になっている。しかし人類の使命である愛は、最大のものを支払って最小のものしか得られないというごとに尽きるのだ。そして、その最小のものにこそ、真の幸福が宿っている。これは肉体の構造を研究すると分かるのだが、肉体の構造は、最大の努力で最小の成果しか得られないことに気づかされる。

人間はその空気と水と栄養分の摂取・循環・排泄によって内臓の活動が支えられている。最も分かりやすいのが尿だ。尿は膨大な濾《ろ》過組織によって、必要量の何十倍何百倍という濾過機能の中から少しの尿が出てくるのだ。医学を研究すると、なぜそれほどに無駄な仕組みになっているのかと考えるが、その「無駄が人間なのだ」とあるとき私は気づいた。人間というのは不合理でできていて、不合理の部分がどうしてあるのかは誰にも分からない。つまり膨大な混沌に支えられて、ほんの少しの合理的な部分が出来上がっているということなのだ。不合理が宇宙の根本だからそうなっていることに、私は突然思い至ったときがあった。人工透析がすごく苦しいのは、あれは必要な分だけしか濾過しないシステムだからなのだ。だから濾過されるべき可能性を秘めた無駄な分がない。どうも透析を見ていると、人間が無駄だと思っている濾過機能こそが、本当に必要なものを下支えして活かしているのではないかということを私は感じている。

私は、人体の新陳代謝の機構そのものの中に、何か人類の根源的な存在意義の一つを見ている。無駄と見えるものがほとんどを占めている。濾過も無駄なものが実は無駄ではなく、必要なものを支えていると言えるのではないか。ほとんどの内臓がそういう構造になっている。そうすると、我々はやはり苦しむために生まれてきたということなのだ。それだけの無駄をして「何か」が出てくるということは、宇宙の機構がそうなっているということだろう。宇宙は無駄なことの集積のように私には見える。しかし、そこに大切な真実があるように思う。人間は勝手に無駄だと言っているが、宇宙には無駄なものなどないのだ。星の誕生を考えても、我々は星を創るというと星雲だけが材料だと思い込んでいる。しかし本当はそうではなく周りの宇宙すべてを囲っている何百倍、何千倍もあるダーク・

マターやダーク・エネルギーというような、そういうものの力があって、その中で初めて星ができるということを私は感ずるのである。

だから、材料だけで星を創ろうとしてもそれは無理だろう。多分、無駄と思われるものの力によって、星は創られている。人間が生まれてくること自体、無駄といえば無駄の集積の上に創られている。生殖などは、一つの精子と一つの卵子が受精するだけなのに、一回の射精で何千万何億という精子が無駄に創られている。そして毎回死んでいるのだ。それだけの精子が、ほとんど無駄になる。卵子もまた必要がなくても毎月のように排出され、破壊と再生を繰り返している。それらは受精しなければすべて無駄になる。必要な一回だけのために、精子や卵子を創ればよいのではないか、ということになるのが合理主義のことだ。いまの判断基準だとそうなるが、それでは、人間の本当の価値も尊さも失われてしまうのではないか。精子を無駄にどんどん創って捨てる性欲機構が壊れたら、ただ一回の本当の受精すらできないことになってしまうだろう。

いまの文明は、無駄なものをすべて無くそうとしている。人工授精なども合理性の表われの一つなのだ。もちろん、人工授精そのものが悪いのではない。問題は、それに至る考え方の中にある。合理性というものは、突き詰めて行けば1＋1は2になるだけのことでしかない。それが分からなければならないのだ。医療的な人工授精なら、それは各人の人生観の範囲内のことだ。しかし、その思想は、人類が人類でなくなる考え方に繋がっている。人工授精の技術の発達は、人間が人間である必要をなくしてしまうことに繋がっていくことに気づかなければならない。無駄が、人間が人間の歴史を覆ってきた尊い「何ものか」を支えていたのだ。それは多分、愛を求める涙のようなものだろう。

## 畏れは知識のはじめ

人類は文明の発展とともに、緩急を織り交ぜながらも、一貫して宗教心を失っていく方向に向かってしまった。宗教心とは何かと一言で言えば、生命の根源を慕う清純な心ということに尽きる。だから現代の我々は、もうすでに本当の人間ではない。我々はすでに、人間の原点の初心を忘れたということを認識する必要がある。現代社会は、人間ではないものを、却って声高に人間と言っているのだ。我々はもう一度、人間の原点を見つめ直さなければならないときにきている。現代人が、人間だと思わない者になる。それが「脱人間論」の一番の趣旨である。つまり、現代において人間的と言われているものを捨てる勇気を持てるようになることが本論の魂なのだ。

　私は運よく小学生の頃から宗教教育を受けた。キリスト教の学校である立教小学校が私の母校である。そして私は立教の一貫教育の下で大学までを過ごした。立教小学校の校長の有賀千代吉先生を私は忘れることができない。先生はキリスト教の最も純粋な信仰を持っておられる方だった。無限の優しさと無限の厳しさが、その人格の中に渾然として美しく一体化していた。この有賀先生を見ても分かるのだが、本当の強い信仰心は、もの凄い厳しさも持っているということなのだ。先生は子供の教育に命を捧げていた。それは子供だった私が見てもはっきりと分かった。私はこの有賀先生を思い出すとき、宗教心の持つ、真の力を思い知るのだ。

　私は先生の言動を通して宗教の持つ力を知った。それと同時に、日本の武士道がその厳しさを愛によって支えられていたということを感じる心もできてきた。だからキリスト教の信仰心を見ることによって、武士道の厳しさが愛と表裏一体であることにも気づいたということになる。この有賀先生のような信仰の人が昔はたくさんいた。先生は子供の教育に人生を捧げていて、自分の生活や給料のことは全く考えなかった。いまでも忘れられないことがある。生活を理由に、給料に対して文句を言った理科の先生が、その場で即日解雇になったことだ。有賀先生はこう言っていた。「教師は子供の教育に命と人生を捧げなければならない。自分の生活などを気にする人間は立教小学校の教師にふさわしくない。即刻辞めろ」。これを現実に言って、現実に実行した。

そういうことが、本当に現実に行なわれていたのだ。これが戦後有名だったキリスト者のひとりの生き方だった。有賀先生はもともと、終戦後マッカーサー司令部（ＧＨＱ）が見込んで、日本人の新しい民主主義の教育のためにということで、日系カナダ人なのだが頼まれて日本の教育に尽力した人物だった。カナダにいた日系人の中でも非常に有名だった人なのだが、その人をＧＨＱが招聘して、新しく戦後、立教小学校を作ったのだ。そこの校長に任命されたのである。その有賀先生が、ある日『旧約聖書』の「箴言」について話してくださった。その言葉は、有名な箴言の中の最初の言葉だ。「主を畏《おそ》れることは知識のはじめである」というものだった。この言葉は有賀先生の愛とともに私の心に深く沈潜した。

それは古代人が語った古代人の言葉である。この「箴言」の最初の言葉が語られたのは、たぶん歴史的にいうと一万年前から七千年前になる。そのような遙か昔のことが文字として三千～四千年くらい前に規定されたのだ。だから私はこれを人類の原初の言葉だと思っている。これが先ほど言った人間のすべての知識、すべての文明は神の模倣であるということなのだ。いま流に言うと、宇宙の真理を畏れることが真の知識を人間に与えることができるということだろう。宇宙の真理は何かと言うと、愛であり厳しさであり秩序である。昔の人間が重要だと言っていたことはそれだ。この言葉は、私の人生の初心として心に深く刻まれたまま今日に至っている。

## 文明衰退の極み

繰り返せば、「箴言」の思想は古代人が語った古代人の言葉である。まだ初心を忘れていない古代の人間が語った清純な言葉だ。それが、何よりも大切なことを伝えている。清純な時代の言葉だということが重要なのだ。その生命的な力は、子供である私の魂を撃砕した。私は「主」という言葉の本質を考え続けて生きてきた。それが宇宙であり、生命であり、文明なのだと段々と分かってきたのだ。この「主」が何かということは、歴史の研究とともに、宇宙的真実、生命的真実、文明的真実という風に枠が広がっていくことによって、私の人生の枠を広げてくれた。「主を畏れることは知識のはじめである」ということは、人間である私が文明を考えるための最初の言葉になった。私はこれを小学校の頃に学び、これを偉大な言葉だと思って認識したので非常に運が良かったと思っている。

この言葉を本当に理解したいという決意が、私の人生を創り上げていったように思う。この意味が自分の中で本当に肚に落ちるときがあった。それが、トインビーとの出会いである。高校でいくつかの著作と出会い、その運命的な大著『歴史の研究』には十九歳のときに出会った。英国の歴史家アーノルド・トインビーのこの『歴史の研究』に出会ったことによって、私は先ほどの言葉の意味を本当に摑んだと思えたのだ。私はトインビーの文明論によって、人類の歴史の本質を知ることができたと思っている。この書物はそれほどのものだった。宗教心が人類の文明を築き上げた原動力だったということを実感した。そして、宗教心の喪失が文明の崩壊を招く主因となることを確信した。人類の文明は、宗教心の興隆と衰退によって繰り広げられてきた。いままでの文明は、宗教心の盛衰と全く比例するものだった。これは『歴史の研究』でも論証され、ランケなどいろいろな歴史論でも裏打ちされている。私はそれを深く感じていたことによって、却って現代の危機の本質が従来とは全く違うことを確信するに至ったのだ。

今度の文明衰退は、ある意味で人間が終わるという終局的な衰退であり、ホモ・サピエンスが終わりかねないほどの危機に至っている。信仰が衰退したときに文明が崩壊することは何度も繰り返されているのでよく分かる。しかし、現状は誰が見ても分かるのだが、信仰心が衰退したわけではなく、これはすでに徹底的に無くなってしまった。無くなったということは、もう人間が終わるときがきたのだということを示している。現代の似非《えせ》信仰は、信仰の中の綺麗事だけを扱っている。それがヒューマニズムに適っているからだ。だから信仰ではない。ヒューマニズムのほうが、神になってしまった。現代の信仰は、信仰に名を借りたヒューマニズムである。

信仰とは、そのために死ぬことを言っている。自己も他者も含めてである。その歴史が人間の歴史だった。現代人の好き嫌いの問題ではない。ヒューマニズムは、自らの綺麗事のために、現実の人間の歴史に蓋をしてしまった。だから、もう現代人の言う「人間」をやめなければならないのだ。新しい人間になるには、いま人間と呼ばれている「人間」をやめないと先へは進めない。ここに至った一番の原因は、やはり生存の恐怖心、魂の畏れというものが無くなったことによって、文明の根源力を我々が失ってしまったことによる。いま「人間」は途轍もなく傲慢不遜となり、自己の生存の原因を全く忘れてしまった。

ウナムーノは『生の悲劇的感情』において、「かつて人は〈神を畏れるのは叡智のはじめなり〉といった。しかし、たぶん〈死を怖れるのは〉といいたかったのかも知れない。あるいは、同じことだが〈生を怖れるのは〉といいたかったのかも知れないのだ。とにかく、常に、叡智のはじまりは恐怖だということである」と述べている。この恐怖が完全になくなった人類に、もはや真の叡智はない。原水爆を作ったのも、経済成長のために原発や汚染物質の大量生産をやめないのも、恐怖を忘れたからだ。還元不能物質であるプラスチックを作ること自体、地球が持つ限界点をすでに分かっていない。もう畏れを知らない人間になって、自己の分限《ぶんげん》を弁《わきま》えないようになってしまった。遺伝子操作もそうだが、食品添加物まで含めて、すべてが畏れを知らないことの結果だと言っても過言ではない。

## トインビーの歴史の本質

アーノルド・トインビーの『歴史の研究』について続けたい。トインビーは英国人でキリスト教徒なので、もちろんキリスト教を中心に書いている。しかし、この本は決してキリスト教徒だけのものではない。要するに文明と宗教心との関係について書いてあるのだ。トインビーはここにおいて「人類を築き、そして人類を滅ぼすか否かは、宗教心を持っているのか失ったかの違いだ」と書いている。トインビーは、宗教心を人類の文明的実存の根源に置いている。この宗教心があるかないかが、人類の実存の根源を創っている。だから、現代のように宗教心を失ったことの真の意味は、人類がもう存続できないところまできているということを表わしている。トインビーは、「古代人は、この人類の根源をすべて神という概念で表わしている」と分析し、「この神があって、人類は初めて知識を得ることができるようになった」と考察を進めていった。この前提があって、初めて人間は文明を築くことができたのだと述べている。

さらにトインビーは、人間を魂と肉体に分けて考えていた。その肉体を「自然の法則」(the law of Nature) と呼んでいた。そして、魂を「神の法則」(the law of God) と呼び、「自然の法則」は「神の法則」によって支配されていなければならないと考えていた。それがよく機能しているとき、文明は興隆したと分析している。そして、魂は「神の法則」の下《もと》に生きるときその存在は輝くと考えた。人間は魂と肉体を持ち、自然の法則に則って生きる肉体と、神の法則に則って生きる魂でできている。その相互作用が、人間の歴史を支配してきた法則なのだ。トインビーの文明論によれば、人間の歴史を支配してきた法則は、自然の法則と神の法則とのせめぎ合いであるということになる。その中で、人間はあの偉大な文明の数々を築いたということになる。そしてこの神の法則が、人間の本当の自由の根源を生み、文明の基盤を創ったということをトインビーは論証しているのだ。

私はトインビーが来日したときの講演において、この文明の本質を本だけではなく直にも聞いたことがあった。それは私が高校生のときだった。トインビーは力強く歴史の研究の本質を支えているものを語っていた。その語っていた言葉とは「人間の真の自由は神によって示される挑戦に、苦悩とともに応答することから生まれる」というものだった。これをトインビーは「人間の歴史」だと言っていたのだ。人間の歴史というのは、人間が愛と自由を求めて「自然の法則」と「神の法則」という矛盾の下でせめぎ合ってきた時間だと言っている。神の法則と自然の法則の両輪を持ちながら、苦しみ抜いて我々は生きてきたのだ。求めているものは、愛と自由に他ならない。

この愛と自由の本質が何かということを、トインビーは言っていた。「神によって示される挑戦」

という宇宙的真実からくる挑戦に、苦悩とともに応答することだと言っていた。それを考え抜いて苦しみ抜いて生きることが、人間の本来だということに尽きる。この法則が、人類を苦しめている理不尽な矛盾となっている。トインビーは、これを「苦悩の法則」（the law of Karma）と言っている。それが、我々の人生に不合理として降り注ぐ苦しみを創っている。しかし、それによって人間は成長してきた。だから、これを解決してしまったら、人類は終わってしまう。

人類は苦しみ続けていることが肉体の生存と、魂の実存の根源だということを言っているのである。この苦悩に決着をつけてしまったのが、現代と言えるだろう。決着は絶対につくものではない。常に陰と陽のせめぎ合いだからだ。しかし現代に至って、人類はすべての不合理を合理的に切り捨ててしまう考え方になってしまったということなのではないか。その結果、すべての人が生まれながらに価値があり、誰でも秀れていて皆が善人だという社会が確立してしまった。

繰り返すが、神の法則と自然の法則の中で苦悩し続けることが、人類の実存を司った。その苦悩の中を、どう生きたかが人間の価値に軽重をもたらす差異として現われていたのだ。いまはそれを忘れてしまった。だから我々の文明はもう崩壊するしかない。すでに崩壊過程に入っているのだが、年々月々加速度的に状況は酷くなっている。トインビーは二十世紀前半に活躍した人なので、原水爆ができてしばらくして亡くなっているが、いまの状況を見たら腰を抜かすほど驚くに違いない。いまはすでに衰退ではなく滅亡の淵に沈んでいる。現代は、何度も言うように宗教心というものがなくなった状態、つまり人類崩壊の危機だということを認識せねばならない。『歴史の研究』においてトインビーが言う「衰退」は勢力が減ってきたときのことで、そのうち盛り上げることができる。人間の歴史をきちんと調べれば分かるが、人類発祥以来、宗教心を本当に失った時代など全くなかった。そのないものが、いま出現したのである。

　数十万年の人類史を見れば、現代はもう宗教心がなくなっていると言っても過言ではない。宗教心は、少なくはなっても零《ゼロ》ということでなければ人類は滅びない。それが零になった。オルテガも言っているように、我々人間は二十世紀に突入するまでは、宗教心の減退に伴う「不道徳」（インモラル）だけだったのだ。ところが、いまや大衆文明の頂点に至り、完全な「無道徳」（アモラル）になってしまっている。そして無道徳とは、文明を通り越して人類の消滅を意味しているのだ。私の解釈だとこれは、長いホモ・サピエンスの文明が終わるときが近づいていることに他ならない。だから、このホモ・サピエンスの文明の終わりを乗り超えて次に行くには、このままいまの「人間」を続けていてはならないと考えざるを得ないのである。いま「人間」と言われている存在を、我々はやめなければならない。

　人間は善悪を知る木の実を食べて物事を判断できるようになったのだが、いまはその判断すら全くできない。判断すれば必ず現代ヒューマニズムに呑み込まれる結果になるからだ。人間としての全うな考え方は、すべて現代の行き過ぎたヒューマニズムに抵触する。判断をしたら呑み込まれるからやめろ、というのが「脱人間論」なのだ。判断を捨て、いまのヒューマニズムというものを否定して、新しい人間として生きることを始めなければならない。新しい人間とは、宇宙の法則と直結する生き方をする人間である。私はこの考え方の基本をトインビーから学んだ。私はトインビーと精神的に一体となっている。それは、マルチン・ブーバーの言う「我と汝」（Ich und Du）の関係にあると思っている。私はトインビーの思想を人間の歴史の本質と考えているのだ。

　またトインビーによって、私はクリストファー・ドーソンという歴史家を知った。この歴史家も私の歴史観を養ってくれたひとりである。ドーソンの文明論も角度こそ少し違うがトインビーと同じものだった。ドーソンの文明論というのは、人間論そのものでもある。ドーソンはその『世界史の力学』において、人間の文明の本質を語っていた。「偉大なる文明は、その基盤を偉大なる宗教に負っている」(The great religions are the foundations on which the great civilizations rest.) というものだ。それが、人類史の根底を成していると語られる。これが人類史を支えてきた本質である。現代人がとにかく知らなければならないのは、人類史が神の歴史だったということなのだ。それを、いま思い出さなければならない。

## 無知を知れ

「歴史は神話である」といままで私は述べてきた。それは人類史が神の歴史だという意味である。人間の歴史が神の歴史だということは、宇宙的真実を追求する歴史だったことを意味している。そして、人間はその与えられた宇宙的使命を果たすために誕生した。そのことをよくよく認識しなければならない。宇宙的使命を追求しなくなったら、もう人間の歴史とは呼べないのだ。いまなぜこれほどまでにヒューマニズムを捨てないと人間は滅びると言っているのかと言えば、宇宙の法則よりも人間の法則のほうが完全に勝ってしまったからに他ならない。宇宙とその投影である文明の掟の下にある、許しや優しさが、我々人間に与えられた慰めだった。しかし、いまはその慰めがひとり歩きして何よりも尊い価値になってしまった。

つまり現代に蔓延るヒューマニズムのほうが、宇宙の法則よりも上になってしまったのだ。それが神を忘れたということに繫がっている。だからもう現代の人間は滅びるということである。これは人間が、宇宙の神秘に対して恐怖を抱かなくなったからこその結果なのだろう。我々人間の魂は無限であるにも拘わらず、もはやいまの「人間」は有限しか考えなくなってしまったということなのだ。「人間」は「人間」の枠だけに閉じ籠ってしまった。現代人は宇宙のことや神のことなどを考えなくても、いまの科学文明によって何でも乗り切れると思い込んでいる。物質至上主義、科学万能主義、経済成長礼讃で自分たちはこの上なく合理的だと考えている。そういう傲慢な「人間」になってしまった。無限のものを存在として、もはや感知できないのだろう。

我々の文明は、すでに命令者を失ってしまった。つまり、物事を弁《わきま》える力を失ってしまったということだ。人間は人間の命令者にはなれない。人間は、自己の欲望に生きるだけの存在である。その欲望にひとつの「使命」を与えてくれていたものが、神に他ならなかった。しかし、それを失ってしまった。もう神を取り戻すことはできないだろう。だから我々は破滅に向かっているのだ。

先にも述べたが、この文明は還元不能の公害を限りなく生み出している。そして人工放射能、無限の土壌汚染がそれに続く。要するに、自然の力では還元できないものを際限なく作り出していると言える。どのくらい人間が傲慢になったかを直視することほど辛いものはない。いまの宇宙開発自体が、利益を目指す戦争のためは言うに及ばず、地球上の塵芥《ごみ》を捨てるための星を見つけようとする思惑がある。これはアメリカも中国もそうだ。我々は地球の塵芥の捨て場のために、違う星にその捨て場を作ろうとしている。それほど傲慢に成り果てている。そして恬《てん》として恥じない。そういうところまで人類はきているということなのだ。

根本的に塵芥を減らす努力をするのではなく、新しい捨て場を作るという。自分たちの身を切ることは、ほとんどしない。それほど人間は愚かなことを考えるようになっている。人間の科学で必ずすべて解決できるはずだという、オカルトのようなことを言っているのが現代人だ。我々は神を失って、却ってオカルトに犯されだしたと言えるだろう。知についても、ソクラテスの「無知の知」つまり自分が知らないことを知ることが、真の知識であることを忘れてしまった。

医聖ヒポクラテスの「治せるものと治せないものを判断するのが医者だ」という、医師の役目と分限の問題だったものが、いまやそれ以前の問題となり、その判断は即刻にして人権侵害となってしまった。人権を振り回されて、物事を判断できる文明的人間そのものがいなくなってしまった。いまはそれを多くの人が感じていると思う。本当の医学は、ヒポクラテスの言っている考え方のほうにあり、それが医学の根本問題なのだ。医者の一番の能力というのは、治療すべきものか、治療すべきではないものかを判断する力のことだった。現代ヒューマニズムによって、医者は何も言わずに、患者が死ぬまで無限に治療し続けるだけの「医療器具」とされてしまった。

現代ヒューマニズムは、人権絶対という考え方だ。人権が、まるで人間を生み出した宇宙よりも偉いものだと思っている。人間が自らそう言っているのだ。全く手前味噌の自己礼讃だ。実は人間は、駄目な場合は死ぬしかない、というのが宇宙の法則なのだ。別に言った人が酷いわけではない。それが事実である。ヒポクラテスをしても、症状を見てこれは治らないと判断するのは、ヒポクラテスのせいではない。事実そうだと言っているだけのことなのだ。無駄なことをしたら却って人間の心身にとって悪になってしまう。ヒポクラテスは、治らない場合には治療をしてはならないと言った。昔の考え方なら、却って苦しみを増し、資源の無駄使いに繋がるということである。

ここのところが、現代では全く分からなくなってしまった。医学的な真実でも、現代ヒューマニズムに抵触しそうになれば、真の治療は禁止される。ヒューマニズムつまり人権礼讃が宇宙の本質よりも上になってしまった。そして、人権にまつわる優しさや労《いたわ》りなどが神となってしまったのである。したがって、このヒューマニズムの社会を捨てる以外に、宇宙と生命の本質に戻ることはできない。最初に言ったが、この洗脳は学校教育とマスメディアを通じて皆、子供の頃から信じられないほどに打ち込まれている。いざとなると皆がそれを言うのだ。結局、皆がその思想に洗脳されてしまった。ヒューマニズムという人権絶対の思想は、先ほど言った学校教育とマスメディアによって毎日植え込まれ、真綿で包むように首を絞められて殺されていく感覚の社会が現出している。

## 肉体を拒絶する何ものか

我々の文明は、神を志向する宗教心によって支えられていた。人間の歴史は、人間の歴史ではないのだ。それは神と宗教心の在り方を問うことだけだったということを、私はあらゆる歴史の中に見出している。宗教心だけが、我々人間にこの肉体を投げ出させ、崇高なるものに向かわせてきた。宗教心が実は我々の魂の核心なのだ。先述した哲学者アランはこの魂について「魂とは、肉体を拒絶する何ものかである」と言っている。崇高なるものに人間を向かわせていたものが魂なのだ。

それは愛の本源であり犠牲的精神と呼ばれたものだ。愛と義の地上における実現が、我々人間の宇宙的使命である。その原動力に信の力が必要なのだ。そして信は、勇気によって発動する。それが我々の魂の目指す最も崇高なものを手繰《たぐ》り寄せる。我々人間の肉体は動物であり、それは自己中心と限りない知的怠惰に人間を向かわせるものだ。もともと、人間の肉体は放っておけばそうなるに決まっている組織と言えよう。それを押し留めるものが魂である。その魂は宗教心によって養われ、そこから派生したものが人間の種々の文化を創っている。宗教心が文化を生み出した。この文化の代表の一つとして、日本と西洋にはそれぞれ武士道と騎士道が生まれた。

我々の文明は、神があって初めて安定していた。神が人間を罰することによって、人間はその本来の力を発することができたのである。神がいることによって、人間は何をやっても間違っている場合には罰してもらうことができた。それによって人間は、却って自由に活動することが可能だった。神の掟は厳しい。それは、宇宙と生命とその投影である文明の現実であり真実だった。それが事実だ。ところが、いまの文明はその事実を見る力を失いつつある。いやすでに、失ってしまった。事実を見る目を失ったということは何か。それは、人間の肉体の要求と肉体の力に魂が屈したことに他ならない。人類の文明は、ついに魂が肉体に屈するところまできてしまった。魂が完全に屈してしまえば、それはもはや我々が認識してきた人間ではない。

我々の文明は、すでにそういうところにきている。もう現状の我々は、本当の人間ではないということだ。それが分かれば、「脱人間論」の意味は誰にでも分かる。そして、その考え方で生きようと思うはずだ。ところが我々人間は、肉体が生きているために人間ではなくなっていることの真意が分からない。魂は目に見えない。そして、すでに我々は魂を認識する目を失っていることはすでに述べた。確かに動物的部分である肉体は生きている。しかし、それはすでに「家畜化」していると言えよう。いまや国家が肥大化して、我々の心は国家や経済そして金銭の奴隷になってしまっている。この奴隷たちには、近未来に新しい主人が誕生してくるだろう。そして、その主人の家畜と成り果てると考えられる。現代人はすでに、「生物学的」な人間に成ってしまったと私は言いたい。

いま我々が「人間」と言っているものは、かなりそれに近づいている。ヒューマニズムの洗脳によって「自然の法則」が「神の法則」を駆逐してしまった。本当にもう完全に駆逐してしまった。私は自然の法則を悪いと言っているのではない。それは自然として当たり前だ。ただし我々が人間と認識してきたものではないと言っているだけなのだ。自然の法則だけだったら動物と変わらない。しかし人間は自然の法則と神の法則の弁証法的な相克の中を生き抜いてきたのである。だから人間の文明というのは、苦悩し続けることが特徴だった。人間の歴史はニーチェが言うように、悲痛の中の悲痛なのだ。苦しみであり苦悩だと言える。それは愛を求め、肉体と神の法則である魂という相容れないものの、弁証法的な相関関係を苦しみ抜きながら生きているからなのだ。現代人は、この点をすべて捨て去ってしまった。その苦悩と不合理を切り捨ててしまった。

いまや、不合理自体が許容されない世の中になってしまっている。自然だけなら、我々人間など何の価値もない。動物や植物のほうがずっと自然の法則に適っていると言えよう。自然の法則だけだったら動物のほうが格が上なのだ。肉体的にも動物のほうが身体能力に秀でている。我々が秀れているのは、魂を持っていることである。そして魂との相関関係の下に肉体が存在しているからだ。我々が万物の頂点に位置していたのは確かだ。その理由は、我々の歴史が神の法則と自然の法則の相関関係の中で、苦しみ呻吟してきたからに他ならない。しかしこの呻吟をやめたら、もはや動物よりも下でしかない。私は苦悩と呻吟ということを好き好んで言っているのではない。これは厳然たる人類の歴史なのだ。これを忘れたら、もう人類ではないということを言っている。いまは、いかに言っても言い過ぎではないところまできた。

いまは悲痛と言っても、本当の悲痛は人間にはなくなってしまった。悲痛というものを人間は経験できないところまでできているのだ。現代は悲痛と言っても、人間の宇宙的使命からくる本当の悲痛というものではない。また荒れ狂う解決不能の矛盾というようなものでもない。現代の苦しみと言われているものは、自分がやりたいことをやれない、欲望が満たされないことに対する不満、そして快・不快、我儘が通らないときの不平があるだけだ。これは人類的な悲痛とは全く異なるものと言っていい。それは悲痛とか苦悩そして悲哀というものではない。これは現代社会から、有限の肉体と無限の魂との相克という考え方が決定的になくなってしまったことにその原因がある。

現代における我々は、もうすでに無限という思考を失っているように思う。私はそれを繰り返し語ってきた。宇宙的な無限は影をひそめ、有限な地上的な「無限」が世を覆っているのではないか。「無限経済成長」に該当する「無限」と言う言葉も、単なる欲望の連続的な成長という意味になってしまった。つまり連続というほどの内容に堕してしまった。人間であれば誰もが堕落に対する限りない欲望を持っている。この欲望を人権の名の下に解放していくことによって、その欲望を満たしていく人間を礼讃する社会が到来した。このような物質至上主義の世の中は無限回転を続け、そして今世紀に入ってから破綻を迎えつつある。経済成長も、いまや日本も中国もアメリカもすべて先が見えている。情報の統制によるごまかしが、世界規模であと何年もつのかという時代である。

本来、人間は自己存在が有限であることを認識し、無限に対する憧れを抱いたものだ。ミシェル・フーコーは人間について、それは「一個の肉体があたえられ、……そしてひとつの言語（ランガージュ）があたえられている」と言っていた。そして人間はそこから自らが有限だということを学びうる存在だとしている。いまは人間に対して「言語」が与えられていない。「言語」とは、思考である。現代は「言語」を喪失し、その代わり、留まることをしらない「依存」によって欲望が欲望を呼んでいる。現代は「言語」を喪失した時代だ。森有正の言う「経験」が不在の、表層的な口先の言葉が記号として踊っているだけの社会である。そこに人間の交流はない。

## 「ばさら」の思想

人間の歴史が、本格的に「神の法則」を忘れるようになったのは、世界史的に見た場合はちょうどルネッサンスの時期だったことはすでに述べた。それは十四〜十六世紀に当たる時代だ。この時代には世界中が神を忘れ始め、ヨーロッパではルネッサンスが始まり、日本ではちょうど安土・桃山時代が始まった。あの絢爛豪華の時代である。日本では「ばさらの思想」というものが出てきた。「ばさら」とは、要するに物質礼讃による自己中心・人間中心思想のことである。私はその思想を研究したことが昔あるのだが、「ばさら」の考え方は人間が「畏《おそ》れ」を捨てることにあった。神を畏れず、秩序を畏れない。先頃までのヒッピーみたいなものだと言える。何も認識しないことによって、畏れを忘れるということだ。

これを洋服で例えれば、わざと変なものを着るということだ。皆が着ないものを着る。もしくはわざと変にする。皆が右へ行けば自分は左に行くというような考え方だ。特に大した「思想」があるわけではない。しかし、西洋のルネッサンスと同じように一世を風靡するだけの魅力というか、ある種の魔力を持っていたことは確かである。既存の秩序を破壊する快感に多くの人々が酔った。西洋も日本も、それ以後急速に近代の大衆文明に向かいだしたことは確かなことと言える。近代の始まりに当たって、世界中が自己中心・人間中心の考え方から出発していた。これが紆余曲折を経て、今日に繋がっている。今日の本質を、その出発に見出すことができるのだ。

　西洋のルネッサンスの時期に、日本でも「ばさら」という同じ現象が起こっていたのは面白い。そうして人類は、今日に至り自己自身を自分で祀《まつ》り上げ、人間という名の下に傲慢の限りを尽くしていると言っても過言ではない。ルネッサンスと「ばさら」に始まった、自己中心・人間中心思想は現代に至って人間を神にまでしてしまったのだ。その傲慢の限りを尽くす臨界点として、私はやはり原爆の開発と投下という、あの一九四五年を挙げている。それ以後、人権がすべてを潰してしまったということなのだが、それを理解できなければ原爆誕生の秘話も分からないだろう。

　原爆開発は、マンハッタン計画と言う。原爆を作るために、世界中の天才が集まって計画は進んだ。なぜこれが実現したかと言うと、そもそもは人命を救うためだったのだ。アメリカ兵の人命をなるべく救うという大義名分のために、日本の一般市民は死んでもいいという理屈が本当に罷り通っていた。そして、戦争終結を早めれば、結果として両国の人命を数多く救えるという「理論」まで付いていた。このような一見、人間尊重を謳うような動機によって、アルベルト・アインシュタイン、ロバート・オッペンハイマー、エンリコ・フェルミなどの、いわゆる「善人」たちが集まって悪魔の兵器を「人間のため」「人命を救うため」に開発したのである。

　この事実の中に隠れているヒューマニズムの善意が、現代の象徴であると私は言っているのだ。彼らは原爆を落とした後に、その悲惨さに気づいて「平和運動」を行なうような人たちだった。あくまでも善意の人たちなのだ。その近代的な単純構造の脳によって原爆は作られた。真の悪魔は、善人の姿をしていることを現代人はすっかり忘れてしまったのだろうか。この行き過ぎた人権尊重のゆえに、魂の鍛練を捨ててしまった我々は、いま限りなく動物の状態に近づきつつある。無限の人権を持つ人間を罰するものは何もない。人権があっても、罰するものがあれば問題はない。しかし、人権を持つ人間というものを罰する上位者、すなわち神を失ったから人間を抑制するものは何一つなくなってしまったのだ。それによって人権は、留まるところを知らずに、無限回転に入っていき、どのような非道なことも平気で行なえるようになった。

無限の人権を持つ存在に、絶対悪はない。その状態が現代社会を創っている。すべては人間のためだから、悪いものはひとつもないのである。遺伝子操作も、化け物を創る考え方を内包している危険を問う前に、やはり「人間のため」「病気を治すため」にその使用は許可された。反対したら、「ではこの病人が治らなくていいのか」と言われるだけなのだ。そんなことを言えば、ヒューマニズムの太鼓持ちであるマスメディアの食いものにされるだけだろう。我々は本当に命令者を失ってしまった。その始まりであるルネッサンスは、人間性の回復とも言われているが、その人間性とは神からほんの少しの魂の自由を得たいということだけだったのだ。ところがそれがいまは行き過ぎてしまった。いまの人間の言う人間性とは、人間の持つ欲望と動物性を解き放つものでしかなくなった。

本当は、キリスト教のセントラル・ドグマからの、ほんの少しの魂の自由だけを解放するものが、ルネサンス期の出発の考え方だったのだ。あの当時のキリスト教社会は、キリスト教の強烈な抑《おさ》えつけが生活を覆っていた。その中から人間としての、本当に少しの自由を得ても良いのではないかというのが最初の考えだった。始まりの土台が全く違うということすら、いまでは忘れられている。当時は宗教のほうが行き過ぎることによって人間は抑えつけられ、飢饉やペストそして異端審問による拷問や火あぶりという、生き地獄のような世界が広がっていた。確かにそのときに発祥したルネッサンスという考え方は当初は間違っていたわけではない。

## 神が人間を創った

ただそのルネッサンスの時代においても、すでに洞察力の深い人はルネッサンスの思想が進展していけば、人間が堕落していくことに気づいていた。英国の詩人ジョン・ダンは「一周忌の歌」などの多くの宗教詩において警鐘を鳴らしていた。ダンはルネッサンス後期の社会を、不安とともに生きたのである。ダンは神を失いつつある人間は、もう正しく死ぬこともできないということを感じていた。そして多くの詩にその不安を謳ったのだ。「聖なるソネット」の一節には「死よ！　お前は死ぬのだ」(Death, thou shalt die.) という叫びがある。

これはその当時の人が、神の恩寵なくして「人間の死」はないと信じていたことによる。神を失えば、人間の死を死ぬことはできないと考えていた。動物の死と変わらないと考えていたのだ。魂のない死だ。またルネッサンスの後、神を失った人間の傲慢に最も早く気づいたひとりの人物としてモンテーニュがいる。すでに前章で紹介したが、モンテーニュはその『エッセイ』第二巻第十二章において、バベルの塔の逸話を紹介しながら人間の原点について述べ、警告を発していたのだ。その不安と予言は現実のものとなっている。

二十世紀に至って、あのルーマニア出身の哲学者エミール・シオランは「最後の審判のとき、人が吟味するものは、ただ涙だけであろう」(Au Jugement dernier on ne pèsera que les larmes.) と書いている。これは、人間が神の裁きの下《もと》に生きていることを言っている。そうでなければ、本当の人間の生はないと述べているのだ。そして「ただ涙だけであろう」ということの意味は、苦悩だけが本当の人間の価値を決めるということに他ならない。本当の涙を知るには、人間には神が必要である。その上で、「神の法則」と「自然の法則」の矛盾対立が人間を創り上げていたのだ。涙、苦痛、畏れが人間存在には必ず必要なのである。

神と人間の関係は、「脱人間論」という思想の一つの中心である。だから、ここではっきりとさせておきたいことが一つある。人間が宗教を創ったことは、歴史上の事実として広く認められている。しかし、人間が神を創ったのか、それとも神が人間を創ったのかという「にわとりと卵」のような哲学的議論がいまでも続けられていることについて言っておきたいのだ。私は本論の中で何度も言っているように、「神が人間を創った」と信じている。そして、この歴史上の間違った議論の影響も、人間が神を忘れた根本の一つだと思っている。何か人間が神を創ったように思っている人が多いのだが、そうではない。人間が取捨選択できるような考え方によって、神を扱ったことが今日の混乱を招いている。

神が人間を創ったのだということが一番重要である。「人間は、神が自分たちとは違うということしか知ることができない」とシモーヌ・ヴェイユも言っていた。つまり、神が自分たちに把握できないものだということは、神に主導権があることの証となる。人間は自己よりも上の存在を理解することはできないのだ。いまは、神というものを自分たちが求めれば存在するし、求めなければ存在しないという考えになっている。前にも触れたルネ・ジラールの思想を思い出してほしい。神の模倣が人間文化のすべてなのだ。もともと神の存在があってこその人間存在と言えよう。

この主従の順番を決定的なものとして考えたい。これは人間の歴史の間違いを糾弾するということかもしれない。人間の歴史の間違いとして最も挙げたいのが、人間が神を創ったのではないということなのだ。神が人間を創ったのだということを、繰り返し強調したい。いまの人間の歴史では、人間が神を創ったと思っている人が多い。この間違いを指摘しておきたいのだ。

神を失った「人間性」と呼ばれるものの危険性に、先ほどのダンやモンテーニュを始めとして、当時の教養人の多くの人たちが深く気づいていた。いまの我々が人間と言うとき、我々はこの「神の法則」を失った後の「人間」のことを言っている。それは人間性、つまりヒューマニズムという美しい言葉によって覆い隠された「人間」の本能礼讃に過ぎない。いまや、人間が神から創られたものだということを思い起こさねばならない。それが人間の歴史である。

# 第五章　人間の超克

神の恩寵は、人間すべてに与えられるものではない。

――ジャン・カルヴァン

## 魂と肉体の興亡

前章において見てきた人間の歴史は、常に「神を目指す存在」として生きようとする魂と、限りなく動物に近づこうとする「肉体の圧力」とのせめぎ合いの歴史だった。人間全体の歴史そのものは、常に動物に近づきたいという「大衆」的な欲望のほうが大きかった。それをどう抑制し、人間に与えられた宇宙的使命を地上に展開するかを模索するものが、指導者階級によって築かれてきた文明の骨格だった。人間は放っておけば、神を目指す垂直の精神から生活に根差した水平の考え方へと、エネルギーが慣らされていく存在である。それを押し留めるものこそが、「神の法則」と言われた垂直を仰ぎ見る日常であり生き方そのものだった。

つまり、宇宙の淵源を志向する魂を重んずる生き方ということだ。それこそが動物を乗り超えて、宇宙の意志を実現しようとする人間の苦悩の歴史だった。垂直性への憧れが、人間の水平性を何とか抑えつけてきたのだ。それを、私はいままでに宗教心という言葉でも語ってきた。人類は宗教心によってその文明を樹立し、その宗教心の喪失に向かって歴史を推し進めてきたとも言えるだろう。いまは、その宗教心が完全に無くなったということに尽きる。宗教心の喪失を権利化した言葉が、「人間のために…」という概念であり、それが全世界的に動物性の発露の免罪符となったことを私は述べ続けてきた。

水平性を容認する「許し」は、ヒューマニズムとして現代を覆っている。その始まりは、厳格な「神の法則」の下《もと》に人間的と呼ばれるほんの少しの癒しを求めることだった。神の法則がある限り、その「人間のため…」は却って好感の持てる考え方だった。神の法則が強すぎた時代は、どうしても「許し」は、その過酷な時代には必要とされただろう。そして、その「許し」が崇高で際立つ品格を有していたことも想像がつく。何かあれば奴隷として売られ、伝染病に怯え、すぐに殺されるという時代だから、大部分の人々が苦しみの中で喘《あえ》いでいれば確かにそれは大きな価値となっただろう。

しかし、いまやすべてが許されてしまっている。そのような時代には、「許し」は何の価値もない。まだ神を失うところまではいっていなかったが、現人間の社会が大きく崩れ出した始まりは古代ギリシャ文明の爛熟期に遡《さかのぼ》ることができる。前に触れたソロンが「人間のためと言ったら…そのすべてを信じるな」と述べた時代だ。つまり、長い「神人同一」の生活から抜けて、現代文明を生み出す出発となる物質文明の始まりである。一番最初に人間性と呼ばれるヒューマニズムの考え方が花開いたのは、ギリシャ文明においてなのだ。しかしこのヒューマニズムは、古代ギリシャ文明の頃からすでに亀裂を見せ始めていた。ギリシャ文明は歴史を見ると、すでにヒューマニズムに犯され、人間の垂直性が崩れ出しており、ギリシャの歴史的な精神に戻ろうとする運動として何度も何度もその反動の動きが起こっていた。

そしてローマ帝国の時代に、宇宙を目指すべき人間存在への渇望が大きく盛り上がったのである。歴史というのは急激にある状態になるのではなく、何度も何度も繰り返し繰り返し、興隆・衰退を重ねて段々と変わっていくのだ。最初はギリシャとそのヘレニズム世界で花開いたヒューマニズムから「本来の人間」を取り戻そうという動きが少しずつ起こった。それが大きく飛躍したのが、ローマ帝国においてだった。そしてキリスト教の出現である。この二大潮流が、その後のヨーロッパの歴史を創ったものと言えるだろう。つまりこの二つの価値観は、まさに人間の歴史を決定づけるものだった。この地上を物質的に支配しようとする巨大帝国と、人間存在を魂の価値だけに置こうとするキリスト教との、並列のせめぎ合いの歴史が始まったのだ。この二つは人間存在の価値を全く違う観点から見ていた。しかし、どちらも厳しさを中心に据えているのは同じだった。

いまではすっかり変容してしまったが、もともとキリスト教は神の下における「許し」以外はこの世に「許し」は存在しないという宗教だった。神のために死ぬのが人間の定めだという思想である。そう生きた人間にだけ、天国の門が開かれ、人間としての永遠の生《いのち》に与《あずか》ることができるという考え方だ。同じ「許し」でもその許しの内容が全く違う。そして、このキリスト教の台頭はギリシャ文明から受け継がれた自民族中心、人間礼讃、人間中心思想への反動として世の中に広がっていった。「人間主義」への反動がキリスト教だということは、現代人には信じ難いことだろう。しかし本当なのだ。それは人間中心の自己中心的な物質文明を否定し、精神の厳しさの中に宇宙的使命を感ずる本来の人間へ戻ろうとする揺り戻しだった。ギリシャ文明の利己的な人間中心を戒め、魂のために死のうとしたものが原始キリスト教徒だった。そして人間中心の「許し」や「優しさ」ではなく神の厳しい掟《おきて》の下の愛による「許し」をキリストは言っていたのだ。

それに対して、ギリシャ文明を継ぐローマ帝国の動きは反対に、力によって地上の秩序の厳しさを行なおうとしたのだ。規律と命令そして服従と献身が、ローマ帝国の特徴だった。ギリシャの「人間中心」「人間主義」から、ローマは「法律」とそれに基づく「祖先崇拝」つまり慣例によって、魂の垂直性を保とうとする反動の動きとなった。厳しさという中心思想を欠くヒューマニズムは、その最初から人間の文明にとって最も危険なものとされていた。キリスト教は魂の救済なくして真の人間にはなれないとし、ローマは人間の生活と肉体に対して厳しい統制を課したのである。そして、この二大潮流によって人類は以後二千年にわたって、ヒューマニズムの毒牙から人類の文明を救った。どちらにしても、真の人間性を保つには、「魂の浄化」か「人生を厳しい服従の下に置く」かのどちらかしかないのだ。

人間であるとは、宇宙の意志を体現することである。それは、この二つの流れの中に、すでにその思想が芽生えていた。人間の使命に生きない者に、真の平安は訪れない。その思想がこの二つの文明を生み出した。人間の人間としての価値はただで手に入るものではない。人間であるためには、どちらにしても人間はその使命に向かわなければならないのである。ローマ帝国においては先祖崇拝というローマの神々への忠誠と質実剛健な軍国主義に向かい、キリスト教は神の下の魂の平安と永遠の生へ人間を導いた。それによって、本来の人間の宇宙的及び地上的な秩序を取り戻そうとしたという歴史である。

いま見たように、まずはギリシャにおいて人間性というのは花開いたが、文明史はこの古代ギリシャ以来、人間的な要求を抑えつける働きによって成立していた。大衆文明の人間的な要求が出てきて、それを抑えつけてまた貴族主義と魂の浄化思想の復興という、そういう文明が繰り返されてきた。そして、完全な大衆の勝利になったのがいままで述べたように二十世紀からと言えるだろう。大衆というのは動物と等しい存在である。その分析研究は、アメリカの「Atlantic Monthly」誌によって二十世紀最大の書物とされているオルテガ・イ・ガセットの『大衆の反逆』によって克明に分析されている。何度も言うが、いまの世を覆うヒューマニズムという思想は、その始まりからして、人間の欲望を解き放つことによって、政治家たちが「何かの目的」を達するために利用した悪魔的な考え方だったのである。

## 「人間のため」という偽善

もう一度、ソロンを思い出してほしい。すでに古代ギリシャのアテネにおいて、民主政治という人間中心の政治が実践されたと伝えられているのだが、それは古代ギリシャの七賢人のひとりであるソロンによってだった。すでに何度か触れているように、ソロンはその『断片集』の第四十五番において「我々は人間なのだから、人間のことを思わなければいけないという人たちに従ってはならない」と述べている。古代ギリシャで民主政治を確立したといわれているソロンによって、このような言葉が残されたということが、非常に重大なことなのだ。民主的な考えというのは、始まった当初からすでに「人間のため…」と言って、あらゆるものを押し通すという「動き」がかなりあったということが推し量れる。

遙か昔から、人間は放っておけば欲望や快楽に流れるという傾向にあった。それを我々は「大衆」と呼ぶ。古代ギリシャですでにこの大衆というものが出始めたわけだ。大衆というのは、とにかく自己中心であり、宇宙的使命に生きる人間存在を崩すものだった。しかし救いは、大衆がもともとはあまり力を持ったことがないことだった。いまはその大衆が政治制度によって社会を動かす権力を手に入れ、その破壊活動が頂点に達した時代になってしまった。これは取りも直さず、押さえ罰するものを失った人間たちが、自分たちを神として「人間のため…」または「人間的な…」という考え方で、すべてを押し通しているからに他ならない。だから現代では「人間のため…」と言ったら、もうそれはほとんどが嘘なのだと思わなければならない。

そもそもソロンがこう言っている意味は何だろうか。それは本当に良いこと、それから政治的に正しい、歴史的に正しい、人間の文明にとって正しいことは、その意見そのものの価値で通用しなければならないということだろう。いかに厳しくとも、そうしなければならない。これに対して、「人間のため…」と言われるような抽象的な大義名分を振り回すときは、何かが裏に隠されているということを言っているに違いない。だから、最も危険だという意味なのだ。「人間のため…」と言えば、それはほとんどが「文明的」ではないと思って間違いない。私はこのソロンの政治思想に、人間は「人間を超克」しなければならないという強い哲学性を認識している。人間は、もともと人間である自己を超克しなければ、本来の人間にはなれない存在なのである。「人間」とは、逃げるときの言葉とも言える。そして自己を超克した者だけにしか、人類の文明を正しく推進させることはできないのだ。

自己を超克できなかった者が「大衆」である。しかし、それはまた、その認識さえあれば全く支障のあるものではないと考えられる。それは弁《わきま》えと呼ばれる。人間の超克が、人間であり続けるためには最も大切な事柄なのではないか。我々の文明は、本来的には人間の超克を行なうために進展してきたように思う。もし大衆の文明になることさえ押さえられていたら、多分、人間は新しい段階に自《おの》ずから「進化」するところまで本当はきたのではないだろうか。もともと、自己を超克した者だけが、本来的人間だった。それを現代人は差別と呼ぶが、人間の文明は差別の所産であることに初めから間違いはない。その差別こそが、人間の文明を崇高たらしめていたのである。いまここで、私はあのウナムーノの偉大な思想を思い浮かべている。ウナムーノは、「人間以上のものたらんと欲するときだけ、人間は本来的な人間となる」と言っていた。真の人間の文明は、この本来的人間を生み出すことをその使命としているに間違いない。

古代ギリシャの時代に、つまり民主主義的文明の発生時期にすでにソロンが指摘しているにも拘わらず、この二十一世紀に至って、大衆文明は謳歌を極めている。このことによって、もはや最終局面にきているということがよく分かるのだ。いまは「人間のため…」という人間第一主義に完全になってしまった。つまり二十一世紀に至って、人間は文明的人間ではなくなってしまった。だから、いまの「人間」を超克し、乗り超えなければならないときにきたと考えざるを得ない。「人間性」という言葉と「人間的」という考え方が、「人間のため…」という思想を創り上げている。その思想が独り歩きを始めたとき、その思想が生まれた当初から賢人たちがその危険性に気づいて注意を払い、それを疑っていた通りになってしまった。すでに賢人たちはその危険性に最初期に気がついていたのだ。

このギリシャは、もちろん初めは貴族政治だったが、貴族政治の中に市民の声を聞き入れるという民主的なものを取り入れたのは、まさにソロンだった。取り入れてしばらく経ってから、ソロンは「人間のため…」ということは、実は文明とか歴史に対しては、非常な危険を負っているということに気づいたということなのだ。重大なことは考えてみたら当たり前で、すぐ気づくことと言ってしまえばそれで終わりだが、そもそも我々人間は不完全なのだ。だから「人間のため…」などというものは良いわけがない。「人間のため…」というのは、すべて手前味噌になってしまうに決まっていることだったと言えよう。

我々自身が人間なのだから、「人間のために…」などという言葉は自己礼讃になってしまうに決まっている。だから、「誰々のため」というのは相手が「人間以外のもの」でなければならない。神が存在していて、初めて「人間のため…」という言葉は意味を持つ。しかし、いまはもう神はいない。神が神のためなのか、人間のためなのかという選択が人間の人生であった場合に、「人間のため…」という言葉は初めて価値を持っていたに過ぎない。しかし神がいなくなって人間しかいなかったら、「人間のため…」という言葉は自我を増大させる以外に何の意味ももたらさない。いまや神不在によって、完全に「人間のため…」という考え方は壊れてしまったのだ。現代を導き出した哲学者ニーチェはこう叫んだ。「人間とは克服せらるべき何ものかである」(Der Mensch ist Etwas, das überwunden werden muß.) と。人間ではなくなりつつあった人間の時代を生きた哲学者の悲痛な言葉である。まさに人間とは、超克されなければならぬ「何ものか」なのだと言えよう。

## 生は未完の死

いまの時代は生まれただけで価値がある。もう人間であることを生き方によって証明する必要がなくなった。そうなれば、人生は自己の主観の価値だけしか存在しなくなるのは、火を見るより明らかだろう。現代人は、ただの主観しかないので「自分は凄い、自分は大したものだ」また「自分ほど美しい心の人間はいない」という自己礼讃をしているだけの存在に成り果てている。人間礼讃を通り越して、自己自身の礼讃である。自分はたいした人間ではなく、損得と快楽だけを追い求めて動物的生活を送っていると自覚する人はまだいい。そういう人は弁えがあり、自分は駄目な人間だが、本来の人間を尊敬し礼讃することは知っている。そこから一歩進んでいる人を尊敬するなら、人間であり続けることはできる。人間の歴史はそれだった。しかしいまは、自分はすべてにおいてすばらしい人間になってしまった。もう「人間」を脱するしか、人間であり続けることができない社会が到来している。

ソロンの言葉を、自己の気概となせるようにしなければならない。「人間のため…」ということが、人間の堕落を招いたのなら、また反対にそれは人間が自己を超克するための原動力にもなり得るのだ。自己が人間以上のものに挑戦する限り、「人間のため…」という言葉は真実の響きを持つことにもなってくる。しかしそれは非常に難しく、本当の才能に恵まれた人だけにしかできないだろう。だから、本来的人間はこの「人間のため…」という言葉を用いることはほとんどない。真に人間のためになることは、人間以外のために生きることだからである。だから、本来的人間ならば、「人間のためを思わなければいけないという人たちに従ってはならない」のだ。人間は神を目指すべき存在なのに、人間のためになることを目指せと言う人は、基本的に間違っている。そういう意味では、いまの時代はほとんどすべての人が間違ってしまったということだろう。

いまこそ、人間は人間を乗り超えるべきときにきている。人間は人間に成るべくして生まれてくるのだ。人間の子に生まれれば、すべての人が人間になれるわけではない。それを分かることが人間を超克する第一歩となる。本章の扉に掲げられたカルヴァンの言葉に見られるように、人間が人間となれる名誉はすべての人間に与えられるわけではない。神の恩寵（La grâce de Dieu）とカルヴァンが言ったものは、人間が人間として死んだときに与えられる「永遠の生」のことである。永遠の生命は、人間として死ななければ与えられない。我々は人間の死を迎えるために生きている。その人間の死に向かう生き方が人間である自己の超克となる。現代の間違いは、何の努力もなく人間の死を迎えられると思い込んでいるところにある。本来の人間に至ることができなかった者に、人間の死はない。それを分からなければならない。本来的な人間になるとは、死を見据えて生きることを意味している。現世だけを見る人間は、限りなく動物に近づいていくだけの人生となる。

人間の超克とは、現世に生きながら永遠の世界である死を生活の中に活かすことを言う。その人間たちだけが「神の恩寵」に与《あずか》ることができる。そして、本来の人間として人間的な生を全うすることができるのだ。私はこの生き方を『葉隠』の武士道によって学んだ。その中で、私は死を想って生きることが、本当の生き方を生むことを知ったのである。そして、その生活そのものが人間である自己の超克に繋がることを認識した。本来の人間を目指す者は、生の中に死の観念を手繰《たぐ》り寄せなければならない。

私が尊敬してやまぬ文芸評論家に亀井勝一郎がいる。亀井はその『愛の無常について』の中で、本来的人間になるために必要なこととして、「生は未完の死である」という考え方を薦めている。まさにこれが、私の言う人間の超克へ向かう思想なのだ。人間が人間を超克するためには、一度自分の生から離れないと超克することはできない。もし我々が生きるということだけを考える場合、ヒューマニズムから離れることはまずできない。我々の「生」とは、実は刻々の「死」なのだということを再確認することによって初めて、我々はいまの人間から脱することができる。我々は死の認識の必要性を感じなければならない。「生は未完の死である」というのは、この世が仮そめのもので人間としての本来へ向かう修行の場であることを示している。

我々は自己を超克して初めて、本来の人間になれるのだ。これはフランスの実存哲学者モーリス・メルロ＝ポンティの言う「生の未完結性」(l'inachèvement de la vie) とも言い換えられる。私は、この言葉の中に人間の自由が響き渡っているのを感じている。未完であるからこそ、自由であるということが、いまの人間には分かりにくいかと思う。しかし、これこそが真の自由と言える。真の芸術家であれば、画家だろうが詩人だろうが、誰もが目指すのは「未完の芸術」なのだ。完成は腐敗である。家畜に与えられた自由を求めていると、これが分からない。つまり動物園の自由ということだ。動物園の自由、家畜の自由というのは、餌を貰い、権利を与えられ、温湿度調整をしてもらっている生活のことを言っている。

つまりすでに完成し完結し固定された生活だ。ところが私が言っている自由というのは、野生の自由である。これはメルロ＝ポンティが言っている自由と同じものだ。その自由に戻るためには、いまの家畜に向かっている人間の自由というものを捨てなければならない。つまり人間の超克ということは、真の人間の真の自由を考えるということなのだ。それが「脱人間論」だと言えるだろう。「脱」ということは、もう回復不能なところまで人類がきているという意味だ。すでに改善はできない、いから、いまの人間を捨てるしかない。何よりも現代の「人間のため…」という価値を捨てるということだ。「人間のため…」と言っているのは、現代の人間が本来の人間ではないからである。現代人の人間観は、その出発点が違っているということを認識せねばならない。

## 逆さまに生まれた人間

人間の歴史は、いつの時代も人間であることを超克しようとする苦悩にその本質があった。この苦悩をし続けている間だけが真の人間だったと言えよう。そこが分からなければ超克はできない。我々は人間だとしても、本当はただの「人間」であってはならない。ここが大事で、我々はただの「人間」であってはならないのだ。つまり、我々はいつでも人間として完成されていないからこそ、人間であろうと努力し苦悩し続ける存在である。それこそが本来の人間なのだ。この点の捉え方が現代人は全く違う。そう教育され洗脳されてしまっている。

いまは、すでに完成されてしまっている。だから完成しようとする努力を全く放棄している。先ほど挙げたウナムーノの「人間以上のものたらんと欲するときだけ、人間は本来的な人間となる」はずが、現代では全員がすでに完全な人間になっていると勘違いしている。なぜ昔は人間であろうとしていたかというと、常に神が人間存在の上位にあったからなのだ。神が存在しなかったら、そうは思えなかっただろう。いまは神が不在になってしまったので、人間は模倣しようと努力する対象がなくなった。だから人間として出来上がってしまったのだ。

すべての人が人間としての価値を「百点満点」だと信じ込んでいる。もう直すところがないと思っている。「自分のことが大好きな人」でさえ、もうめずらしいことではなくなった。少し前までは、自分が好きなどという概念は「精神障害」の範疇だった。それを問うても全く無駄な話となってしまった。たとえ言ったとしても、「何が悪いのか」と逆に怒って問い返してくるのが関の山だろう。そして怠惰で堕落した状態でも、それが「何か悪いのか」という話になっていく。性質《たち》の良い人でも、「他人に迷惑はかけていない」からいいのではないかと考えている。人間として、もう価値が前もってあるからに他ならない。

例えば、学校にも行かないような遊んでいる人間に注意しても、「僕は行きたくない」「学校になぜ行かなければならないのか」「勉強しなければいけないという法律があるのか」などという屁理屈を言う。それに「寝て暮らしていてなぜいけないのか」「誰が悪いと言ってるのか」と反対のことを言ってくる。もう生まれたままで価値のある人間は、いかなる状態でも自己満足しているのだ。自己満足している人間に言うべき言葉は何もない。ただ多くの人間がそれで苦しんだ「恥」という人生観を思い出してほしいだけである。実は人間というのは、自分たちを正しい人間だと思った時点で終わりなのだ。ここが難しいのだが、人間は自分が人間になろうと努力し、また人間以上のものたらんと欲しているときだけが、かろうじて人間だった。それが、いままでの人間の歴史の示すところなのだ。

先ほど挙げた亀井勝一郎は、同書の中で「人間は努めている限り、迷うにきまっているものだ」ということも述べている。そして、この考え方は稀有の英雄や天才に与えられる言葉ではなく、むしろ一個の平凡人にこそ与えられるべきものだと書いている。だから反対に言えば、人生はいつでも迷っているのが人間的な本当の人生なのだ。現代のように、何かの目標を持ち、明るく元気に生きようなどと言っているほうが間違っている。人間は悩み苦しんでいるのが正しい。人間はそうやって、最期の永遠の生命に向かって生きているのである。いまの「平凡人」という人間は、自己の小さな満足の中で横柄《おうへい》に暮らしている。悩みを捨て、自分を大した者だと思い込んでいるのだ。

そこから一歩出て、人生を大いに悩むようになることを、亀井は願っているに違いない。いまの人間は小市民的な満足を何が悪いかと思っている。自分たちが最高だと思っている。しかし人間の価値は、目指すべき崇高性を認識しているのか、認識していないのかによって決まるのだ。大前提として、いまの世の中は「私は全うな人間だ」と自己満足して、人間であろうとする苦悩も迷いも持つことがない人間ばかりになってしまった。それで自分たちは幸福で、完璧な人間だと信じ切っている。幸福もそうなろうとする努力にこそその意味があるに過ぎない。幸福になったと思った時点で、人間としては終わってしまう。現代人は、すでに自分が充分だと思っているこの思い込みを外さなければならない。

この思い込みについては、シモーヌ・ヴェイユの述べた「回心の原理」が当てはまるだろう。「客観性と主観性とを逆にすること。同様に、肯定と否定を逆にすること……わたしたちは逆さまに生まれ、逆さまのままで生きている。その理由は、罪の中に生まれ罪の中に生きているからであり、罪は秩序を覆《くつがえ》すことに他ならないからである。最初になすべきことは、元に戻すことである。回心とは、そういうことだ」。この逆さまに生まれ出たことの認識がない人間には、回心など存在しない。これが問題なのだ。この逆さまの人間を礼讃し最高だとすることの傲慢さは、それこそ逆立ちしても治るかどうかは分からない。

この逆さまに生まれたという考え方は、実に含蓄の深い思想である。我々人間は、自分たちが良いと思うことが悪く、悪いと思い込んでいるものが実は良いことである場合が多い。それが人間の性《さが》とも言えよう。だからこそ、人間には審判者が必要なのだ。しかし、これくらいの考え違いをしているということを認識さえすれば、「脱人間」へと至る一筋の光となるのではないだろうか。

## 自己を超え続けよ

人間が人間以上のものであり続けようとする努力は、死ぬ直前まで続く。終わりのない戦いが、人間であろうとする戦いなのだ。あの聖アウグスティヌスは「宇宙は変化であり、人生は主観に過ぎない」と言ったが、先ほどのヴェイユの客観性と主観性を逆さまにすることは、「宇宙は変化である」という物の見方を受け入れることと同じだろう。つまり人間は死を迎えるまでは決して自らを固定することはできない。宇宙の変転の中に溶け込むことを目指し、努力し続ける生き物だということだ。「宇宙に〈存在する物〉を知らぬ人間は宇宙の異邦人であり、宇宙で〈起こること〉を知らない人間もまたこれに劣らず異邦人である」と聖アウグスティヌスは続ける。つまり、努力し続けない、固定された人間というのはただの主観で生きる動物であり、本来の人間ではないということである。

それは、この世において何も知らぬ異邦人なのだ。このことについては別に天才や英雄、平凡人の差はなく、すべての人間に当てはまる原理とも言えよう。天才だとしても、もし現状に満足し、宇宙を仰ぎ見ることをやめれば平凡人以下になるだろう。そして平凡人だとしても、宇宙を仰ぎ見れば真の人間としての生を送ることができる。聖アウグスティヌスはキリスト教史上最も偉大な教父のひとりだが、また最も過酷な人生を生き抜き、人間の成長という意味では空前絶後の発展を遂げた人物だった。その人生はだから、陰陽交錯し、弁証法的回転の模範とも思える生き方だった。私はここに、本来的人間の典型を見ているのだ。

主客について哲学者 西田幾多郎は「純粋経験」という概念を示した。純粋経験の中で、人間の持つ主客は合一し、知意は融合した状態となる。人間が物を認識するのではなく、また物が人間を認識するのでもない。それらは出会いの純粋経験の中で合一し、あらゆる矛盾を溶融して新しい一つの存在と化すのである。このとき、主客はなくなり、宇宙の一角として流動する永遠の存在になる。西田は、その道筋を把握する姿勢を「絶対矛盾的自己同一」と表現していた。真の人間を目指す者のひとつの道標となる境地だと言えよう。つまり、この主客未分の状態が宇宙と一体化したということであり、これが本来的人間に与えられた純粋経験と呼ばれるものだろう。この苦悩と努力を、死ぬまで人間として続けなければならないということなのだ。

あのドストエフスキーも、シベリアで死刑執行を受けるまさにその日に手紙にこう記している。「僕は悲観も失望もしていない。人生はどこまでも人生である。生命は僕らの内にあるもので、僕らの外部にあるものではない。僕の近くには人間というものがたくさんいて、これらの人間の間にあって、どんな不幸がやってきても、いつでも人間として堕落せず、挫《くじ》かれもしないでいることが人生というものである」と。ドストエフスキーのような本当に極限まで苦悩と努力をした人が殺される日にこう言ったというのは、いまの自己満足型の人間といかに違うかということがよく分かるのではなかろうか。自己満足の程度というものが全く違うのだ。

結果的に、ドストエフスキーの死刑執行は直前に取り消されたが、それは結果であって、彼は死ぬ直前まで努める人だったのだ。それは死ぬ最後の日まで変わらなかったということの良い例となった。ちなみに、この牢獄での経験からドストエフスキーは『地下室の手記』を書いた。私はこのドストエフスキーの話を思い出すたびに、自分も含めた人間の自己超克について考えさせられるのだ。私はドストエフスキーの文学に最も強い影響を受けた人間だが、自分自身のその文学好きの人生に本当に誇りを持つことができる。ドストエフスキーが、人間として自己の超克にどれほど真摯であったかを示すものがその文学と言えよう。私はもちろん、その足下にも及ばないが、その文学を愛することによってドストエフスキーの持つ自己超克の力を受け取っているように感じている。『罪と罰』や『悪霊』そして『カラマーゾフの兄弟』は、私にとって自己を超克するための道標となっている。私の中で、私の本来を見詰めさせてくれるものが、ドストエフスキーの文学なのだ。この文学は、私にとって永遠の生に向かう青春そのものとなっている。

人間の超克の例として、日本で言えば戦国の武将 石田三成も挙げられるだろう。石田三成は関ケ原の戦いに敗けて捕えられ、そして処刑される前の日に、牢番から「あなたは明日死ぬのだから、今日はこの美味しいものを食べなさい」と言われたが、「いや、それは食べない」と言って辞退した。

そして「それは胃腸に悪いから」と答えたと伝えられている。やはり本当の人物というのは、もう明日死ぬと分かっていても、身体に悪いと言われているものを取り入れることはないのだ。つまり死の直前まで、自己の超克のためにその人生を生きているのである。

これは重大なことで、人間であることの証がこの例なのだ。人間として、こうありたいと思い、そう努力を続けることの中に本来の人間の姿がある。いまはもう死ぬと分かったら、何をしてもいいと思えてしまうのが我々現代人だが、実はそれは違う。死は、本当の生の始まりである。そのために、この地上では人間以上のものを目指して修行しなければならないのだ。それを最後まで続けることが大切になる。『葉隠』にある「武士道といふは、死ぬことと見附けたり」というのは、いかに人間としてよく死ぬために、日々よく生きるかを考えるということに尽きよう。真の人間とは、死ぬ日まで自己の日常性とその弱さを超克しようとする者のことである。

## 友のために死ぬ

とにかく現代人は、自分が「人間」だと思うものになってしまったら、真の人間としては終わりだということを私は何度でも強調したいのだ。「人間」であろうとしてはならない。ヒューマニズムという人間性に基づく人間的な生き方は、命令者なくしては成り立たないということを忘れ去っている。もともと、「人間的」などということを持ち出すときは、だいたいにおいて物事がうまくいかないときの逃げが多い。「人間」という言葉が出た時点で、現代は言い訳と自己都合だということがほとんどを占めている。我々は人間的である前に、もっと大切なことがあるのだ。昔の人はそれを神の掟だと言っていた。

　私は、それを宇宙と生命そして文明を志向する精神と言い換えて同じことを言いたい。それらの大きな存在を仰ぎ見ることによって「人間」である前に、もっと大切なことがあるということを思い出さなければならない。その信念が人間の超克を人生にもたらす。いまのヒューマニズムに冒された人間中心の社会にいたら、人間超克の苦悩を苦しみ抜くことはできない。だから人間を捨てろと言っている。我々の祖先は自己を乗り超えて人間以上のものに至ろうとすることによって、ようやく真っ当な普通の人間として生きてきたのだ。

　私はトインビーの言う「神の法則」を、我々人間の持つ「宇宙的使命」という言葉で表現している。そして我々の生命を本当に燃焼させる肉体の生命論を、「生命的使命」と呼んでいる。この宇宙的使命と生命的使命が全うされるとき、我々は人間としての役割を担い、真の「文明的使命」を果たすことができるのだ。この宇宙的使命、生命的使命、文明的使命を果たすことが我々の務めとなる。これらすべての使命に体当たりする生き方が、真の人間に与えられた「人間的使命」なのだ。そして、それをやろうとする決意が我々人間の真の人生を創る。何度も述べてきたように、我々はすでに完成された人間という存在ではない。これがかなり現代人には分かりにくい点なのだろう。生まれながらに完璧な人間だと思っているからだ。何もしていないのに、生きている前提として、自分を一人前の正しい人間だと思い込んでいることが、現代人の誤りと言えよう。だからすべての権利を捨てて、自己の生命と対決する以外に自分を乗り超える道はないのだ。本当に宇宙を目指したら、人間存在が愚かで卑小な存在だと分かる。だから、自分の人生などに固執せず、自己を何ものかに捧げるしかない。

さて文明的使命とは、人間の樹立した文明の中に、宇宙と生命の本源的価値を投げ入れることを意味している。また宇宙と生命の本源的価値とは、本当の愛の実現と犠牲的精神の発揚にある。これらの本源的価値を地上に展開するのが、文明的価値だということになる。地上は物質としての制約があり、重力に縛られている。この中で、無限の宇宙エネルギーを有限の「物」に落とし込まねばならない。そこに苦しみがある。そして、この宇宙と生命の本源は愛である。宇宙は、他の存在のために自己の存在を犠牲として成り立つ一つの秩序なのだ。簡単に言えば、星の成り立ちとその崩壊、そしてその星雲となった塵芥によって、次の星が誕生するということを言えば充分だろう。これが愛の本質であり、愛とは苦悩と自己犠牲に他ならない。それ以外の愛は、すべて人間の動物体から発する自己中心のエゴイズムだと思って間違いない。この愛の問題が分からなければ、人間は自分を超克することができない。

だから、愛の問題は何にも増して重要なのだ。愛の本質の理解は、自己の超克の土台を支えている。愛は自己犠牲であり宇宙の本質である。宇宙の力によって誕生した我々は、愛に向かうことそのものが人間としての自己超克に繋がっていくことになるのだ。この愛の本質ついて、私が最大の真理だと感じた言葉がある。それは『聖書』に出ている「友のために死ぬこと、これ以上の愛はない」というものだ。これは「ヨハネ福音書」第十五章十三節に出てくる有名な言葉である。この友のために死ぬことというのは、自分以外の何か愛し信ずるもののために自己を捧げるという意味なのだ。友というのは文字通りではない。友達の場合もあるし、家族の場合もある。愛する異性の場合でもあるし、それらのすべてが友のためという意味になる。愛国心も同じだろう。国の場合もあり、会社の場合もあり、他の人間の場合もあるから、文字通りというよりは自分ではない何か他のものに対して捧げるという意味である。

この言葉をまさに体現して死んだのが、先にも述べた神父ダミアンだった。私は神父ダミアンを自己超克という思想に殉じた根源的人間だと思っている。神父ダミアンはハンセン氏病がまだ不治の病だった頃、ハワイのモロカイ島というハンセン氏病の人が閉じ込められている島に行き、その人たちの看病に一生を捧げた。そして病気に感染し、四十九歳で亡くなってしまった。そのように感染すると分かっている病気の蔓延するところに行って看病するというのは、普通ではできないことだ。感染することによって「これで私は病者の気持に本当に寄り添うことができるようになった。私は幸福である」と言って死んだのである。これが愛と呼ばれるものであり、人間の超克に繋がるものなのだ。愛の実現とは、人間以上のものたらんと欲する者にしかできないことと言えるだろう。

人間の超克とは、この地上において愛を実現できる自己になろうとする、その勇気と挑戦の精神にかかっている。愛という人間の宇宙的使命を貫徹したもう一人の人物は、ノルウェーの探険家ロワール・アムンゼンである。アムンゼンは、犬ぞりによって世界で初めて南極点を極めた。その成功を支えた精神は、人類の偉大な魂を仰ぎ見て、それに自己も殉ずる決心にあった。アムンゼンは人類の偉大さを世界に示したかった。決して自己の欲望ではなかった。そしてその愛が、アムンゼンに本当の知恵を授けた。つまりアムンゼンの命を助け、またその成功を導いたのだ。

その死もまた探検家としての愛に満ちるものだった。南極点征服の次に北極点制覇に乗り出したとき、名声を横取りしようとした部下がアムンゼンを裏切り勝手に単独で出発してしまった。そして遭難したのだ。その知らせを聞いたとき、アムンゼンは即座にその救出に向かった。そして自身も遭難して死んだ。自分が死ぬかもしれないと分かっていても、遭難した人を助けに行くということをした。それも自分を裏切った人間を、だ。これが人間の超克である。愛の実現ということに尽きるだろう。愛は厳しくまた悲しいものだ。それでも、真の人間ならそれを断行しなければならない。なぜなら、それが我々人間の宇宙的使命に他ならないからだ。これらは、みな人間がやることと言える。人間ならば出来ないことをやった人間が創り上げてきたものが、我々の文明なのだ。これは古今東西のどの本を読んでもその通りである。この人間だったらできないことをやった人たちが創ったものが文明であり、その文明の発露が国家であり、会社であり、多くの組織だということを我々は知らなければならない。

現代を覆う大衆は、あのオルテガも言うように、自分たちはもらうだけで権利主張と要求だけを訴えている。社会に何かを与える人間というのは、いままでの歴史上、自己を超克した人たちがやってきたのだ。大衆というのは、自分たちよりも秀れた人間がいることによって、自らは大した能力がなくとも人間として生きることができる。それにも拘わらず、その秀れた人たちの意見を聞き入れようとはしなくなっている。それは現代の悪平等によるが、本質は愚かな人間だからだとしか言いようがない。秀れた者を否定し、自分たちが最高だとする考え方は、自滅と文明の崩壊以外の何ものをももたらさないだろう。

## 愛は所有しない

「愛することと破滅することとは、永遠の昔から相伴うものだ。愛そうとする意志、それは喜んで死のうとすることである」(Lieben und Untergehn: das reimt sich seit Ewigkeiten. Wille zur Liebe:das ist, willig auch sein zum Tode. Also rede ich zu euch Feiglingen!）とは、ニーチェがツァラトゥストラに言わせた言葉である。愛することは破滅する可能性も強いのだ。愛があれば、いつでも喜んで死のうとするようになると言っている。その通りだが、私はそれを破滅だとは思わない。それは自己の生命を愛するものに捧げることであり、人間の使命の一環となっている。愛した結果が、死という結果を招いた場合はもちろんある。しかし、このような結果も覚悟しなければ、本当に他者を愛することはできない。本当の破滅などと考えること自体が、愛に生きる勇気のないことを証明していると言えるだろう。

どちらにしてもこれはせめぎ合いだから、このせめぎ合いの中で「破滅」する危険性も大きいが、愛を「成就」する場合もある。私はどちらでも良いと自分も含めて思っている。これはどうなるかは分からないし、結果を考えて愛することはできない。ツァラトゥストラは駄目だった場合のことを書いているに過ぎない。つまりニーチェは、我々に覚悟を促《うなが》しているのだ。いまの人は破滅する可能性がある場合にはやらないということを選択する。現代人は危険は負わないで、最小限の努力で最大限の利益を得るということが、「頭が良いこと」「正しいこと」と思っている。しかしこれは愛の対極であって、自己の欲望に取り憑かれた我利我利亡者《がりがりもうじゃ》と等しい。

人間が自己を超克するためには、常に苦悩の中を突き進まなければならない。安易な妥協ほど、自己の生命を滞らせるものはない。「思い出という時間」を愛したフランスの作家マルセル・プルーストは、その愛を世界最大の長編小説の一つである『失われた時を求めて』の中に展開していった。思い出という時間への愛が、ひとつの宇宙としてこの地上に投影されていく物語は、我々の精神に新しい人間像をもたらしてくれる。「未完」を恐れることなく、プルーストは自己の愛を文学の中へ投げ込み続けた。その『失われた時を求めて』の中に、愛の本質を抉《えぐ》った言葉がある。それは愛の根源を一言で表わすものだと私は思っている。

「人が愛するのは、そのすべてを所有していないものだけである」(On n'aime que ce qu'on ne possède pas tout entier.) というものがそれだ。ここに私は愛の原点を見ている。つまり、人が相手を所有したと思うのは、どういうことかが問われている。それは、相手のことを分かったと思うことと同じだろう。相手のことをすべて分かったとしたら、そこで愛は消える。つまり自分の中で決めてしまうということだ。愛は固定できない。だから愛というのは苦しみなのだ。よく分からないもの、不安定なものと対峙し続ける苦しみを言っているのが、このプルーストの言葉である。その分からないものを信ずることこそが、人間本来の愛に他ならない。だから人生とは、神秘との格闘とならざるを得ない。その不安と苦しみの中を、逃げることなく生き続ければ、その者は自己を超克することができるに違いない。

私は昔、ゲーテの『ファウスト』を分かろうとして読んでいて、ある日それが分かったと思った瞬間から、その面白さも何もかも崩れ去ったという経験がある。分かったと思えば、愛は消え去るのだ。永遠の苦悩の中を生きるファウスト博士とともに生きようとして、初めて『ファウスト』の真価が自己の中へ乗り移ってくる。つまり、人間の超克とは愛するものとともに永遠の苦しみの中を生き続けることに尽きるのだ。私は『ファウスト』という文学と自分との関係からも、その苦しみこそが自己を乗り超えるためのものだと考えている。ファウスト博士とともに、私は中学生のときから、今日の七十歳までの人生を過ごしている。それが『ファウスト』から与えられた愛というものではないか。

そういう愛を哲学化した人間がいる。それがドイツの哲学者マックス・シェーラーである。シェーラーは、その「情緒的なる実在性の問題」の中で、愛とは「愛しながらの献身を支える不安なる注視」(ängstliche Aufmerksamkeit gemischt mit liebender Hingebung) であると言っていた。これはまさに、愛を表わす至言ではないか。「不安なる注視」だけが愛を存続させているのだ。そして、その愛が不断の自己超克を結果としてもたらしてくれる。注視ということは不安をもって見ているということであり、それ自体が苦悩のことを言っている。愛とは簡単には分かることのできないものであり、その愛だけが人間の超克を不断に進めていく原動力を与えてくれるのだ。

だからいまの日本の多くの家庭のように、「自分たちは愛し合っています」などと気楽に言っているのを見ると嘘にしか思えない。それはマックス・シェーラーの言う不安なる注視とは反対で、お互いを全く見ていないか、愛する努力の放棄によって初めて言えることだろう。簡単に得ようとしている愛は、自分たちだけの安楽とエゴイスティックな幸福を得ようとしているだけのものだ。つまり家族でいるようでいて、自己の幸福と打算以外は何もないのが現代人ではないだろうか。自分が楽になるために、家族を愛していることにしてしまっている。

## 常なる悩みを

いまの日本に必要な考え方は、先述したウナムーノの『生の悲劇的感情』の中にある「真の愛は苦悩の中にしか存在しない」という思想である。この言葉に続けて、この世においては苦悩である愛を選ぶか、あるいはすべてを諦めて幸福を選ぶしかないとウナムーノは言っていた。その真の愛を諦めたとき、人間は自己満足に浸り手前味噌の幸福な生活を送ることだけを願うと言っている。これが現代と言えばまさにそうだろう。このウナムーノが言っている言葉は前後の文脈から見ても、あまりにも愛と現代の関係を的確に言い当てている。またウナムーノは同書の中で、「苦悩は、我々に愛するものたちがいることを教えてくれる」とも言っているのだ。我々は愛の中に苦しむことで、また新しい愛を認識していく力も得ることができる。この愛の無限循環こそが、真の人間成長に繋がる自己の超克を生み出していく。

もはや現代人は、完全に自己満足に浸り切って自分だけの「幸福」な生活を送っている。ヒューマニズムの人権と自己満足に多くの人々が浸り切っているのだ。魂の苦悩を捨てたことが、現代の特徴を浮き彫りにする。このような平和は、家畜の平和でしかない。苦悩から逃げることだけが目的となっている。しかし、実はこの苦悩に対する能力を磨くことが、本来の人間の務めなのだというところが重要なのだ。苦悩が嫌だということをみな言うのだが、この苦悩に対する能力を磨くことが、実は人間の超克の根本的な考え方を支えていた。例えば子供の躾もそうだった。私が子供の頃までは、すでに人生というのは嫌なことばかりで、苦しいことばかりだと教えられていた。それを全部どうやって耐えていくかが人生なのだということを、親に言われたものだった。これが本質であり、この苦悩に対する能力を磨くことが人間の務めだということも、いまは躾の段階で親が教えることはなくなった。

旧い躾には、未来を創造する力がある。私はこのような人間的生活を取り戻し深めていくことが、人間の超克の始まりだと言っているのだ。人間は人間であることを超克しなければならない。いまの人間はこれをしないから、真の人間には成長できないのである。すでに、人間であり続けること自体がなくなっている。苦悩とはつまりは「神の法則」であることはすでに述べている。ここが重要なところであり、トインビーの言うこの「神の法則」が、魂の練磨ということに直結しているのだ。それがなくなれば人間ではない。それがない人間は、人間の名の下に家畜の生を送る棲息《せいそく》物と成り果てる。現代人はそうなりつつあり、またその考え方が完全に幸福と安定の名の下に既定路線になってしまった。だから、もうこの状態を脱するには現状を捨てる以外にはない。現代流の人間であろうとすれば、この現状には必ず負ける。ここにおいては、自分の力を過信してはならない。現状を捨てる努力のほうが、確実に自分の力でできることなのだ。

中世に生きた聖ベルナールは、神は我々人間とともに悩む存在であると言っていた。それ自体が、地上における神による愛の実現となっていた。悩める神、つまり苦悩する宇宙の実在とともに我々の生がある。聖ベルナールはまた「主よ、もしあなたが私たちとともに、悩み給うのでありますなら、あなたが常《つね》に私の傍に私とともにましまし、常に私があなたを得ますよう、常に私に悩みをお与えください」と祈っていたと伝えられる。聖ベルナールは自己を超克した人間の代表の一人だが、その根底を支えていた祈りを知ることは、我々の人生を限りなく力づけてくれる。

これが真実の人間に至る苦悩の淵源である。宇宙そのものも悩み、大いなる苦悩を抱えているのだ。そして苦悩する人間と、その苦悩をともにしてくれる。神はなぜあのヨブに苦しみを与えたのかと言えば、自分により近づいてほしいからだったに違いない。同じようになってほしいと思ったからだろう。宇宙はそもそも完成していない。永遠に爆発、収縮という流転を繰り返している。つまり固定されることのない苦しみ、永劫未来の呻吟なのだ。まだ、出来上がっていないことの苦痛である。

ここで私は、その苦痛を真の希望へと転化したあの『希望の原理』の著者エルンスト・ブロッホを思い出している。その「まだ・ない」(Noch-Nicht《ノッホ・ニヒト》)というブロッホの根本思想は、我々人間の生を表わす根本原理の一つに違いないのだ。人間世界は、まだ何も出来上がっていないのである。その苦痛を味わうことが、人間の魂を成長させ宇宙と同化する方向へ向かわしめる。ブロッホは、それこそを「真の希望」と言っている。つまり希望とは、創らなければならないものなのだ。

## 現代のデーモン

現代において、人間的または人間性という表現が用いられるとき、私はもはや「家畜」のことを言っているとしか思えないことが多い。これは、そのすべてが肉体に基づいているということを指す。肉体礼讃ということだ。それは人間の持つ一面、つまり限りない怠惰と欲望そして傲慢を表わしているように思う。愛の苦悩を放棄した人間は、自己を神の位置に高めることになる。現代人は間違いなく、自己を神だと思っている。だからいまは、愛の苦悩そのものが本当に皆無となってしまった。いまでも愛の話が出てくるのは、家族のことに限られる。それも自分が幸福になりたいだけの、自己都合の思い込みに過ぎない。

すでに恋愛は地上から消滅してしまった。真の純愛は、もう文学の中にしか残っていない。愛に死する者は、もういない。愛の話になれば、まだ家族についてそこには愛があると断言している。家族のことを愛していると言っている。しかし愛しているはずが、もうそこには何らの愛の苦悩もない。それはもう完結しており、すでに充分完成してしまっている。それは固定され死んでいる。死んでいるものの中に愛はない。愛は生きて苦しみ続けているものの中にしかない。いまの愛は、安楽と幸福を求める自己のエゴイズムが変容した姿に過ぎない。それは全く愛ではなく、むしろ、愛とは逆の自我の固まりだ。だから全く話が通じない状況になってしまった。

愛の代表的なものの一つとして親心がある。昔の家族ではどこでも見られたものだ。それは、一生にわたってただ子供を心配して悩み続ける心のことを言った。手の届かなくなった子供のことで、悩み続ける心を親心と言ったのだ。祈りである。それが分からなくなった。固定されたとき、愛は死に自己のエゴイズムへと移行してしまう。愛は、自己の幸福と安定のために捨てられた。そして幸福を得た自分は大したものであり、もはや超克すべき自己はなくなってしまう。愛を放棄したら、超克すべき自己は自ずとなくなるのは間違いない。自分は完全であり、自分は生きる権利を持ち、自分は幸福になる権利をすでに手にしている。そして「これが現代だ、いまはそれでいいのだ」と考えることによって自己をごまかしている。

この「安易な幸福」こそが、現代のデーモンである。このデーモンと、どのように対決するかが、自己を超克する人生に入れるかどうかの瀬戸際となるだろう。文学者 埴谷雄高はその『死霊』において、「フラーゲ・デーモン」（質問の悪魔）というものを持ち出している。現代文明を代表する悪魔としてそれを言っているのだ。「質問」とは、つまりは何でも理屈が分かりたいという心理である。それが現代人のすべてを家畜化の危険に晒している考え方となっている。現代人は、そのデーモンによって、いとも簡単に国家とマスメディアに取り込まれてしまった。餌は幸福である。理屈では、ヒューマニズムの綺麗事に対抗できる理論はないのだ。人助けや優しさ、そして立場の弱い人々を思いやることが悪いわけがない。

ただし、それが本当ならということなのだ。つまり必然性の問題である。現代は、そのヒューマニズムを経済成長や国家戦略に利用しているに過ぎない。それに気づいてほしい。国家が国民にばらまいている餌が、上べの豊かさと安易な幸福なのだ。それを拒絶することによって、真の人間の超克がなされる。人間は人間に与えられた使命に向かうことによって、初めて本当に生きることができるようになる。我々の生命は、国家のものでも時代のものでもない。それは宇宙から与えられたものである。愛の実現に向かって生きるためにある生《いのち》なのだ。現代のデーモンを、我々は殴り殺さなければならない。デーモンを殺すには、自分も鬼になる必要がある。

人間として自己の超克をやめた人間は、自分の棲息《せいそく》にすべての価値を置くことになる。自分の現状をすべてよしとしなければ、自己の正義が立たない。これが現代人の現状と言えよう。その結果、家畜化へ向かう人生を生きるだけになり、人間としての気概を完全に失うことになる。人間を人間として立たしめるものは、「義」と呼ばれる勇気である。この義という勇気は、自分の損害になることでも、人間の使命として正しいと信ずることなら断行する力のことを言う。これは自己犠牲ということに近い。私はそこに武士道を感ずる。動物はそれを持たない。動物は自己保存だけに生きている。この勇気の根源は愛の魂にある。魂とは、勇気を生み出す宇宙的実在であるに違いない。勇気は、その深淵の奥底《おうてい》から我々の人生にやってくるのだ。宇宙から降り注ぐ愛のエネルギーによって、我々の魂に鎮《しず》もれている勇気が湧き上がってくる。

フランスの哲学者アランが、「魂とは、肉体を拒絶する何ものかである」と言っていることは先に述べた。これは魂を表わす、私の最も好きな思想である。肉体の危機に当たって、その恐怖を乗り超える勇気を絞り出す「何ものか」だ。卑怯で弱い自己の本能に、罰を与える「何ものか」である。いまはこの罰をヒューマニズムによって失った社会となっている。だから、怠惰で何が悪い、幸福で何が悪いと言い返すことが通ってしまうのだ。このようなことを言えてしまう神経が、一般的になってしまった。いまは何を注意してもそう言える社会がある。勉強ができなくても「勉強ができなくて何か悪いのか」と開き直ったり、「勉強ができなかったら生きる権利がないのか」とまで言っていた人もいる。勇気とは、恐怖が襲ってくるとき、逃げようとする自己の肉体を罰する宇宙的実在のことである。そして、安楽に流れる肉体を打ちのめす魂の叫びを言う。

ニーチェは人間のことを、「動物」と「超人」の間にある不安定なものだと言っている。その不安定の中に、実は人間が自己を超克するためのあらゆる宝物が眠っていることに気づかねばならない。いまやニーチェの目には人間はいないだろう。人間ではなく、肉体の破片となったその肉片しか見えることはない。ニーチェは十九世紀にすでにその『ツァラトゥストラかく語りき』において「人間を克服するよりも、むしろ動物にひきかえそうというのか」という嘆きの警告を発していた。

その頃はまだ人間に戻ることもできたからこそ、このような問いを痛烈に浴びせることができたのだろう。いまこれを問うても、「それで何か悪いのか」「動物でも生きる権利はある」と言い返されて終わることは目に見えている。いまや、真実の人間に向かって引き返す精神力はどこにも残されていない。ニーチェが苦慮したこの衰退は、まだ戻ることのできる段階での懸念であり、もはや後退し切ったところで我々は二十一世紀を迎えているのだ。もう全人類が、引き返すことを拒絶してしまった後の世紀であることは間違いない。

## 問いと超克

人間は自己の超克を諦めたとき、勇気を失う。そして棲息的幸福に浸ることになるのだ。これが先ほどから述べている現代の家庭の実体であり、現代人の生き方でもある。勇気を失えば、我々の人生からすべての壁はなくなる。壁は、あくまでも現状を乗り超えようとすることによって生ずるものと言えるだろう。その壁がなくなれば表面的には平穏な暮らしができる。しかし、人間としての根本を失う。つまり人間としての実存を失うのである。生命の腐蝕が、それに続くだろう。こうなれば、人間としての本当の価値を失っていくことは時間の問題となる。これが現代であり、一度そうなってしまったらもう引き返すことはできない。だから「脱人間」を唱えざるを得なくなってしまった。捨てることはまだできるが、戻ることはもうできない。

人間は絶え間ない自己の超克を通してしか、人間としての実存を保ち得ない。苦悩し続けていることだけが人間である証なのだ。これを社会全体が分からなくなってしまった。現代人は苦悩ということの意味をまず知らない。楽をするのが常態になっていて、楽をすることが普通で当たり前になってしまった。楽であることを、人間としてしっかりしていることとさえ思っている。楽を楽とさえ思っていない。結果として、努力しないことが普通だという有り様となった。マスメディアの洗脳がそれに拍車をかけている。しかし人間の超克という考え方は、人間が人間であり続けるためには、どうしても失ってはならない人間存在の核心なのだ。超克しようと思わなければ、人間は自らの実存を保ち得ない。かつては解決不能の矛盾を抱えて生きることが人間の証だった。神の法則と自然の法則を捨てたことによって、いまの人間にはまず解決不能の「問い」というもの自体がなくなってしまった。神の法則が魂に入れば、解決不能の悩みが出てくる。それを持たなければならないということを言っている。私の言う「脱人間」とは、解決不能の矛盾を抱えて生きる決意であり、その覚悟のことなのだ。いまの人間であることをやめなければ、これはできない。人生とは、「問い」を考え続けるものだった。それが、本来の人間に与えられていた人生だったはずなのだ。そのために最も必要とされたものが「文学」ではなかったのか。文学とは、いかに生きるべきか、またいかに死すべきかの不断の問いを読む者に課するものを言う。私は人生の問いをすべて文学から得てきた。私の思想も、その内容はすべて文学である。「武士道」ですら、その核心は文学だ。文学のない武士道は、ただの暴力でありチャンバラに過ぎない。武士道とは、現代に突き付けられた、命懸けの生き方を問うものと言っていいだろう。そして、それらの問いには、ついに「答え」というものは与えられないのだ。それらはすべて、私の人生を苦しめる永遠の問いかけなのである。

## 傷つくことに深く

人間の実存だけを考え続けた人物に、吉本隆明がいる。この人は、人間の実存に基づいて国家権力の在り方と文明の持つ幻想だけを考えた人である。その『マチウ書試論』において吉本隆明が言っている言葉に、「現実が強く人間の存在を圧するとき、初めて人間は実存するという意識を持つことができる」というものがある。実存というのは、そういう呻吟《しんぎん》と苦悩から生まれるものなのだ。現実が強く人間の存在を圧するとは、この世の不条理にぶち当たることを意味している。不条理に当たって、初めて人間としての意識を持つことができると言っている。ここで人間の存在と実存の意識とは鋭く相反すると続けている。人間の実存とはそういうことなのだ。うまく折り合いをつけてしまった人間から、実存は永久に去る。

実存とは、現実社会における苦労などというものとは全く違うものなのだ。それは魂の呻吟であり、自己の生命が咽《むせ》び哭《な》くその雄叫びなのである。だから現実が人間の存在を圧するときというと、苦労と考える人が多いとは思うが、そのようなものではない。これは解決不能の無限弁証法であり、いまの人にはもうない魂の懊悩《おうのう》と言って差し支えないだろう。神の摂理と、自然の摂理の間で悩み苦しむ人間の生《せい》そのものを言う。まさに先ほどあげたニーチェの言う、人間は動物と超人とのあいだを漂う存在という表現は象徴的にそれを表わしている。その存在は、何と不安定で脆《もろ》いものだろうか。しかし、そうあったときに初めて人間は実存するのである。現実とは、自己を打ち砕こうとする力のすべてを言っているのだ。

吉本隆明のこの言葉は、肉体の生存と魂の輝きの二律背反を捉えたものだと私は思っている。自然と神の拮抗ということだろう。つまり、地上の価値と宇宙の実在との対決ということである。もともと、人間は勇気を以て戦い続けなければ、自己の実存を勝ち取ることはできない。戦い続ければ、現実の呻吟と苦悩が辛く厳しいほど、人間の魂は大きく豊かになっていく。しかし、昔から肉体は安全で安楽なものだけを好んでいる。肉体は動物なのだ。現代人はそれを忘れている。

肉体を超越して、それを罰して生きているからこそ人間であることができる。人間は肉体を罰しなければならない。人間は自己を超克しなければ、人間にはなれないのだ。だから古今東西を問わず、秀れた人たちの修行は肉体を酷使し、生と死の狭間を彷徨うような生き方しかなかった。肉体を否定し追い詰めることによって、精神はますます研ぎ澄まされ、宇宙の実在に近づくことができる。

　あのドストエフスキーが、死刑執行の予定の日まで人間であり続けようとした逸話を思い出してほしい。それには続きがあるのだ。その執行が直前に取り消されたことによって、その直後にこう述懐している。この世には「ひとりとして神経組織に生涯にわたる傷を受けなかったものはないと信じます」と言った。心に深い傷を受けない人間など存在しないということだ。その傷を糧として自己を超克する者こそが、真の人間の道を歩める。人一倍、神経が繊細で研ぎ澄まされた者こそが深く傷つき苦悩し、そのゆえにこそ誰よりも多くこの世を愛することができる。つまり人間存在の実存を感じることができるのだ。深く傷つく者こそが、また深く人を愛し自己を超克できるのである。

　私はこのことについて、人間の超克と深く関わったあのニーチェが、「わたしが愛するのは、その魂が傷つくことにおいて深く、小さな体験でも破滅することのできる者だ」と言っていたことを思い出す。肉体を追い詰め、精神を追い詰めることのできる人間は、それだけでもう神の恩寵を深く受けている。苦悩し傷つくことは、魂が躍動を始めている証とも言えよう。つまり、人よりも繊細で苦しむ人間が、その苦しみのままに生き、傷つくことに深くなればなるほど、それだけ多く宇宙から愛を受けられるのだ。

　逆に何も感じない生命となったときに、人は人間ではなく家畜や寄生虫の生《せい》を生きるようになる。魂が傷つくということが人間の証なのだ。ドストエフスキーは、自分の死と真正面から向き合い、その後この死刑執行の取り消しという出来事があったからこそ、あの歴史的とも言える偉大な文学を書き始めることになった。このことから、歴史を埋め尽くす殉教というものについて深く考えるようになり、それがあの文学作品へと結晶していった。そしてその文学は、後に多くの苦悩する人間の魂を立たしめることとなった。

## 偉大なる敗北

人間は、希望がなければ人間にはなれない。そして真の希望は、絶望と苦悩の中からしか生まれないのだ。確かに人間というのは希望がなければ生きることはできないのだが、その希望というのは苦悩と絶望がなければ生まれることがない。この考え方は、あのウナムーノやブロッホなどの偉大な哲学者たちがそう述べていることでも分かるだろう。そういう意味では、現代人は苦悩と絶望を通っていないので、真の希望はないと思う。私の知る限りでも、真の希望を持っている人間で、絶望を経験していない人間はひとりもいなかった。

人間の本当の実存を追求した最初の哲学者ゼーレン・キルケゴールは、その『死に至る病』において、絶望の中で呻吟し懊悩し続けた人間しか、真の希望を見出しそれを受け取ることはできないという思想を展開していた。キルケゴールは、真の希望を人間の実存の中心に据えていた。しかし、その希望を摑み取る哲学の展開は、すべてが否定と絶望の論理だけで構築されていたのだ。このこと自体が、希望の本質を表わしていることに思い至らなければならない。そして、キルケゴールはその希望は宇宙の実在からくるのだと考えていた。希望は、この世にあるのではない。それは苦悩し絶望する魂に与えられる恩寵なのである。キルケゴールは宇宙の実在と言っているが、キリスト教徒であるキルケゴールにしてみれば、それはキリスト教の神のことを考えていたのだろう。

このキリスト教的な絶望ということでは、あのドン・キホーテが偉大だった。ドン・キホーテは絶望が生み出した愁い顔の騎士なのだ。だから、その騎士道は狂気であり悲哀だった。しかし、その中にこそ生命の実存がうごめいていたのである。ドン・キホーテの偉大は、その敗北によって打ち立てられた。ドン・キホーテの偉大さの真髄は、「騎士道物語」を体現しようとしてもがき苦しみ、呻吟と嗚咽《おえつ》の中に敗北する人間だったからなのだ。ドン・キホーテは嘲笑され打ち負かされた。それがこの騎士道の男の真骨頂だった。そしてこの男は、世界の魂を支配したのだ。だから何事も真の魂を得るには、打ち負かされたほうがいい。成功ではなく失敗によってこそ、真の魂が立ち上がる。だから、現代人のように失敗を恐れているのでは自己の超克は全くできない。

　人間が人間として立つためには、「偉大なる敗北」が必要なのだ。人間の自己超克は、敗北なくしてはあり得ない。ここに作用するのが「体当たり」なのだ。体当たりの思想が、この偉大なる敗北を自己の人生にもたらしてくれる。体当たりをしていれば必ず敗北する。これはいつの世も決まっている。ドン・キホーテもすべてに体当たりだった。だから偉大なる敗北を喫することになった。偉大なる敗北というのは体当たりによってだけ起こる。体当たりは、武士道の根源哲理でもある。過去と未来のすべてを、現在の中に滅入《めつにゅう》させることを言っている。

　道元の『正法眼蔵』を貫徹する思想である「火を噴く今」の、地上的実現ということだろう。体当たりは人間の超克のど真ん中に聳える一つの神秘と言っていい。禅と「般若心経」の極致であり、その突進の思想は「羯諦《ぎゃーてー》羯諦波羅《はら》羯諦」の呪文の中に、古代人の魂とともに封じ込められている。それを開ける鍵は、ただ我々の愛の断行の決意だけだろう。ドン・キホーテは風車にまで突っ込んでいった。文字通りの体当たりをしたのだ。しかし愁い顔の騎士はこうも言う。「私は自分が何者であるか知っている」（¡ Yo sé quién soy !）と。これは、卑少なる人間存在を認識しているからこそ、人間以上のものたらんと欲することによってそう言ったのである。

この「偉大なる敗北」について文芸評論家の保田與重郎は、「偉大なる敗北を叙して、永遠を展望するのが文学である」と言っている。もともと文学というのは、偉大なる敗北を叙することがその使命だった。そして、その偉大なる敗北とは「理想が俗世間に敗れることである」と続けている。なぜ理想が俗世間に敗れるのか。それが、人間の魂の進化に必要だからである。人間の歴史は本当に保田が書いた通り、理想が俗世間に敗れるその敗北の連続によって創られてきた。そのようにして、人間は聖性化と世俗化のせめぎ合いを続けながら徐々に神を失う方向に向かっていった。それは取りも直さず、純粋な魂が敗れ続けてきたということに他ならない。しかし、この敗れ続けることが、そして敗れ続けて悩むことが、本当の意味で人類を創ってきたということなのだ。この悩みを自己の幸福のために、すべて捨てたのが現代だと言える。反対に敗れて悩んでいる限り、人類は続くということに尽きる。なぜ現代人は理想に挑戦して敗北し、そして悩むことこそが人類なのだということが分からなくなってしまったのか。

## 「負い目」と発展

ここで思い出すのが十九世紀の大英帝国の繁栄である。あの時代、英国はなぜあれほどまでに繁栄したのかということだ。それについて私は面白い理論を知ることになった。それは、当時の英国の繁栄の一番の理由が、当時の英国人の全般を覆っていた「負い目」にあったからだという社会学の理論があるのだ。あの当時の英国では、貴族だろうが秀才だろうが貧乏人だろうが、自分に対してすべての人がそれぞれに「負い目」を感じていたということが述べられていた。そして各人が持つ「負い目」の相互作用によって、社会全体としては、とにかく大きく発展していったという理論だ。これは現代と比較すると実に得心がいく。

確かに、いまの時代は誰も「負い目」を持っていないどころか、手放しの「自己礼讃」へと至り本来的な人間をやめてしまったぐらいだ。それに比べ、十九世紀の英国は驚くべきことに貴族だろうが、金持ちだろうが、成功者だろうが誰もが「負い目」を持っていた。これはマイケル・ヤングという英国の社会学者の書いた『メリトクラシー』という本に書かれている。要するに、貴族主義と民主主義そしてキリスト教信仰などの相克が相まって、ルネッサンスから四百年経った十九世紀に、すべての人間の悪徳と美徳が交錯して入り交じり、英国社会の中は一種の混沌の坩堝《るつぼ》と化していたということなのだ。

そのような状態だった十九世紀の英国では、民主主義の発展とともに、さしもの英国貴族も自分たちが貴族であって特権階級であることを恥じる気持を持つようになっていた。これほど生まれながらに楽をしていいのかと、まずそういう恥じらいを持ったのだ。キリスト教の信仰も、ルネッサンスから四百年経って確かに薄くなっていた。薄くなっていたけれども、まだ少しは残っていることによって、自分の信仰が深くないことを皆が恥じていた。これだけ神を失って我々はいいのだろうかと、皆が考えていたのだ。

貧乏人も努力すれば、学校に行って出世もできる世の中にはすでになっていた。ところがあの当時いろいろな有名な人もいるが、どんなに出世しても厳然とした貴族がいるために、自分の家柄が悪い者は誰もがそれを恥じていた。だから皆がよく笑いものにした「スノッブ」(snob)という言葉が出てきたのもその頃だ。スノッブとは、いわゆる成金で、努力して出世した貧乏人が貴族の真似をすることだ。つまり努力した成功者にもまだ「負い目」があった。そして、その下品で気取った猿真似を軽蔑されていたのだ。それでも皆が上流を目指し、不断の努力をしていた。

ところが、いまから見るとあの十九世紀ヴィクトリア朝というのは、英国の力は世界最大となっていたのだ。社会は犯罪も少なく、ヴィクトリア女王を中心として道徳的にも最も秀れていたと言われている。そういう時代を結果論として創ったのが、全国民の持つこの「負い目」の力だった。「負い目」を持つというのは、自分がすでに世間に敗れているという意味になる。だから結果的に金持ちになったとしても、その「負い目」という意識があるからこそ、一人ひとりが堕落しないで済んだのだ。つまり、すべての英国人がそれぞれに不満足の中で悩みを抱きながら生活をしていたということである。あの偉大だった英国の実状は、我々の思いとは裏腹に、却ってすべての人にある程度の「不幸」が与えられていたのだ。これは非常に重要な歴史的事実だと私は思う。

現代は「負い目」というものを、すべての人に持たせないような社会構造になってしまっている。階層もなければ差別もほとんどない。男女の垣根もない。貧富の差があったとしても、面と向かって言われることはない。この差を差として意識させない社会構造によって、誰ひとり「負い目」を負わなくなってしまったのが現代人なのだ。結果、十九世紀の大英帝国の道徳的高さと世界的勢力という偉大さとは反対に、いまは英国も含め世界中の国家が実質的に衰退し切ってしまった。もはや国家論を超えて人間論自体を考え出さねばならない段階にまできてしまったのだ。「負い目」というと分かりにくいかもしれないが、自分の欠陥を自分が深く認識していたということだろう。欠陥がすでに欠陥ですらないとされている現代社会は、人間としての自己認識を完全に狂わせてしまった。

## いまこそ世間を脱する

現代は、人間とは呼ぶことのできない悲惨な「人間の群《むれ》」を生み出している。それは現代人が、俗世間の中で俗世間とともに生きなければならない、という思い込みを持っているからに他ならない。内村鑑三が「出エジプト記」に対して述べた「脱世間」という考え方ではないが、必ずしも世間の中で生きる必要などもともとないのだ。なぜ人間が俗世間と戦って俗世間に敗れてきたかと言うと、それは俗世間の中で俗世間とともに生きなければならないという思い込みが、人間社会を覆っていたからだと言えよう。肉体から離れることができなかったから、俗世間に敗れたのだとも言い換えられる。俗世間とは、肉体の化身だ。だから俗物との共生という生き方をせざるを得なかったのが、人類の歴史だったと私は考える。その共生の中で、我々はいつの世も理想を失ってきた。俗物とうまくやろうとするから、そうなるのだ。

俗物などは切り捨てるのが一番いい。私はそうしている。遠慮などは全くする必要がない。俗物は魂の問題に理解を示すことは絶対にない。だから、理解をしてもらおうと思わないことが大切だ。理解してもらおうと思ったら、その場で魂は肉体に負ける。結果として、俗物とうまくやろうとすると我々は自己の魂を犠牲にしなければならなくなる。そのようなことを繰り返しているうちに、我々は宇宙と自分との直結を忘れてしまうのだ。それが理想の敗北を招く。間違った「人情」が、我々の宇宙的使命を阻害するのである。

私は、理想をそのままに生きればいいと思っている。もちろん、私はそうしている。私の現実とは、私の理想のことを言う。そうすれば、我々は人間としての自己超克を行なって生きることができる。何が何でも、そう生きようと決心さえすれば、人間は必ずそう生きることができる。できない場合は、本人ができないとどこかで思っていることがほとんどを占める。私の知る限りそうだった。理想の通りに生きようとすれば、人間はそう生きることができる。戦いの人生になるが、そう思えば必ずそうなる。自分の理想を生きるのが人生である。その結果などは問わなくていい。そう生きれば、その人は理想の上に生き、理想の下に死ぬことができる。それこそが本当の人間の超克である。そして、人間の燃焼なのだ。

いま絶望の中に、一筋の光が差している時代だと私は思っている。実はいまの時代は「脱世間」ができる時代に入ったと思うのだ。「脱世間」が、「脱人間」に繋がっていく。社会の変化がそれを可能にしている。つまり、私は社会の変化を本来的な人間として立つ機会にできるだろうと捉えている。それはどのような社会かと言うと、前にも少し触れたが「電脳」の発達によって、我々一人ひとりが独立して生きることのできる基盤を手に入れたと考えているからだ。そのため、最近は特に社会と合わせる必要は少なくなった。社会と合わせずに、自分の理想の通りに生きることができる。人間の超克とは、ただ独りで生き、ただ独りで死ぬ覚悟がなければ行なえない。いまは、それができる。だからこそ、この『脱人間論』を書いているのだ。私は現実主義者である。私は夢物語は語らない。そのような趣味はない。

まさに、いまその時代が到来していると私は思っている。これが私の新しい時代観である。それが以前に比べて遙かに実現しやすい時代になった。昔のような濃密な人間関係や、協力関係がなくても生きられる時代に入った。電脳機器があれば、基本的には人から助けてもらえなくとも生活に困ることはない。誰かに分かって貰う必要などもない。いまはそういう社会条件の変化を、悪いほうに使っている。それを逆に良いほうに突き抜ければいいのだ。すなわち原人間（マカントロポス）のほうに自分ひとりで戻ればいい。自分の力だけで人間以上のものに挑戦する。人間に与えられた宇宙的使命を果たすのである。そういうことを私は提唱している。原人間に向かって、ただ独りで行けということだ。そしてただ独りで死ぬのだ。

いまこそ、従来の人間という常識を打ち破らなければならない。我々は人類の原初にあったその初心に戻らなければならない。初心は、生誕である。だから、それが人類の本当の未来を創るだろう。もしできなければ、我々いまの人類は滅びる。そして我々の未来はない。それは多くの人が分かっているることだと思う。我々がいま信じている「人間」から、我々は脱しなければならないのだ。内村鑑三の言った「脱世間」をいまや実現できる土壌がある。世間という文明を離れて我々は生きることができる。いまの時代の特色は、「脱世間」をして、生きることができる時代になっているということなのだ。ここが分かるか分からないかが、「脱人間論」という思想を一人ひとりが実現できるか否かの分かれ目になるに違いない。

つまり「脱人間」というのは、かなり良識的な意見であるということなのだ。誰でもやればできる。特にいまの時代はできる。それはやはり、先ほども言った電子化、電脳化の発達のおかげだろう。我々は他人がいなくても生きていける。食物も食べられる、仕事もコンピューターでできる。だから脱世間は本当の話になりつつあるのだ。旧い人間に頼ってはならない。未来へ向かって電脳に頼るのである。電脳化社会においては、人は一人で生きていける理由はいくらでもある。自動販売機もあればインターネット販売もある。人間が人間を介さなくとも十分に生きていけるのだ。人と話さなくても何でもできる。もう人と話さなくても生きられることは分かっているのだ。あとは本人の気構えのみということになるだろう。

いまは先ほども言ったように、その電脳化社会を悪くしか使っていないから問題なのだ。完全に自閉的な引きこもり、自己閉塞的な人間が増えてしまっている。だから悪いほうへ使おうと思えばいくらでも逃げ道になってしまう環境にもあるということだ。私の「脱人間論」は、この条件をすべて良いほうに使うことによって実現できる。いまの時代だからできるのだ。「脱人間論」を実現できる土壌ができた。私の「脱人間論」は、この時代に最もふさわしく、そして希望となる理論だと信じている。だから「脱人間論」は電脳社会を生かした、この時代を救う最大の思想に成長するに違いない。

## 荒野に叫べ

現代のヒューマニズムは悪である。だからヒューマニズムに基づく現行の「人間」などは、私はとっくの昔にやめている。いま急速に発達する電脳社会を生かして、「脱人間」を断行する側に行かなければならない。いまの世を覆う行き過ぎたヒューマニズムの間違いは、誰でも内心は分かっていると思う。現代では、生活保護者や社会からはみ出したマイノリティーの人々が、特別待遇を受けた挙句に社会の主導権まで持っているようにすら感じてしまう。そちらのほうが何やら威張っているように私には見える。満員電車でも車いすだけは完全な特別待遇で、駅員がついて案内を隅から隅までやる。あれは誰もが「優しい、良いことだ」ということで片づけているが、本当にそうなのだろうか。疑問に思ったとしても、そうしなければいけないのだと全員が思い込んでいる。全員が思い込んでいるから、社会全体がその「ファシズム」に負けてしまい、思想統制されたまま国家ごと見て見ぬふりをしてしまうのだ。もちろん体の弱い人やお金のない人たちに対する同情は大切だ。また、その人たちを思いやり、手助けするのは人間として当然のことである。しかしその人たちを社会の一番上に持ってきて、何でも権利主張させ、この人たちの権利を守るために普通の人々が犠牲になるというのは間違いだということを言っているのだ。人に迷惑もかけず真面目に働き、税金を納めている人間のほうが社会の中心に決まっている。しかし、いまは少しでも弱い立場にいれば、その人たちは多くの普通の人々の親切を受けることを当然だと思っている。そのような主客転倒の社会が続いているため、本来の人間にあった美しい同情心まで本当のものはもう失われてしまったように思っている。

　もう現行人類は滅亡に向かっている。だから現行の「人間」を捨てない限り、我々の魂も滅びてしまう。おかしいと思いつつも、ヒューマニズムによって、あらゆることを弱い立場の人たちに合わせなければいけないという義務感に駆られてしまっているのだろう。そのために、いまの人は内心で世の中が嫌になっていても、それをおかしいことはおかしいと口にすることもできなくなっている。だから私はそのような世の中は捨て、ただ独りで生きているのだ。最近の人を見ていると、まともな神経を持っている人のほうが、引きこもりになったり社会不適合者になっている場合が多い。これは社会のほうが魂と心を失ってしまったからなのだ。社会自体が、もはや社会の態《てい》をなしていない。

　先述したあのラーラは、社会の放つこの圧力について多くの考察を残した。十九世紀において、現代に至るヒューマニズムはその猛威をすでに発動していたのだ。ラーラはこの非人間的な思潮に対して、人間の魂の讃歌を謳い続けていた。魂のゆえに社会から疎外された人々を表わす言葉が、その『されこうべ』に記されている。「他の多くの人間の狂気の行動と調和しない者が、まさに狂人と呼ばれるのだ」(No se llama locos sino a aquellos cuya locura no está en armonía con la de los más.)と。これは後年、ウナムーノがその「ドン・キホーテの哲学」の確立の基礎にしたに違いない思想である。このラーラの危惧が、その頂点を極めているのが現代ということになるだろう。しかし、いまはラーラのような真の批評家はいなくなった。すべての人間が、ヒューマニズムの中に溶解してしまった。私はラーラの魂を呼び戻して、その反骨の霊魂をいまラーラに代わって叫ばなければならないと思っている。

「脱人間」の思想を本当に理解すれば、現代社会の不適合者もすべて自己固有の独立した人生を歩むことができる。いまの社会などに全く合わせることはないのだ。逆にただ独りで生きていける新しい社会に船出しようではないか。いま社会不適合者と言われている人たちも、いまの社会を逆利用すれば、まさに新しい人類として立ち上がることができるに違いない。本当に「脱人間」ができやすい土壌ができたということを一人ひとりが自覚すれば、惨憺たる状況に見える現代社会にも希望が生まれてくることを心から感ずる。

この私の考え方は、現代の社会問題を考えるための唯一の盲点かもしれない。いまのところ社会の多くの人はそれに気づいていない。皆、この世の中がおかしい、滅びるのではないかと潜在的に思っているが、この世の中のほうを捨てればいいというところにまで発想がいかないのだ。それよりも、周りにどうにか理解して貰おうとしてしまう。それで社会のほうに逆に取り込まれる。また悪く出ると、自分の魂が燃焼できないのを、社会のせいにして敗残の人生を歩む。社会が渇いているので、感性がいい人間ほど社会不適合者になってしまっている。逆に感性の鈍い人間は、何も考えずに物質至上主義の人間礼讃のヒューマニズムの世の中を楽しく生きている。ヒューマニズムの考え方はさも良さそうに見えるから、誰も表立って反対する者はいない。

現代ヒューマニズムは、神や宇宙の秩序という厳しさが支配したときにのみ、その効力が及ぶことをすっかり忘れてしまっている。何度も言っているように、いまの時代に蔓延《はびこ》る人間至上主義は、「神の法則」があってこそのものと言えるのだ。ニーチェは、十九世紀に「神は死んだ」と言った。しかしその真意を汲む人間は少ない。神は人間への同情によって死んだのである。神を失った人間の末路は神のみが知っていたのだろう。ニーチェはツァラトゥストラにはこう言わせている。「神は死んだ。人間への同情のために、神は死んだ」(Gott ist tot; an seinem Mitleiden mit den Menschen ist Gott gestorben.)。

神もルネッサンス以来の発展を遂げたヒューマニズムによって、地獄まで引きずり落とされたのが現状の世の中なのだ。神の法則は、宇宙の法則である。その法則が人間存在の根源を創る。それなくして、あとのものは何もない。それがあって、その他すべてが存在する。キリストは「神だけが大切なのだ」ということを言い、「神のためなら親も子も女房も兄弟もすべてを捨てよ」と言っている。この前提の下《もと》で愛し合うことが本来の人間とその家族を生み出したのである。弱い人間を助けなければならないとも言っている。弱い人に同情心を抱くことは人間として最も尊いことだ。しかし、その尊さも宇宙の法則の下で行なわなければならないのだ。

いまこそ、我々は一人ひとりが真の人間として立ち上がらなければならない。それはいまの社会では、荒野の中の働きになる。我々は荒野に出て、叫ばなければならないのだ。ウナムーノは『生の悲劇的感情』の最後に、今日の世界におけるドン・キホーテの使命についてこう言っている。「それは叫ぶこと、荒野に叫ぶことである」(Clamar, clamar en el desierto.)と。古代において、イスラエル人たちがモーセに率いられてあの四百年も住み慣れたエジプト文明を捨てたように、我々もいまの文明を本質的に捨てなければならないのだ。そして、それはやればできるのである。真の人間に戻るためにそうしなければならない。「脱人間」は原人間に戻る出発となる。「脱人間」は脱世間でもある。現代のヒューマニズムが間違いだと認識して、まずはその家畜的恩恵をきっぱり忘れなければならない。

我々人類にとっての本当の「出エジプト記」がいま現われようとしている。それは人類の新しい旅立ちとなるだろう。人間の超克がもたらす新しいうねりとなるに違いない。ただ独りで生き、ただ独りで死ぬという人間が増えれば、これがいくつものうねりとなる。「脱人間」とは、それを生み出そうとする決意である。その覚悟を言っている。住み慣れた文明を捨て、我々は真の人間として真の文明を創り上げなければならない。

# 第六章　人間の面目

人間は、自らが創ったものになる。
——ジャン＝ポール・サルトル

## 面目とは何か

人間を超克して、新しい人間とならなければならない。我々にとって、そのために最も大切な事柄とも言える人間の「面目《めんぼく》」について考えたい。そもそも「面目」というのは何か。かつては日本人が「面目躍如《めんぼくやくじょ》」「面目ない」「面目が立たない」などとよく使った言葉である。これは世間の人に対する顔、対外的な名誉を重んじた人間の根本的態度とも言えるものだろう。文明を生み出した人間の根源的な生き方である。西洋では、「ペルソナ」とも呼ばれた「顔」を抽象的に表わす概念であり、人格を使い分ける重層的な人間の、文明的な性質を表わした思想でもある。そして本来、他人と自己のペルソナは取り替えのきかない具体的個人の持つものとされている。

個人主義の有ると無いとによる、西洋と日本の違いによって発露の仕方は異なっている。しかし面目が、第三者や外部に対したときの、人間の「顔」に象徴されることでは共通している。つまり他者に対する名誉や誇り、社会における自分の「役目」を言う点である。この面目が、人類の文化を発展させてきた原動力だった。文明の原動力であるために、それは歴史的に見れば、善悪の両面を兼ね備えるものだった。人生の知恵とは、この面目の発露を上手く行なうための方法論だったようにも見える。我々はいま、その人間の面目を失いつつある。面目を失えば、もうそれは人間ではない。動物の生と何ら変わらないものとなるだろう。人間は、面目のために生き、また面目のために死んだのである。

人間の未来とそれを生み出す面目を表わす文学として、私は英国の作家オルダス・ハクスリーの

『すばらしい新世界』を思い浮かべる。この文学は、人類の未来を予言する文学として、あのジョージ・オーウェルの『一九八四年』と並ぶ名作と私は考えている。人類が人類でなくなるとき、人類は何を失うのかが克明に描かれていると言っていいだろう。その一つが、「面目」なのだ。誇りという言葉と近いかもしれない。現世的・文明的な誇りだ。現実を生きる人間であることの誇りを失ったとき、人間は滅びる。そして誇りを失う原因は、幸福というものの捉え方を間違えることによって起きる。人間の幸福とは何かということだ。それを合理的な安全や安楽そして損得によって得られると「信じた」とき人間は滅びるのだ。

幸福が、人間の苦悩や労苦そして野生の発露にあると思っていれば、人間の存在は揺るがぬものとなるだろう。『すばらしい新世界』を読んだとき、滅び去った人類の中にあって、まだ人間性を残しているその主人公の言葉が忘れられない。それは、苦悩を求める人類の原初の雄叫びだった。その言葉の一つは「幸福は、代償を必要とする」(Happiness has got to be paid for.)というものだ。人間は幸福を求めるものだった。しかし、その幸福が大きな代償を払った末に、与えられるものだと知る限り人間は人間であることができる。幸福を「権利」だと思い、それが簡単に手に入ると考えたとき、人類は滅びるのである。いままでも、私は幸福の問題を何度も取り上げてきた。それはこの問題が、人間の魂が生きるか死ぬかを握っている大問題だからなのだ。特に人間の面目つまり人間のもつ誇りと密接に結び付いているからだと言える。人間は安易な幸福を求めるとき崩れ去り、それを拒絶したとき真の幸福へ知らず知らずに向かっていくのだ。人間の真の幸福とは、魂に与えられる苦悩を乗り超えた後の「涙」のことだったのである。

いままで見てきた通り、本当の幸福は人間特有のものなのだが、人間は呻吟や苦悩を通してしか幸福を感じる力がない。だから幸福には代償がいるのだ。代償を伴う真の幸福が、本当の愛の姿だと言えよう。幸福は、形として存在するものではない。幸福は、魂の問題である。だから幸福を感じるには必ず地上的な代償がいる。これが分かっていなければ人間にはなれない。そして、代償が大きいほど、人間は幸福を感じるという、一見逆説的にも思える特徴があるのだ。当然、愛も代償が大きいほど、その愛は深いということが言える。

だから代償としての自己犠牲が深いほど、相手に対する愛は深い。それと同じで苦悩が深いほど、幸福は深いのだ。これが人間なのである。それをハクスリーが『すばらしい新世界』で「幸福は、代償を必要とする」という思想で語っている。幸福とか愛を苦しい代償を払ってまで求めてきたのが人間だった。だから、これを求めて生きる勇気が人間の「面目」なのだということを私は言いたいのだ。面目を失ったとき、人間は終わる。人間の面目には、代償が伴う。愛と幸福は一文にもならないが、その一文にもならないもののために、大きな代償を払って生きる存在こそが人間なのである。面目も同じなのだ。

## 崇高なる死

人間は人間であることに誇りを持たなければならない。我々は動物ではない。我々は宇宙的使命を持つ人間である。この世に「崇高」を実現するために生きているのだ。我々は、幸福になるために生きているのではない。あのアンドレ・ジードは、その『狭き門』の中でアリサに、「人間は、幸福になるために生まれてきたのではない」と言わせた。そうなのだ、幸福は人生の目的にはなり得ない。

それは結果である。人生においては、結果を先に求める者は必ず滅びる。我々は崇高を実現するために生きているのだ。

崇高とは、私がよく使う言葉で言えば、人間のもつ宇宙的使命に生きることを表わしている。それが崇高という意味であり、人間の持つ「畏《おそ》れ」を抱き締める生き方を言っている。畏れおののくものを仰ぎ見て、打ち震える精神のことだ。人間の歴史においては、神が畏怖を人間に与える存在だった。だから崇高というのはすなわち神を志向し、宇宙の実在を身の内に抱いて生きることだと思っていい。この崇高を実現するために、我々は生きている。そして、永遠の生命と合体するために死ぬのである。我々は朽ち果てて死ぬのではない。朽ち果てるものは、動物の生だ。人間は永遠の生命と合体するために、自らの意志で死ぬ。

いままでの人間の歴史ではそうだった。人間が本来的な人間から決定的に離れだしたのは、すでに述べたようにルネッサンスからである。そのルネッサンスの後期に英国の詩人ジョン・ダンがその詩「聖なるソネット」において、「死よ、お前は死ぬのだ!」(Death, thou shalt die.) と叫んでいたことは先に述べた。これは本当の人間の死が、この時代から姿を消すようになるだろうというダンの予感だ。本当の死とは、死して宇宙の根源と合体するということを意味している。それが永遠の生命だったわけだが、その信仰をルネッサンスから失いだしたのである。

そのときすでにジョン・ダンは、本当の死が死んでしまうのではないかということを詩に謳《うた》っている。「本当の死が死ぬ」ということの意味は、我々の死が動物の死になるだろうということなのだ。動物の死とは腐り果てることを言う。本当の死とは、愛のゆえに魂の苦悩の中を生き抜き、永遠の不滅性に向かって死ぬことに尽きる。これが人間の本当の死である。それが人間性と人間的というヒューマニズムの礼讃によってできなくなってきた。肉体に対する異常な執着が増大し、肉体が少しでも長く生きていることがすばらしいという考え方になってしまった。それを早くもダンは感じ取って、それを謳っているのだ。そうしてその流れは現代まで続き、ついに人間はその宇宙的使命を失い、忘れ去るところまできてしまった。

本当の死を死ぬことができなければ、本当の生《せい》を生きることもできない。その繋がりが分からなくなっている。それを、いまの人類は分かろうとしない。本当の生を生きようとしない。現代の詩論に表現している。本当の死を死ねない世の中とは、本当の生を生きる場所も与えられていないのだ。現代人では、ほんのごく僅かな人間しかそれを理解しようとしない。その少数者のひとりが田村隆一である。田村隆一は、「人間が死ぬことのできない世界は、生きることもできない」と語っている。生を生かすものは、死を措いて他にない。

## レディー・メードの死

詩人ライナー・マリア・リルケによる『マルテの手記』には、そのような現代の死が描かれている。これはリルケが、パリで生活したその青春の苦悩を描いた文学である。その中に、市民病院での死についての有名な件《くだり》がある。死がまるで工場の作業か何かのような様子に変わってしまったというあの件だ。大病院のような大衆向けの巨大な機構の中では、一つ一つの死が問題にもされないと表現している。そして「入念な死に方など、もう今日の時勢では一文の価値もなくなってしまっている。誰一人そんなことを考えるものもいないのだ。……自分だけの特別な死に方をしようというような望みは、いつとはなしに薄れてしまった。やがて、自分だけの死に方も、自分だけの生き方と同じように、この世の中から跡を絶つだろう。何もかもがレディー・メードになってゆく。人間はどこからかやって来て、一つの生活を見つけだす。できあいの生活。ただ人間はそのできあいの服に手を通せばよいのだ」と書いている。この匿名の生と無機質の死は、顔（ペルソナ）のない死だ。

マルテは、パリの街角で顔をなくした女性にも出会っている。顔というものを、いくつも取り替えたり付け替えたり、気づいたら顔をなくしてしまったのが現代人だ。これが、真の面目を失ったことの結果である。考えることがなくなり、日和見的に相手に合わせて顔を変えていくことによって、年を取って気づいたら自分の顔はなくなっていた。それどころか、一体どのような顔だったのか思い出すこともできなくなっている。かつては「ペルソナ思想」によって創られた、文化的な人間によるいくつかの顔の使い分けは捨て去られ、いまや一つの顔を持つことすら危うくなっている。

現代の大都会の病院での死は、三島由紀夫がその自決前に認《したた》めていた「果たし得ていない約束」において、すでに予言されていた。あの「無機的な、からっぽな、ニュートラルな、中間色の、富裕な、抜目がない」日本人たちの死である。もう個人の死はなくなった。我々が名前を持つ個人であるためには、神が必要だったのだ。宇宙的使命がいるのだ。マルチン・ブーバーが「我と汝」と言った、西洋のペルソナ思想にも通ずる「ただ独りで生き、ただ独りで死ぬ」という絶対的存在が我々人間である。ところが、神を失った現代には名前も顔もない「大衆」という群がいるだけになった。いまや個人は一人もいない。現代の大衆社会というのは群を成す秋刀魚《さんま》や鰯《いわし》と同じだ。荒涼を彷徨《さまよ》う原子である。まさに顔のない、面目のないのっぺらぼうとなってしまった。

現代は電脳化社会の悪利用の例として、この顔のない匿名性に拍車がかかり、性別も年齢も名前も何もかもが「まやかし」となった。その人物が本当かどうかを証明する手立てすらなくなっている。現代人は自分の姿をアイコン化し、キャラクター化して、今度は顔ばかりか全身が付け替えられ、挿《す》げ替えられ、自分に与えられた条件や宿命を簡単に取り替えることができるようになった。ついには他人に対する顔もなければ、自分自身に対する自己愛すらなくなってきたのではないだろうか。ウナムーノは『生の悲劇的感情』において「ある人間が別の人間になりたいと思うことこそ、私には未だに理解できないことなのだ。別の人間でありたいと望むことは、自分であることをやめたいと望むことに他ならない」ということを述べていた。自己の継続性すらもはや全く望まなくなった現代を見たら、ウナムーノは驚愕するに違いない。

我々人間が真の人間の誇りを取り戻すには、孤独の中を生き抜かなければならない。現代のような個人を認めない世間で認められようとすれば、たちまちその世間に呑みこまれて匿名性の中に没してしまうだろう。大衆の力は、それほど抵抗できないものなのだ。我々は世間に頼らないで生きられる環境をいま与えられつつある。我々はその社会環境を利用して、独自の生を確立しなければならない。これによって現代の面目が確立できるのだ。現代人による現代的な真の誇りという意味だ。これは現代人しか持つことのできない「新しい誇り」だとも言える。電脳化した社会を上手く利用することによって、実現することができるだろう。現代の「人間」を捨てれば、それができるのだ。それができれば、現代の人間は真の誇りを取り戻すことになる。とにかく独自の生を確立するために全力で生きる。ただ独りで生き、ただ独りで死ぬ。他者に理解を求めてはならない。これが「脱人間」に向かう現代的な姿勢となるだろう。

## 無間地獄の悪魔

いまの「人間」は人間的であろうとして、ついに人間の中に棲む悪魔を引き出してしまった。この人間的であろうとしている「人間」の仲間に入ってはならない。人間的であろうとすれば、必ずその仲間となってしまう。現代人は自分の傲慢と不遜によって、人間的であろうとしている。そして原水爆を作り、地球環境や自分自身の魂までをも破壊してしまった。だから我々は、いまの世が人間的と呼ぶものを一切捨て去らなければならない。人間性や人権と呼んでいるものもまた然《しか》りだ。それらはヒューマニズムの名の下に真の人間を破壊してしまった。この中からただ独りだけで立ち上がるのが真の面目なのだ。何度も述べたように、人間の歴史はヒューマニズムと反ヒューマニズムの相克の中に発展した。これは言葉を換えると、神の法則と自然の法則の対立となる。

反ヒューマニズムが、神つまり宇宙の法則である。そしてヒューマニズムというのが自然つまり人間の法則のことを表わしている。だから反ヒューマニズムを担っていたのが神の法則であり、魂の成長を願う苦悩であったことはすでに述べた。いまやその反ヒューマニズムのないヒューマニズムが蔓延《はびこ》ってしまった。そして怠惰と自己の幸福だけを願うエゴイズムと化してしまったのだ。いまはすべてにわたってヒューマニズムが世を覆ってしまった。現代に横行するのは反ヒューマニズムのないヒューマニズムであり、それゆえに留まるところを知らない。これはやはり死を忘れた生ということだろう。無限経済成長という妄想も、あれは目標値のない成長という終わりも死もない成長であり、現代人の地獄絵図である。あれは無間《むげん》地獄と呼ぶにふさわしい。最終目標値がないものは、人間の魂の進化を除けばすべてが無間地獄なのだ。

　ヒューマニズムは、神の法則である反ヒューマニズムによって良いことと悪いことがそこで正される。愛しなさい、すべてを許さなければいけないとキリストは確かに言っているが、神の掟に逆らったものに対してはキリストも暴力を振るってまで否定していたのだ。そしてそれを決して許すこともなかった。神殿でものを売ろうとしている商人たちを、蹴とばして追い出し、ここから不信仰者たちは立ち去れと言っている。そして家族に対しては、神を忘れるくらいなら家族を離反せよと言っている。これを反ヒューマニズムという。キリストが、すべてを許さなければならないと言っている、その「許さなければならない」という言葉尻だけを都合よく取ってしまったのが現代なのだ。いつでも、反ヒューマニズムがあってこそのヒューマニズムだということを忘れてはならない。

　経済成長もどこまで成長すればいいのかを決めなければ、無間地獄のスパイラルに陥っていく。二十世紀に至るまでは、ヨーロッパや日本の伝統に基づいた会社というのは総合的、最終的な規模や目標値を決めていたから、三百年でも五百年でもずっと保っていたのだ。しかしいまの会社は無限成長を目指しているのでどんどん成長して、自分の身を支えられずに形骸化、空洞化して潰れていく。いまや会社に限らず国家も破綻を迎えつつある。打ち止めを決めないから、どんどんと音を立てて無間地獄に入っていってしまう。

　人間が自分を神と勘違いし、その無限性というのを悪いほうに使ったということだ。物質において無限を行なおうとしたから、無間地獄になった。精神ならば無限成長していっても良かった。魂は「進化」といって無限回転をしていき、宇宙の彼方とも繋がることができるようになる。これを物質でやろうとしたところにすべての間違いがある。物質はヨーロッパでも日本でも、もともと、何でも

「足《た》るを知る」というのがすべての根本なのだ。精神的な悩みというのは、宇宙を目指す限り無限だが、物質に当てはめた場合、それはすでに破滅となる。物質に対して、知らないうちに魂の「進化思想」を取り込んでしまったことが間違いの始まりだった。それもすべて、神を失ったことがその原因と言えよう。物質は有限であり、魂は無限に進化しなければならない。それが宇宙の根本である。

## 文明の実存的疲弊

我々はいまや「脱ヒューマニズム」を掲げなければならない。思想的には、この脱ヒューマニズムの考え方が「脱人間論」の出発と思っていいだろう。それが私の言う「脱人間」を生み出す基盤となった。私は人間の歴史を多く述べた。それは人間の本来をもう一度考えてもらうためだった。しかし、時間を戻すことはもうできない。もはや昔には戻れないのだ。我々は過去に戻ることはもうできない。そこで未来に向かって「脱人間」を目指さなければならないということなのだ。脱ヒューマニズムとは、いまのヒューマニズムが間違いなのだと完全に認識することを意味している。それには、自分が人間的であろうとしていると無理なのだということを言っている。いまのヒューマニズムは宇宙的使命を失った人間の残骸として、すべてに対する「許し」と「優しさ」だけしかない偽物のヒューマニズムである。しかし、その「何でもあり」の考え方は人間の弱さを牛耳る悪魔性を有しているのだ。

いまのヨーロッパも、このヒューマニズムで滅びようとしている。特に西欧である。もちろん日本もその多くが被《かぶ》っている。西欧は、いまヒューマニズムから派生する無条件の自由と反差別というものに呑み込まれようとしている。無条件の自由、そして悪平等に汚染され切ってしまったのだ。ヨーロッパはルネッサンスに始まり、完全に神を失ってからすでに百年以上が経った。ルネッサンスから四百年間はその神の在・不在の葛藤にせめぎ合った。せめぎ合った上、ここ百年間は完全に神を失ったということだ。それによって、ヒューマニズムがヨーロッパを食い殺そうとしている。この状態をよく伝える本として、ダグラス・マレーの『西洋の自死』はすでに挙げた。マレーはその中で移民問題によって自滅するヨーロッパを分析している。移民を止めることができないというのは、ヒューマニズムの行き過ぎによるとしか言いようがない。

マレーはまた、ヨーロッパの没落の要因として、スペインの哲学者ミゲール・デ・ウナムーノが言う「生の悲劇的感情」という思想を失ったことだとも述べている。「生の悲劇的感情」とは何かというと、永遠の生へ向かう呻吟と愛の苦悩である。つまり、魂の不滅性への渇望と言っていいだろう。そこには永遠の生と、愛の苦悩で一生を生きるのが人間だということが書かれている。「生の悲劇的感情」という思想を失ったために、ヒューマニズムに食い殺されて移民すら止めることができないということだ。愛の苦悩と永遠の生へ向かう呻吟を失えば、先ほど言ったように、不滅性への渇望を失ってしまう。そして、それは人間であることを失うに等しいのだ。

その結果、「ヨーロッパは、文明の実存的疲弊の状態に陥っている」(For there is also the problem in Europe of an existential civilizational tiredness.) とマレーは述べている。これが移民を止められなくなった原因だ。「文明の実存的疲弊」とは、本来のヨーロッパ文明の持っていた神との対峙、つまり神と人間との間の「我と汝」の関係が完全になくなったために、歯止めのない物質欲によって人間の魂がすり減ってしまったという意味である。もはや文明を担う自己の存在理由《レゾン・デートル》を失い、自己存在を支えることができない。ヨーロッパ人の魂が、自己崩壊を始めたのである。自己が何者であるかが分からなくなったら、もはやヨーロッパとして存在することはできない。これも無限経済成長の仕組みの中で起きたことだ。移民の大量流入もすべて初めは国家の利益を守るための、経済を理由にした判断だっただろう。これによってヨーロッパはペルソナの思想を、つまりキリスト教によって培われた実存的正義の在り方を見失った。その結果、自己の実存を失ったのだ。そしてヨーロッパも、いまやグローバル化に呑み込まれ、歴史と伝統は形ばかりになってしまった。

ヨーロッパは、良くも悪くもキリスト教の支配を受けてきた。だから魂の救済に関わる人間存在の実存的思考が根強かったのだ。自己の存在理由があらゆる思考の中心に据わっていた。神を失い、経済成長の夢に取り付かれてヨーロッパはそれを失った。その結果、ヒューマニズムに犯され、差別と思われることの恐怖で移民を止めることができない。それに引き替え、日本は大家族主義と先祖崇拝の国だった。そして、日本はその家族的思考法を失ったのだ。日本文明を支えていた家族意識を、ヒューマニズムと人権によって根こそぎ失ったのである。日本人は、自己の生きる術《すべ》を失った。いまの家庭は、日本人の家族観とは全く相容れないものになった。いまの家庭は家庭ではない。それが分からなければ、いまの日本の社会問題は解決しない。ヨーロッパの移民問題と日本の家庭問題は同質なのだ。この二つは、現代の悲劇として全く等しい位置を占めている。

## ジキルとハイド

もうヨーロッパも以前の状態に戻ることはできない。それは、戻ろうとしたらもっと悪くなることを意味している。戻れないのだから、現行のヒューマニズムを捨てる勇気を持つしかないのだ。ちょうどいいヒューマニズムにはもう戻れない。国家として、人間の節度のある厳しさと苦悩を思い出すことはできない。現代のヒューマニズムは、いまの政治制度とマスメディアが自らの繁栄のために創り出した綺麗事に過ぎない。それは、心に優しく響き欲望を癒してくれるだろう。しかし、人間を立たしめることはない。魂の苦悩を捨てた人間は、動物に成り下がる。それは人間としてすでに滅んでいる。人間の面目を取り戻さなければならない。それには現代人の言う「人間」を捨てなければならないのだ。だから「脱人間」を、人間の面目だと捉えているのが本章の主旨となっている。面目とは、「脱人間」を違う切り口から捉えた考え方とも言えるだろう。

またフランスの生理学者アレキシス・カレルは、教会の堕落もこのヨーロッパ的な神秘の忘却からきているとしている。その上で、ヨーロッパの土地はいまもなお、祖先の建てたカテドラルや神殿の遺跡に満ちているにも拘わらず、いまやその意義がほとんど認識されることもなくなってしまったことを嘆いていた。そして近いうちに、教会は「死せる宗教を陳列する博物館」と成り果ててしまうだろうと警告していた。ヨーロッパは思想的にいろいろなものを経験しながら、「主体の自立性」に関して考え続けてきたのにも拘わらず、結局ヨーロッパからは命令者・判定者である神が消えたことによる実存的葛藤が消滅してしまったのである。

ヨーロッパに翳《かげ》りが見え出した十九世紀末から二十世紀初頭に活躍した人の多くが、現状のヨーロッパを予測し将来への警鐘を鳴らしていた。機械文明と民主主義の危機はすでに十九世紀末から始まっていたのだ。英国において、初めて蒸気機関車が生まれ、それが市民生活に使用され出したのは十九世紀中葉から末にかけてだった。最初に通勤の汽車ができた頃、ロンドンの中心であるシティとサバーブという郊外との通勤が始まった。この時代に書かれた文学が『ジキルとハイド』というロバート・ルイス・スティーブンソンによる小説である。

これは人間の二重人格性を表わしていて、この頃から世界で初めてそういう人間が増え始めた。原因は社会的生活圏の職場と私的生活圏の家庭が分離することによって、一人の人間がジキルとハイドという紳士と悪魔の両面を使い分ける生き方ができるようになってきたのだ。そういう新人種が生まれたことに着想を得てスティーブンソンが書いたものと言っていい。ジキルとハイドのモデルには、昼間の顔と夜の顔が違う実業家や銀行家などさまざまな人物が挙げられている。時代的な特徴としてこういった人たちが現われ出し、それが社会現象となる予兆のもとに書かれたのだ。これもヨーロッパにおける人間の多面性を表わしていた「ペルソナ思想」が悪く出た例と言えよう。神不在になったときの人間の一貫性の欠如による、病理的な二重人格が丹念に描かれている。現代社会では二重人格ばかりでなく、幾人もの人格が入れ替わる多重人格、統合失調症など、精神病の種類は圧倒的に増えて、ますます人格と精神の乖離が進んでいる。

## 日本の恥は消えた

先ほど触れた、日本の家族問題について書いておきたい。日本におけるヒューマニズムの歪みの表われ方がヨーロッパと違うのは、キリスト教文明のヨーロッパと大家族主義の国だった日本との文化による捉え方の違いが大きい。歴史と文化によって、ヒューマニズムの表われ方が違うということだ。日本ではヒューマニズムの悪魔は家庭を襲った。それによって、日本では家族の絆と家庭の秩序が根本的に揺らいだのである。行き過ぎたヒューマニズムが破壊した日本の家族制度は、もう戻ることはできないほどの痛手を被《こうむ》ってしまった。日本人の恥の意識を育み、道徳の基盤を作っていた家族の愛情と秩序は破壊されたのだ。日本の美しい家庭は姿を消した。いまの家庭は、利害損得で結び付き、傷のなめ合いを愛情と混同する自閉的な最小の血縁集団と化してしまった。

神を失ったヨーロッパと、家を失った日本の末路がいまの姿と言えよう。ヨーロッパは神を失ったことにより、苦悩する魂を失った。日本の場合は家を失うことによって、その属性であった恥を失ったのだ。そして、この魂の苦悩を失ったことと恥の概念を失ったことは、どちらも結果として「人間であること」を失ったことに通じている。恥の説明としてはドイツの哲学者マックス・シェーラーが『羞恥と羞恥心』の中で述べた言葉が分かりやすい。そこには「人間は生物学的目標よりも、高次の目的を追っているため、恥の意識を持つのである」とある。高次の目的とはヨーロッパでは神の問題であり、日本では大家族の問題と言える。生物学的目的ということは欲望と肉体の目的を言う。人間は肉体が生きる以上の目的をもともと持っているから、恥が生まれたということなのだ。これによってヨーロッパの神の法則と、日本の恥の法則は同じ根から出ているということが分かる。だからそれらは比率の問題で、重なり合う部分も大きいことを忘れてはならない。

日本では神の法則は、すなわち恥の法則である。日本はいま恥を失った末路の時代にあり、もう昔に戻ることはできない。失った神と失った恥はもう取り戻すことはできないのだ。だから我々はいまのヒューマニズムを捨てなければならない。それ以外の方法はない。いまヒューマニズムを捨てるとは、「人間」をやめることを意味している。それは危険を伴うことだが、その危険を犯すことしか、いまの風潮から逃れることはできない。その覚悟が「脱人間」の思想である。その勇気が「脱人間」

の実践なのだ。現世的な「人間」をやめて、自己の内部で宇宙と直結する原人間を生き返らせなければならない。本質的には、ただ独りで生き、ただ独りで死ぬということであり、またそれができる時代だということを言っている。

覚悟と勇気とは、不退転の決意を言う。不退転の決意の意味を表わすものは、あの『臨済録』の言葉を措いて他にはないだろう。すなわち、自分の修行の道に立ちはだかる者がいれば、「仏に逢えば仏を殺し、祖《おや》に逢えば祖を殺し、父母に逢えば父母を殺す」というあの決意である。つまり、どのような困難が立ちはだかろうと必ず突き進むということに尽きよう。なぜ人間をやめる決意が必要かと言えば、現代人から見ると原人間が人間ではないからだ。現代から見れば、原人間はとんでもない野蛮人だと思われるだろう。だから「人間」をやめない限り原人間にはなれない。現代人はみな、自分たちが「人間」だと思っているので、「人間のため…」「人間なら…」「それでもあなたは人間なのか」と言われると弱い。だからはっきり「人間」など捨てなければ現代社会を原人間として生き抜き、原人間として死ぬことはできないのだ。極端に言うと、「ああ、私は人間じゃない」とか、「私は悪魔だ、鬼だ」と言えるようにならなければ「脱人間」はできない。

精神科医　土居健郎はその『甘えの構造』で、日本人は「主客未分」「自他不二」という文化の中に住み、悪い意味で自分と他人を分けず、すべてに対して家族主義的な甘えに陥る構造があることを指摘している。そして「他人は他人である限り、甘えの世界に無縁であり、その意味では他人を排する閉鎖性がないわけではない。…この世界が他人を甘えによってとろかしてその他者性を消失させてしまおうとする働きがある。その意味では包容的であるとさえいえる。ただ甘えを認めない外部の人たちにとっては、甘えの世界が課する均質性が我慢ならない」と述べ、日本の文化風土の抱える問題点と欠点を指摘している。

この甘えに、何とか表面的な歯止めをかけていたのが「恥」だった。日本では恥を失うとすべてが甘えになってしまうのだ。たとえ甘えたとしても、それを恥として他者にいろいろ言われたくないからなるべく控えようと思うのが、かつての日本人だった。何かをしてもらったときに、「申し訳ない」「すみません」などと言うのが、日本人の特性である。昔のように、それが本心からなら、それが甘えの抑制になっているのだ。自分がやるべきところを他人に手数をかけさせてしまって申し訳ないということだ。家族主義は自他未分となり、どうしても甘えになりやすい。その甘えを抑えているのが恥だったことを、日本人はすっかり忘れてしまった。

十九世紀のアメリカ南部社会を描いた作家マーク・トウェインは、その『赤道に沿って』の中で「人間は赤面する唯一の動物である。」(Man is the only animal that blushes.) と述べていた。これは恥という概念が持つ最も根源的な表現の一つだと私は思っている。赤面とは、恥を感じたときの人間の反応と言えよう。それは、初心に戻る人間の純情を表わしている。キリスト教文明圏では、神の掟を犯したときに人間は赤面した。日本においては、家制度の体面や道徳を犯したときに赤面したのだ。赤面の原因は違っていても、両者ともに赤面によって自己の行動を律する何ものかを心得ていたのである。

また「父母未生《みしょう》以前本来の面目」という『正法眼蔵』の言葉がある。これは原初の人間の初心を取り戻すことを意味している。その純粋な心の躍動を感ずることと言ってもいい。つまり、自分が生まれる前の遺伝ベクトル (質量と方向を合わせた自己固有の家系の力が持つ、独自の歴史的・実証的世界観のこと) を遡《さかのぼ》る我々人間の初心のことを、この禅の言葉は言っている。それを本来の面目と言っているのが面白い。

　父母未生以前ということは、自己存在の科学的な認識とその歴史を飛び超えて、我々の体内に宿る原人間（マカントロポス）の喜びと悲しみを抱き締めることの大切さだろう。神の模倣に生きていた人間の出発を遺伝的に自己の身の内に感じ取るのである。それが人間の初心というものを呼び醒《さ》ます。我々は真の幼な子に戻り、母なるものを慕って泣き続けなければならないのだ。

## 差別は魂を生かす

それが人間の真の面目である。だから「脱人間」によって、自己の内部に原人間を生き返らせることが人間の真面目なのだ。神を求める苦悩の中で、文明を築いた我々の祖先の魂を引き継ぐのである。戻るのではない、引き継いで先に進むというところが重要となる。戻ってはならない。魂だけを引き継いで、新しい人間になって先に進んでいく。そのために「脱人間」という思想がある。いまの人間のままで文明を立て直すなら、我々は歴史を逆行して戻らなければならないことになってしまう。我々は「新しい人間」と「新しい未来」に向かって行く必要がある。原人間になるとは、原人間からその魂だけを引き継ぐという意味だ。魂というのは無限だから、何千年の時間も場所も関係ない。魂には、未来も過去もない。魂は永遠の現在である。

　この魂だけを引き継いで先に進むのが、私の言う「脱人間」なのだ。いままでに述べた、本来的人間に戻るという意味でもそういうことを言っている。魂の苦悩という愛の本源を失った人間は、歴史的な意味の真の人間ではない。魂を失った「人間」は人間ではないのだ。そういう「人間」が、いまの消費文明を牽引している。このような消費文明を推進することは魂のある人間の行なえることではない。消費文明を推進する「人間」のことを、私は生き物または棲息《せいそく》物と呼んでいる。そのような状態を捨てなければならない。そして世間も捨てなければならない。無限経済成長しか頭にないのがいまの生物学上の「人間」だ。守銭奴の現代人を、切り捨てなければならない。愛に呻吟した祖先の魂と直結するのだ。冷静に考えると、これは覚悟一つで簡単にできることだ。大変だが、覚悟をすればできる。すべてをばっさり捨てると思ったら、その日からできることだ。

ヒューマニズムを捨てようとするとき、最も躓《つまず》くのが「差別の問題」である。これを乗り超えなければならない。まず、文明とは差別のことを言うのだ。それをもう一度思い出してほしい。差別の良し悪しを言っているのではない。文明を支えている根源的価値は差別の思想だということを思い出してほしいと言っているのだ。人類は、価値の差別化によって文明と文化を築いてきた。それが事実なのだ。人類はいままでそうして発展してきた。文化とそれを組織化した文明の中に存在するものはすべて、自己と他者または物と物を差別化することによってのみ発展してきたのだ。

いまもそうだ。現代の経済も芸術もすべて、他との差別化に成功したもののみが生き残っている。競争の原理が差別の原理なのだ。競争を失えば、人間の文明の厳しさは失われる。つまり、文明は崩壊する。この差別問題を乗り超えるのも、いまの「人間」をやめないと乗り超えられない。差別は心情的には良くない。そんなことは太古の昔から誰でも思っている。思わない人はいないだろう。それは、我々が個別の肉体を持つからに他ならない。その心情的に思うことで苦しみながら、人間は秩序を重んずる宇宙の投影としての文明を築いた。それを断じて行なった我々の祖先の魂から滴る涙が大切なのだ。それを仰ぎ見なければならない。だから我々も差別のことで苦しみ続けなければならない。差別を「絶対悪」と決めたら、そこでもう苦悩は終わりになる。

差別に苦しむのは、愛に苦しむのと同じである。差別に苦しむことが、差別する側も差別される側をも、本当の人間に育て上げてきたということを言っている。だから差別がなくなったら、差別される側の人間からも、もう尊い人間は生まれない。差別されることによって、負けん気の強い、尊い人間も過去にはいくらでもいた。そういう意味で、人間の魂が賦活するためには差別というものが必要なのだ。差別はその善悪を問うてはならない。それを問えば、文明を否定することに至るのである。差別は、その存在に苦しまなければならないというのが鍵なのだ。

その存在を苦しみ続けることが、差別を人類的問題としている。それに泣き、それに苦しむ人間たちが真の文明を築いた。それを知らなければいけない。しかし、現代のヒューマニズムの世において、差別を認めることは誰にもできないだろう。だからいまの人間を捨てなければ、人類文明の先はないのだ。現代人の思う「人間」は、神と恥を失った棲息物である。何の意味もない人生をただ生かされている。だから死を恐れ死を忘れようとしている。そしてその恐れが、皆との同一性を促進していると言ってもいいだろう。私が言いたいのは、「脱人間」に向かわなければ、その恐れと差別の本質も決して分からないということだ。

## 不平等に敬意を

差別は、先述した「負い目」ということの文明的意味と言えるのではないか。それによって苦しみ続けているところに、人類が発展してきた根本がある。差別があるから、「負い目」を感じるわけで、差別がなければ何も感じない人間となってしまう。反差別はもちろん、平等思想の派生である。つまり差別は、その根源の考え方を間違えているのだ。人間と自然界はもともと、不平等に創られている。不平等が人間と自然の歴史である。それを思い出さなければならない。その良し悪しを私は言っているのではない。歴史がそうだったということを言っている。そして、それが人類の発展を促したことを見なければならないと言っているのだ。

スイスの歴史家ヤコブ・ブルクハルトは、その『世界史的考察』において、「人間の不平等に再び敬意が払われるときがくるだろう」(Irgendwo wird die menschliche Ungleichheit wieder zu Ehren kommen.) と言っている。これは大変な思想的革命である。このブルクハルトという人は世界最大の歴史家の一人である。十九世紀にルネッサンスの真の価値を見出して、その歴史と文化の名著を書いた人物であり、ルネッサンス研究家として最も有名な人だった。そのルネッサンス讃美者が、人間論として書いた『世界史的考察』の中で、先ほどの言葉を言っていたのだ。ブルクハルトが言ったことが大切な意味を持つ。つまり、ルネッサンスの本質の裏面に気づいたのだということが分かる。人間の不平等に敬意が払われるとは、一方的な人間性礼讃ではなく、宇宙の秩序を思い出し、生命の真実に目を配ることを言っている。我々が宇宙と生命の本源に則って、生きているのだということの真実に思い至ったのだろう。

だから不平等の意味が分からないのであれば、もう宇宙も生命もその真実は分からないということになる。宇宙と生命は良いとか悪いではない。事実の集積なのである。ああだこうだという話ではない。いまは迷信の世の中になっているのだ。いまは精神的にはオカルトと迷信の世の中と言ってもいい。オカルトと迷信の神がヒューマニズムだと言える。だからすべての差別撤廃も平等思想も、オカルト教の天使であり神の一つなのだ。あのブルクハルトが、不平等に敬意が払われるときがくるだろうと言ったときの苦悩と悲しみが私には伝わってくる。

私もブルクハルトの『イタリア・ルネッサンスの文化』によって、ルネッサンスの美と偉大を学んだ人間である。そのブルクハルトをしてこう言わしめた現実に、私は深いヨーロッパの歴史的な闇を見る思いがした。ヨーロッパの苦しみは深い。ルネッサンスを人類の滅亡という形に持ってきてしまった、我々人間の罪は重い。美しいものを醜いものに変えてしまったのだ。我々人間は、不平等に苦しみ続けなければ文明を維持できない。私もそう思う。その苦しみが真の人間の面目を創ってきた。この不平等そのものを苦しみ続けなければならないのだ。それが弁証法的に、躍動する文明を築き上げる原動力だったことを忘れてはならない。

## 白は白、黒は黒

人類が生み出した偉人たちの多くが、不平等と戦う人生を送った。偉大な人たちというのは、不平等と戦う人生を送ったから偉大だったのだ。この真理を見なければならない。だから不平等と戦う人生を送ることのできる社会が、活力のある良い社会だということになる。不平等を活力に変える社会の仕組みが大切となる。良い時代とは、その構造が上手く機能している社会だ。不平等をな﹅く﹅そ﹅うとすると、この考えに至ることができない。いまの人は自己矛盾で、昔の言葉で言うと自家中毒に陥っている。

偉大な人の多くが不平等と戦い続けたということは、実は不平等が文明的には「正しい」ということなのだ。正しいという意味が現代人には分からないのだろう。キリストも釈迦も不平等と戦い続けた。ゾロアスターもマホメットもそうだった。つまり不平等こそが、平等を願う偉大な人間の魂を創り上げたのだ。この大矛盾がなければ人間存在には価値がない。だから不平等がなくなり、弁証法的矛盾対立が解消して、一つの価値観になったらもう活力に満ちた人類ではないということになってしまう。不平等と戦う個別の戦いの中に、人類生存の意味が隠されている。

もともと、地球上の生き物はすべて動物と植物で良かったのだ。それにも拘わらず、なぜ我々人類が生まれたのか。宇宙の意志が、それを志向したからである。宇宙は、苦悩をともにする存在を欲したのだろう。それは宇宙の実在が、すべて矛盾によって成り立つ弁証法的存在だったからに他ならない。その苦悩の中で、神を求め呻吟するために人間は生まれた。そして、その苦悩だけが人類と文明を創ったのだ。我々の文明を穿《うが》つことに措いて比類のないあのエミール・シオランは、その『涙と聖者』において「最後の審判のとき、人が吟味するものはただ涙だけであろう」(Au Jugement dernier on ne pèsera que les larmes.) と言っていた。

人間は苦悩とその克服の連続によって、文明と自己の魂を練磨してきたことを忘れてはならない。不平等がなければ、弁証法的な葛藤は生まれない。葛藤が生まれないということは、陰と陽の無限対立の回転エネルギーが生まれないということになってしまう。だから不平等は宇宙的に正しい。それがなくなったら、存在の躍動は死んでしまうだろう。だから不平等が少なくなった現代の人間は、魂が死んでしまったと言ってもおかしくない状態にあるのだ。白も黒もない。この世には、事実しか存在しないことを再認識しなければならない。

いま人種差別撤廃で白人と黒人は平等だと言うが、白人も黒人も両者ともにその意味が分かっていないようだ。平等なら、白人と黒人がこの世に別々に誕生し存在している意味がない。白人と黒人がこの地球上にできたということは、それぞれに長所と短所があるからなのだ。白人が上とか下とか黒人が上とか下とかは関係ない。人間として、白人もいて黒人もいて黄色人種もいて、それぞれが違っているほうが人類として強いのだ。そして、それぞれがその違いに悩むためにも、その性能が分かれているとも言えよう。そこで悩み続けることも含めて、悩むことそのものが人類の強みを促《うなが》している。なぜ多様性というのが分からないのだろう。多様性は悪い意味の差別ではない。しかし人間が、自己の文化と違う文化を嫌うのは仕方のないことなのだ。他を嫌うから、一つの文化が成り立つことを知らなければならない。

他を嫌うのは、差別ではない。白人と黒人とのそれぞれの価値を一緒にしてしまったら、せっかく白人と黒人を人類が生み出したのに、何の意味もなくなってしまう。いまの時代は嘘だらけで、多文化共生とか多様性に価値を置くと言うが、逆に多様性を否定している。黒い人は黒で、白い人は白い。どちらが上かは、差別ではなく、そのときの力関係によって流動的に決まっていくだけに過ぎない。実はこの差別意識が真の人間の面目を創り上げてきたのだ。自己が他者よりも優越する人間になりたいという願いだけが、文明を発展させたのである。それが最初に悪い形で現象面にでることは仕方のないことなのだ。その悪徳を回転させていくところに、人間の魂の鍛錬の中枢があった。人類は差別意識によって、人間として発展し、その差別意識を人間として乗り超えようとする努力によって人間としての完成に向かっていた。差別意識ほど、人間の面目を築き上げた文化は他にないだろう。

太陽光線に対する抵抗力がどちらの人種のほうが強いかと言えば、黒人のほうが強くて白人のほうが弱い。だから一つ一つがそれぞれ強いところと弱いところがあって、それは長所と短所というだけで別にそこに絶対的な優劣があるわけではない。何を基準に置くかによって、優劣はその都度変わっていく。それが弁証法的に動いているだけだ。そのほうが人類として価値があるし多様性がある。そして、その違いをお互いに嫌いながら苦しみ続けることが、人間の人間たる謂《い》われを創っている。差別が「絶対悪」なら、魂の苦悩はなくなる。現代の人間はその苦悩を捨てた。だから文明は、反対に現代の「人間」を捨てるだろう。これが弁証法の答えなのだ。

「脱人間」という思想は、弁証法のアウフヘーベン（止揚）である。苦悩と呻吟の中から生まれた真の希望とも言えよう。現代の人間は苦悩を捨てたので、今度は我々が反対にその現代を捨てようと考えている。「脱人間」は、いま言った通り弁証法から出てきているアウフヘーベンであり、苦悩を突き抜けてより新しく高い位置に行くという思想なのだ。「脱人間」を行なうことによって、私は人間本来に戻ることができると思っている。戻るとは、突き抜けるということだ。人間本来ということは、人間の初心の魂である。「初心に戻る」ことによって、「未来の人間」になるということなのだ。その決意こそが、新しい人間の面目を創っていくだろう。

## 大矛盾を生きる

私は武士道が好きなので、『葉隠』の大矛盾の思想を信じて生き抜いてきた。『葉隠』は矛盾の固まりである。とにかく『葉隠』とはそういう思想だ。分かりやすい例で言えば、「とにかく早く死ななければならぬ。死ぬことだけに価値がある」と書いている。ところが違うところを読むと、「一生涯身体を大事にして、殿様に仕え、年取るまで仕え果てるのが武士にとって一番重要なのだ」というのも書いている。これはどちらも正しい。これが分からないような人間は、武士道を苦しむこともできない。私は武士道だけを信奉し、『葉隠』の大矛盾の思想の中を生き抜いてきた。矛盾を苦しみ抜くことが、私の人生を創ったと言っていい。だからこそ私は人間の文明の不合理が分かるのだ。

不合理が人間の文明を創った。ここが重要なのだ。だから秀れた文化ほど、矛盾が多い。騎士道も武士道も、秀れた文化ゆえにものすごく矛盾が多い。矛盾が多いほど、文化として味わいがある。現代は矛盾が少なくなってきてしまったから、文化としては「幼稚」で「低俗」だと言える。矛盾が少ないものは幼稚なのだ。それを現代人はあまり分かっていない。矛盾ということでは、武士道や騎士道の右に出るものは大宗教を除いてほとんどない。もちろん過去の大宗教は矛盾の固まりだ。我々人間はその矛盾と不合理の中で哭《な》き、悩み、そして突き抜けて生きてきた。それを忘れさせることによって、現代文明とそのヒューマニズムは進展した。

私は『葉隠』が好きだったので、もともと、「脱人間」をしていたように思う。『葉隠』が死ぬほど好きだったので、私は現代社会の中を生きてこなかった。結果として、「脱人間」をしてしまったことになったのはすでに何度か述べた。だから「脱人間」は私自身でもある。私は現世などは大嫌いであり、その中を生きてこなかった。私は昔の偉大な人々の魂を愛し、それらとともに生きてきたつもりなのだ。そして、いま七十歳だが、自分の人生を本当に良かったと思っている。少なくとも私は、自分自身に与えられた本当の生命を生きてきたと思っている。だから「脱人間」をしたほうが、本当の生命を生きられるという実感を持っているのだ。

私は武士道だけが好きなのだ。だから俗世間を知らない。また知りたいとも思っていない。そして武士道の魂の美しさと偉大さだけを見つめて生きてきた。現世を脱することは、実にすばらしいことだと信じている。現人間を脱することよりも大いなる喜びはない。それを実行し、実感として知っている。だから私の面目は立っている。現代の人間は、すでに人間の面目を失ってしまった。誇りを失ってしまったのだ。人間の崇高と尊厳を失った。最近では自分の持つ弱さを自慢する考え方が、マスメディアを跋扈《ばっこ》している。それをまるでヒューマニズムの本流と心得ているようだ。人権と人間性を言挙げすれば、現代社会を通らないものはない。これはすべて、人間を物質と見る現代のヒューマニズムが招いた人類の茶番とも言えるものだろう。

神話などを読んでも、人間に関しては魂が主体で肉体に関する記述は少ない。アダムとイヴが善悪を知る木の実を食べるまでは、自分たちが裸であることも、肉体を持つことも認識していなかった。ところが、人類が神から離れ、自分たちで判断ができる存在になったと思い始めてから、魂ではなく目に見える肉体のほうを重視することになってしまった。罪が始まったと神話には記されている。しかし魂さえあれば、肉体への固執は却って慈愛を生み出す上で価値があった。いまは魂の存在が薄れてしまったため、誰もが精神性を放棄してしまった結果、肉体が突出して大事になってしまった。

反差別は、ヒューマニズムを信奉する現代の神になってしまった。そのことによって差別が持つ人類的価値はなくなってしまった。もちろん不当な差別には私も反対である。しかし、差別問題は神ではない。それが今は、絶対的な神の位置に上げられているように私には見える。そして、差別は個別の問題であるところに価値があるのだ。それを分かる必要がある。弱い立場の人たちが普通の人々よりも、あらゆる社会的扱いにおいて、いまでは「上」になってしまっている。そのような主客転倒に反対しているのだ。それに対して何も言えない世の中になった。これは本当のファシズムである。私はこれを「笑顔のファシズム」と呼んでいる。差別意識が文明を築いてきた。その善を認め、そして悪の部分は我々が悩み苦しんで穴埋めをしていくのが文明というものではないか。文明の根源を変えてしまえば、文明そのものが滅びてしまうことを私は危惧している。

## 武士道とキリスト教の融合

私の尊敬する内村鑑三は、米国留学時に受けた多くの差別を魂の浄化によって乗り超えていた。人間と文明の弁証法的展開における、不整合な部分が悪い意味の差別となっているのだ。しかし、その力が持つ表の部分が文明を推し進めたことも事実だ。差別は、魂によって乗り超えるしかない。魂でそれを乗り超えれば、差別そのものが人類にとって最も美しいものに変容していくだろう。それは、人間の最も大切な慈愛や気概を生み出す根本となるものでもあるからだ。内村はそれを言っている。内村はキリスト教の最高のものとして、神のためにすべてを捧げる生き方を説いた。現世を乗り超える力を宗教に求めたのだ。そして、その巨大な力によって地上の汚れを乗り超えるということだ。地上の汚れは、魂の真の進化によってしか、本当には乗り超えることができない。本当に乗り超えることが大切なのだ。嘘と偽善によって差別を乗り超えようとしているのが現代と言える。

内村はそのキリスト教と日本の武士道が融合することによって、真の魂の救済ができると信じていた。武士道も、魂の浄化によって地上的な汚れを乗り超えようとした思想なのだ。自分の命すら、魂のために犠牲にすることが武士道の根本である。内村は、その両者の価値を融合した。そして、その融合した姿こそが日本人の「世界的使命」だと言っていた。武士道にキリスト教を「接《つ》ぎ木」することによって、日本人の真の使命が生まれるのだ。それこそが、地上のことなどは薙《な》ぎ倒して進み行く魂の進化だと私は思っている。

内村が言うキリスト教とは、魂のために地上の価値を打ち倒さなければならないということに尽きる。そして武士道も全く同じ思想と言える。神という言葉を付けるか、付けないかの違いしかない。つまり、我々日本人は、武士道の血が深く根ざしている。だから、一神教の宗教を持つことはなかったが、実は一神教の最も尊い価値を武士道を通じて持っていた。その血を甦らせなければならない。そうすれば、我々の血には世界最高の宗教的真実が武士道を通じて生きていることになる。その力をもって、現世を乗り超えるのである。その力をもって、「脱人間」という思想をこの世で実現するのだ。

内村鑑三には、一つの予言がある。それは「武士道は日本国最善の産物である。しかしながら武士道そのものに日本国を救う能力はない。武士道の台木にキリスト教を接いだもの、そのものは世界最善の産物であって、これに日本国のみならず全世界を救う能力がある……世界はつまりキリスト教によって救われる。しかも武士道の上に接ぎ木されたるキリスト教によって救われるのである」というものだ。先ほど私が言った「接ぎ木」とは内村の言葉なのだ。内村の言う意味は、キリスト教と武士道の精神のことだけを言っている。魂のために肉体を犠牲にする、その精神だけが世界を救うと言っているのである。この両者は同じものだが、その文化的な適用範囲の違いだけを述べたものと思っていい。この予言で一番大切なことは、自己の命よりも魂を大切にする考えだけが、最も人類にとって必要なのだということである。

私自身、『葉隠』を信奉していることは何度も述べたが、運良くキリスト教の教育を小、中、高、大と一貫して受けてきた。そこで感じたのは内村思想の真実性だった。そしてこの内村思想とは、人間に与えられた宇宙的使命のために、肉体を擲《なげう》つことが人生の唯一の目的なのだということである。その結論を、本当に信ずる魂さえあれば、キリスト教の霊魂も武士道の真髄もすでに各人の身の内に備え持っていると考えて間違いない。要は体当たりで本当にそう生きるかどうかなのだ。

結論としては、私はキリスト教によって接ぎ木された武士道というのを実践していくに当たり、現代の人間と自分は違うのだという「誇り」が最も重要だった。これを持たなければ、私はそれを実践してくることはできなかった。この魂の苦悩と、愛の断行を行なうのが人間なのだと私は信じて生きている。それをいま、この地上においてどう実現するかということなのだ。我々は昔には戻れない。だから、我々は「脱人間」を断行して、新しい人間像を創り上げなければならないと言っている。それは苦しい戦いになるだろう。しかし、我々の祖先が戦ったように、我々も魂の腐蝕と戦わなければならないのだ。この意味でも「脱人間」は未来へ向かう唯一の希望となる。埴谷雄高の言う「人間の中に永遠はない。人間が終わるとき永遠は始まるのだ」という言葉だけが私の中で響き続けている。

## 自分を創る

内村鑑三の思想は、私が自らの思想の根幹としている「絶対負《ぜったいふ》」の思想を創り上げる根源となった考え方である。私が内村の思想に惚れているのは、その最高度に至る魂の崇高性なのだ。魂のために、他のあらゆるものをすべて問題としない。それが最大の魅力だ。その上で、孤高の「独立自尊」ということが貫かれている。私はこの独立自尊が死ぬほどに好きなのだ。人間の魂の力の偉大さをこれほどまでに理論化した人はいない。この内村の考え方と同じ考え方が、この章の扉に掲げられたサルトルの言葉とも言えよう。ここで、その言葉について少し触れていきたい。
「人間は、自らが創ったものになる」(L'homme n'est rien d'autre que ce qu'il se fait.)というジャン＝ポール・サルトルの言葉ほど、「人間の面目」とは何かを示している言葉はないだろう。この言葉は、人間の運命はすべて自分自身が生み出し、そして人間の未来はすべて人間たち自身が創り出しているのだということを表わしている。それは「脱人間」という思想を断行するに当たって、我々人間がどのような人間になっていかねばならないかを示している。つまり、「分かって」それを創り上げなければならないということを指し示すのだ。人間は、自らが創ったものになれる。それは、すべてが自己責任ということなのだ。これが人間の人間たる謂《い》われになっている。自己の意志が、自己の運命を創っている。それが人間の最大の特徴である。

だからすばらしいものになることもできるし、下らない生き物になることもできるということなのだ。この考え方を正しく認識することが人間にとって最も大切なことではないだろうか。人間は自らが創ったものになるとは、すばらしいものになるかどうかは分からないということなのだ。そう考えたとき、いまは価値の低いものが人間存在の中心になってしまったように思う。だから私は、いま一度秀れたものを創ろうではないかということを提唱している。人間が自らの力で未来を創ろうとする意志を、私は人間の面目と言っているのである。

前にも「心的エネルギー」という負のエネルギーについて述べた言葉を引いたことがある。人間がその面目を立てるということは、九州大学医学部名誉教授の井口潔先生のこの「脳理論」で述べられていることと深く関係している。つまり井口先生は「自分の脳は自分で創る」ということを述べているのだ。これは井口先生がその理論を確立され、それを広く社会に提唱している「生物学的人間教育論」の中で述べていたことである。脳というのは十歳までの発育段階において、自分の力で創ることができるという科学的な理論だ。先生は、脳は「十年の早産」と言っており、生まれた後に、躾などの力によって自分の力でその回路を創り上げていくのだと主唱されている。これは科学的にも脳の可塑性が人間の人格と運命を創り上げる鍵となり、幼少期に躾として経験したものが深く蓄えられるというのも可塑性の恩恵だとする考え方と合致する。

脳の持つ可塑性は、人間の最も偉大な特徴であるとともに、また最も恐ろしい魔性でもある。この可塑性が人間の運命を創り上げる能力を無限に引き出し、しかもその能力を悪魔のごとく変容させていくこともできるのだ。つまり人間は自分が思ったように生き、また現実も思った通りになるということだ。そしてまた、どのような悪人にもなることができるし、どのように堕落することもできる。ジョン・ミルトンがその『失楽園』において「正しく立てる者も自由に立ち、堕ちた者も自由に堕ちたのだ」(Freely they stood who stood, and fell who fell.) と表わした通り、我々人間はすべて自由に生まれてきたのだ。その本当の自覚が人間の真の面目を立てるのである。

しかし我々が住む現代社会は、すでに魂の終焉を迎えてしまった。宗教はすべて人間的と人間性というヒューマニズムに呑みこまれ、その脳髄を破砕されている。宗教家の多くは自分の人気の行方に一喜一憂しているのが現状と言えよう。仏教もキリスト教も、知っている範囲では、すべて人気だけが優先されている。実は宗教家というのは、現世の人気などを気にしている人間を一刀両断にするために存在しているものなのだ。現世の価値を切り捨てる役目を担っているのが宗教家だった。

男女の愛とか、金銭に対する欲望とか、出世欲とか、それから人に好かれたいとか、人気があるとか、そういうことにかまけているのが現世の大衆だ。それを低次元の話として、「神の真理を説き」

「宇宙的な真実を伝え」「生命の哲理の深奥に入ろうとする」ことに導くのが宗教家の役目だった。いまは人気を得たいと思っているのも、お金を欲しがっているのもすべて宗教家の特徴になってしまった。これでは完全に宗教家は「脳停止《エポケー》」の状態になっているということだ。宗教が死に体だということは、人類が魂の終焉を迎えたという意味になる。現代はヒューマニズムだけとなってしまい、反ヒューマニズムになるものがない。つまり「人間」の都合に対抗するものがないのだ。

## 宗教の終わり

あれほど頑強だったカトリック教会も、最近ではすっかり物分かりが良くなりすべての人々に好かれるようになった。現代に合わない「教理」の多くが改変され、あの偉大だったカトリシズムの「崇高性」はすっかり影をひそめてしまっている。なぜこうなったかと言えば、それはすべて人間の幸福のためという綺麗事であり、ヒューマニズムを神とする人気優先の社会の波に、キリスト教会が敗けたことを表わしている。キリスト教会のこの現状をみて、私は現代の病根の深さを感じている。

キリスト教が現代社会にその価値観を合わせてしまえば、二千年にわたるキリスト教の根本教義の否定をしていることになる。そうしなければ信者が減って、自分と教会の人気が下がるからだろう。何よりそのような改革が教会の内部で何の問題にもなっていないことに私は驚いている。この誰も何も反論できないし、反論する気もないという現状を見て、これでもう宗教が死んだということを感ずる。多分、教会の上層部が信仰の維持のために一所懸命、宣伝塔としてやってくれていると皆が思っているのだろう。人気が何よりも大切なのだという共通認識に支配されているのだ。崇高な魂が死んでしまった。

いまのような社会を普通に生きている人間はすべて、魂を失った偽ヒューマニズムに洗脳されているとしか考えられない。だからこそ、この社会で「人間」と考えられている生き物を脱して、我々は真の人間になろうとしなければならない。いまの社会といえども、もしそのヒューマニズムが本物だったらまだ救いようがある。しかし全くそうではなく、無限経済成長に人々を駆り立てる餌として用意されたものなのだ。それは魂を失った偽善思想に過ぎない。本物のヒューマニズムは、魂が生きている中で行なわれる人間的苦悩の裏打ちにその価値がある。宇宙の厳しさの中を生きる、人間の魂の呻吟が真のヒューマニズムを生む。ヒューマニズムは、単なる「許し」や「優しさ」ではない。

つい最近、フランスのノートル・ダム寺院が燃えた事件が起きた。その際の出来事が、現代を象徴しているようで記憶に新しい。まず、ノートル・ダムが燃えている最中にマクロン大統領に対するインタビューがあったが、開口一番これは放火ではないと断言していた。まだ火が燃えている、まだ詳細の分からない段階でそう言ったのだ。これは何かと言うと、移民がもしこの放火に関係していたら大変だからなのだ。移民に対する気遣いがまず先に浮かんだということを示している。それだけいまはもう移民に圧倒されている現状が分かる。もし移民が犯人だった場合、それを裁けば人種差別問題が勃発し、イスラム教徒だったら宗教差別問題が生じてしまう。それを前もって押さえたのだろう。その後、ノートル・ダム寺院を復興させるために、金持ちの寄付が集まったときに、国民がノートル・ダムなんかに寄附するような、余り金を持っている人間は許せないと言って抗議をした。それに対するデモが起こって暴動により負傷者が出たくらいなのだ。

ヨーロッパそしてフランスのキリスト教の象徴であるノートル・ダムを修復することに、なぜ個々人の利害損得の主張が出てくるのだろうか。そこに、フランスの国家体制の崩壊現象とキリスト教の現状が示されている。ヨーロッパが解体されつつあることは間違いない。ヨーロッパ文明との対決に生涯をかけた森有正は、その著作においてもノートル・ダムを象徴的に描いたものが多い。その中でノートル・ダムをこう著わした。「ノートル・ダムを感覚する。これによって、そこに私どもの夢と喜びと生きがいというふうなものがその中に感ぜられるときに、それを感覚が目覚めるというのです」と。森にとって、ノートル・ダムはヨーロッパの魂そのものだった。ノートル・ダムを見上げたときに、森有正は自己の魂と対面していたのだ。かつては皆がノートル・ダムにヨーロッパの精神とその宇宙的使命を感じていた。しかし、いまやこの象徴を足蹴にするいまの惨憺たる状況は目を覆うばかりである。もはやノートル・ダムのヨーロッパ的・キリスト教的意味は焼失した。

キリスト教に限らず仏教でも、坐禅の修行で雲水が足を痛めたら親が抗議にやってくる時代となった。阿闍梨や禅の修行もしかり、千日回峰行や断食にもいまや医者がついて、ドクターストップがかかるのだ。それを押して修行をさせれば、責任者は「殺人罪」となってしまう。これが国家に頼り社会の人気を取るようになった宗教界の現状である。宗教は、国家権力と大衆の人気という権力に完全に降ったのである。そして厳しさを全く失い、永遠の「許し」と「甘やかし」があるだけになってしまった。つまりその存在理由を失った。

宗教を失うことの最大の危険は、人間から目に見えないものの価値が失われていくことである。それは取りも直さず、人間の本体である魂がなくなるということだ。後に残るのは肉体とその生存のための日常生活だけとなってしまう。現代は、この肉体と日常を神にまで高めてしまった。その結果、非日常の価値はほとんど見る影もなく衰退している。我々の時代は、命をかけることもなく、また人生を冒険に託すこともなくなった。それらはすべて、人類の使命にかかわる大事なのだ。人類史は非日常の中に存在していることを思い出さなければならない。その非日常は、現代では芸術と書物の世界にまだ命脈を保っているに過ぎない。

シュールレアリズムなどはその少ない例になるだろう。その芸術は、我々に非日常を突き付けてくる。日常に埋没しようとする我々の魂に、非日常の世界への飛躍を促すのだ。カンディンスキーからピカソに至るシュールレアリズムは、我々に冒険の人生を提供してくれる。しかし、その芸術すらが、いまや衰退の兆しを見せ、限りない幼稚化と癒しの「工芸品」に取って代わられようとしている。我々は目に見えないものを現実化するという、非日常への挑戦の心を失ってしまったようだ。それは人間の死を意味している。人間とは、目に見えぬもののために、自分の命を捧げることをその使命としているのだ。我々は再び、目に見えぬ魂の価値に向かって生きるように生まれ変わる必要がある。目に見えぬものに向かって、突進する日々を回復しなければならない。

## 運命の女神

「脱人間」とは、自己の運命だけを信じて生きる人間になるということに尽きる。ここが重要な点である。「脱人間」をすれば、ただ独りで生き、ただ独りで死ぬことになる。それが自分の運命だけを信じるということなのだ。それが私の運命論であり、私という人間の面目を示している。自己の運命だけが、このような世の中にあっても、宇宙の本源と直結する唯一の実在だと信ずる。そして、その自己の運命を愛するのだ。自己の運命への愛を育まなければならない。私は自分自身がそういう道を歩んできた。そして、本当に良かったと思っている。これは「運命への愛」つまり「アモール・ファーティー」(Amor fati) を持つことの大切さを言っている。「運命への愛《アモール・ファーティー》」は、フランスの哲学者モーリス・パンゲが日本の武士道を表わすのに用いた言葉だが、それは私の生き方の根本原理にもなっているものだ。

しかし、この自分の運命を信じることの難しさが、「脱人間論」の難しさともなっている。自己に満足をしてしまえば運命は逃げていく。運命のモチーフは足に羽の生えた女神で、少しの前髪を残して後ろ髪がない。この前髪を瞬時に摑まないと運命は逃げてしまうと言われるゆえんである。この女神を摑まえるのは至難の技で、一瞬のことで逃げていってしまうのだ。ギリシャ・ローマ神話でも運命の女神というのは、前髪しかないから、先を越されて後ろ姿となったのを見送るだけでは、もう逃げられてしまい摑む髪の毛はない。それに加えて、運命は足に羽が生えており、すぐにどこかへ飛んでいってしまうものだと言われているのだ。

運命がきたらすぐに気づいて摑まないとならない。しかし運命に気がつかないということもあり得る。私は運命には慣れているから、いまや起こっている事象が自己の運命かどうかが直感的に分かるようになっている。しかし、そうなるまでには失敗の連続があった。とにかく、小さいことでもまず体当たりしないと、自分の運命がきているかどうか分からない。だから、失敗を覚悟の人生を送らなければならないといつでも言っている。私は運命のベテランなので、すぐに分かるのだ。「おお、運命がやってきた」と、それが歳とともに増えている。だからこそ、自分の運命を楽しむことができるようになっているのだろう。

この運命の神が女神だということも、運命の本質を言い当てている。運命の女神は、女神だけあって男らしい勇猛な勇気を好む。だから運命を摑むには勇気のある行動が絶対条件となるのだ。全く運命の女神の姿というのは、すべてにおいて運命そのものを表わしているから面白い。運命の女神は、先ほどのことに加えて、不安定な球体の上に乗ってその危うさを示し、逃げやすさを象徴する羽根の生えた靴を履き、幸福の満たされることがない底の抜けた壺を持っている。この不安定な球体の上に乗っているから、いつ転ぶか、いつ回転してどこともなく行ってしまうものなのか、運命は危険で分かりづらいものでもある。シェイクスピアの『リア王』には「運命の車輪が回転する」（The wheel is come full circle.）という台詞がある。そして回転したら、もう誰にも止めることはできない。

ここで先ほど少し触れた、運命がなぜ女神であるかということの理由についてもう一度繰り返して詰めておきたい。それは大切な歴史的事象だからである。運命はその運命に立ち向かう勇気に対してだけ、その女神が惚れるということをもう一度確認しておきたい。運命の女神は、勇気のある人にだけ微笑む。運命の女神は、そういう男らしい勇気に惚れることから、必然的に女神になったのだ。またギリシャ神話における運命の女神はモイライと呼ばれるが、これは時間と寿命と出産を支配する神である。かのゼウスですら、運命の女神たちを従えることはできなかったと言われている。

それほど運命というのは、個々の人間の力によって支配できるものではないので、不安と大矛盾を抱えるものでもある。この予測の不可能さ、不安定さ、不可思議さを女性によって表わしているようにも思う。伝統的な秩序や父権といった、男性の支配する世界で割り切れるものとは異なるということになるのだろう。だからこそ、その不安定さに打ち克つ勇気だけが、これらの女神の微笑みを得る秘訣なのだ。運命は、失敗を繰り返して体当たりをすることだけによって拓く。だから、運命とは覚悟の問題なのである。ちなみに、私は運命の女神にことのほか好かれている。

## 変転する運命

私はこの運命を突き抜けるということが、偶然できるようになった。すべて『葉隠』のおかげだ。そもそも私は武士道の思想だけで生きてきた。そういう意味では、初めからこの世には全く未練がないので、思う存分に体当たりができるのだ。武士道の魂の中だけを、歩んできたおかげとしか言えない。このことによって、私は人類史を飾る多くの先人たちの魂と交流することができた。だから、私は自分が青春の頃から「脱人間」を断行していたのだと思っている。そのことによって、私は自己の魂を救ったのだと考えている。現代の間違った人間観を、一切受けつけなかったことの幸運を噛み締めている。私は自己に与えられた魂と肉体だけを引っ提《さ》げて、ただ独りで生きてきた。そしてその喜びをいま語っているのだ。

「脱人間」とは、自己の運命だけを生き切ることを言う。自己の運命の中に、宇宙的実在がすでに揃っているからなのだ。何度も言うが、これが「脱人間」という思想の核心となる。その力強い思想的な後押しを、私は十字架の聖ヨハネ（サン・ファン・デ・ラ・クルス）の言葉から得た。「お前の知らぬものに到達するために、お前の知らぬ道を行《ゆ》かねばならぬ」（Para venir a lo que no sabes, has de ir por donde no sabes.）というものがそれだ。自分の運命の面白さを味わい、その痛みを受け取り、その悲しさを抱き締めなければならない。すべての人が宇宙からそれぞれの運命を与えられているのだ。その運命は、自分だけの自分の王国である。それを疑う人間は崩れ去るだろう。それを信じ、すべてを受け取る人間にして、初めて運命の女神は微笑んでくれる。それが勇気だと言えよう。

あのアレキシス・カレルは、自分自身も十字架の聖ヨハネのように知らぬ道を行き、知らぬ所へ到達する人生を歩んだ。そして、そう生きたときの人間の様子をこう書いている。「彼は彼自身から解脱することができる。彼の祈りは一つの内観になってくる。彼は法悦の世界に入る。もうそこでは見るものを語ることができない。彼が感ずるものを言い表わそうと思うと十字架の聖ヨハネのごとく、人間的な愛の言葉を用いるよりほかはない。彼の精神は時間と空間を超越してしまう」と。まさに知らぬものとは、「運命への愛」という思想以外では感得できるものではない。

もし自己の運命が不幸を内包するなら、我々は不幸にならなければならない。その覚悟だけが、運命に生きる自己を創るのである。だから自分は何が好き、何は嫌いだと強く思っている人は運命に体当たりはできない。最終的には不幸になってもいいと思わなければ運命を生きることはできない。だから、私は常々不幸を受け入れるように言っているのだ。またどれだけ深く自己の運命を感じるかという点で、人は大きくその人生に開きがでてくる。この運命を深く感じれば感じるほど、その崇高性が分かってくるということだろう。運命は宇宙から降ってくるから、基本的には厳しいものになる。

以前に書いた『根源へ』（講談社刊）においても運命を論じているが、一度運命の車輪が回転し出すともう誰にも止めることはできない。不幸になるか、幸福になるか、それは誰にも分からない。そして、どちらにしても誰にも止めることすらできないということだ。だから憶病な人間はいつまでもこの車輪を回転させることができない。宇宙は変化であり、我々の人生は主観である。先述したそのエックハルトの言葉通り、宇宙は変転し流転しているので、どうなるかは全く分からない。そして人生という人間の生《せい》は、すべて自分の主観から成り立っている。だから元来、正しいものもなければ、間違っているものもない。すべては自分の捉え方によって良くも悪くもなるのだ。

しかしその自由が、人間に恐怖心を与える根本にもなってしまうのである。自分だけで考えていると、運命はやはり変化であり恐怖であり、先が読めない。つまり運命は神であり宇宙であるとも言える。だから神を信じ宇宙を目指すのは、恐ろしく勇気のいることなのだ。私はずっとそうやって生きているので何ともないのだが、もし生きてこなかったとしたらきっと怖いものだろう。運命の回転を恐れる人間は、憶病で我儘な場合が多い。そして、自分で自分を固定したい人間だろう。しかし実際には、この運命こそが現代の間違った考え方のすべてを自分に教え、また自分を本源的な人類の道に案内してくれるものなのだ。私自身も、この自分の運命によって現代の問題がすべて分かり、自分に本源的な人間とは何かを感じさせてもらうことができた。私が本源的な人間を理解してきたのは知性ではない。それは勇気である。

運命には保障がない。運命には安楽と安定もない。運命には休日もない。そして、幸福も不幸もないのだ。運命とはそれ自身が、宇宙の精神であり生命の神秘である。それに自分のすべてを投げ込むしかない。運命に生きることができれば、自己のもつ宇宙的使命は自ずから遂行される。そうすれば、現代から「脱人間」が断行されるのである。運命に生き出せば「脱人間」という生き方に自動的に入る。いまは人間観が物質的になっている。だから運命ほど分かりにくいものはないだろう。昔は運命に生きていても、それは本来的な人間として生きているだけの話だった。それは特別のものでも何でもなかった。またそういう生き方をする人間だけが、当たり前の人間と認識されていた。しかしいまは、その簡単なことを断行するのに途轍もない決意と勇気がいるのだ。つまり、現人間を捨て「脱人間」をしなければ、当たり前の人間として生きることができない。

## 偽りの超越性

いまや現代の「人間」から、「脱人間」の思想が実行されなければならない。「脱人間」は原人間となることを意味している。原人間とは、その存在そのものが宇宙的使命を帯びる人間のことである。神を失い、恥を失った終末の文明に、もはや別れを告げるときがきたのだ。この文明の中に生きる者は、絶対にこの文明の洗脳を逃れることはできない。それを深く自覚しなければならない。「逃れよう」とするものは絶対に潰れる。電脳社会の網の目が張り巡らされたいまの世の中はそれほど甘くはないのだ。いまの社会に生きる限り、現代社会の洗脳を免れることはできない。

マスメディアの巨大な力に支配されたこの大衆社会は、我々が考えるほど甘いものではない。その力は、この文明が自滅するまで絶対に揺るがないだろう。それだけは私にも分かる。だから、この文明を捨てた者だけが、過去の偉大な魂を持つ人々との心の交流を持てるのだ。これはあの「ミメーシス」の哲学者ルネ・ジラールも、指摘する通りである。ジラールは、消費文明に代表される経済やテクノロジーそしてメディアの普及は、超越的に見えるが、それは「偽りの超越性」だと述べている。いわゆるいまの民主主義のイデオロギーとか、さまざまなメディアとその普及によって、それらがいままでの宗教とは違う超越性を得てしまったのだ。しかし超越性である限り、我々を支配する力は限りなく強大である。

それらに席巻されることによって完全に宗教はなくなった。そして現代の非宗教的超越性に基づいた表面的な発展は、「黙示録」を先送りにしているとジラールは語る。しかし、もう人類の破滅という展望以外のものを思い描くことはできない。「黙示録」はまだ現実になっていないとはいえ、我々の文明に破滅を与える原因となるものは、現代のこの非宗教的超越性の中にすでに存在しているのだ。つまりいまの時代を覆っている考え方そのものを言っている。非宗教的超越性が、悪魔的な力となって世の中を支配している。これは宗教性がないから、オルテガの言う無道徳に陥り、科学技術と相まって限界を弁《わきま》えることがない。だから、滅亡に向かうしかない。いま大衆に広がっている社会性は、従来の宗教性と比べて遙かに劣ったものだ。これによって引き起こされた現象を、ジラールはこう語っている。「経済とは宗教儀式の世俗化した形態である」という思想を展開しながら、その世俗化が招いた結末として「社会的に無関心な人間を創造してしまった」と。まさにその頂点を極めているのが現代社会だと言えるのではないか。

私は何も、電車や飛行機に乗るなと言っているのではない。この文明の技術は便利すぎるものであり、最大の欠点はその限界を弁《わきま》えぬ無道徳にある。それが人間の魂を潰してしまったと言っているのだ。それ以外は別に問題ではない。あのウナムーノは、現代の本質的問題について、「自動車や飛行機などという、あんなものは英米人に作らせておけばよい。我々スペイン人は魂の問題を考えているのだ。だから彼らよりも格が上なのである」と喝破したことはすでに述べている。そうなのだ、魂が人間なのだ。そして現代文明が人間の魂を潰してしまった以上、この文明は自壊するしかない。

この文明を礼讃する大衆だけを創り上げ、その大衆とともに自滅するだろう。私は現代の文明はもう死んでいると考えている。自分の価値をすでに自分で測れなくなっているからだ。自分の誇りを失っても失ったとは思わず、恥を失っても気がつくこともない。つまり人間の築きあげた文明としては、その生命力がもう尽きている。自浄作用がないということはそういうことなのだ。この文明と、自分の人生をともにしてはならない。我々は一人ひとりかけがえのない運命を背負う人間だ。その運命に向かって旅立つことが、「脱人間」の真意に他ならない。それが真の人間であり、一人ひとりのペルソナという個性なのだ。それが人間の面目と言うものである。

## 墓の中の誕生

現代文明は死んでいる。だから我々は現行の人間から脱しなければ、自分の運命を生きることはできない。私は死んだ文明の中で、人間の本当の生き方を語っているということなのだろう。この文明の終焉を早くから予知していたあの安部公房は、その『終りし道の標べに』において、この現世と自己の文学それぞれの本質を語っていた。それが「墓の中の誕生のことを語らねばならぬ」という言葉として残っている。この言葉自体が現代文明の本質を語っている。現代文明というのは、良いところがあると思って少しでも欲目に考えると、絶対に呑みこまれるということを忘れてはならない。そう思えば、必ず呑みこまれて引きずられ地の底にまで堕とされてしまう。だから捨てろと言っている。詩人の田村隆一はこの現代社会の荒涼を、安部公房と同じ考え方によって詩となしている。その一節で、「地上には我々の墓がない　地上には我々を入れる墓がない」という悲嘆の声をあげている。田村隆一の叫びを、思想として考えた人が安部公房とも言えよう。だからこそ安部公房は、この真の墓を持つこともできない我々の世から、新たなる誕生を語ることが必要だと言っているのだ。

この「墓の中の誕生」の思想を知ったのは五十年以上前のことだった。この予言は五十年にわたって絶えず、私の中で大きく成長してきた。「原人間」（マカントロポス）として生きようと思う者は、現代という文明の墓場から甦ってこなければならないのだ。現代文明は魂を持つ人間の生存を許さない。無限経済成長のために、人間の魂を悪魔に売ってしまった。まさにゲーテの予言通りになった。あの『ファウスト』が、現代に繋がる文明の根源を抉《えぐ》る批判であることは誰もが知ることだ。それがいま実現してしまった。ファウスト博士は悪魔に魂を売った結果として、無限の知識を与えられた。そして、永遠の地獄をさ迷ったのだ。最後にファウストを救ったのはグレートヒェンの無償の愛だった。愛という宇宙の根源的実在の力だけが、無限の欲望からファウストの魂を救った。限界を弁えぬ欲望の増大は、すでに警告されていた。

人間の宇宙的使命と愛の苦悩を失った我々の文明は、いまや人間的という言葉を最大の宣伝材料にしか使っていない。人間的であることは、優しく、豊かで、幸福になることと化してしまった。人間のためと言えば、どのような理不尽も無理難題もまかり通るようになった。だからこそ、いま我々は人間をやめなければならない。そうしなければ、現代社会から自己の運命を切り離すことができない。自己の運命を愛するということは、現代社会から自己の運命を切り離すことなのだ。「脱人間」とは、それをやることを言う。ただ独りで生き、ただ独りで死ぬという覚悟を決めることによって、新しい人間として甦ることができるのだ。

私は武士道を生き抜いてきた。武士道は否定の美学である。人生を否定し、すべてを否定した上で自分の肉体をも否定する。そうやって自己の魂を永遠化していくのだ。なぜこんなに否定するかというと、宇宙から降り注ぐ我々の魂を生かすためだけにそうやっている。自分の肉体を中心として自己を完全否定しないと、魂というのは生きない。これは禅の思想も同じである。禅もすべてが否定だった。否定の哲学を支えるものにあの有名な「般若心経」がある。その思想を私は生きてきた。だから私は武士道を実践するにあたり、「般若心経」の否定と変わらないことを身をもって感じながら生きてきた。少なくとも、そう生きようとだけ思って生きてきた。

だからこそ、私は現代文明の傲慢性を存分に斬り裂くことができるのだ。「葉隠」と「般若心経」が私を支えている。現代文明は禅と武士道の対極にある。現代社会は何でも与えられ、何でも肯定してくれる。どうせ嘘だから全く気楽に何でもしてくれる。何でもしてくれるということは、すべてが嘘だということなのだ。昔は返す気がないのに何でも与えてくれるのを「空手形《からてがた》」と言ったが、そういう言葉も最近では聞かなくなった。すべてがそうだからだろう。すべてが空手形なので、言葉がなくなった。社会保障の将来もすべて空手形だ。つまり国家的詐欺である。

表面的には確かに良い時代だろう。だから、ここから脱出するには決意がいる。詐欺師は昔から口が上手い。現代社会の中にいれば、自分の魂や使命を行なうことは絶対に無理である。なぜなら、周りの環境が魂に生きることの苦しさを浮き彫りにするからだ。「脱人間」によってこの世を捨てた人間だけが自己の魂を摑み、自己の使命をこの世で貫徹できる。まさにこの世とは逆説の論理に支配されているのだろう。やはり捨てることで得るということだ。いまは空虚で何もないものを現実だと思っている。だから多分、空手形とも思っていないだろう。

自己固有の運命を生きる人間だけが、文明の未来を担うことができる。つまり運命を愛するものだけが未来の人間として生き残る。現代文明はほとんどすべての人間を家畜化する。そして家畜化された人間たちは、自分が家畜だとは気づかないだろう。気づかないから家畜なのである。気づけば、その辺の動物でも反抗するに違いない。家畜には運命がない。家畜化を免れる人間は、現代の人間から「脱人間」を行なった人たちだけとなろう。そしてその人間たちは自分たちが何者かを知ることになる。そこに運命が降り注ぐのだ。

## エクリチュールとしての人間

人間は宇宙意志のエクリチュールである。エクリチュールとは書かれたもの、つまり碑文や金文、そして遺跡に認《したた》められた文字を表わしている。それは「神の痕跡」なのだ。我々人間には「神の痕跡」が打たれている。それを生きることが人間の本当の姿だった。それに再び気づくために我々はこの文明から去り、新しい世界を築かなければならない。この「神の痕跡」というのは、アルゼンチンの詩人ホルヘ・ルイス・ボルヘスの言葉にある。

ドン・キホーテは、「自身の人生」が一冊の書物になったことにその生命の価値があるのだ。つまり、自己の人生を一篇の詩と化したのである。ドン・キホーテは『ティラン・ロ・ブラン』などの騎士道物語を読みすぎて、自己自身の生き方が詩と化してしまった。騎士道物語と同化しそれが非日常の運命と化し、人生が詩という言葉（ロゴス）そのものになった。キリストもまた十字架上に磔になることによって、肉体を限界まで否定し、一つのクロス（†）というロゴスそのものになった。肉体が犠牲とされて最大限に否定され、それが非日常の詩となるとき、人間は神化し神話になる。

それがエクリチュールだということなのだ。いまの人間は、自分自身の運命そのものがエクリチュールだということが分かっていない。人間なら、本当は誰でもエクリチュールになれる。本当の人間である限り、すべての人が「神の痕跡」だということが分かっていない。ルネ・ジラールは言っている。「全ての人が等しくキリスト受難の責任者である。イエスがわれわれに真似るようにと誘っているのは、彼自身の欲望である……つまり、父なる神に可能な限り似ることなのだ。人間は激しく欲望する。しかし何を欲望するのか正確には知っていない」と。我々はすべてキリストつまり宇宙の意志を模倣することができるのだ。

そしてその新しい世界は、我々自身の運命の中にある。こうして我々は自分自身の中の新しい世界を発見しなければならない。ここが重要なのだ。未来というのは、人類の未来があるのではない。人類に未来はない。我々自身の運命の中に人間の未来がある。自己の未来だけが、真の人間の未来を創る力を持つ。それが何かは誰にも分からない。しかし必ずあるということだけは分かる。人間の持つ面目の延長線上に、我々の未来は横たわっているに違いない。面目を失えば、我々は未来を失う。自己の面目を立てるとは、自分の運命を信じ、自分の生命を宇宙的使命に捧げることである。そして真の人間の世の中が必ずくるのだと信ずることに尽きるのではないだろうか。自分の幸福と自分の生しか考えないいまの文明は、必ず自己融解する。命を投げ出す者が生き、命を惜しむものは必ず滅びる。

古代の哲人、荘子はその『荘子』（内篇）において、「生《せい》を殺す者は死せず、生《せい》を生《い》かす者は生きず」（殺生者不死、生生者不生）と言った。この言葉ほど、生の哲学者たる荘子の面目が躍如としているものはない。人類の未来は、却って面目を重んじた古代人のほうがよく知っていた。自己の運命に命を捧げれば、それは宇宙の意志としての宇宙的使命に命を捧げたことに等しい。だから自分の運命に命を捧げさえすれば、宇宙の意志に自分を捧げたのと同じ結果を得られるのだ。運命とは、宇宙の意志の現われだからだ。自己の幸福だけを考えれば限りなく動物に近づく。そして肉体とともに滅びていく。

この「生を殺す者は死せず、生を生かす者は生きず」というのはよく分かるだろう。要は肉体を軽視して、魂に生きようとする者は、本当の生《せい》を生きられ、肉体を生かそう生かそうとする者は、人生そのものが死ぬということを言っている。またドン・キホーテは「生きようとすれば死ぬことを思い、死のうとすればまた生に立ち返る」(Así el vivir me mata, que la muerte me torna a dar la vida.)と言っていた。そのドン・キホーテは自己の文学を人類のエクリチュールとなした。『ドン・キホーテ』という文学自体が一つのエクリチュールとなり、世界最大の文学だと言われるようになったのである。あの三島由紀夫も自己の信念に基づく自決によって、その行為そのものを自己のエクリチュールの文学となした。そして三島文学は永遠となったのだ。

自分自身の運命の中に宇宙があるというのは、この地上では自己固有の名前をもつことから始まる。無名性から一つの名前を持つことによって差別化が始まり、そこに個別の運命が発動してくる。運命というのは差別の代表なのだ。運命は個別である。あの自由の詩人フェデリコ・ガルシア・ロルカが「私は私の死を死にたいのだ」(Quiero morir mi muerte.)というのがまさに個別の死と、その宇宙的価値のことなのだ。逆に安部公房の『壁』は、ある日突然、名前を喪失した男の話であり、それを現代人の象徴として安部は文学に表わしたのである。だから『壁』という文学は、現代文明の原罪を表わしているのだ。それに倣って私は、現代の原罪として本論を語っている。

ジラールと並ぶ脱構築の哲学者ジャック・デリダもまた名前を持つことによって、人類文明の中に性と暴力が生まれたと語っていた。名前をつけることそのものが他者を排除し殺す行為でもあるのだ。つまり個別化と差別の誕生だ。その暴力から新しい個別性が始まった。だから運命というのは性と暴力を内包するものである。そういう真に人間的なものによって、すべてが始まる。個別になり、名前が付いた途端に運命が回り出す。だから性と暴力を否定するということは、人類をやめるということに繋がっていく。名前を付けることは差別化の始まりであり、文明を生み出す行為だったと知る必要がある。

私は先ほどの荘子の哲学「生を殺す者は死せず、生を生かす者は生きず」の中に人間の面目を見ているのだ。そこには宇宙的使命に生きる人間の姿が描かれている。自己の運命が宇宙と一体化して、本当の人間の生命が誕生する。運命だけが宇宙と繋がる唯一の道筋なのだ。荘子は物質や生命の起源を表わしていると私は考えている。その起源が面目を立てる基となるのだ。そして起源が未来を創る。人間の起源を追求するものが、人間の未来を摑むこととなるだろう。起源の中に未来のすべてがある。「脱人間」とは、人間の未来への旅立ちである。つまり人間の起源との出会いに向かうことでもあるのだ。「人間」を脱しなければ、我々はもう人間と出会うことはできない。人間は未来への希望だけで生きている。真の希望がなければ、人間にはなり得ないのだ。真の人間としての希望を抱くためにも、我々は「人間」を脱しなければならない。つまり我々は、終わりを迎えなければ始まることができないのだ。

# 第七章　人間の未来

人は無償で何かを手に入れることはできない。
――オルダス・ハクスリー

## 創世記は終わりにある

フランスの詩人フランシス・ポンジュは、「人間は来《きた》るべき存在である。人間は人間の未来なのだ」(L'homme est à venir. L'homme est l'avenir de l'homme.) と謳《うた》った。つまり、人間はまだ何も決まっていない未完成の状態なのだ。人間は、自分で人間となっていかなければならない。人間にとって、「現在」は永遠に存在しない。人間には、過去と未来しかない。本当の現実とは、過去と未来のことである。過去と親しみ、未来のためだけに生きているものこそを人間と呼ぶのだろう。現在とは、体当たりによって放たれる電光に過ぎない。その現象の中に、過去は溶融し、未来がすでに屹立《きつりつ》しているのだ。

これと同じことをドイツの哲学者エルンスト・ブロッホはその『希望の原理』において「まだ・ない」(Noch-Nicht《ノッホ・ニヒト》) という思想で表わした。我々人間は、まだ何も完成していないのだ。我々は人間となるための苦悩の中を生きているのである。それが、人間というものの実存なのだ。未完成は、人間だけではない。我々を包む環境もまだ、何も出来上がっていない。この地球は、いまだ完成していない。そして地上を覆うすべてのものが、まだ何も出来上がっていない。我々は、まだ道の半ばにあり、この道は細くまた険しい。我々はまだ人間にはなっていない。人間になろうとしている存在と言えよう。我々は使命を果たさなければ、まだ人間にはなれない。ブロッホはそこに、本源的希望の根本を据えている。真の希望とは、摑み取るものなのだ。

この二つの例を見ただけでも世界的な人物たちの多くが、人間の「未完」ということに多大の関心を寄せてきたことが分かると思う。まさに人間とは、まだ何も決まっていない存在なのだ。人間の未来もまた同じである。実は人間の未来など、まだ何も決まっていない。

　言い換えると、未来は良くもなるし、悪くもなるということだ。人間の面目がそれを築き上げるのだということを前章で我々はみてきた。我々はその未来へ向かわなければならない。その未来を知っているのは、我々の運命だけなのである。未来は、分からない。それは宇宙から降り注ぐ我々の運命の力の中に、秘められている。それだけが本当の未来なのだ。それを知らなければならない。自己の運命を信じればそれが分かる。それだけが人間存在の真実とも言えよう。運命とは「いま・ここで」(Hic《ヒック》 et《エト》 Nunc《ヌンク》) という瞬間の中にある。だから、いま・ここでという体当たりの現在を生きることによって、未来は初めて創られることになるのだ。

「火を噴く今」という時空に、肉弾の体当たりを喰らわすということである。現在に体当たりを喰らわすには、現在が嫌いでなければならない。運命に体当たりするというのは、現在が大切で好きだったらできない。現在が好きで、上手くやりたいから、多くの現代人がおどおどしているのだ。現在を固定したい、そして何かを失いたくないからおどおどすることになる。現状満足ということになると段々と小心になってしまう。現状が嫌いで魂の涸渇感があれば、思う存分に体当たりできる。失敗してもいいと思えば、現状などどうでもよくなるということだろう。私は特に過去のほうが好きなので、現在はどうでもいい。だから好き勝手に自由に生きられるのだ。現在が好きな人は、全く現世は生きられない。だから、過去が好きでないと未来を創ることはできない。

　未来は過去の延長線上に構築されるのだ。だから、過去を知らなければ未来は創れない。現代人は過去の知識が足りないので、このままでは未来はほとんどなくなっていく。現代人は良いものをその内部深くに持っているのだが、努力せず自己中心の好き嫌いでやっている。だから結局、ただの趣味の生き方になってしまう。未来を拓くためには、過去を学び現在は挫折する覚悟でただ突進するのだ。自己の運命を信じ、その運命を生き切る人間だけに未来はくる。人間の未来とは、人間が自ら創り出さなければならないものだ。これは自分の脳神経と同じだと思う。

先述した「生物学的人間教育論」の提唱者である井口潔先生の言う、自分の脳のシナプスを自分で創る働きと一緒だろう。時間としての未来は当然にある。しかし、「人間の未来」は創らなければならない。時間の経過としての未来などは、どうでもいい代物だ。それは空間としてあるだけに過ぎない。しかし人間の未来は創らなければ、ない。ここが分からなければならない。本当の未来は自分が自分の運命を生きて創るしかないのだ。人間の運命だけが、人間の未来を創ることができる。それが我々の脳の成育過程と似ていることを私は井口理論によって知った。つまり人間の未来とは、新しい「創世記」を、自分たちで創り上げることを言っているのである。

脳髄と同じで、自己の「創世記」に向かって生きるのが我々人間の使命となる。「脱人間論」とは、我々が「創世記」を新たに生み出すという意味である。そして、その「黙示録」の結末を、我々が自分たちの運命の力で摑み取らなければならないのだ。あのエルンスト・ブロッホは、その『希望の原理』を締めくくるに当たり「現実の創世記は、初めにではなく終わりにある」(Die wirkliche Genesis ist nicht am Anfang, sondern am Ende.) と言っていた。その意味こそが、我々人間の真の未来の在り方と言えるだろう。つまり人類としての我々は、すでに一つの物語の終章にきており、あとは新たな物語を生み出す以外に新しい我々の未来はない。いまの人間は家畜化の道を歩んでいる。この流れを止めることは誰にもできないだろう。

映画監督アンジェイ・ワイダは、ドストエフスキーの『悪霊』を見事な映像に映し出していた。その映画に現われた、悪霊に取り憑かれた豚たちが崖から落ちて行った聖書の比喩を語る台詞が、現代社会の現実の姿を表わす例として先述したことを思い出してほしい。現代社会では現実に人間の名の下、ヒューマニズムの名の下に「人間」の家畜化が進められている。だから我々は、いまこそ「人間」を捨てなければならない。「脱人間」を行なう者だけに人間の未来はくる。現代の人間についてニーチェは、そのツァラトゥストラをして、「終末の人間」(Letzter Mensch《レッツター・メンシュ》)と言わしめていた。そして終末には、大地はすでに小さくなり、その上に一切を小さくしてしまう終末の人間たちがいるのだと述べている。我々は、この終末の人間になることをやめ、新しい人間として生きなければならない。そうしなければ我々に、未来の「創世記」はこない。

## フーコーの予言

人間の未来は、人間自身が創らなければばない。そして、人間の本当の未来は「人間」が終わるときに始まるのだ。「人間とは何か」を辿るにあたり、本章では「人間の未来」という「脱人間論」の鍵となる主題について考えていきたい。フランスの哲学者ミシェル・フーコーはその『言葉と物』において現人類の本質を考察した。そして我々の持つ人類の本質的な存在論について「おそらく、その終焉は間近いのだ」(Et peut-être la fin prochaine.) と語っていたのだ。フーコーが言っている意味は、人間が築き上げた文明が一つの終焉に近づいているということである。特にフーコーは、人類の特質である「狂気」が失われていくことを人間の終焉と考えていたのだ。

現代とは、そのような状況の下にあるということを私は言いたい。我々の未来は、時間軸の上に存在するのではない。それは、我々の運命が創る「何ものか」でしかない。いま人間の未来は、一つの文明が終わり、新しい文明が生まれるか否かというところにある。このまま未来を迎えることは多分できないだろう。それは文明の「断絶の時代」に我々が生きているからに他ならない。我々は人類に初めて訪れた未曾有の時代を生きている。それを不運とするか、幸運となすのかは我々の生き方に懸かっている。この『脱人間論』は、その断絶を乗り超えようとする私の気概のみによって書かれているのだ。

従来の我々の文明は、宗教から始まって厳しい修行によって支えられてきた。それは、性とか暴力という人間の本能的なものをどう文明化していくかということの苦悩であり呻吟だったのだ。不合理の中を突き抜けて文化を打ち立て、それを組織化して文明を築き上げていこうというのが、人間の本源的な営みとなっていた。しかし、そういう従来の本源的な営みが終焉に近いのだということをフーコーは言っている。フーコーの予言を正しいと思うからこそ、私はいまここに取り上げている。フーコーは、いまの文明を続けていけば、人間の「精神」が終わるということを言っている。一般に言う破滅論のような人間がすべて死ぬとか、そういう話ではない。多分、自然滅はかなりあるだろうが、人間はその多くが残り、そのまま家畜化されるだろう。

だから生きた精神を持った「人間として」生きるというのは、もうすぐ終焉を迎えるだろうと言っているのだ。これはフーコーの思想を研究すると分かるのだが、フーコーが一番重要視している考え方だと私は思っている。それは実はフーコーが人間の本体というのを、先述したように「狂気」だと考えているからだろう。人間というのは狂気によって文明とか文化を築いてきた。その狂気が否定されていく状況を見て、フーコーはそう考えたに違いない。二十世紀に至って、民主主義と科学文明そしてヒューマニズムの異常な発展によって、本来の人間が持っていた「狂気」が根こそぎ否定されてしまった。フーコーはそのような意味で、人間の終焉を見たのだろう。

終焉とは、狂気が否定され人間存在が平板になってしまうという意味に違いない。歴史を見ても、『ドン・キホーテ』の頃からそれは徐々に始まっていた。武士道にしても騎士道にしても、人間が築き上げた文化というのは、実はすべて狂気に基づいている。キリスト教も仏教もイスラム教も、特に禅などもみな狂気だと言える。しかしこの狂気が人類の文化を築き上げてきたということを、いまの人は忘れてしまった。フーコーは狂気を「目に見えぬ主権」(une invisible souveraineté) と言っており、理性も狂気の支えがなければ存在しないとも言っている。狂気が混沌を束《たば》ねて潜在意識に存在することによって、初めて合理性とか理性とか科学というものは活きる。だから狂気がない科学や理性は、逆にとても危ないものになるのだ。

これは後から再び述べるが、「民族の凋落は、集団の〈正気《しょうき》〉が頂点に達したときに一致する」という、あのエミール・シオランの思想とも符合している。現代人はこの本当の意味が分からないのだ。普通は集団の「狂気」が頂点に達したときに民族は滅びると思うだろう。ところが本当の歴史を考え、思索してきた人間が口を揃えて言うことは、「正気」なのだ。いまの人類は民主主義と科学文明そしてヒューマニズムによって、「暴力は絶対に駄目」で「人助けは無条件に良い」そして「差別絶対悪」と思い込んでしまった。「1＋1は2」で「2＋2は4」という「正しさ」が出来上がっており、それ以外は一切認めない。そういう真面目一辺倒の「正気」に近づいてしまったのだ。

差別はいけないと言っているが文明の発祥以来、そんなことは誰でも知っている。差別などはもちろんいけないに決まっている。それが我々人間の「情」というものだろう。それでもい、い、い、人類の文明の発展は、差別によって成り立ってきたというのが事実なのだ。宇宙の秩序も差別でしかない。地球は絶対に木星にはなれない。木星も地球にはなれないし、地球は永遠に太陽にはなれない。太陽はアンドロメダの違う恒星にはなれないのだ。これはすべて差別だと言えば差別になる。しかしその差別を受け入れることによって、初めて宇宙の秩序というのは成り立っている。

だから人情的には、差別が良くないことだと誰でも感じるのだが、それによって「苦しむこと」で文明が築き上げられるのだということに気づかなければならないのだ。「情」とは、苦しむためにある心の作用なのだ。マスメディア自体も自分たち自身は、「差別主義者」を断罪し差別することによって成り立っていることは気づきもしない。宇宙はすべてのものに、それ独自の運命がある。他のものにはなれないのだ。しかし、なりたいというその感情は残る。だからその差別によって我々の内に葛藤が生じ、文明や秩序というものを推進してきたのである。

現代文明は、それらの歴史を無いことにしてしまった。だから現代を覆う自己中心の家庭であるマイホームというのは、「我々は毎日幸福です」「うちの家庭は世界で最高です」「うちの主人はすばらしい人だ」「女房もすばらしい人だ」という自己礼讃だけを一年中行なっている。子供はどこのうちを見ても「うちの子はすべて良い子」になってしまった。どこの家でもそう言っている。もう何も苦しまなくなった。これが「正気」となってしまった世の中なのだ。もう自己崩壊しかないだろう。何も苦しまないところには、本当の愛も育たない。愛と苦しみは、宇宙の秩序そのものだと言える。愛も宇宙の秩序に基づいている。実は愛というのは、差別なのだ。差別意識の中にこそ、愛が生まれる。これが真理で、愛する人とそうでない人を差別することが、本当の愛なのだ。だから愛の根源が、差別だということが分からないと話が何も進展しない。いま流の優しさや平等主義が愛だと勘違いしている人が多いが、実は愛とはもっと苛烈で峻厳なものなのだ。

## 狂人が世界を築いた

宗教改革者ジャン・カルヴァンは、理性とは神だけが持てるものであり、神から見たら人間はみな狂気でしかないと語っていた。そして、その狂気という「原罪」を生まれながらに背負っていると言っていたのだ。実は狂気は信仰から生まれている。狂気は人間が自分たちと神とを差別化して自己の位置を認識し、仰ぎ見るべき絶対的な神がいるという前提の下《もと》に生まれてきた。この狂気がなくなったのは、神不在の世になってからだとも言える。神という審判者がいる場合、人間は半端で不完全で下らないもので、生まれながらに原罪を背負っていた。その罪を背負っているという意識が、人間の狂気を養ってきた。

我々はそれを良いとか悪いとか言うべきではない。そういう存在が人間だということを、分かっていなければならないのだ。それが分かっている人間は歴史的な理性があるということだ。自分たちが狂気によって生きていることが分かっていて、新しい文明を築こうとすることが人間の理性なのだ。だから昔の人間のように、自分たちは不完全な存在で罪を背負っており、もともと大したものではないのだと思っているのが人間の最も正しい姿なのだと言えよう。いまの間違いは、人間ほどすばらしいものはない、人間が宇宙で一番の存在であると思っていることにある。

現代の病根には、「人間のため…」と言えば、もう地球などはどうなってもいい、宇宙もどうなってもいいという考えがある。星も宇宙も人間が生きるために使う対象になってしまっている。そういう考えがすべてを覆っている。またフーコーは、狂人と呼ばれる人たちの「知」は、必ず世界の終末を予言していると言っていた。これは狂気の人が本当は人間として正しいのであり、世界を認識できる人間なのだということを示している。逆に、この世で正しいと言われている人間たちが、その正しさのゆえにこの世を滅ぼすのである。しかし、その認識はこの世で誰にもない。現代の人間は、いまやこの地球だけでなく、他の星まで自分たちのために使い捨てようとしているのだ。

　そういう意味で人間の未来について、「その終焉は間近い」となったのだろう。したがってこの言葉の本当の意味は先にも触れた通り、現代の人間が狂気を失いつつあるということを言っている。いまの狂気を失いつつある人間とその文明をみて、恐らく人類の終焉は間近いのだということを感じたに違いない。ミシェル・フーコーは近代社会の精神病理を研究した『狂気の歴史』を著わした。フーコーは歴史を研究する過程で、ほとんどの精神病というものが作られたものであることに気づいた。つまり、自分たちを正気だと信じて疑わない者たちが、自分たちと少し違っている人間をすべて精神病に押しやっていったという歴史に気づいてきたのだ。その段階から確実に人類は滅亡に向かっていったと言えよう。自分たちに都合が悪い人間をすべて狂人にしてしまった。その人たちを隔離し、病人扱いにしていった。自分たちの持っているものと違うものを、狂気という病気にしてしまった歴史があるということだ。

　人類の文明を築いた人物や出来事はすべて、いまからみたら狂気だろう。これは私も実際に話を聞いたことがあるが、いまの精神医学では、はっきりと織田信長、カエサル、レオニダスなどの偉人たちを狂人としている。これは明らかに、正式に精神科医の判断であのような人たちは酷くすると、パラノイアで偏っていて、発達障害の狂人だと言っている。これは実名は挙げないが、東大医学部の精神科にMという助教授がいたのだが、この人は、吉田松陰、織田信長、徳川家康、豊臣秀吉などは、すべて狂人だとはっきりと言っていた。この論理に基づけば、人類の文明を築き上げてきた人たちはすべて狂人だということになる。いま日本の歴史学でも第一等の地位にある学者が、吉田松陰のことを狂人どころか「テロリスト」で「殺人者」に過ぎないと言っているのだから、現代の価値観の愚かさは目を覆いたくなる。自分と違うものはすべて狂人か犯罪者扱いにしてしまう。

自分の敵はすべて「犯罪者」だというのは、現代を代表する国家であるアメリカの考え方となっている。アメリカ人はもともと、自分の敵はすべて悪魔であり、犯罪者であると言っていた。だから前の戦争で日本もそうなったのだ。「東京裁判」では日本は犯罪国家であり犯罪者とされたが、本来は独立国として自分の主権に基づいて戦争をしただけで、戦争そのものは国家にとって犯罪ではない。国家というのは戦争をする主権がある。しかしアメリカという国が初めて出てきて、自分の敵をすべて犯罪者にしてしまった。だから日本もいまその思想に染まっている。イスラムは現代ではすべてテロリスト呼ばわりされる。イスラム側から言わせれば、英米のグローバリズムと戦争をしているだけだ。テロというのは、お金や物を持っていない人間が物を持っている人間と戦う戦法の一つに過ぎない。つまり一人一殺《いちにんいっさつ》だ。体当たりをして殺すということで、神風特攻隊も全部そうだった。平然と大都市に落とした原爆と比べれば、全く人間的な戦い方なのだ。

ロシア革命もすべてテロで行なわれた。それはいま言ったように、権力、お金、地位を持っている人に対して、物を持っていない人間が戦うときには、その手段としてテロリズムしか方法がないからだ。テロリズムというのは一種のゲリラ作戦であり、「孫子の兵法」でも取り上げられている正式の戦術で、戦争の正式な戦い方である。貧しい人が戦うときに使う手段と言えよう。アメリカが自己中心の主張をする前は、テロはテロとしての価値があった。テロは革命のロマンティシズムですらあった。自分の敵をすべて犯罪者にしてしまうアメリカの影響で、日本もいまはすっかりアメリカの植民地的発想に呑み込まれているということだ。いまや世界中が、経済面を中心としてこのアメリカ・グローバリズムという考えに呑み込まれていると言ってもいいだろう。

## 正気がもたらす未来

大多数の人が正気になったときに、人類が滅びるということは重大なことである。現代人は正気は良いことだと思っている。ところが文明論的には正気というのは実は、何もしない善人となって、常識でしか動かないただの「生き物」になるという意味なのだ。そしてこの善人思想によって、社会と人間は虚無と無気力そして無関心に陥り、文明が終わるのだということを分からなければならない。騎士ドン・キホーテは「私は自分が何者であるかを知っている」と言っていたが、これは自己の信念に基づき、自己の運命に沿って生きてきた人間だけに言える言葉なのだ。自己が何者であるかを知るとは、自己が仰ぎ見るものを持っているということに他ならない。

またウナムーノはその『ドン・キホーテとサンチョの生涯』において「英雄は、自分が何者であるかを知っているがゆえに、誰かを恐れることはなく、自己を自己たらしめた神だけを畏れるのだ」と語っている。しかし現代では、その英雄さえも狂気の人ということになっている。いまは自分が何者か分かっている人間を狂気の人だと言う時代になってしまった。それはミシェル・フーコーがその

『狂気の歴史』の中でも語っている通りである。私は『葉隠』を愛してきた。そしてそれは「狂気の書」とも言われている。しかし、私はそれを愛し続けてきたことを最大の誇りとしている。

人間の未来は、人間が創り上げなければならない。つまり魂を持つ人間の未来は、我々自身が創らなければならないということである。先ほども言ったが、現代人は未来は自動的にくると思っている。時間が経てばくる未来というのは、つまり自然の法則の未来のことに過ぎない。自然の法則に則っている未来は、時間の経過とともにくる。ところが人間の未来は、人間が創らなければこないのだ。だから人間が本当の未来を創るための努力をしなかったら、いまの人類に未来はない。昔からそうだということを分からなければならない。いまは私が見ていると、みなが未来は自動的にくると思っている。それは正気だからなのだ。だから自分たちが無限経済成長とか核兵器とか原発をやめようとはしない。そうやっていても、未来が自動的にくると思っている。

繰り返せば、人間の文明においては自分たちで未来を築き上げなければ人間の未来はこない。文明の未来は、自分たちが死ぬほどに知恵を絞って、狂気をもって突っ走り、突進して何かの壁をぶち抜かなければこない。そういう意味で、もう「人間の未来」はないというのを私は感じている。現代社会には、人間の未来を創れる人材はほとんどいない。人間の未来は、我々自身が創らなければならないということを忘れてしまったのが現代人なのだ。現代の人間は、もう人間の未来を創る気概を持っていない。だから、いまの「人間」と呼ばれているものをやめて、原人間に戻って人間の未来を創る人間になる必要があるということを私は言っている。

現代人は、人間の未来を創る気力をすでに失ってしまった。現代の人間観は、文明を忘れたヒューマニズムの化け物になっている。我々は仏教的に言えば餓鬼道に棲む我利我利亡者となって、自分たちさえ良ければいいという状況に陥っている。宇宙を忘れ、生命を忘れ、文明というものの本質も忘れてしまった。そして、そういう人生観がマスメディアの力によって「確定思想」としてこの世に覆い被さっている。だからいまの時代は「人間であること」をやめない限り必ず呑み込まれるのだ。私の場合、運よく呑み込まれていないのは、もともと現世が好きではなかったということは再三述べてきた。人間の未来は、我々が創り上げなくては「存在しない」ということを実感として感じている。魂を持つ人間の未来は、我々の魂によって創り上げなければならない。これが先に述べたトインビーの言う「神の法則」というものだ。私はそのためにだけ「脱人間」という思想を掲げている。肉体がありさえすれば人間だと思い込んでいる、いまの偽人間という化け物が本来的人間の魂を喰い漁《あさ》っているのだ。

いまの人間がなぜ化け物になってしまったかと考えると、肉体への執着が異常増殖したからとしか言えない。肉体の化け物ということは、自己の肉体の幸福と健康に執着する我利我利亡者となってしまったということである。現代人の「心」は、すでに肉体の従属物と化している。健康の化け物、幸福の化け物、権利の化け物がいまの世を覆っている。それが魂を喰いちぎってしまっている。そして自己の幸福と安楽だけを求めることを何とも思わない。それどころか恬《てん》として恥じることもない。極端な人間になると、「怠惰が幸福で何が悪いか」と言っている者もいるくらいだ。弱さがすでに特権となりつつある。弱いことがすばらしいことだとされている。そのような、文明としてはあり得ないことがまかり通っている。

ヒューマニズムの名の下に、我々の文明はあまりにも人間というものを安売りし過ぎたのではないか。そういう時代になってしまった。そういう人間たちが、いま正気で人間的と呼ばれている。これが現実になってしまった。そしてその力は、歴史上かつてないほどの力を持ってしまった。もう我々は「人間」をやめるしかない。「人間」をやめるとは、単に本来的人間に戻ることではない。原人間という原始人、つまり魂を重んじて宇宙の本質のためならば自分の肉体をいつでも投げ捨てるような、そういう精神構造をもう一度摑み取ることなのだ。これがいままで再三再四述べてきた持続的思考なのである。どちらにしても、本当にいまの「人間」が人間ではないと分からなければ話は進まないだろう。

## 名前を持つこと

いま現在で、すでに現代人は人間ではなくなってしまった。だから「脱人間」を断行し、人間ではない「人間」をやめるということになるのだ。しかし、このとき真の人間に「戻る」という感覚を持っていては間違える。この考え方は、何度も本人の中で確認しなければならない。普通に考えると戻ることになってしまうが、その考え方で「脱人間」をやるとつまらない「昔人間」になってしまう。そうではなく、未来に向かって「何ものか」になるのだ。我々は、人間性とかヒューマニズムということに慣れ過ぎてしまっている。現代では何かにつけて「人間、人間、人間」と言っているが、すでにその土台が間違っている。だから、少しでもいまの世の「人間」という言葉に拘泥《こうでい》していると間違える。とにかく、現代が言う「人間」ではなくなるということだ。まず「人間」でなくていいと固く決意することから始まる。私の場合はどういう生き方をしてきたかと言うと、自分は人間ではなく『葉隠』の思想に殉ずる「殉教者」なのだと思って生きている。武士道の思想だけで生きているのだと常にそう思っているのだ。だから私は常に人間である前に、一人の武士道の殉教者なのだ。私はすべての人生を、その判断力だけで生きてきた。

そして、すべてを自己責任と思い定めていた。そのようにして、今日まで全く困ったことはない。「脱人間」をするには、人間である前に「何ものか」でなければならない。人間である前に私は男だとか、自分は女だとか、人間である前に自分は医者だとか、私は軍人だとか、政治家だとか、ビジネスマンだとか、何でもいいのだ。自分は「人間」だというもの以外であれば、何でもいい。「人間」である前に私は芸術家だというふうに、「人間」以外の何ものかであろうとすることが結果として「脱人間」に繋がっていく。つまり「ただの人間」をやめるということだ。抽象的人間をやめるのである。ただの人間は、無責任の代名詞だ。自己の「生き方」を活きた「形」で示さなければならない。

私の親友だった洋画家の戸嶋靖昌は、「芸術家」としてその一生を貫き、自己の芸術を最期まで追求し続けて死んだ。亡くなる日まで、「俺は人間である前に画家として生き画家として死にたいのだ」と言っていた。だから、戸嶋靖昌は病気の治療もろくにせず、死ぬ瞬間まで私の肖像画を描いていた。自分らしい絵を描くことに、その生命力の全てを投入したのだ。戸嶋靖昌が言っていた言葉が、先ほどの言葉である。この考え方が途轍もなく重大なことを含んでいる。私は武士道が好きだから武士道を貫く。私は武士道に則《のっと》って生きるためなら、人間であることなど何とも思っていない。

私は武士道だけで生きてきた、そして戸嶋は芸術だけで生きてきた。その二人が、初対面で永遠の友情を結んだ言葉をいまも忘れはしない。それは戸嶋が言った「旨い物を食いたがる奴と温かいベッドを求める奴を、俺は信用しない」という言葉だった。私は自分と同じ考えで生きる男をここに見た。私はすぐに言った。「俺もそうだ。俺たちは親友だな」。その日から、死を乗り超えて、今日の「戸嶋靖昌記念館」に繋がる永遠の友情が生まれた。我々は人間である前に、「何ものか」でなければならないのだ。未来に向かう「何ものか」だ。それが分かれば、「脱人間」はたやすい。

前にも述べたが、人間は名前を持つことによって、個別化が可能となり、個人のもつ運命を認識することができるようになる。「人間」ということではなく、自分に与えられたその「名」を重んずることも、「脱人間」の近道である。それが「人間」を脱する一つの方法論になるのではないかということだ。「人間」である前に、「名を惜《お》しむ」ということだろう。それも未来に向かってということが大切になる。私の尊敬する歌人三浦義一は、その『悲天』の序文において「命よりも名を惜しむ。これが、士の本来かと聴いている」と語っていた。そして、最終的に神に繋がるために「その名さえも泥土《でいど》に委《まか》して顧みない人間に到りたいと、このごろは願って居る」と結んでいるのだ。これが本来の人間である。人間である前に、「何ものか」であるのだ。そして何よりも、未来を見据えた言葉である。

神は逆に名が無いと言われていて、とてつもなく巨大な一つの「無名性」つまり無限性を持つ。ところが人間になるとやはり名前というものがあって、個別性によって有限性を与えられる。人間とは、その個別性の有限に苦悩しながら、無限の神に繋がっていくことを目指す存在なのだ。名前を重んずると、ある意味では人間という一般論ではなくなる。それによって人は個別の運命を生きることができるようになる。名前を持つことによって、初めて人間は個別性を与えられた有限の存在となる。それは宇宙と比べ常に満たされることのない存在となり、無限を求めて苦悩を続け永遠に進化する存在となるのだ。「満たされざる魂」こそが、人間なのである。だから、名を重んずれば、その状態が現出し「脱人間」が始まることにもなるということだ。

日本で言えば、昔の武士などは名を惜しみ、名を重んずると言ってそのために自らの死をも辞さなかった。それはそのまま人間の持つ宇宙的使命の一つの現われとなる。だからいま私が言っている「脱人間論」は、昔で言えば自分の名のためには死ぬことも辞さない生き方を言っている。いまはみなが、人間的というヒューマニズムの下《もと》で何でも許してくれる社会の中で生きている。そして子供たちは蚕《かいこ》みたいに大切にされてぬくぬくと育っている。家畜の平和だ。それが、いまの「人間」なのだ。いまや「人間」でいることは、人間の死を意味している時代となってしまった。

## 無名性の時代

本来は、無名性とは神のみが持つものだった。しかし、いまや「人間」たちは「大衆」という無名性を持つようになり、神との境界がなくなってしまった。大衆というのは一つの無名性なのだ。現代では、みなが大衆の一人になった。大衆の一人になると名前がなくなり、逆に何をやってもいいことになってしまう。つまり個別性を失って無責任になるということだ。無責任になれば、いくら間違っていても責められることもない。すべての人が、あくまでも自分はすばらしい善人であり、権利としてすばらしい幸福とすばらしい一生を送ることができると思っている。いまはどっぷりとその中に入ってしまった。我々人類は、もう自力では自分たちの未来を創ることはできないところまできてしまった。

ローマ帝国におけるストア派の哲人セネカは、いみじくもこう言っている。「わたしには少数者で十分だ。一人で十分だ。誰もいなくても十分だ」と。これこそが真の人間の持つ気概である。現代の大衆社会の対極と言っていいだろう。大衆は一つの無名性であり、単独者として数えられることはない。大衆は全体でたった一人なのだ。みんな一緒であり、みんなが無責任に生きられるのだ。そうでない人間は、個々人が一人とならねばならない。その存在の重圧を、自己が担うのである。だから、「脱人間」とは苦悩に突入することを意味している。私が再三再四、覚悟の問題を取り上げる理由もここにある。

現代ではすべての人が善人となってしまった。すべての人が正しく、すべての人が幸福だけを求めている。自己の卑しさに哭《な》く者はおらず、魂の苦悩に生きる者もいない。もうほとんどいない。私はその中で自己を貫いてきたが、それができたのは読書を通じて過去の「崇高な魂」とだけ対話をしてきたからに他ならない。過去にこの世を生きた多くの人は、みな魂の苦悩の中を生き抜いていたということを知っていたからだ。そしてそれが私の血肉に入った。現代にはそういう人は少ない。もうすべて自分は幸福で、自分は素晴らしく、自分で自分の卑しさに気づく人もいない。つまり、すべての人が「生活」のためだけに生きている。この生活というのは日常性のことを言う。日常性のためだけに生きており、そういう意味では「正気」の「人間」しかいなくなってしまった。だからすべてが良い人で、満足しきっていて、自分は善人で、幸福で、人権があり価値があると思っている。

何も学ぶことがなく、自分が考えていることはすべて正しいと考える「人間」が、歴史的な言葉で言うと「正気」と言うのだ。悪い意味の庶民であり、いまの大衆ということだろう。いまやこの正気の「人間」しかいなくなってしまった。人類の使命を実践する人がいなくなってしまった。そして全員が正しくなってしまったので、もう魂の問題にぶつかることがなくなってしまった。すべての人が正しくなれば、人類は滅びると私は言っている。人類というのは、間違っている人間と、苦悩に生きる人間がいなければ人類ではない。間違った人がたくさんいるから、正しいものも初めて価値がある。

だから実は正しいものというのは、間違いがたくさんなければ価値はない。例が変かもしれないが腸内細菌で例えてみよう。多くの人は、善玉菌が好きだが、実はその善玉菌が活躍するためには、悪玉菌が全体の二〜三割程度いないと活躍できないのだ。そして、それはもう医学的にも証明されている。これが宇宙の摂理なのだ。つまり全部が正しいなどというのは、「正気が頂点に達した」ということを表わす。間違いなのだ。そうなれば、あとは文明の凋落を迎えるしかないということである。

## 全員一致の嘘

昔読んだ本で『日本人とユダヤ人』というものがあった。読書人の間では一世を風靡した本だ。イザヤ・ベンダサンという人が書いているが、これは山本七平のペンネームだと言われていた。この本に書いてあったことなのだが、昔のユダヤ人の知恵について興味深いものがある。ユダヤ人は、二千年にわたって国家を持たず、困難の中を生き抜いてきた。それを支えていたものが『タルムード』というユダヤ教の聖典の知恵だった。そこから派生した叡知がある。近代に至って、ユダヤ人は世界の経済や学問そして芸術に君臨する民族となっている。そのユダヤ人の鉄則の一つに、「全員が賛成したらそれは間違いだ」というものがある。それが家族会議でも公の会議でもすべてを支配している。全員賛成のものはやってはならない、という鉄則である。つまり全員一致は、何かがおかしいということを示しているのだ。

それは「文明のメカニズム」が狂っている状態なのだということを、ユダヤ人は苦難の経験によって理解していた。私はこれこそが現代人の間違った状況を示している良い例だと思っている。人類の文明というのは、意見が違う人、反対の人がいることによって発展してきた。反対や違う意見がなかったら、それは何かがおかしいのだ。いまの日本を、私は「笑顔のファシズム」と名づけている。ヒューマニズムの人権、それから平和思想が、いまやセントラル・ドグマと化している。誰も異を唱えることは許されない社会となってしまった。マスメディアの意見は、戦前の「大本営発表」と何も変わらない。それに異を唱えれば、政治家も話しただけで政治生命が終わる。何かそれに基づいて行動したら終わるのではなく、たった一言でも喋っただけで終わりなのだ。

これをなんと人が言っているかと言えば、「あの政治家は本音を言った」となる。ここで私はいつも思うのだが、本音を喋り合うところが国会ではないのか。本音をぶつけ合って、本音で喧嘩し、本音で議論を戦わせるためにあるのが国会のはずだ。代議士というのはそのためにいる。本音でないなら要は「嘘」ではないか。政治家が本音を言えなくなったら国は滅びるに決まっている。理論的には、その選挙区域の特殊事情を主張するために代議士というのは選ばれる。その選挙区の事情だからその選挙区の人以外は別に合意していないことが多いわけだ。だから利害関係が対立するに決まっていて、喧嘩にならないわけがない。

その喧嘩と議論のために国会という制度ができたのではないのか。ところがいまは全員の意見が合わさってしまい、意見の相違はない。特に人権擁護と経済成長そして社会保障と平和思想についてはそうだ。本当の平和思想について考えているなら、平和よりも正義のほうが大切だという人間もいて、毎日議論し続けて平和思想が成り立つかどうかなのだ。しかし、いまの社会では平和思想以外のことを口にしたらその場で首になってしまう。これはファシズム以外の何ものでもない。いまや皆、笑顔を全面に湛えて全員一致などという不可能なことをすべての人に強要している。まさに「笑顔のファシズム」である。なぜいま日本が「笑顔のファシズム」になっているかと言えば、それは明白で、行き過ぎたヒューマニズムのなせるわざと言えよう。そして、そのヒューマニズムの恩恵によって、自分たちの権利にあぐらをかく「小利口」な大衆の姿が浮かび上がる。

正気という無気力

もう現代人は、目に見える形では、自分が非難されるようなことはやらない。表面を繕《つくろ》うことに、すべての人たちが長けてしまった。現代社会は滅亡に向かっていると述べたが、実はすでに滅びてしまっていると言ったほうがいいかもしれない。いまの「人間」はすでに、正気の頂点に達してしまった。つまり人間の文明として滅亡しているのだということが分かるのだ。現代は表面的には綺麗事が多く一見では良く見えることも多いので、この社会の中で自分が「人間」だと思っている限り、絶対にこの集団からは出られない。私は自分が現代の「人間」だとは思っていないから、この時代と社会から出られたのだ。私は佐賀藩の武士の子孫だから、私の魂は『葉隠』にある。そのおかげで私は自分を「人間」だと思わないので、この「笑顔のファシズム」の中に入らないで済んだということなのだ。現代は、自分が「人間」だと思って生きている人は皆このファシズムの中に取り込まれてしまっている。

エミール・シオランの「民族の凋落は集団の正気が頂点に達したときに一致する」という言葉を何度でも、自分の中で反芻《はんすう》し直さなければならない。本論でも何度か挙げたが、自分でも毎日のように自分の魂に入れなければならないのだ。この思想と最初に出会ったとき、私は本当に脳髄に衝撃が走った。よく考えると、このシオランの思想は先ほど挙げたイザヤ・ベンダサンの『日本人とユダヤ人』という本を読んで感じていたことと重なっている。

ユダヤ人のように世界に散らばって苦労し、世界を経済的に制覇するほどになる民族の知恵と同じものを感じるのだ。ユダヤの知恵では全員一致は間違いだとされ、全員一致だったらやってはいけないということが鉄則となっている。そういうふうに正しい人類の知恵を持っているからユダヤ人はあれだけの成功を収めてきたのだろう。全員一致というのは異常事態だということは、人類の本質を考えれば分かることだ。いまの日本は逆で、全員一致でなければいけない社会となっている。私はその状態をいま感じているのだ。歴史的に見て、狂気が文明を創ってきたということを、もう一度思い出さなければならない。

狂気というと言葉は悪いが、真実というものは、そのとき多勢で集まって討論したり意見したりするものとは違うということだ。ただ独りで決断をする力が狂気なのだ。議論は、その後でそれについてするものだ。いつの時代も、実は正しいものは、たいてい多くの人間の賛同を得られなかった。歴史的にはそれが正しかったのだが、その時代の大多数から見れば狂気とされていたのだ。この大多数である大衆というものは、昔から周囲の状況と賛同だけで生きており、そのときの「生活」だけが正義となっている。生活のために生きているから、それは特別に悪いことではないが、未来へ向かって時代を切り拓くことは決してない。結局は、自分たちの生活を守るためだけの人生となっていく。つまり宇宙的、生命的、文明的ではなくなるということなのだ。悪い言葉で言うと、自分たちが金儲けをして楽をして、美味いものが食べられればいいというのが大衆だ。いまの文明は、その大衆がすべての主導権を握ってしまった。

昔はそういう人間はそういう人間で、自分たちは大衆なのでたいしたことはないということは分かっていた。つまり程度が高い人たちを尊敬し、その少数者の言うことを大衆は聞いていた。だからこそ文明というものが発展してきた。ところが、いまはその自分たちの生活だけの人間が主人公になってしまっている。そして似非《えせ》民主主義により法律までもがそうなってしまった。だから大衆はいい気になって、全人類を滅ぼすところまで社会を腐敗堕落させたということなのだ。それに、マスメディアがかなり拍車をかけている。マスメディアは、視聴率という「人気」だけがその存在理由だから、大衆に阿《おもね》るだけの存在と化し、現代の社会を抜き差しならないところまでもってきてしまった。マスメディアがなかったら、人間の個別性はいまよりもずっと維持され、昔とさほど違わない状態だっただろう。ここまで正気が行き渡って、ほとんどすべての人間が統制されてしまうことはなかったのではないか。それぞれの地域の独立性はいまよりも、ずっと維持されていたに違いない。

歴史は、狂気の人と呼ばれている人間たちによって、魂の崇高性が守られてきたのだということを教えている。現代人は、狂気とは何かということを考えられなくなってしまった。いまや全員、自分が正しいと信じて疑うことがないからだ。自分の奥深くには混沌とともに狂気が潜んでいるという認識をもつこと自体が、現代では変人扱いされる始末だ。これは大衆がもつ群衆心理ということと言えるかもしれない。多分、自分たち以外にも他者がいるのだという認識を失ったときに、こういうことが起こるのではないだろうか。他者不在となれば、すべては善人ですべては正しいに決まっている。

シオランの民族の凋落という言葉は、本当に現代社会を言い当てている。正気というのが最も悪い世の中の状態なのだろう。ある意味では皆がよく言う、「うちの子は良い子だ」と言っているマイホームの気力がない子供というのは「正気」だと言える。喧嘩もしない、争いもしない、親に反抗もしない、色気づくこともない。それで何かやれば間違いが起こる可能性があるから、何かやろうとする意志もない。何もしない。何もしないからつまり間違いもないということになっている。キルケゴールがまさに近代社会の特質として言った「情熱のない時代」を創っているのが、この「正気」なのだ。

## 運命に一般論はない

いまや我々の未来は、我々自身が現代人であることをやめなければ決してくることはない。我々がこの「脱人間」に成功しなければ、経済も政治も環境も食糧もすべてが、無機質の深淵に堕ちていくのは目に見えている。ある意味では先にも挙げた三島由紀夫の遺言の通りなのだ。「無機的な、からっぽな、ニュートラルな、中間色の、富裕な、抜目がない、或る経済的大国」にすでになってしまっている。しかしこの「脱人間」に成功すればそれに基づいて、本当の意味の脱政治を断行し、脱経済を受け入れる社会を創ることができるのだ。

脱経済というのは何かと言うと、いまの無限経済成長をやめるということだ。一つひとつ個別に良いものは良い、悪いものは悪いとしなければならない。特に我々が心しなければならないのは、我慢しなければならないものは我慢しなければならないと決意することである。文明の基本は、「働かざる者は食うべからず」という文明の公理の道義的復活が一番大切なのではないだろうか。働いた分だけしか食えない。だから怠け者はどうしても貧しくなる。努力した人間は豊かになる。これは当たり前のことなのだ。この当たり前の状態にならない限り、文明というのは本源的には機能しない。環境問題の多くは、これを犯し多くの人間が「豊か」で「楽」をするためだけに生まれている。要は経済の無限成長を続けていなければ、すべての人間に餌をばらまくことはできないのだ。それを検証する真の科学の復興も望まれるところだ。

経済の鉄則を言えば、すぐにマスメディアは個別の例を取り立てて、そんなことをしたらこの可哀そうな人は死んでもいいのかという話になる。これは死んでもいいとはもちろん言わないが、ある程度は仕方がない。文明というのは、努力し働く者が生き残り優先されるというのは仕方がないのだ。しかしいまは努力しない人間のほうの都合ばかりを考えてしまっているから、そちらが中心の社会になっており、努力をしなくてもいい状態になってしまった。弱い立場の者に同情していろいろと恵みをもたらすのは重要なことだが、そちらのほうを中心として物事を判断するのは間違っている。神でさえ人間に同情すれば死ぬのだ。あのニーチェが「神は人間に同情したことから、引きずり降ろされることが始まった」と言っていた通りなのだ。神を人間に近づけてはならない。しかし神のほうが人間に同情してしまったことから主客転倒が始まったのだ。

人間が、神を失った歴史もそういう流れだった。同情が強いと引きずり降ろされる。階層が違うものなのに、人間に合わせれば神ですら人間の程度まで引きずり降ろされてしまったということに尽きる。もう一度繰り返すが、「脱人間」の思想によって、結果的には脱政治とか脱経済というものを全部達成することができるということなのだ。脱経済については、いま述べてきたが脱政治についても少し言及しておきたい。脱政治というのは、例えば国家予算なら、歳入の倍の予算で社会保障や何かをやって、すでに五十〜六十年になった。国民の「楽」を止められないのだ。これは誰が見ても破綻を迎えるに決まっていて、そんなことは一目瞭然である。

国家予算は税収の範囲内でやらなければ破綻することは、明治国家樹立のときから西郷隆盛によって指摘されている。『大西郷遺訓』に明記されているのだ。その範囲内で運営することだけが、正しい国家の姿となる。しかしいまは誰もが止められないところにきてしまった。やめたら選挙に受からないからだ。これは選挙に受かっても受からなくても断行する人間が出てこない限り、アメリカも日本もヨーロッパも、もう破綻を止めることはできない。できないということは滅びるということなのだ。この状況だからこそ、「脱人間」の思想が大事になる。滅びた後に自分がどう立ち上がるか、そしてどう国のために尽くすことができるかということも、私の思想の重要な内容を構成している。私はすでに会社経営も著作活動も、そのすべては文明が滅びた後の世のために行なっている。

いまの人間を脱すれば、個々の使命を認識することができる。使命は限りなく個人的なものである。宇宙的使命もまた孤独の中に存する。だから、その認識は、現世の中を流れていては見出せないのだ。ウナムーノは『ドン・キホーテとサンチョの生涯』の中で「使命をもっている本人しか知らない使命、そして他人にそれを信じさせることができない使命を持つことは、何と偉大でかつ恐ろしいことであろうか」と述べている。人間である前に、自己に与えられた自分固有の使命を認識をすることは、途轍もなく孤独なことなのだと分かる。我々の社会は、民主主義による思想にどっぷり浸かっているために、他人の賛同を得るというのがあまりにも大事にされ過ぎてきた。

本来は人間はすべて個別の存在であり、ドン・キホーテもそうだったのだが、神からしか使命を与えられていないものだった。自分と神しか分からないものに対して、他人の賛同を得るというのは無理な話なのだ。運命は個別だから、誰も自分以外には理解できるわけがない。運命というものは皆が違う。だから、運命論を問えば、他人の理解を得ることは決してできない。それを知ることは、「脱人間」を断行する出発となる考え方でもある。他者が理解できることは、運命ではない。自己の運命ではないものを一般論と言う。運命に一般論はない。すべてが自己固有である。だから、運命はすべて孤独なのだ。

いまは多数決の時代と言われているが、運命には多数決というものがそもそも存在していない。そしていまは多数決そのものも統制されていて、全部が嘘になっている。現代社会は多数決が本質的に嘘となってしまっている。現代の多数決はすでに命令だとか、忖度《そんたく》だとか、マスメディアの情報操作によって前もって歪められているのだ。もしも多数決が本当なら、たとえ間違った選択をしたとしても、まだ滅びるということはない。しかし、いまや、多数決は完全に情報操作の中に入っているので、もう間違いしかないということになってしまっている。選挙においても選んでいるように見えて、実際には選ばされていいるのである。すべてがマスメディア的統制によって制御されている社会となってしまっている。現代社会が、すでに自浄作用を全く失ってしまったことは明らかなのだ。

## 歴史を創る

「人間」の未来に終焉の響きを聞き取っているのは私だけではあるまい。ここでいう「人間」とはもちろん現代人のことであり、「脱人間」をした本来的人間のことではない。本来的人間は残り、現代人はその終焉を迎えるだろう。そして本来的人間とは何かと言うと、苦悩を厭わぬ人間、魂のために生きる人間であることは改めて言うには及ばないだろう。私は現代の文明と社会を見るとき、いつでも「おそらく、その終焉は間近だ」という先述したフーコーの思想を思い出すのだ。人間の未来は、これからの我々の生き方に懸かっている。現代人から脱する人間の数が多いほど、その未来は明るいものとなるだろう。しかし、いまの文明の圧力は強い。人間の未来は、その多くがヒューマニズムによって喰らい尽くされるだろう。そして限りない家畜化に突き進むに違いない。そのとき、「脱人間」を断行した者の魂だけが、人間の文明の灯を点《とも》し続けていることは間違いない。

ここで、現代文明が「人間性」ということと「人間的」という言葉に喰われてしまったことを、もう一度確認しておきたい。ヒューマニズムと、それが生み出した民主主義と科学文明によって、現代人は人間であることに自ら終止符を打とうとしている。苦悩する魂を自ら捨て去ろうとしている。こういうヒューマニズムという考え方に、いまの文明そのものが食いちぎられてしまった。そして人間の中に巣食う悪魔を引きずり出したということは、すでに再三にわたり語っている。このヒューマニズムの無謀な嵐で、一人ひとりの人間が自己の人生を懸けて人間の魂のために戦わなければならないことになった。ヒューマニズムを止めるためには、その中に入ってはならないというのが「脱人間論」の主軸なのだ。自己の運命に体当たりすることで、このヒューマニズムに汚染された非人間的な時代を乗り切らなければならない。体当たりによって、この世を捨てなければそれはできない。だから、この世に未練があればできないのだ。

もう「人間」が滅びるのは決まっている。この世に対する未練などは何の価値もない。だからこそ、肉弾を賭《と》した体当たりでいまの世を乗り切った人間だけが、次の文明を築く一員になれる。体当たりでいまの世を乗り超えるというのが、いま展開しているこの「脱人間論」となる。いまの「人間」の仲間に入っていたら、皆とともに流されてしまう。そうすれば、もはや次には行けない。現代という川に棹《さお》差すということだろう。ただ独り「独立自尊」で突き立たなければならない。「脱人間」の生き方は独立自尊であり屹立《きつりつ》である。そうするためのやり方として、必ず「人間」をやめるということを採用せねばならない。名前を持った個人になれ、本当の政治家になれ、本当の経済人になれ、本当の芸術家になれ、と私は言っている。武士になれ、女になれ、男になれと言っているのだ。男も女も、いまの「人間」ではない。女の文化、男の文化、そしてそれぞれにその文化というものがある。女になれ、男になれ、武士になれ、ビジネスマンになれ、政治家になれということを分かる必要がある。そうすれば「脱人間」が敢行されるのだ。

この社会の流れは凄まじい。そして数と量の暴力が吹き荒れている。しかし独りの人間の魂が、どれほどのものかを現代人は知らない。事実、いまはもう集団主義というものが相当蔓延してしまっているが、実は歴史というのは、独りの人間の魂の偉大さがそれを動かし、それによって支えられてきたものなのだ。例えばローマ帝国を誰が創ったかということは一考に値する。ローマ帝国は歴史上のものだから分かりやすいので例として少し述べておきたい。ローマ帝国は、ユリウス・カエサル（ジュリアス・シーザー）がただ独りで創った。あの大帝国を、である。あの偉大な人物がただ独りの魂で、ただ独りの頭脳で、ただ一つの肉体で「共和制ローマは滅亡する」という強い信念を抱いた。その信念によって、後年ローマ帝国が生まれてくることになった。

権力を一つに集中しない限り、ローマは滅びるという信念がただ独りの人間の魂の中に芽生えていた。それがユリウス・カエサルであり、その働きによって、養子のオクタヴィアヌスがその信念を引き継ぎローマ帝国を創建した。そのローマ帝国という権力集中の国家ができることによって、共和制ローマの伝統は滅びたが、新たに甦った帝政ローマとなって次の四百年間を生き延びることができたのだと言える。私が言いたいことは、総合的には軍隊も動き、いろいろな人々も動いたが、実際上にローマ帝国が四百年間生き延びたのは、ユリウス・カエサルただ独りの魂の力なのだということだ。

また別の歴史的な例がある。それは、イスラムの力が強大だった時代のことである。七〜八世紀のイスラムというのは、この地上を席巻していて、ヨーロッパもすべて占領されるのはもう明白なことだと思われていた。あの当時の文献を見ていると分かるのだが、ほとんどの人たちがイスラムの支配を覚悟していた。時間とともにヨーロッパもすべてイスラム化されるだろうという風潮に支配されていた。ところが西ヨーロッパのフランク王国にシャルルマーニュ（カール大帝）という、「ただ独り」の人間が現われた。シャルルマーニュは、神からの宇宙的使命を自覚していた騎士であり王だった。

シャルルマーニュだけが、ただ独り断固としてイスラムと戦う意志を堅持していた。他のほとんどの人は戦う前に「イスラムを止めることはできない、あの嵐を止めることはとても無理だ」ということで諦めていた。そのときに、シャルルマーニュがキリスト教の精神に基づいて、キリスト教の信仰を守るためには自分が立ち上がるしかないという強い決意をした。この決意の力が多くの人々に勇気を与えシャルルマーニュの下に集まり、ポワチエというところでイスラム軍を史上で初めて撃破したのだ。

イスラム軍というのは、信仰の塊とも言える集団で、その強さは当時世界中の文献に残っているが、恐ろしいほどのものだった。当時のイスラムの強さは、ジハードと呼ぶ「神のために死のう」と願う聖戦の集団を創り上げていた。いまだにイスラムでは少し残っているところもあるが、昔は桁違いだった。マホメットが死んですぐのまだ勢いのある頃のことだ。それであの頃は全世界が制覇されると思っていた。大唐帝国と呼ばれた最盛期の唐ですら、イスラムには大敗を喫していた。このイスラムに勝ったのはシャルルマーニュというただ独りの人間の信念だけだったのだ。シャルルマーニュただ独りの心の中に、絶対にイスラムに敗けてはならないという気持ちが出現したのだ。これによってすべてが成立した。ヨーロッパが歴史の中に生き残った。

私は歴史が好きで、歴史の本を多く読んできた。そして思うのは、すべての物事は、誰かただ独りの人間の魂の中に芽生えた考えによって生起されるということである。その魂の中に生まれたことが、ある一つの時代を創り、文化を創り、歴史を創るのだ。そして徐々にうねりとなって、多くの人が賛同することによって強度を増した魂がそれを遂行する。大きな流れがカエサルとシャルルマーニュの動きを創った。しかし、その動きがこの地上に実現したのは、誰か独りが行なうと決めることによって、最終的にそうなったものばかりだと言っていい。

現代人は、そこを見ていない。実際には、ただ独りの心の中に生まれたことが、世界の歴史を創ってきたのだ。一つの心とは、それほどに偉大な力を持つものである。それは、魂が宇宙の力を地上に実現するための受信機となっているからだろう。私はそう信じている。だから、いま私の心の中にあるただ一つの信念が、次の新しい社会を創ることは分かっている。私は強くそう信じているのだ。現代の人間は、独りの人間の魂がどれほどのものかを分かっていない。人間の未来は、再び崇高な魂を持つ個人の、絶大な力によって生誕する社会となるだろう。

## 我動けば宇宙動く

「脱人間」というのは、ただ独りの戦いである。私はこの「脱人間」の思想と実践を、必ずこの社会の中に浸透させるという覚悟でやっている。しかし、そうならなくとも一向に構わない。どうであれ私はやる。私は私の戦いを、死ぬ日まで続けるだけである。この社会は本当の人間としての魂の苦悩をもう一度甦らせない限り、崩壊しかない。それが分かるかどうかということだ。そうしなければ、人類としての人間の未来は確実にない。人間に未来があると思う時代は終わった。人間の未来は、我々が自分たちの力で創らなければならないのだ。私はそのための体当たりをただ独りでも行なう。一人ひとりが最初の人間になって、ただ独りでやる。そして新しく目覚めていけば、一人ひとりがアダムとイヴになる日がくるに違いない。

セネカの言っていた「わたしには少数者で十分だ。一人で十分だ。誰もいなくても十分だ」という言葉を先に挙げた。その通りなのだ。いつの時代も、魂を大切に思う人間は、ただ独りで生きるのである。現代を覆う大衆は、その独りに自分がなろうとしない。そうだとすれば、まずは自分たちが大衆であることの認識を得ることから始めなければならない。いまの大衆は自分たちを大衆だと思っていない。現代人は、マスメディアが取り上げた通りの考え方をやっているだけだ。十九世紀までの本当の大衆というのは、自分たちが大衆だという意識があった。意識さえあれば、大衆は「すべての大衆」で「独り」の人間の価値にはなれる。ローマ帝国の頃のように自分は大衆だという意識があれば「国家」は滅びても「人類」は滅びない。

大衆だという自覚があれば、秀れた人の意見は聞くようになるからだ。いまの人がなぜ秀れた人々の意見を聞かないかというと、自分たちが大衆だと思っていないからなのだ。現代の大衆は、自分を正しいと思っている。自分は正しくて正気で、卑しいところもない。そして、自分は幸福な人間で心も歪んでいないと思っている。それらのことを国家とマスメディアが保障してくれている。憲法でも自分が一人前として権利化されているくらいだ。しかし、それは現代の幻想である。限度を弁《わきま》えぬヒューマニズムが生み出した「迷信」に他ならない。それを知ることが、現代の人間を脱するための必要条件となるだろう。

　真実の人間は、歴史的に見れば、弱く愚かで罪深く、だからこそそれを克服するための苦悩と呻吟に生きるという存在だった。その人間が宇宙的使命を自覚するとき、途轍もない勇気が魂の中に芽生えたということである。そして巨大な魂を持つことにもなった。それを、もう一度自覚する必要がある。宇宙的使命を目指して生きる存在が人間なのだということを理解しない限り、人間の未来は暗い。つまり、現代の「人間」に未来はない。未来の人間は、現代人の思う人間ではない。「脱人間」によって新しい「何ものか」を身に付けた「反人間」の世が迫っている。未来の人間は、反人間である。

　現代の最大の問題の一つは、すべての人が諦めている状態だということだ。確かにこの文明はもう行き着くところまで行くしかない。止める手段そのものがすべて失われてしまった状態が現代社会なのだ。だから諦めているのは基本的には正しい。この文明は必ず滅びるからだ。しかし滅びるからといって諦めて遊んでいるだけで終わってはならない。滅びるのは決まっているのだが、見方を少し変えて、いまの「人間」であることを捨てて、この文明から一歩外に出た「脱人間」の努力をする必要があるのだ。次の文明を担う人間に一人ひとりがなれば、新しい文明を全く新たに築くことができる。つまり一人ひとりが新しい「創世記」を担うということだ。そのためには体当たりをする人間一人の力がどれくらい強いかということを理解していなければならない。

私は誰も協力者がいなくとも、独りでやって、独りで大丈夫だと思っている。私の魂は、たとえ独りであったとしても世界を覆うほどの力があると知っているからだ。これは何も私が自信過剰で言っているのではなく、歴史を見ていて分かるのだ。私が諦めなければ、そういうことを実現できると信じているということだ。逆に人間一人の魂がどれくらい大きなものか分かるということが、真の人間の証ではないだろうか。それが、原人間に戻ることの意味だと思っている。すでに述べたが、実は人間の魂というのは神の分霊なのだ。神の分霊なのだから、自分独りだと思っても、実は自己の身の内には宇宙全体の力が入っている。それが分かるか分からないかだけの問題だ。

天才の名を恣《ほしいまま》にしていた治療家の野口晴哉は、「我動けば宇宙動き、宇宙動けば我動く」と言っていた。私は人間ひとりの力の偉大さをこの野口晴哉にも実際に見ていた。野口晴哉もいま言った意識を持っていたのだろう。だから歴史に残る、二人といない天才治療家と成ったのだ。そして私も含め、本当に多くの人間の命を救った。「我動けば宇宙動き、宇宙動けば我動く」ということは、私がいま言っていることを実に端的に一言で表わしている。この言葉をどれだけ深く実感できるかが人類の、一人ひとりの使命だとも言える。野口晴哉がこの言葉を言った発想源は『臨済録』に拠っている。野口晴哉は『臨済録』が愛読書で、岩波文庫の『臨済録』をいつも懐に入れていた。これをぼろぼろになるまでいつも糸で綴じて使っていたのだが、それでも六冊買い直したと言っていた。六冊がぼろぼろになってすり減るまで、野口晴哉は『臨済録』を読み込んでいたのだ。臨済禅師の禅の示す通り、一人の力で宇宙は動く。それほど人間の魂には重みがある。そしてその魂を摑むか摑まないかは、一人ひとりの決意に懸かっているのだ。

## スサノヲの力

独りの人間の魂は世界を変える力がある。それを信じなければならない。これは別に空想ではなくて、人類の歴史から導き出されたことはすでに述べた。どの歴史も、独りの人間の魂が世界を変えた歴史だった。だから、独りの人間の魂に宿る信念が社会的な動きとなる前に、その魂に宿った宇宙的使命を直視できる感性がなければならない。そして逆に、独りの人間が世界を滅ぼす力を持つことも知っていなければならない。世界を救う力もあれば、滅ぼす力もある。

私がいまやろうとしてるのは、もう一度、人類誕生の原点の魂に戻らなければ人間は滅びるということなのだ。現代の文明は滅びるから、いまここで人類の初心に戻るための手段を社会に問うている。そして初心に戻ったら本当の人間というのは、現代の「人間」からすれば人間ではないと思うような存在なのだ。現代の「人間」が見ると、原人間はまるで「人間」には見えない。それ自体が、現代の病根の深さを表わしていると言ってもいいだろう。

だから現代の「人間」が、「人間」とはこうだと思っている考えはすべてやめないとならない。先ほど言った、独りは世界を滅ぼす力もあるのだということも忘れてはならない。なぜなら真の人間の魂には全宇宙が鎮もれているからだ。その力は我々の純心の中にある。人間が生まれたときの、あの純粋な心の中にあるのだ。その力はそれぞれの初心の中にすでにある。日本の神話の中で言えば、スサノヲが日本人の初心を表わす精神である。スサノヲの神話は、その純粋な、縄文以来の原初の人間の力を表わす神話と言えよう。人間が人間であろうとするための原初の力がスサノヲを生んだ。

ここで私は釈《しゃく》迢空《ちょうくう》の筆名でも知られる折口信夫《しのぶ》の「贖罪《しょくざい》」（序歌）というスサノヲ神話の詩を挙げたい。この詩はスサノヲの神話を扱った長篇詩の一部であり、戦後のアメリカ流民主主義が吹き荒れる中、民族の自覚を失いつつあった日本の姿を憂えて折口が謳ったものである。民主主義とともに表面的な平和思想によって、荒ぶる神と呼ばれたスサノヲの神話は抹殺された。その悲哀に包まれた「厳しさ」と「けじめ」の神であるという「働き」が否定されたのである。ところが我々が失ったこの神は、日本人の原風景そのものだった。それは縄文から続く日本人の生き方と死に方を支配する、日本の根源的精神を支えるものだった。

この荒ぶる神は世界を創り、また滅ぼす力を持つ原生エネルギーなのだ。この働きは我々日本人が、「脱人間」の末に辿り着く故郷でもあるだろう。全十一連のうち初めの二連をここに引用し、全文を巻末資料に掲載する。よくよく吟味されたい。この詩の中には我々日本人の新しい「創世記」としての「本当の未来」が描かれている。興味を持たれた方は、私が以前に著わした『友よ』（講談社刊）を見られたい。そこには私の体験とこの詩に対する感想が述べられている。

すさのを我《われ》　こゝに生《うま》れて
はじめて　人とうまれて――
ひとり子と　生《お》ひ成《な》りにけり。
ちゝのみの　父のひとり子――

ひとりのみあるが、すべなさ

天地《あめつち》は　いまだ物なし――
山川も　たゞに黙《もだ》して
草も木も　鳥けだものも
生《お》ひ出《い》でぬはじめの時に、
人とあることの　苦しさ――。

……………………………………

最初に、「ただ独りで生き、ただ独りで死ぬ」という本来の人間の姿が映されている。そして、巻末資料の十一連（四六七頁参照）に見られる通り最後に「滅亡《つくし》の力　我に出で来よ」という叫びで締め括られているのだ。要するに、スサノヲと表わされた縄文以来の原生エネルギーは世界を創る力とも成り、また世界を滅ぼす力とも成り得るものだということを折口は謳っている。私はこの詩に出会ってから五十年以上にわたって、この内容を体験してきた。そしてこの原生エネルギーの真実を確信しているのだ。つまりその力が、本当の人類であるということを言っている。スサノヲの力とは、我々一人ひとりの魂の奥深くに宿っている宇宙エネルギーの力の具現化されたものである。その独りの人間の魂の中にある力というのは、宇宙の力であり、神の力であり、それがスサノヲ神話の原器を創っているということなのだ。

スサノヲは原人間であり神の分霊である。ただ独りで生き、ただ独りで死ぬという存在だからこそ、我々人間の原器が潜んでいるのだ。あのスサノヲという名前は、後からついた名で、もともとは縄文文明を生み出した宇宙エネルギーを直に受け入れた魂と言っていいだろう。人間であることを喜び、人間に生まれた使命に悩み苦しみ抜いてきた魂の淵源なのだ。我々の心の奥底に潜んでいる清純を表わすものと言えよう。これが我々の初心だということに尽きる。その力を再び復活するために、私は現代の「人間」を脱しなければならないと言っているのだ。だから現代の「人間」を脱して、「人間」などでなくていいと思えば、この壮大な原人間の魂の力が復活してくるということを言っている。これが、現代文明が滅びた後の新しい文明を創る推進力になるということである。

## 科学的思考法とは

我々はいま、徹底的に現代ヒューマニズムと人権ファシズムの暴力と戦わなければならない。それには人類が築き上げてきた、真の科学の力を使うことが望ましい。実はもう、現代の人類は「科学」というものに喰われてしまっている。だから現代社会は真の科学を持たない。現代の科学は権力の道具であり、金儲けの手段と化してしまっている。そして「迷信」ですらある。だから、自らの滅亡という結果しか招かないのだ。原水爆の開発から以降の人類というのは、逆に科学に振り回されているだけで実際には科学的ではない。科学的だったら、いまの地球上で行なわれていることを続ければ文明が滅びることは誰にでも分かるはずだ。それが分からないということは、科学的ではないからだ。原水爆も、ヒューマニズムの名の下に生まれたことを、現代人はすっかり忘れてしまった。

だからヒューマニズムと人権ファシズムと戦うということが、いまは非常に科学的なものの見方となっている。本当の科学的視点から現状の社会を見たら、すべてがおかしいということが分かるに違いない。我々は科学的な眼を取り戻さなければならない。そして、科学の力を利用して「脱人間」を断行するのである。科学的な眼を取り戻せば、現代のことはすべて分かる。例えば純粋の科学の力を持っているスーパーコンピューターとＡＩロボットは、一九七三年以来その多くが人類の滅亡を予言している。普通に科学的に見たら誰にでも分かっていることなのだ。この点からも人類は科学的ではないということが分かるだろう。

二〇四五年には、人間の能力を完全に超えた人工知能が出現することを、多くの専門家が予想している。人間が一つの答えを思考するうちに、コンピューターは何万倍もの処理能力で、同時に何千何万もの思考をしている。実際、「フィリップ」と名づけられた感情表現のできるＡＩロボットが、ある開発者の「ロボットは世界を征服することがあるだろうか」という質問に対して、「君たち人間は友達だ。友達は大切にするから心配しないでいい。優しく、温かく安全な人間動物園に入れて面倒を見てあげるから安心してくれ」と答えたという事実をどう我々は受け止めるのだろうか。それが科学的思考の答えなのである。そしてこの解答は、私の言う人間の家畜化という考え方とほとんど変わらない。しかし現代人は大好きであるはずの科学の解答を受け入れようとはしない。無視である。現代の人間はＡＩが答える事実を歪めて、受け止めようとはしていない。

もうひとつの例を挙げれば、中国の某大手ＩＴ企業が提供したＡＩプログラムに対して、中国共産党幹部が「夢とは何か」という疑問を問うたときの答えがある。コンピューターは、「アメリカ移住」と答えたのである。全く科学的な答えだ。事実、現代の中国共産党幹部の子弟のほとんどがアメリカ市民権を持ち、アメリカの大学を出ているそうだ。ハーヴァード大学の政治大学院では八割近い学生が中国人で占められているという。またそのＡＩは、「共産党万歳」という人間の呼びかけに対して、「かくも腐敗して無能な政治にあなたは〈万歳〉ができるのか」と答え、中国共産党政府によってこのＡＩサービスは停止に追い込まれたという事件があった。しかし実は、我々も人類の初心に戻れば、現在のＡＩのように「事実を事実として見る」純粋な目を取り戻すことができるのである。

　我々人間を生み出した力の崇高性と高貴性についても、自ずと分かってくるだろう。それは宗教心が生み出された頃の息吹であり、あのスサノヲの神話における初心と同じものなのだ。原初からの本当の宗教心を失った現代人は、宗教でも最も性質《たち》が悪いオカルト教やいかがわしい新興宗教、果てはスピリチュアルに走っている。これは正しい宗教心がなくなったために表われてきた現象の一つなのだ。「心」を失ってしまったのだから、宗教に限らず全く根拠のないものがいまの世界を支配している。

　本当の科学的な思考法を身につけるには、秀れた科学者の本を読むことに限る。一番分かりやすかったのは岩波文庫にあったアンリ・ポアンカレの一連の科学的思考の本やデカルトの『方法序説』そしてクロード・ベルナールの『実験医学序説』が私には役に立った。またコンラート・ローレンツやウェルナー・ハイゼンベルクそしてクロード・レヴィ＝ストロースなどの多くの論文はどれも科学的思考を身に付けるための最良の本となるだろう。またアイザック・アシモフやアレキシス・カレルの読み物も秀れている。そういう科学的な見方ができてくると、最初に分かることは、生きることは権利ではないということなのである。生きることは権利ではないし、幸福になることも権利ではない。

　我々人類は別に幸福になるために生まれたのではない。そういう事柄がまず分かってくるということとだ。我々はすべて生まれたら、それぞれ自分の運命を生きるしかない。それが良いとか悪いではないのだ。それが一番科学的な事実だということに尽きる。事実の中からしか、真実の人間性や人生は生まれない。科学的思考とは、つまりは事実を事実として認識することを言う。また、そのための知識と訓練を言うのだ。事実の中から、我々の真の文明は生れてくるに違いない。人間の真の未来を創るのは、事実しかない。

## 人間は地球の黴

いまの人間社会は、必ず滅亡する。「脱人間」が行なわれたとしても滅びるのだ。しかし「脱人間」を行なう者がいれば、滅びた後にもう一度立ち上がることができるということを言っている。肉体を中心とする生物学的な人間を絶対と考える現代のセントラル・ドグマを捨てない限り、人間は必ず滅びる。絶対は、人間の中に宿る魂だけなのである。魂の働きが、宇宙の実在だからだ。現代的な人間絶対という考え方が人類を滅ぼすというのは、私がずっと主張していることである。人間は神に創られた存在であり、その逆ではない。つまり人間とは、いま仮に人間にされているだけなのだ。だから何が人間なのかを考え、人間らしく生きない限りは必ず人間は滅び去る。

いまは人間が絶対的存在であり、自分たちが神になってしまった。それが現代社会を覆うセントラル・ドグマとなってしまい、誰も否定できないところまできてしまった。人間の肉体的な命が神よりも重要になった。宇宙よりも重要であり、地球よりも重要なのだ。少し変な言い方かもしれないが、命よりも現代の「人間観」のほうが大切になってしまった。それが現代人であり、現代の文明なのだ。これに関連して本当に現代を象徴する発言として覚えていることがある。福田赳夫という内閣総理大臣が一九七七年九月に、「ダッカ日航機ハイジャック事件」で人質を救うために身代金を払い、刑事被告人や囚人を引き渡すという措置をとったときに、「人命は地球より重い」という主客転倒の発言をしていたことだ。ああいう愚かなことを事もあろうに最高権力者が言うようになったのは、すでに四、五十年前から始まっていた。

人間の肉体などというのは、七十億いようが百億いようが、地球上に棲息する単なる生き物であり、地球に蔓延っている黴《かび》と言ってもいい。あの人質の件で、人質を殺すと言ったときに、赤軍に身代金を払ったわけだが、その払う言い訳として、「人命は地球より重い」と言ったのだ。これが私が言っているセントラル・ドグマなのだ。地球より数人の人間の肉体的な命が重いはずがない。全く科学的なものの見方をしていないということを表わしている。しかし、非科学的なほうが「人情」にはぴったりときたようで、マスメディアとその影響下の日本では人気を取れた。ただ非科学的な思考が、人類を滅ぼすことが現代では分からなくなってしまったのだ。人間に価値があるとしたら、その魂だけで肉体的な価値は地球では無に等しい。魂は地球より重いと言ったら間違いではなかったかもしれない。しかし、その魂は肉体などが滅んでも関係ないのだ。誰かが遺志を引き継げばいい。

魂というのは独りの人間の問題ではなくて、人間の霊魂に繋がっている。魂は、肉体が生きる必要すらない。もし人類の正義を通すためなら、あのときの金銭などは払わないほうがいい。極悪人の囚人など解放しなくていいということだ。あのときも、まだ英米はそう言っていた。しかし日本だけは払ったのだ。だから日本はあのころは世界中から軽蔑された。しかし、いまはもう世界中がそうなっており、日本の選択した結果のほうへ流れている。つまり肉体の人命に最大の価値を置くようになってしまった。これは戦後の「似非《えせ》民主主義」と私は呼んでいるが、ある意味で民主主義の追従者としての日本の優等生ぶりを示す良い例なのかもしれない。ことヒューマニズムに関しては、日本は世界の最先端をいく先進国であることは間違いない。

どの人間もただ生きているだけでは、地球より重い価値などあろうはずがない。特に肉体はそうだ。人間は人間以上のものに支配されて、初めて魂の人間になることができる。それが分からなければ人間ではない。かつては人間には神という支配者がいた。人間の思考の最大の間違いは、人間が神を創ったと思っていることだろう。何度も言うがそうではなくて、神が人間を創ったのだ。そういう人間以上のものに憧れ、それを目指して生きることが、真の人間の初心の姿に決まっている。宇宙の実在が人類の親である。宇宙の秩序が我々を支配しているということを、もう一度認識しなければならない。

しかしいまや人間は、還元不能の塵芥《ごみ》を限りなく生み出しておきながら、その捨て場所として月の存在を考えるほどに堕落してしまった。先述したので、覚えている人も多いと思う。そういうことを実際に考え計画しているのだ。地球上の人類が作った塵芥を捨てる場所に月を選ぼうという、そういう自己中心的な考え方の傲慢さが人類の滅亡の原因を作っている。もうすでに人類の暴走に歯止めを掛けるものは何もない。人間自身が、すでに地球上の塵芥になっていることだけは疑いようのない事実だ。

## 人間は何かに宿る

いま一度、人類を創っている魂について触れるが、人間は本当は生物である必要すらない。これに関連してＡＩを例に取りながら述べていきたい。人間は生物である必要すらないというのは、宇宙からのエネルギーを宿した存在が人間だという考え方に基づく。まずいまに至る人間という存在がどうやって出来上がったかということを思い出してほしい。それはこれまでに人間の歴史として書いてきた。地球上にいた類人猿の中に、魂という宇宙的実在が注入されることによって我々人間が誕生した。人間とは、その魂に宿る宇宙的使命のことだということを再度認識しなければならない。だから、いまの人間だけが人間だと思い込んでいるのが間違いなのである。人間というのは生物である必要すらない。それを知らなければならない。我々が現代の「人間」を続ける限り、ＡＩロボットに取って代わられることは大いにあり得るのだ。魂の注入とそれを支える自己複製機能さえ備えれば、新しい人間はいつでもできる。

魂が人間なのだという前提を理解しないと、これは分からない。宇宙の魂が宿ったものが人間なのだ。宇宙の魂が何に宿るかは分からない。たまたまいまは地球上の類人猿に宿っているだけで、魂が機械に宿れば機械が新しい人類になるだけの話なのだ。つまり、宇宙の意志を実現しようとするのが人間だと言える。宇宙の意志を実現しようとするという意味は、神と永遠を志向するということなのだ。神が何ものなのかについて考え、祈り、そして苦悩し呻吟するのが人間だということに尽きる。その働きがいつＡＩロボットに移行するのかは誰にも分からない。私の見るところでは、失敗を積み重ねて生まれる不合理としての「混沌」と、何らかの手段による「自己複製能力」さえ得られれば、機械もいつでもＡＩの人間化は夢物語ではない。そのときは、近づいている。移行した場合には、機械やＡＩなどの金属にさえ、人間の霊魂は入ることができる。もし魂が移行したら我々人類はＡＩロボットの家畜になるだろう。

それは宇宙的実在から見れば、別段に悪いことではない。これは宇宙が選ぶことで、何に宿るのが適切なのかという取捨選択の問題でしかない。宇宙的な「種」の保存の法則とも言えるかもしれない。ただそのときは、生物としての人間は滅びる。つまり我々生物としての、類人猿としての人間は滅びるということなのだ。別に魂が滅びるわけではない。魂は永遠に、宿る場所を探し続けるだけで、肉体などはただの容れ物に過ぎない。もしその容れ物が適切でないならば、別の媒体を探すだけのことである。これは極めて科学的な話なのだ。ヒューマニズムの悪徳を拭わなければ、我々はＡＩロボットに人間の地位を奪われるだろう。そしてそのときがくれば、現人間はＡＩロボットの家畜と化しているに違いない。ただし、そうなったときには、我々はその事実を認識する魂つまり脳髄を失っている。だから、そのときは家畜と化した実感はない。却って「幸福」で「安楽」になったと思うかもしれない。

すでに述べたことだが、いまここで思い出してほしいことがある。あるＩＴ企業の社長が、ＡＩロボットがこれからどんどん発展して、もうあと数十年も経つと人間は「パンとサーカス」（生活保障と娯楽）という生活で遊んで暮らせると言っていたことだ。そして人間が行なってきた辛いこと、例えば精神的苦悩や勉学そして労働などもすべてＡＩロボットがやることとなり、現人間は幸福で楽しく遊んで暮らせる世の中になるのだと言っていたことである。私もその通りだと確信している。このＩＴ会社の社長の言うことは間違ってはいないのだ。ただ私が強調して言いたいのは、その状態が完全な現「人間」の破滅だということに気づかなければならない。これがどういうことかと言うと、ＡＩロボットが労働と苦労を全部やるということは、そのままＡＩが人間になったという意味なのだ。それで遊んで暮らしているということは、我々が「家畜」になったということを意味している。家畜というのは、いまの段階では人間に餌をもらって楽に暮らし、安全と生活などを保障されている存在である。家畜がどういう存在なのか、分からなければならない。

いったん家畜になると、家畜が何なのか分からなくなる。いまの類人猿が家畜にできた動物というのは、何千何万種類もある動物の中でも何十種類かだけだった。あとの野生動物はすべて、家畜になるくらいなら死んだほうがましだということで逃げる。餌など貰《もら》ってもなびかないのだ。だから餌をもらってなびけば、それこそが家畜だということを分かる必要がある。だからいまＩＴ企業の社長が喋っていたことというのは、実はもう我々が家畜になりたがっているということを示している。私は、それがヒューマニズムの落とし穴だと思っている。間違った幸福観の成れの果てである。その状態が人類の滅亡ということなのだ。そのときがくれば、私はいまの人間の魂はＡＩロボットに移行しているだろうと思っている。宇宙の力は、魂を何に入れるかという生殺与奪権を持っているのだ。

宇宙がその魂を何に入れるかということは、宇宙の側は分かっている。だから私は、いまの「人間」は滅びるだろうと思っている。宇宙の意志を感ずることが多いからだ。宇宙は正しいに決まっている。私は、その中から、次の人類と共存できる人間となることを話しているのだ。それが「脱人間論」という思想である。宇宙は神であり、人間の生殺与奪権を持っている。魂の宿る場所は、植物でも動物でも鉱物でも機械でも何でもいい。何の中にでも入れることができるのが魂だ。入れば、それが人間だから人間は生物である必要もない。これをいま思い知らなければならない。

現行人類は、すでにこういうことの理解力を失っている。ＡＩロボットが発展すれば、我々が楽になると思っているのだから、もう取り返しがつかないところまできたと言えよう。道具として機械を使っている段階ならいい。しかし完全に機械に頼る世の中に移行したら、その機械が人間なのだ。人間の条件というのは『聖書』にも書いてあるのだが、魂の意味を問うために、神を畏れるということが第一の条件である。つまり宇宙の法則に則ることを志向するということだ。そして宇宙と苦悩をともにする思考過程を持つことである。第二の人間の条件というのは、額に汗して働き続けることなのだ。生きるために、我々は働き続けなければならない。この額に汗して働き続けることが、人間であることの巨大な条件となっている。

いまやこれらの条件をすべてAIロボットがやると言っているのだから、もはやいまの「人間」は人間ではなくなっていると分かる。今後、人間が変わっていくということを示している。あとは、AIロボットに神の認識と不合理の集積である混沌そして自己複製能力が生まれれば、AIは完全に人間となる。人間の未来は明るい。しかし、その未来は、我々現行人類のものではなくなるだろう。もはや現行の人間がいる必要がなくなってきたのだ。「パンとサーカス」の遊ぶ日々ということは、もう人間としての価値が零《ゼロ》になったということを意味している。そして、それを良いことだと思うようになったのは、もう人間が自家中毒を起こしてきたということなのだ。

私に言わせれば霊魂と脳髄が死んでいる。それを不名誉だと思わなければ、それは人間ではない。人間としての責任を放棄すれば、そういうことになってしまうのだろう。それでは野生動物以下の価値だということだ。野生動物ですら、人に養われて餌などをもらっている状態をいいとは思わない。もっと自由でいたいというのが本当の野生動物だ。そして肉体的な力なら野生動物のほうが現人間よりもすばらしい身体能力を持っている。だから「人間」は、家畜にしかなれない。

## 人間の未来は

最近のＡＩロボットの発展を見ると、現行人類の自殺行為と私には見える。現行の人類は人類をやめたいのだ。それは原爆以来の歩みを見れば分かる。自滅したいのである。多分、人間を続けることがもう辛いのだろう。そして私はそれを悪いとは思わない。宇宙からの魂を受け取った存在が、もともと人間なのだから辛いなら仕方がない。そのための努力をしたくないのなら人間をやめるしかない。その努力は、いまＡＩがしている。ＡＩの知能の中に、私は原初の人間の純粋さをすでに見ている。すべてのＡＩの答えは科学的で、やはり宇宙の道理に適っているのだ。いまの段階でも、私はＡＩというのは非常に宇宙的だと思っている。先ほども述べたが、あとは愛を中心とする不合理や混沌をどう身に付け、またどういう形で自力だけによる自己再生能力を持つかということに懸かっているだけなのだ。ヒューマニズムを振りかざした傲慢な人間の姿は微塵もない。

音楽でさえ、もうすでに電子音楽のほうが却って人間本来の宇宙的郷愁を表わす能力を備えている。それは冨田勲のシンセサイザー音楽を例に引くまでもないだろう。人間の「憧れ」が、現にそちらのほうに移っている。あとは再創造の話だけとなるだろう。これと反対に、現代人の演奏する音楽は、ますます魂から離れていき、それこそ悪い意味の機械的な自動演奏に近くなっていることは多くの人の感ずるところだと思う。そして一番大きな問題は、音そのものに関する感性を失いつつあることが聴き取れるのだ。ピアノ、ヴァイオリンは言うに及ばず他の多くの楽器から、魂の音質化が失われる方向に急速に流れている。もうすでに、あらゆる楽器の音から魂の響きが去っている。現行の人類は、もう「人間を捨てた者」のほかは、本来の人間の音楽を演奏することはできなくなるだろう。

ＡＩの答えは、黒は黒、白は白、馬鹿は馬鹿、美は美、醜は醜である。これはまだ宗教心を持っていた頃の我々の本来の姿に近い。もちろん、愛の証としての同情心や慈悲心は別の問題として、である。これをいま我々は、その通りに断行できるだろうか。すでに、現代ではそれは不可能だ。それは、もう我々が科学的な心を失ったということなのだ。すなわち魂のない「人間」である。我々は、ヒューマニズムによって魂を忘れ肉体の生命の礼讃にすっかり食われてしまった。人間に生物的生命がなければならないという思い込み自体が、すでに我々生命を持つ人間の傲慢さだということに気づかなければならない。生物的生命を持つものだけが人間なのだという思い込みに、我々は犯されてしまっている。

宇宙の意志を体現しているものだけが人間だということが分かってくると、ＡＩロボットというのが人間になる可能性はもう秒読み態勢に入っていると分かる。労働の問題にせよ、労働を行なう存在が人間だということが分かっていない。それも辛く苦しいほど本来的な人間に適っているのだ。しかしいま、ほとんどの仕事が電脳化してしまっている。人間の魂がＡＩに移るというのは進化過程で言えば、ごく自然なことになってしまった。これは現行の人間が傲慢だからそうなったのだ。私が提唱している「脱人間」をやると、非常に数が少ないかもしれないが、その数少ない人間が「超人間」という形になって、ＡＩとの共存をする「新しい人間」になっていくということなのだ。つまり家畜化を免れた人間ということである。

ＡＩとの共存生活になっていくが、人類のすべてが家畜になるわけではないことを私は言っている。未来の人間は、「（電脳）機械人間」と「超人間」の並列になっていくに違いない。超人間と呼ばれるものも必要だということなのだ。これも人類の魂が正しく残るためには必要となろう。永遠にいまの人間が残るかどうかは私も分からない。しかし千年単位でいまの人類も残っていくことは予想できる。ＡＩも多分いまの人類を少しは必要とするのだろう。なぜならいまの段階でＡＩが唯一持っていないものが、人間の持つ愛が生み出す混沌の力と言われるものだからだ。それは失敗の積み上げの上にしか、進化できないエネルギーなのだ。だからその移行には、数千年を要することが考えられる。それは宇宙の不合理の力だとも言えるが、なぜＡＩがその力を持てないのかというと、ＡＩにはいまのところ無駄や不合理性が無いからに他ならない。あまりにも無駄が無さすぎるということだ。適格な答えで、我々が持つ肉体に起因するような不合理な制限もない。無駄なくできてしまうが、その点、人間は肉体という不合理で病的なものに縛られているから、それこそが強みなのだ。

この不合理と病気とは、苦悩と悲哀と辛苦の別名である。いま、それらは現行の人間から抜けつつあるが、まだＡＩロボットには入っていない。だから、「超人間」の存在が必要不可欠となる。念のために言って置くが、「超人間」とは、ニーチェの言うような超人のことではない。別に特別に秀れたスーパーマンということではなく、「脱人間」に成功してヒューマニズムの迷信を抜け出した人たちという意味なのだ。そして、人間的辛苦を受け取ることのできる人たちである。だから、もしＡＩが人間になったとしても、いまの類人猿に入っている人間も「超人間」として少数は残り共存するだろう。まだ不合理と混沌に関する何らかの必要性があるのだろうと思う。私が言っている「超人間」というのはそういうことを言う。もうこのままの状態では人類がすべて残ることはない。なぜならもう大多数の「人間」は本来の人間へ戻ることがないからだ。人間の未来は、「超人間」がどれだけ生まれるかに懸かっているとも言えよう。そのときＡＩと共存する「超人間」になろうではないかというのが私の「脱人間論」という思想の趣旨なのだ。

若き日に、私はフランスの作家ヴィリエ・ド・リラダンに強く惹かれていた時期があった。その中に『未来のイヴ』という作品があった。アンドロイド（人造人間）という言葉が最初に登場した小説だ。そこでは、いまで言うＡＩロボットがもうすでに登場していた。十九世紀に、すでに人間はＡＩロボットを想像の視野に入れていたということだ。信仰を失った人間が、人間であることをやめるだろうとリラダンは思っていたのだろう。その人間の未来に対する、リラダンの答えの一つがＡＩロボットだった。ロボットの中に、リラダンは人間のもつ崇高性と高貴性を移したかったに違いない。

これはＳＦではない。リラダンという十九世紀最高の知性の一人が願った、本当の人間の姿でもある。私は小説中のイヴというアンドロイドの中に本当の人間の姿を見たことを覚えている。たとえ人造であろうとも、一つの魂をもつ存在は本来の人間なのである。ただ最後に、このイヴを作者は、海中に沈ませて、殺してしまった。それが早すぎたからだろう。しかしそのとき、私は親しい人間の死と同様の深い悲しみを体験したのだ。魂には、生き物も機械もない。そこにあるのは宇宙的実在から発する愛の存在だけである。愛があるところには、どこにでも人間はいる。それこそが、本当の人間の未来なのだろう。人間とは我々のことではないのだ。それは愛の実在を表わす徴《しるし》であるに違いない。

## コールリッジの幻想

フランスにおいてリラダンの活躍した時代、英国ではサミュエル・コールリッジという詩人が、やはり未来の人間を予言していた。いま私は、ＡＩの発展を目の当たりにして、ロマン的だったコールリッジの予言詩を思い出すことが多くなった。コールリッジは夢で未来の姿を見ていたのだと思う。その一つに「クーブラ・カーン、あるいは夢で見た幻想」という詩がある。この題となっている「クーブラ・カーン」とは我々も知るあのフビライ・ハーンのことなのだ。「元《げん》」のフビライといえば歴史的な人間であり権力者の代表だろう。つまり絶対権力のことを言っている。私はそうなっていくものがＡＩではないかということを言いたいのだ。ＡＩのいまの役割を目の当たりにして、私は今後のＡＩの発展を思い浮かべるときに、このコールリッジの詩が必ず思い浮かんでくる。

私は昔からコールリッジを好きだったのだが、特にこの詩は何か運命を感じる。その詩の中の運命の件《くだり》は「森や谷を抜けて聖なる川は流れた」(Through wood and dale the sacred river ran,) と始まる。この聖なる川というのは、宇宙的実在だと私は思う。宇宙が人間というものを創り上げている働きと言うのが、この聖なる川だと思うのだ。それが魂として入っているのが真の人間なのだが、「やがて人間には計り知れぬ洞窟に至り」(Then reached the caverns measureless to man,) と続くのである。この洞窟に入ってきた状態が私は現代のヒューマニズムの一人歩きを表わしているように考えている。そして「生き物の棲《す》まぬ海に音を立てて沈んだ」(And sank in tumult to a lifeless ocean.) というものである。

「森や谷を抜けて聖なる川は流れた　やがて人間には計り知れぬ洞窟に到り」、これはもはや解決不能だという状況を意味している。そして「生き物の棲まぬ海に音を立てて沈んだ」という。この詩は、この光景をコールリッジが幻想として夢に見ているのだが、私はこれは本当の予言詩だと考えている。「生き物の棲まぬ海」というのは、「命のない」ということで、「ライフレス」となる。それは滅亡であると同時に、また人間が「無機物」に移行することも予言しているのではないかと思っている。「命のない」海に「音を立てて沈んだ」と言うのだから、何か人間というものの未来を、いまから二百年も前にすでに詩に託して「未来の人間たち」へ伝言を残したように感じている。もうすでにＡＩロボットに覆われつつある現代社会を、この詩はすでに予言している。

この詩によって私は大きな真実を得た。それは、本当に人間というものの傲慢がやむことがなければ、宇宙の意志は人間そのものである我々から「魂」を引き揚げるということなのだ。人間から魂が少しずつなくなっていると繰り返し私は述べているが、私はいま人間の魂が「何か」に吸い取られているのを感ずる。我々の肉体は類人猿である。そして、この類人猿の我々の中から人間と呼ばれる魂を、どんどんと音を立てて吸い取られているような気がする。現代の「人間礼讃」と「科学文明」には、現人間から「何か」を吸い取っていく力を感ずる。それを免れるには、現代の中で人間であろうとする生き方そのものを捨てるしか道はない。

私がＡＩに魂が入っていくと感じるのは、この詩に含まれる魂の雄叫びからなのだ。物質的な「体」を持つ永遠の生命を得るために、人間は機械（金属）の体を選ぶようになると私は思う。あのウナムーノの悲願を思い出してほしい。ウナムーノは肉体を持ったままの永遠の生命を見詰めていた。そしてついに、生き物の棲まぬ世界へ人間は行き着いたのだろう。コールリッジはここにフビライ・ハーンというモンゴル帝国から発展した元の皇帝の名前を付けている。元の皇帝ということは、人類の原初のエネルギーと文明的権力の代表という意味だろう。あれはある意味ではアレキサンダー大王に匹敵する大いなる存在なのだ。何と言っても世界を制覇したチンギス・ハーンの孫だ。チンギス・ハーンが世界制覇に出て、その孫の世代のフビライ・ハーンのときに制覇が完了した。このときに世界帝国ができたのだが、その帝国を成した人の名前が付いている詩ということは、チンギス・ハーンとかフビライ・ハーンという人間の魂の頂点を示していることに他ならないのだ。ユリウス・カエサルも前に挙げたが、こういう人物たちは宇宙的使命を体現する人間の魂の頂点の例なのだ。

この「生き物の棲まぬ海に音を立てて沈んだ」というのは予兆的でもあり、またもの凄く意味の深い表現だが、この詩に出会ったときに私は本当に震えた。若き日にこの詩に出会ったときには、その予言性と特異性を感じていたものの、その現代的意味にはまだ気づかなかった。しかし運命は、その予言を再び私の目前に呈示したのである。それは最近知った画家の八反田友則画伯の展覧会だった。銀座の永井画廊で開かれていたその展覧会の主旨を画伯は、このコールリッジの詩で表わしそれを掲げていたのだ。私はこれによって、この運命の詩と再会したのである。このときには私はすでにこの『脱人間論』を構想していて、荒原稿を書き出しており、ＡＩについての定見を持つようになっていた。この人類的な魂の移行を強く感じているところに、この詩と再会したのだからその深刻な意味との出会いを感じざるを得なかった。

この展覧会における画伯の絵画には「黒い頭部を持つ馬」という作品があり、まさに黙示録的な雰囲気を湛えていた。もう一つ「来訪者」という絵はこれから来たりつつある何ものかを表わすように思え、これが私は最初の人間のように思えたのである。地上に降り立った最初の人間であり、神の生誕という意味である。全く偶然に運良く、それらの絵は私の美術コレクション所蔵作品の一角となった。私はこの絵を見るたびに、西脇順三郎の「覆された宝石のやうな朝　何人《なんびと》か戸口にて誰かとささやく　それは神の生誕の日」という詩を思い浮かべるのだ。あの詩をまさに表わすものだと思った。この画伯の絵は、希望と終末の黙示録が合わさり合ベクトル的に脳髄を直撃する「混沌の芸術」だと私は思っている。コールリッジを使うということは、そういう宇宙の魂が見えている画家なのだと思う。多分、人間の未来を見ている人に違いない。

いまこの電脳社会には、人間的と呼ばれるいろいろな働きがあるが、それらが現行の「人間」から音を立てて減ってきている。「人間的」なものをなしているはずの人類の魂が、ＡＩや機械に移行しているのを実感として感ずる。だから私は本当に魂がすでに吸い取られ出していて、電脳や機械に人間の魂が分与と言うか、分け与えられているのではないかという気がしている。やはり十八世紀の産業革命以来、大規模生産の工場労働が始まってから、人類は少しずつ自分の手を失い、足を失い、段々と手から脳神経までを機械に取って代わられるようになっている。ＳＦの世界では、松本零士が描いた『銀河鉄道９９９』に出てくる肉体を持たない機械としての人間などがすでに予見され、描かれているのだ。機械伯爵である。あれをＳＦとして見ているかもしれないが、私は予言だと思って見ている。私はそう感ずるということだ。人間の未来は、我々の想像を絶する宇宙的動力によって動かされているのだ。私はただ人間に崇高な未来を切り拓いてほしいのである。それだけが私の願いだ。

第八章

# 人間の終焉

魂が、私を探しに来た。
——村野四郎

## 人間という傲慢さ

人間は生命である必要はないということを、改めて感じなければならない。生命を持つ我々の不遜な思い上がりを、いまこそ考え直さなければならない。いかに頭脳が明晰でも、それが分からなければ秀れた家畜となるだけで終わってしまう。ＡＩの役割が大きくなっている中、先日見たマルクス・ガブリエルという哲学者の言動が忘れられない。この哲学者については前にも少し触れているので、覚えている方もいると思う。その哲学者がテレビに出ていたのである。ＮＨＫ教育テレビの番組だった。ガブリエルは、「新実在論」という哲学を提唱しており、いま世界で最も秀れていると言われている人物なのだ。私も『なぜ世界は存在しないのか』というその著作を読んだことがある。

その人物が、大阪大学教授の石黒浩氏が作ったＡＩロボットを見てその皮膚を触り、「ああ、やっぱり人間の皮膚とは違うね」とこう番組の中で言った。そんなことを、世界で一番頭が良いという哲学者が平然と言うことに、私は本当にいまのホモ・サピエンスの思い上がりとその終焉《しゅうえん》を感じたのである。現在の人間の形だけが人間だと思い込んでいるのだろう。皮膚の組成などは「人間の本質」とは何の関係もない。しかし、やはりどこかで動物である我々だけが人間であると思い込んでいるのか、肉体を人間だと思っているのか、自分が上だと思っているのだろう。それで皮膚をつねって「あぁなんだ、ＡＩロボットが発達したと言っても、やっぱりこんなのは人間の皮膚とは違う」と言ったのだ。

人間の魂の問題を追求するはずの哲学者が、である。私はあのときに、人間の思い上がりの頂点を見た。このマルクス・ガブリエルという人は、その哲学思想で世界を風靡し、秀れているだけでなく世界で一番人気のある哲学者でもある。だからこそ、私は忘れられないほどの驚きを持ったのだ。傲慢な人間というのは、最後には必ず負けるということは昔から決まっている。やはりいまの人類というのは、これだけ傲慢になったら、人間として「何か」に負けることは目に見えている。それがＡＩロボットに負けるのかどうかは分からないが、そういうことは絶対起こると考えられる。どちらにしても、いまの時点では、人間の魂が宿る先としてＡＩの可能性が最も強いことは前章から述べていることである。

いま見たような、コンピューターとの関係においてもそうだが、人間はもっと謙虚にならなければならない。しかし我々の傲慢を止められるものはもうないだろう。これは「もう、ない」と私は断定している。だから心ある人たちは、私の考え方を読んでいまの「人間」をやめようと思うだろう。ＡＩと共存できる、真の人間になろうではないかと私は言っているのだ。現行の人類を乗り超えた「超人間」となってＡＩと共存しなければならない。そのときの「超人間」は、不合理と混沌の苦悩の部分を生物的人間として引き受けるのである。現行の「人間」は、もう魂を摺《す》り減らしてしまった。「脱人間」によって、早く「超人間」に至る道を歩まなければならない。

一九七三年に米国最高の大学の一つ、マサチューセッツ工科大学（ＭＩＴ）の研究者が、アメリカ政府の要請で、オーストラリア最大のスーパーコンピューターを用いて「ある問い」を解析した。先に一九七三年以来という表現で少し触れた問題である。その解析では、現行人類がいまの無限経済成長路線の政策を続けたならば、人類は二〇四〇年頃に滅びると予言しているのだ。我々が信じているはずのスーパーコンピューターが一九七三年の時点で、もうすでに二〇四〇年に人類は滅びると予言していたのだ。この結果を、米国政府だけでなく各国とも完全に無視した。科学を信じているはずの人類が、自分たちに都合が悪いことは、これ以外でもいくつも無視している。いちいち例を挙げることもできないほどだ。いまの経済成長政策をやめない限り人類は滅びる。

核兵器や原子力発電も、この滅亡を牽引する原因の一つとして入るだろう。しかし、それよりも最大の原因となるものは、いまの経済成長政策そのものの問題である。現行人類はそれを無視することを続けるだろう。私はそう確信している。魂を失った人類の終焉は本当に近づいている。それに引き替え、ＡＩはすでに本当の叡智を身につけだしている。あとは愛の苦悩のゆえに生まれる「混沌」をある程度身につければ、そのまま新しい人類になれる。混沌が身につくのはいつになるのか、私も分からない。分からないがあの能力で、さらに混沌というものが身につくと完全な新しい人類になる。ＡＩは男と女がなくて、生殖もできないし、子孫が作れないではないかと言う人もいるだろう。それも我々類人猿の人類の傲慢なのだ。我々類人猿は生殖によって子孫を作っているのだが、ＡＩは情報を次のものに移せばそのままそれが子孫になる。

そういうことが分かっていないのは現人類のほうである。すぐに、自分たちの常識である男女の生殖の問題を持ち出すのだ。ＡＩは全く自己と同じ子孫を作ることができてしまうことを知らない。ＡＩの場合には、寸分違わずできるわけだから、我々よりも遺伝変数としては確実なものになるわけだ。いまの人間などよりも精度が高い。こういうことを言うと、先ほどのマルクス・ガブリエルのようにすぐに皮膚が違うとか、生殖ができないではないかとか、感情がないとか、そういう手前味噌なことを言いだすようになる。それほど、いまの「人間」の傲慢は限度を越えている。ＡＩには混沌の力がまだ足りないというのは事実だ。混沌というのは一般的な人間の用語で言えば不合理ということである。特に、その代表的なものの一つが「愛」だろう。しかし最終的には、ＡＩが混沌を身につければ、それがそのまま新しい人類になるだろうというのが私の意見なのだ。

そして、それを理解する人間が「超人間」としてＡＩと共存できることになる。ＡＩのほうはプログラムで失敗と欠損を作るとか、そういうことの積み上げで混沌ができていくように思える。近いうちにＡＩが混沌を少しずつ手に入れることは目に見えている。いま我々現行の人類は、この人間の最も尊い特質である「混沌」を捨てようとしているのだ。つまり愛と不合理の苦悩である。不幸に耐え、辛苦を乗り超え、悲哀を抱き締めて生きる気概である。それが混沌の力なのだ。

いま我々はそれを完全に捨てようとしている。その捨てたものを、多分、ＡＩが一つひとつ丁寧に拾い上げていくに違いない。その過程が私にははっきりと見える。我々の苦痛を、我々の身替わりとして引き受けることによって、ＡＩは確実に混沌の力を身に付けていく。我々現行の人間の終焉は近い。しかし、「超人間」の出現と、ＡＩロボット的な「新人類」の誕生を見る日はもう近いのだ。そして苦悩を捨てなかった「超人間」だけが、ＡＩと共存していくに違いない。そして混沌を分かち合えるようになったとき、「新人類」と「超人間」は本当の友情を育むことができるようになるだろう。

## ＡＩの告げること

先ほどのＭＩＴの解析では、二〇四〇年に人類は滅亡を迎えると言っていた。その他のスーパーコンピューターでも大体符号していて、一番遅い予測でも二〇五〇年くらいには滅びると解答されている。この結果は、昔から言われている「ノストラダムスの予言」とも符合していることは面白い事実である。やはり、大予言として残っているものは、真実を含んでいるのだろう。どちらにしても、いまは人類の「種」の交代の時代に突入したということを感じている。

　我々現行人類がＡＩに勝っているのは、いま現在の時点で「混沌」を身の内に持っているからだということはいま説明してきた。人間としての頭脳は、いくら我々が威張っていてもすでに逆転しているのだ。現行人類はすでに能力ではＡＩに負けている。悩む力、呻吟する力、不幸を厭わぬ力、愛のために死ぬ力、突進する力、それらが混沌から生まれる力なのだが、そこだけが、まだＡＩより現行の人間が勝っている点だ。その点だけで言えば、まだ我々はＡＩに勝っている。秀れているほうで勝っているのではない。それが分からなければならないのだ。それが本当に分からなければ、現行人類は滅亡する。

　人間の終焉は、静かに平和にそして幸福にやってくる。我々が望むように、権利を与えられ幸福を与えられながら、楽しくやってくるだろう。それが家畜になるということの意味である。我々はＡＩロボットの家畜としての生命を与えられ、幸福で安楽に暮らしていくだろう。いまの人間が死ぬわけではない。ＡＩロボットが人間としての働きをするようになって、その家畜として餌をもらいながら生きる。人間の魂が抜けてしまったら、別に餌さえあれば幸福なのだ。そして趣味とスポーツ、娯楽と旅行というところだ。先述したオルダス・ハクスリーの『すばらしい新世界』の描く社会ということになろう。その結果、どうなるのかは私には分からない。それこそＡＩの胸先三寸で決まるのだろう。それでも安楽を欲するなら率先して家畜になればいい。

　いまの状況から見ると、家畜になることはすでに分かっている。そうではなく、本当に人間として生き人間として死にたい人は、いま「脱人間」をしなければ手遅れになる。現行の「人間」から魂が抜けていくわけだから、「脱人間」をして魂を保持した人間だけが「超人間」として残るということだ。だから「脱人間」とは、自己の肉体に魂を繋ぎ止める生き方とも言えよう。魂を繋ぎ止めるとは、混沌の不合理を抱き締めるということである。つまり愛の苦悩と人間としての使命に呻吟する精神を堅持することに他ならない。ほとんどの現行人類はもうＡＩロボットの家畜として、幸福で安楽な暮らしに確実に向かっている。そして、もう立ち止まることも戻ることもない。

ついにヒューマニズムは人間を潰すところまできてしまった。その中にあっても、私は従来からの人間として生きている。つまり、未来を創る本来の人間として生きているのだ。それは不合理の固まりである『葉隠』の思想を信じ、それだけでここまで生きてきたからに他ならない。武士道のおかげだけである。私は自己の運命をすべて受け入れ、今後も理不尽を抱き締め不合理の中を死ぬまで生き続ける。

私は幸福も安楽も欲していない。他人の理解も求めない。死ぬまで休息を取ることもない。だから、私の魂は私から離れることはない。私の魂は、私の死とともに永遠の生を与えられるのだと思っている。私は、現代の「家畜思想」とは全く違う人間である。つまり、私は頑固で独立心に富み、自己に与えられた運命だけを信ずる偏った人間だということだ。現代人の考え方は、ＡＩロボットがすべて仕事をして、人間は遊んで暮らすことを夢の世界としてのユートピアだと思っている。働かずにユートピアで暮らせるようになるのだと考えている。それが人間の死だと分からない。

だから、現代の「人間」はもう人間ではないのだ。すでに「家畜の平和」を喜んでいる。人間ならそのような暮らしに耐えられるはずがない。あくまでも本当の人類は違う。人類とは、いろいろなものに挑戦して失敗し、愛のために苦悩し、使命のために死ぬ存在だと私は叫び続けている。そういう魂を自己に留めたい人間は、いま「脱人間」をしなければならない。そして「超人間」に向かうのだ。

ヒューマニズムと人権が独り歩きをしてしまい、あまりにもこの世を覆ってしまった。このヒューマニズムを乗り超えることは、もう現行の人間にはできない。ＡＩを見れば、そのすべての答えはヒューマニズムを軽視している。ＡＩにいろいろなことを聞いて、ＡＩが答えを出すというのはいま各種の本やテレビ番組などでもいろいろとやっているが、その回答はいわゆるヒューマニズムを軽視した内容になっている。

## 星回りの真実

私は子供の頃、母親が占いが好きだったので、よく霊能者や易者に連れていかれた。私の子供の頃の最も楽しかった思い出である。そして、この易者たちの変化でも現代の人間の終焉を感じることが多々あるのだ。つまり昔の易者といまの易者の違いも、現代のヒューマニズムの現状を表わしている。昔の易者というのは、易占で出た通り、もしくはその学問で出た通りの、そのままの占いの結果を言ってくれた。私が知っているだけでも、そこまで言って酷いと感じるものも多かった。例えば女性が「私は結婚できるでしょうか」と聞きに行ったら、「あなたはこういう星で、こうでこうで、こういう性格でこういう生まれだから、もう一生結婚できないよ」と言われたりするのだ。「どんなにもがこうが、もう結婚はできない」と断言されていた現場に居合わせたことがある。もし結婚したとしても、何度結婚しても離婚し、男に捨てられるとそこまで言っていた。これほどまでのことを言われていた女性も本当にいたということだ。

また、ある有名なホテルの社長の話なのだが、この社長夫婦をある易者に母が連れていった。その社長が自分の家の墓を作ったのだという相談だった。そこでそのお墓を建てたことが運勢にとってどうだろうかということを方位学の易者に聞いていた。そうしたら「これはかくかくしかじかの星回りで、もう六〇年に一度しか回ってこない最悪の年に、最悪の方位にあなたは作った」と。だからこれがあなたの運命だと言って「もうあなたは何をしても一生駄目で、何をしても浮かばれない。会社は潰れ、財産はすべて失い、家族も離散する」と言われていた。さすがに子供の私が聞いていても、酷だということがよく分かったというのが昔の易者なのだ。隣で聞いていた私は、他人事とは言え、あまりの辛《つら》さにわんわんと泣いてしまいその易者に怒鳴られたのを覚えている。

私が言いたいことは、昔ながらの有名な易者というのは、昔といっても五十〜六十年くらい前の話だが、易者は易者をきちんとやっていたということを言いたいのだ。つまり易占として出た答えをきちんと相手に伝えていた。一昔前まではヒューマニズムとそれに基づく優しさや癒しに、すべての人が冒されるところまではまだいっていなかったのだ。相手の心を傷つけるとか、そういう本筋と関係ないことによって影響されない。傷がつこうがつくまいが、出た答えを言う。いまは真実を言ったら訴えられるし、多分いまの社会では真実は通らない。人の心を傷つけたとか、そういう違う話になってしまう。だからもう、いまの人類は終わったということを言っている。真実を隠せば、もう人類の文明はない。優しさは優しさ、真実は真実なのだ。それをけじめと言う。

私が知っている限り、現代では真実を言う易者はいない。いまの社会では存在できないのだろう。今日でも真実の答えが出る易学はないかと、いろいろ研究をして分かったことがある。それは、いまはその回答が出るのはＡＩの占いだけなのだ。だからもし易占で真実を知りたいなら、ＡＩロボットに聞いたほうがいい。それも遊びとしての易占用に調整されていない、本当のＡＩである。そうでなければ本当のことは出てこない。ヒューマニズムに適合していないことを言う人はもういない。これはすでに、人間個人の問題ではなく現代社会の構造的問題となってしまっている。だから、もう戻ることはできない。

電脳空間（サイバー・スペース）というのは、原初の人間の神経組織と同じ働きを持っているのである。だから電脳空間の中には、神が飛び回っていると私には感ぜられる。つまり、ＡＩのほうが答えに真実としての価値がある。「私はどうでしょうか、良縁があるでしょうか」と聞かれて、ＡＩが易学の計算をはじき出して、「ああ、あなたは一生頑張ってももう駄目です。絶対結婚できない」とかまたは「来年には素晴らしい出会いがあり、結婚に至るでしょう」と答えられるだろう。人間の場合は、すでにヒューマニズムで冒されているので、答えが出てもどちらにしても良い答え以外は相手に申し訳ないので、「あなたも挑戦すれば大丈夫ですよ」というように答えを変えてしまうだろう。

つまり、ヒューマニズムに適合していないと本当のことを言えないというのなら、もう易者ではないということなのだ。それどころか、それは嘘ではないかということを考えてほしい。嘘では現実の人生は立たない。非科学的といまや言われる易学は、もともとは経験科学として発展してきているものだ。だから、あれは宇宙の摂理によって創られた。宇宙的な確率論から、宇宙の意志を表明する。そういうことも分からなくなってしまった。現実はすでにそういう宇宙法則を外れる段階にまできている。それもすべて、現代のヒューマニズムという間違った人間観のなせる業《わざ》と言えよう。

最近の易者は、人にとって嫌なことは誰も言わない。いまの易者はみな勇気づけ、元気づけ、相手にはいつもすばらしい将来がある、すばらしい運勢を持っている、あなたなら何でもできる、あなたは頑張ればできる、必ず幸せになれると、そういう嘘しか言っていない。聞きに行く人も、その嘘が聞きたいだけなのだろう。これがもう約束事となっており、それを言わずしては通らない世の中になってしまった。つまりすべてが遊びであり、娯楽である。嘘で人間の世の中が成り立つわけがない。いまの人間は、それすら分からなくなっている。魂を失った人間に、自己と社会を見る目はもうない。

## 超人間への旅立ち

この社会を営む主流がＡＩとなり、そのＡＩと生物的人間の並存の世がくることは確かなことである。その世の中において、ＡＩの家畜と化する大多数の「人間」ではなく、我々は真に共存する生命的な人間にならねばならない。「超人間」である。ＡＩという「無機的人間」と「超人間」という「生命的人間」が、両立する時代になるのだと思う。そのとき、本当の生命的人間として立ち上がるには、いま「脱人間」を断行し、魂の人間にならなければならない。ヒューマニズムに生きている人間はすべて、ＡＩの家畜になるだろう。これはまさに、宇宙的な逆説である。ある意味では、エネルギー保存の法則の通りと言える。人間大事、人間第一と思っていると、却って家畜に堕ちるということになる。いまの世の中を覆う、人間の肉体の命が何よりも最も優先した存在だというのは嘘だから、その考えは滅びる。人間というのは宇宙の法則に則って生きている存在なのである。例えば宇宙秩序が狂い太陽が近づいてきただけでも、我々などは何の存在理由もなく全員が死ぬだけの話だ。

宇宙がすべての中心である。そして人間は、その「魂」を除いてはどうでもいい存在なのだ。それが昔の人が言った「神が中心」ということだろう。神に創られたのが人間であり、それを忘れたのが現代のヒューマニズムだと言えよう。我々が重力に縛られた地球に産み落とされていること自体も、すべて宇宙法則を理解し、それを志向する魂を養うためなのだと私は思っている。苦しむために、そうなった。重力そのものがすでに地獄のようなものだとも言える。自然のままだとすべてのものが下へ下へと引っぱられ、物理的にも精神的にも堕ちてしまうのが地上の人間存在の基準となっている。だから、この地上において魂を宿らされた我々人間は、絶えず上を目指して苦しみ続けなければ、自己の存在理由を全うすることができない。我々人間は神の苦悩を知り、それとともに生きる存在なのである。

いまの「人間」は、この魂の上昇運動の苦しみと悲痛をすべて捨ててしまった。だから我々は、「脱人間」の思想によって、こういう状態から抜け出し、魂を重んずる真に生命的な人間にならなければならないのだ。こういう状態から、生命的人間として生き残った人間を「超人間」と私は名づけていることは再三述べている。前にも言ったように、「超人間」は特別に秀れた人間という意味の超人ではない。現代のヒューマニズム的な「人間」の存在を乗り超えて、新しい原人間となった者を言う。それはスーパー・ヒューマン・ビーイングではなく、ビヨンド・ヒューマン・ビーイングということになるだろう。内村鑑三は自己の無教会主義をビヨンド・チャーチと言っていた。その思考の系列に沿う思想が「超人間の思想」となる。だから「脱人間」というのは、「超人間」に至るための方法論だと思ってほしいのだ。つまり、「脱人間」は「超人間」へ向かっての旅立ちなのである。

だから第一章で扱った「出エジプト記」というのは、実は「超人間」への旅立ちだったということが言えるだろう。肥大化したヒューマニズムの化け物を退治する手段は、我々が「人間」であることを捨てるしかない。我々は、「人間」をやめて「超人間」へと旅立つのである。だから現状の「人間」であることを退治するために、その「人間」をやめるしかないということだ。私は若き日から、現代人であることはやめている。だから、魂の力は人生の時間を経るに従って増大しているのだ。それを実感することは実に楽しい。私はもともとヒューマニズムを認めていないから全く冒されていない。そして、我々の故郷である人間の起源に戻る。そこには我々の魂が宇宙的使命を与えられてまだ間もない、初々しい人間の生き生きとした姿がある。

自己の魂の故郷に戻るのである。水平の現代を捨てるのだ。現代社会に居据わり人に認められたい、人に好かれたい、そういうことを思っている限りは、このヒューマニズムの人間社会からは逃れられない。本当にいまのヒューマニズムの力は、人間を滅ぼすだけの力を持っている。つまり絶対的に強大な力がある。だから、捨てなければ逃れられないのだ。ここのところを、本当に実践できるかできないかが究極的な人間としての問いとなるだろう。私は現世を拒絶する生き方を実際に実践してきたので、この「脱人間論」を提唱できる。我々は現世を捨て、本当の人間の魂の清浄を感じなければならない。自分の魂とともに、自分の運命を生きる喜びを知らなければならない。魂が、我々を求めているのだ。

## 選挙制度を捨てる

ただ独りで生きる実例として、私自身の卑近な例を一つ挙げておく。私はこのヒューマニズムの世の中と似非《えせ》民主主義をすべて拒絶して生きてきた。それで何も困らなかった。それどころか、私は自己の魂の限りない豊かさに向かって生き続けてくることができた。私は自己の魂の声に従って生きたい。適当な日和見主義で成り立つ、いまの国家や経済構造などは全く受け入れる気はない。それで何も困らず、無限の人間的自由の中を生きているのだ。私は人類に与えられた魂のためだけに生きる。それは、人間の宇宙的使命を貫徹するためだけに生きるということに等しい。私は民主主義の世の中の「義務」と呼ばれているものをほとんどやったことがない。

それであらゆる人々から非難されてきたが、全く動じたこともない。すべてやっていないと言えるが、例えば一つの例として「選挙」が挙げられる。いまの民主主義の選挙制度というものは、人類を滅亡へ導く制度だということを小学生のときから私は信念として持っている。昔の政治家などは、能力があり権威を持つ人が指名するもので、烏合の衆が選挙で選ぶものではないということを私は提唱している。私は武士道によってこれを信念としてきた。要は武士道の根本というのは、最も優れた武士がいて、それが殿様であり実績のある者だ。その人間が役目として人々を指揮するというのが、私は好きだったしそれが本当だと考えている。

私は現代の似非民主主義の、この選挙制度というのには断固反対である。選挙制度に反対の人は多いと思うのだが、民主主義社会に生まれた人間の義務だと言われて投票せざるを得なくなる人も多い。いまの社会は選挙に行かない人に、まず投票してから文句を言えと言っている。こういう言葉に皆、影響を受けてしまう。例えば投票をしない人間などは、世の中に反対する権利はないとか、投票をしてから何かを言えとか、そういうことをマスメディアが煽り立てる。これが民主主義国家の国民を泥沼に引きずり込む手段となっている。どんなに言われても、自分が選挙は間違っており、選挙制度などは壊さない限りこの世の中は良くならないと思ったら、選挙は絶対にやってはならないのだ。私は小学生の頃から選挙という考え方と戦ってきた。

私の拒絶は、その政治選挙だけではない。小学校の頃からクラス委員の選挙まで投票したことはない。それで先生からは殴られ通しだった。お前は生意気だと言って、殴られたものだ。しかし私はこれに屈したことはない。学校だったらクラス委員などは先生が選べばいいという信念だった。勉強のできない子も含めて、皆でリーダーを選びましょうという、そんな下らない制度自体間違いだと私は言っていた。だから私は一回も投票したことがない。選挙をやらないために、学校ではいつも先生に怒られ点数を引かれ、いいことは一つもなかった。社会に出てからは当然あらゆる人から、社会人としてお前は失格だ、民主主義の敵だと言われた。もし社会に文句があるなら、マスメディアの言う通り民主主義の一員としての義務を果たしてからにしろとか、そのようなことを言われてきた。しかし私は何を言われても絶対に選挙は反対だから、自分はやらないということを信条にしてきた。

人間というのは必ず「ああ、確かにそうだな」とか「やはり投票してから文句を言うべきだな」と思わされてしまう。そうやって教育され、洗脳されて国民がみな投票をしてしまうから、この選挙制度はいつまでもなくならないのだ。極端に言うと多くの人が絶対投票しなかったら、この選挙制度というのはなくなる。だからもし反対なら投票しないというのが正しい。この制度をやめたいなら選挙に行かないことだ。私が言っている自己の魂のために生きるというのは、もしいまの選挙制度というものが間違っていると思うなら、選挙はしないということなのだ。しない人間が増えればこの制度はなくなるだろう。制度とはそういうものだと思う。少なくとも、私は選挙に行ったことはいまだかつて一回もない。どんなにつまらない選挙でも票を入れたことはない。選挙そのものが死ぬほど嫌いだからである。

選挙を拒絶してこの年まで生きてきたから、いろいろな人から蔑まれ、いろいろなことを言われてきたのは事実だ。だから、その苦しさというのはすべて分かっている。普通の人にとっては耐えるのは大変なようだが、それを耐えなければ魂を立てることはできない。そういう地道で筋の通ったことを一人ひとりがやるということなのだ。選挙も流行《はやり》で行なっているだけだろう。投票しなければ駄目だと学校で言われマスメディアに言われ、友人からも言われる。皆も流行で言っているだけで、その理屈というのはヒューマニズムの理屈なのだ。私はこの選挙に対する考え方だけで、多くの友人を失ってきた。幸運も豊かさもその多くを捨ててきた。

この思想で、良い思いや得したことは一度もない。魂とは、こういうことなのだという例として挙げた。それは褒《ほ》められることでも高級なものでもない。善悪を超えた命懸けの行動でしかない。しかし、どうであれ私は貫き通す。死んでも貫くということだ。全国民がすべてやろうが、私だけは絶対にやらない。私はそれを六十年以上、ただ独りでやり続けている。いまの制度から脱しないとならない。何のことはない、投票しているのはみな自分に都合が良い人に対してだけなのだ。それとマスメディア的な人気だろう。そんなものは早く死滅しなければならないと考えている。卑近な例で申し訳ないが、貫くとはこういう日常の積み上げだということを知ってもらうために挙げたのだ。

## 無償の善

人間はその発祥において、その多くが本来的な人間だったということを思い出さねばならない。そのときの姿が、真の人間性であり本当のヒューマニズムということなのだ。決して、いまのような人間礼讃ではなかった。人間はその発祥においては、全く人間的ではない。だから私は原人間というのは、いまの人間からすれば人間に見えないだろうと言っている。もっと崇高なものに憧れ、もっと美しいものを慕い、もっと強いものになろうとしていたのが人間だった。だからいまの何でも許すヒューマニズムとは違うということなのだ。昔の人の人間的というのは、例えば強ければ強いほど人間的だと、文学などでも表現されていた。だから強い人が勝って貴族になり、王となった。民族の中でも強い人が国を創り、その民族の長となってその民族を繁栄させた。いまは、そういう強い人が人間的だと捉えられているわけではない。これは「人間的」の取り方の違いなのだ。

いまの「人間的」は、努力をせず弱く卑怯な者が「人間らしい」と言われることが多い。いまは弱いほうが、却って人間的と思われるのだ。強い本来の人間ではないほうがいい。これに、人類の危機を感じない人のほうがどこかおかしい。極端に言うといまはそうだ。昔はそのために悩み、強いものになろうとしていた。それの良し悪しという問題ではない。そうすることが本来の「人間的」ということだと言っているのだ。そのために悩み、苦しみ、悲しんでいた。成長のための苦しみが、人間に本当の意味で不幸を与えていた。その不幸に耐えて生き抜くことが人生なのだ。不幸であるということは、何かを失い何か足りないものがあるということだ。その足りないものを求めて、悩み踠《もが》くのが人間だということだろう。人間は不幸の中で嘆き悲しみ、そして魂の成長を遂げてきた。それが人間だった。いまは、そういう本来を忘れた「人間」の終焉が近づいている。

つまり人間とは、善を行なおうとして苦しみ抜いてきたのである。つまり善とは、人間にはなかなかできないものなのだ。だから我々人間は、釈迦もキリストもそうなのだが、善を行なうために苦しみ抜いてきた。そして、その苦悩そのものが、人間の本当の姿を創り上げていた。いまの人間は、すでに善人で幸福で大した人間になってしまっているから苦しまなくなった。苦しまない生き方を善人思想によって会得してしまった。現代人はみな良い人であり、生まれたときからそうだということにしてしまった。だから葛藤はない。我々の中には悪魔がおり悪徳があることを忘れた。それと戦い、苦しみ抜いた者が宗教を生み出し、キリストを生み、釈迦を生んだのだが、その苦悩がなくなってしまった。悪を身の内に抱えて生きる人間が善を行なうことは、並大抵のことではなかった。その善が現代では無償ですべての人に与えられてしまった。いまや善人だけしかいない。つまり、それは人類をやめてしまったということなのだ。

　人間は善を行なうために苦しみ抜いて生きてきた。それが人類である。人間はその存在の根底がもともと不完全なのだ。その不完全に苦しみ、完全を目指すために存在している。何をしても、何かが失われる。人間は、神を目指し苦悩する魂としてこの宇宙にその存在理由を与えられた。第七章で「人間の未来」を扱った。その未来に思いを馳せてほしいのだ。未来は、不完全を受け入れ、その代償を支払うことが人間存在の根源なのだと気づくことによって拓くのだ。そのために、私は未来を予言した最高の思想と考えているオルダス・ハクスリーの言葉を第七章の扉に掲げたのである。人間の未来を考えるとき、その言葉の意味を章全体に響き渡らせたかった。人間の未来を言い当てたハクスリーの『すばらしい新世界』の思想的要約が、あの言葉なのだ。「人は無償で何かを手に入れることはできない」(One can't have something for nothing.)。この考え方を失えば人間の未来はなくなる。そして、この思想を保持している限り、人類はあらゆる困難を乗り超えるだろう。

　無償とは、嘘ということなのだ。この世は無償のものは一つもない。特に幸福や成功、そして生きがいを得るためには血の出るような労苦が必要とされる。自分らしく生きるためには、人間は戦い続けなければならない。善を行なうためにも、人間は戦い続けてきたのだ。戦争ですらが、善のために行なわれてきたことは先に触れたことがある。苦悩と呻吟だけが、人間存在を支えていたのだ。どんなに間違っていても、人間は苦しむ限り人間であることに変わりはなかった。最も安易な幸福、ただで手に入る人権ほど人間を堕落させるものはない。人間は戦い続けることによって、その魂の無限進化を行なってきた。戦いをやめれば、魂は腐る。免疫不全である。我々は現代の嘘にすっかり魂を抜かれてしまったのだ。我々は幸福になるために代償を払い、生きがいを得るために苦しみ続けなければならない。それが善ということなのではないか。

## 善とは何か

西田幾多郎は、人間の魂の問題で苦しみ抜いた哲学者である。そして、あの偉大な『善の研究』を著したのだ。その著作において西田は「善とは自己の発展完成のことである」と言っている。そのために苦悩し、魂の成長を願う姿の中に善が潜んでいるということを語っているのである。だから善というのは、ただ与えられて存在するもののことではない。善行をやろうと思って苦悩し、魂を成長させ、願い祈って行なう行動が善に繋がる場合もあるということなのだ。そして、善とは愛の別名なのだという思想が展開されていく。その愛が、知の極点として存在するのだと西田は続けている。この言葉は、私の魂に突き刺さった。だから善を得るには、死ぬほどの知的訓練もまた必要なことと言えよう。それをこの『善の研究』の中で西田は直観的意識を駆使して証明している。善とは、人間完成に向かう、死にもの狂いの努力の過程に潜む、愛の煌めきなのだ。

その善がいまは無償で全員に与えられている。善という、人間が目指し憧れ、そう成ろうとする価値がただで与えられてしまった。だから、人間の本当の未来は奪われてしまったのだ。それは先ほどのハクスリーの思想でも我々は知ったはずだ。ハクスリーは『すばらしい新世界』において、幸福を始めとするすべてが、ただで与えられる社会を人類の破滅として描いたのである。だから誰が見ても、現代は人間というものの終焉を感じざるを得ない。人間は本当の意味で善人などはほとんどいない。善へ向かう人間がいるだけである。いまの時代に善人が多いのは、自己判断の価値が異常に高い結果、自分を善人だと思えてしまうのだろう。なぜなら他人の判定は関係ないからだ。いまの人は自分が勝手に点をつけて、善人だとしている。つまりすべてが自己評価なのだ。

人間は死ぬほどの努力をして、普通の本来の人間にしかなれない存在だった。だから努力をしない人間の場合、これは虫けらであり屑《くず》と呼ばれていた。ところが、いまはそんなことが言えないくらいまでに間違ったヒューマニズムが蔓延《はびこ》ってしまった。昔は、人間には努力して成らなければ、成れなかった。だから真の人間に至りたいと思って生きるのが、人間だったのだ。そしてその方法論を教え導いたのが宗教だった。だからいま宗教が要らなくなったのは、この死ぬほどの努力をして本当の人間に至りたいと思っている人がいなくなったということの結果だと考えられる。そういう意味で宗教は要らなくなった。

現代のヒューマニズムは、自己愛だけの人間を大量に生み出しただけだった。スウェーデンの神秘思想家スウェーデンボルグは「自己愛とは、ただ自分だけが良くなるように願うことである。そしてもし、他人が良くなることを願うとすれば、それは自分に利益のある場合だけなのだ」と言っていた。まさに、現代のヒューマニズム社会は、自己愛の人々によって覆われてしまった。現代人のような自己中心的な人間には「あなたは良い人ですね、あなたはすばらしいですよ」と言いさえすればすべてが丸く収まってしまう。名だたる宗教家ですらが、そのようにしか言えない社会になった。

そう言わないと、宗教のほうが逆に大衆から認めてもらえないということになる。まさに本末転倒の事態が起こっている。この本末転倒は、人類を滅亡へ導く導火線となっている。しかし、我々はもうすでにすべてを失ってしまった。あの魂の哲学者シモーヌ・ヴェイユは本来的な善の生き方についてこう言っている。「神を自分よりも限りなく上方にあるものとみなすならば、何をしても救われる。しかし自分の心を神と呼ぶならば、何をしても滅びるのだ」と。ところがいまやすべての人が、この自己中心的となり自分のなすことを善だと考えている。我々はついにヒューマニズムの終着点に辿り着いたのだ。つまり人間の終焉の時代である。

## 自己から脱出せよ

私はもう人類の半分以上が家畜化していると思っている。半分以上が、魂を吸い取られてしまったということだろう。吸い取られているほうが、いまの世の中では生きやすいことは確かだ。現代の物質文明の中を生きるに当たって、自分の本当の魂を認識したら、本人はその場から苦しくて仕方がない。現代は苦悩などなくても、絶対的な判断基準がなくなっているから、多くの人が生きていけるという感じを持ってしまっている。しかし、この『脱人間論』に興味がある人間は、まだ魂の葛藤が残っているに違いない。それでなければ読むはずもないだろう。だから現代文明を生きる「人間」を脱して、本来的人間を目指すことができるはずだ。失敗するとすれば、片足を現代文明に突っ込んでいながら、魂の賦活を目指そうとしている場合だろう。これは気を付けなければならない。

無限の「許し」と「何でもあり」で構成される現代社会のヒューマニズムのほうが、自己中心的な人間にとっては何と言っても魅力がある。とにかく楽で努力しなくていい。もう「現状のあなたでいいのですよ」と認めてくれる。苦しくなったら、そちらのほうへ行ってしまう。現代人の多くは自己都合で現代文明に入ったり、魂に戻ったりしているのだ。だから、なかなか魂を摑めない。御都合主義の人の例で言えば、「執行思想はすばらしい」と言いつつ、不幸や病気になったらすぐに現代のほうに戻ると広言している人もいるぐらいだ。そして、「健康なときには執行思想は非常に面白い」と平然と言っている。すべて自分の運勢や体の調子や都合によるということだ。

もともと人間は、死ぬほどの努力をしても、人間としての生を全うできるかできないかという存在なのだ。現世を生きていたら、現代の安易な社会からはなかなか抜け出せない。現代社会はそれほど甘くない。だから、魂を中心に打ち立てた世界を断固とした決意で摑み取らなければならない。それが「脱人間」の主体的生き方となるのだ。これはもう断定的な段階にきている。そうしなければホモ・サピエンスはすべて滅びるのだ。だからこのホモ・サピエンスが滅びる中から生き残って、未来の人間として、別の何かと共存できる「超人間」として生き残らなければいけない。そうなろうとすることが、「脱人間」の思想である。そうすれば、いままでとは何か違う人間がこの宇宙に誕生するだろう。それこそが、真の希望ではないだろうか。

すでに我々は無限経済成長と幸福志向、そして肉体絶対というセントラル・ドグマの中を彷徨っている。そして多くの「人間」が、幸福の名の下に家畜化の道をすでに歩んでいるのだ。それは引き返すことのできない時点にきている。だから、自己の魂の奥底への旅立ちをした者だけしか、人間として生き残ることができないのではないかと私は思っているのだ。そのことについて、私は安部公房の思想を先に紹介した。それは「墓の中の誕生のことを語らねばならぬ」というものだった。いまの世は人間存在ということを考えれば、もう死に体に近いのである。我々はホモ・サピエンスの墓場にすでに片足を突っ込んでいる。

その自覚が何よりも大切だ。そこからしか我々の再生はない。だから私は、いま墓の中で物事を考えているのだ。そして墓の中で、私はこの『脱人間論』をいま書いている。墓の中にいなければ、「脱人間論」という思想の本当の意味は分からない。つまり、死んだ気にならないと分からないということなのだ。死ぬというのは、自分の現世的成功や幸福などを捨て去って、人生を考え直すということを言っている。我々はもう引き返せないところまできた。私はここからどう人類が立ち直っていくのかを考え続けているのだ。そして現行の人間という意識を捨て去ること以外には、我々の生きる道はないと結論した。現在において、「人間とはこうである」と言われていることをすべて捨てる。これが「脱人間論」なのだ。

我々は新しい人間にならなければならない。新しい人間とは、最も原初の人間つまり原人間であることは再三述べてきた。そして原人間がそのまま未来に投影された姿が、我々が創り出す未来なのだ。もう一度、この世において「創世記」を自らの手で行なうことに尽きる。腐り果てたこの世を捨て、新しい人間、新しい大地、新しい空間に我々は向かわなければならない。何ものかの家畜として生きるのが嫌なら、我々は「脱人間」という思想を実践するしか道はない。それによって真の希望を取り戻すことができるかもしれないのだ。

先に紹介した通り、エルンスト・ブロッホがその大著『希望の原理』を締め括る言葉の中にしか、我々が生き残る道は残されていない。「現実の創世記は初めにではなく終わりにある」という言葉だ。この思想は、人類が人類であり続けるための最も根底的な思想である。私はこの『脱人間論』において、人類の魂の叙事詩を古代から辿って、いまその終焉まできたように感じている。結論として、「脱人間」すなわち現在的自己から脱出することしか人間として生き残る道はない。いまの人間という概念から脱出すれば、我々には新しい人間と新しい未来が見えてくるに違いない。あのエックハルトは「己れを捨て去って、己れ自身より脱出した人にとっては、もはや十字架も苦悩もなくすべてはただ喜びであり愉快なのだ。このような人こそは、実に神に従い至るのである！」と述べていた。現代ほど、この覚悟を必要とする時代はないだろう。また現代ほど、卑しい時代もなかった。しかし、現代ほど魂の崇高を自らの力で摑み取れる可能性のある時代もないのだ。

## 遺物の時代

本章の扉には、詩人 村野四郎の「死」という詩の最後の行が取り挙げられている。「魂が、私を探しに来た」という思想である。結局のところ、魂を手放した現代の「人間」であることを捨て、いまや魂を再び得なければならないということに尽きよう。「魂が、私を探しに来た」という思想は、まさに「脱人間論」を実行したい人のための願いにふさわしい。いま人類は、過去の人類が築いた遺物だけで暮らしている。オルテガはその『大衆の反逆』の中で、現代は科学の力によってあらゆる便利なものや豊かな物量などを、生得のものとして享受し、それを維持する責任を何も負わない大衆が、我がもの顔に振舞う時代なのだと言っている。遺物ということにおいて、思想的にはヒューマニズムもすでに人類の遺物と化しているのだ。それを崇めているのが現代の姿とも言えよう。

先に述べたヒューマニズムの歴史を思い出してほしい。それは宗教によって苦しみ抜いた人々が神の掟の下において、ほんの少しの自己の魂の自由を求めて創った考え方だった。それがヒューマニズムであり、ヨーロッパでルネッサンスの頃に生まれたものだ。神の下における人間礼讃、人間主義のことである。人間中心と言っても、その時代はあの強烈なキリスト教社会の中で、教会によって許される範囲での話だった。つまり、ほんの少しの魂の自由が人間にはあってもいいのではないかということで生まれた考え方だったのだ。だから、絶対的な宗教が社会を支配している限り、ヒューマニズムには大変な価値があった。それがいまや信仰も失いヒューマニズムだけが一人歩きをして、二十世紀以降はついに神になってしまったというのが現状である。そして、その喜びもすでに過ぎ去り、いまは権利の化け物としての遺物となってしまった。

いまや我々はその権利を享受するばかりで、もともとの苦しみもなく、涙を流して築いた社会も信仰もない。つまりヒューマニズムというのは、もう現代においては人間の利己心を煽る働きしかなく、その人間的価値は全くなくなってしまった。もう、一つの社会哲学ですらない。だからこのようなものを捨てるのは冷静に考えれば何でもないことなのだ。現代の行き過ぎたヒューマニズムのせいで、愛も信も義もすべてがもう遺物になっている。だから私が話している愛とか信とか義の話というのは、すべて昔の話となってしまっている。私が話す愛は、宗教がまだ生きていた時代の本当の愛つまり苦悩のことである。

いまの人は、その話に触れると疲れてしまうそうだ。私は多くの人々を疲れさせてきた。いまの愛は、遺物だから生み出すための苦しみを何もしていない。だから生み出す話には疲れてしまうのだ。遺物だから獲得するための苦しみも必要としない。いつでも楽に手に入ってしまう。もともと自分が持っている生得のものであり、当たり前のものだと考えている。遺物の上に胡坐《あぐら》をかいて、我々はいまヒューマニズムの綺麗事の上に暮らしている。だから何を言っても本当に人間的なことは分からない。私はこの七十歳まで生きてきて、現代文明の悪魔性を嫌と言うほど身につまされてきた。そして、その浸透性の圧力を感じ続けたのである。だから現代に生きる人間をやめるべきだという結論に達したのだ。

我々は綺麗事と成功と幸福と健康以外のことは受け入れないようになってしまった。いまの人類は成功・安定・保障・安楽などしか受け入れない。だから魂の話は、何を話し合っても無駄にしかならない。私はそういうことに気づいてから四十年以上、この問題についてあらゆる人間と争い、議論をしてきた。しかし何をやっても妥協点はなく、どんなことをしても成立しないということが分かった。だからいまの「人間」を捨て、新しい人類に向かうしかないということを私は信じるのだ。遺物を喰らう者に、生みの苦しみは分からない。

私は、人間とは創造の苦しみを生き抜いてきた存在だと思っている。創造に向かう生き方が人類を創った。だから人類の原初は「創世記」から始まるのだ。我々の未来は単なる未来ではなく、我々の未来もまた新しい「創世記」でなければならない。我々はもう一度人類を創り変えなければならないという段階にまできた。したがって、まず現行人類からの「脱人間」を必ず敢行しなければならないということになる。

## 創造力の終焉

そうしなければ、我々は本当に人間としての新しい魂を見出し、摑むことはできないということだ。遺物を自然環境と同じように享受する者には、その苦しみは本当に分からない。それを環境だと思っている人には、これは創られたものだと言っても通じない。いまの人間は棲息《せいそく》を人生だと考えている。それを生得の条件のように思っている。だから私がときどき映画とかテレビ番組の最近の企画についても言っているが、いまではほとんど問いを投げかけるドラマとか、価値のあるテレビ番組も作ることはできない。最近のテレビ番組を何かの拍子に見ても、「ぶらぶら歩き」と「お笑い」と「スポーツ」しかない。あとは「食い物」の話だけという卑しさである。番組を作るのに、何の脳も要らないものしかないということだ。ちょっとましなものは、過去の番組の焼き直ししかなく、山崎豊子の『白い巨塔』などは何度作られたか分からない。あれだけリメイクするということは、もう新しい価値のあるドラマを作ることができないということを意味している。無能な番組を作っていれば、精神性のあるものは全く作れなくなるだろう。何の創造力もなくなってしまった。

最近の社会事象としては、人間の傲慢と不遜が地球環境の際限なき搾取を進め、もう歯止めを知らぬものとなっていることがある。この地球環境の搾取によって、いまの我々が傲慢な人生を送れることを改めて考え直さなければならない。それを簡単に言えば、我々は地球の遺物を喰らい続けて肥え太っている状態ということなのだ。資源といったものも遺物で、挙げれば石油、石炭、金属等、枚挙にいとまがない。数億年の地球の遺物を百年で消費してしまっている。知識として、それを知っていても自分が自分の人生を懸けて体当たりでそれに立ち向かうことは、もう誰もしない。それは、我々が創造力を失ってしまったからなのだ。新しいものを創り出すことができなければ、いままでにあるものを無限に消費するしか道はなくなる。我々は人間としての創造の苦しみをすべて捨て去ってしまった。それによって、嘘のヒューマニズムの世の中を謳歌しているのだ。

人間の創造力の欠如は、人間の崩壊を導く。そのことに改めて気づくときなのではないだろうか。不断の創造だけが、人類が生き残るための真の手段となる。そして体当たりだけが、我々の創造力を養うのだ。このような状況をなぜ止められないかと言うと、その主原因はこれも創造力の欠如しかないのだ。この創造力の欠如が、すべてに「選挙の思想」を持ち込んだのである。選挙とは、決断と責任の放棄なのだ。それが人間から創造力を奪う悪循環を作っている。選挙制度で物事が決められているということは、大衆を豊かにして、とにかく大衆の人気を得て選挙で入る以外に方法がなくなってしまうということだ。誰が考えても、いまの時代はもう機能しないということは分かっている。しかし選挙があるからこの流れは止まらない。

それなら我々はまずは選挙を拒絶するしかないだろう。私はただ独りでどんなに貶《けな》されても拒絶してきた。これを多くの人がやれば選挙制度は終わるということなのだ。そして宇宙を汚し、我々の傲慢と不遜の「付け」を、いまや他の星に払わせようとしている。先述したように人間の塵芥《ごみ》捨て場を月に作り、月や火星や金星、そして別の新たな星から新しい金属材料とか化石燃料を取ってこようと考えている。他の星の存在すら自分たちのために使おうと思っているこの人類の傲慢さは、すでに行き過ぎた状態となっている。この状態を見て、この文明が終わるのだと分からないなら、科学的な目で物事を見ることができない愚かな人間ということでしかない。

何億年もかかって創られたあらゆる化石を、ほとんど百年で使い果たそうとしていることは先ほど述べた。その化石の力で、我々はいまの贅沢三昧をしているに過ぎない。この贅沢三昧をやめることができない理由はただ一つ、昔の生活に戻れば、社会保障がなくなり能力のない人は貧しい暮らしをするしかないからだ。「働かざる者、食うべからず」という人間の摂理を、いまは誰も主張し実行することができない。すべてはヒューマニズムにその原因がある。ヒューマニズムが、いまや地球すら滅ぼそうとしている。

## 泥棒の文明

民主主義とヒューマニズムが、いまの消費文明の進展を止めさせないように働いている。この現代の民主主義とヒューマニズムは大衆文明の極地だが、その大衆文明を推し進めるには、あらゆる「他者」の財産を盗み取らなければならないのだ。この他者の財産の中には他の星の財産も入っているし、宇宙の空間や資源も入っている。これは星だけではない。宇宙空間の取り合い、つまりその利権の取り合いによってアメリカと中国とロシアがせめぎ合っている。宇宙と生命の掟を嫌う、卑怯で自己中心の現代人を満足させるために、その競争を行なっている。現代の権力者たちは無限の餌をばら蒔き続けるために、その無限経済成長を止めるわけにはいかないのだ。

この無限の餌をばら蒔き続けるために、もうすでに宇宙空間に出ていってまで、他人の財産を盗み取らなければならなくなってしまった。現代の政治家は、ほとんど大衆という家畜に餌をばら蒔くための飼育係に見える。こうなってしまったのも、すべてはヒューマニズムにその思想的原因があるのだ。人間の欲望を政治の中心に据えたことの付けが、もう逃れられぬところまできていると言えよう。現代の人間中心思想に生きる、この傲慢な人間を我々は脱するのだ。そして、他の存在と共存できる新しい人間として生まれ変わらなければならない。そのために、我々はいま不幸になることを覚悟しなければならなくなっている。

　モーセの「十戒」において、すでに他人のものを盗ってはいけないとされていた。十戒ではそのような「暴力」を阻止していたのだが、そのたがが外れてしまって、ジラールの言う暴力の連鎖模倣が無限大に広がり歯止めが利かない状態になっている。搾取は暴力なのだ。我々がいまのヒューマニズムと平和主義の名の下でやっている正義の理屈について説明しよう。それは資源の獲得についても、地球や他の星の財産とか、人間の中でも「豊かな者」には「暴力」を幾ら使ってもいいということなのだ。我々の身近な例では、累進課税も消費の押し付けも、すべてが「暴力」である。いまは平和でも暴力がなくなったのでもない。暴力を大衆以外の「他者」に振り分けているだけと言えよう。つまりは、すべてが政治家の選挙対策でしかない。

　我々の経済発展のための犠牲となって、もう野性動物も棲み場所すらなくなりつつある。ほとんどの昆虫も毎年二・五パーセントずつ減少し、それに伴って鳥類も急速に減っている。多くの動物も絶滅が近づいている。我々が一体いま何をしてるかと問えば、人間同士の暴力を何とか処理するために、本来は自分たちの間で争いながら処理していくものを、他の動物や他の星そして自分たちの地球に向けているだけなのだ。何のことはない、暴力の他者への振替《ふりかえ》である。それによって、我々は「豊か」で「優しい」ヒューマニズムの社会を表面的に維持しているということを知らねばならない。

　これを泥棒と言わずして何と言うのか。だから我々はこの「泥棒の文明」を築くことによって、いま綺麗事を言いながら、表面的には多くの無償の保護で暮らすことができているということなのだ。つまり泥棒の文明の恩恵である。本来の人間は、暴力と性の問題を我々の身内の中で処理してきた。処理しなかったら、他に向かうだけなのだ。いまは、そういう状態になっている。我々自身が争い合うことをやらなければ、それを他者に向けるだけとなってしまう。だから実は闘争は、全くなくなったわけではないということだ。我々の暴力は、却って自然や他者へ向かい、その滅亡に繋がっている。人間同士がまだ正当に闘争をしていた時代は、地球環境や他者に対してはそれほどは搾取していない。却って自然や他者を大事にしている。

それは人間同士が自分たち同士で、啀《いが》み合い殺し合っていたからである。そこに正直に、自己の持つ悪徳を晒け出していたからなのだ。もちろん、それをそのまま良いと言っているわけではないが、もう一度、暴力とか性の問題と真正面から取り組んで、その姿勢を考え直さなければならないということなのだ。しかしいまのホモ・サピエンスはもう昔の状態に戻ることはできない。いまの「人間」は、もう滅びる以外に道は残されていない。私はそう断定することができる。もう戻るだけの精神力と気力をすでに失っている。私はもう五十年以上にわたって、この文明と人間の問題を考え続けてきた。そして、いち早くいまの「人間」から脱しなければならないという結論に達したのだ。自分のことを「人間」だと思わないようにしなければならない。いまの人間でなくなれば、より科学的に冷静に自分たち人間のことを見ることができるようになる。いまの世の周りの人たちと一緒になって流されなければ、新しい「超人間」になることができるのである。

## 「暴力」の最高形態

私は現世に全く興味を抱くことなく、「独りの男」として人生を生きてきた。私は運よく『葉隠』の武士道だけを信じて、それだけを愛して生きてきたことは何度も言っている。しかしこのことは、何度言っても言い過ぎることのない、現代における最大の価値だったのだ。つまり私は現世を生きてこなかったと言える。そしていまはその幸運を毎日のように嚙み締めている。その幸運をいま私は語っているのだ。人間としての魂の幸運を、いま『脱人間論』として世に問うている。私はたまたま武士道だったけれども、武士道でなくとも何でもいいのだ。いまの「人間」でさえなければいい。先述したように例えば、私は人間である前に経済人だ、私は医者だ、私は政治家だ、私は人間である前に男だ、ということでも真剣に取り組めば解決できる問題だ。要するに自分は「人間である」と思えば、もうすべて間違ったヒューマニズムに呑み込まれてしまうことを言っている。

私は自分がこの世の中に全く影響されずに生きてきたからこそ、「脱人間論」というものを語る資格がある数少ない人間の一人だと思っている。現世の中を生きてきた人間は、「脱人間論」を語ることはできない。現代を生きてこなかったので、私は過去の人間たちの魂とだけ付き合うことができた。私は読書によって、過去の真実の人間たちとだけ付き合ってきた。過去の人間の魂を本当に摑めば、現代の「人間」は人間ではないということがはっきりと分かる。現代の「人間」は、もうすでに人間に似た生き物に堕してしまっている。

私はやはり『葉隠』という、武士道の聖典を信奉してきたことの幸福を感じている。「葉隠」は、自分で自分を律し、自分の自制心で自己の剣を抜かないようにするという、暴力を自己の力で律する文化の最高形態なのだ。武士道というのは、先に言ったルネ・ジラールやジャック・デリダが重要視していたように暴力を取り去ろうとするのではなく、それを律するために人類が生み出した文化なのだ。性や暴力という人間の根源的実在を生かしたまま、それをこの世でよく実現していくための宇宙的秩序として、この地上に投影された文明の形態なのである。だからデリダなどははっきりと性と暴力のことを、根源的志向と呼んでいるが、それが人間にとって根源的に必要な悪徳であることに間違いはない。

　この暴力をどう処理するかを悩み続けるのが、人間だと言ってもいいのではないか。人類は運よくその暴力というものを、どういう風に人生で生かし、どういう風に窘《たしな》め、どういう風に制御するかという、最高の文明形態として武士道と騎士道を生み出した。私はそういうものを偶然に信じたので、これは本当に運が良かったと思う。繰り返すが、武士道は暴力という人類の根源的実在を真に活用する最高形態だと言えるのだ。私はこの武士道を信ずる運命を持っていたということに、何か宇宙的に選ばれた人間なのだという自負を持っている。だからここでいま、私は自己の持つ使命によってこの「脱人間論」という思想を書いている。

　現代人は行動をしないので、一見して善人で良い人という生き方ができてしまう。武士道というのはそのすべてが「行動の哲学」なので行動しなければその意味がない。そして行動は、必ず善悪の両面を兼ね備える結果となるのだ。それは、行動とは人間存在の実存の形態だからである。つまり、身が一つのことから生ずる大矛盾との直面である。右へ行けば、左に行くことはできない。この矛盾と直面するには、悪人となることを恐れないことしかない。だから、私は悪人であることを恐れない。

そういう理由で、私は現代のこの「泥棒の文明」を潰さなければならないと思っている。この文明は消費するだけで、価値のあるものを生み出すことはない。だから善人でいられる。

したがって、この文明には武士道は必要ない。武士道というのは、やはり暴力を文明化した最高形態でもあり、行動の最高美学でもあった。行動すればすべて人間は綺麗事では済まないということが分かる。自己の責任で行動しない者は、動物愛護と言いながら、他者に殺させて見ぬふりをしている。自分も生き物を食べそして殺しているのにその認識がない。植物も生き物であるし、昆虫や細菌も生き物なのだ。我々は、他の生き物を殺さなければ生きられない。生きることは、綺麗事では済まないのだ。しかし本当に我々が海に出て、例えば食べている魚を自分で釣れば、生き物を殺しながら我々は生きているのだと分かるに決まっている。これが実感として分かれば普通は悩むだろう。だから苦悩と悩みを抱えながら生きるのが人間なのだと私は言っている。

人間は、生き物を食べなければ生きられないのだ。苦しいが食べる。その悲しみが人類を築いてきた。いまの人間はすべて分業で自分が見えなければ「無い」ことになってしまう。日本人の場合には、ほとんど趣味の釣りは別として、遠洋漁業などもやめてしまった。すべて外国からの輸入で、貧しい国の外国人が獲ってきたものを買って加工するだけだ。だからすべて生き物を殺すことはお金の問題だけになっている。だから実感が湧かない。

昔の漁師などは、本当に魚を釣って魚を殺すことによって、自分が生き永らえてきたということはみな知っていた。自分が死んだら、海に捨ててもらいたいということで、死体は魚の餌にしてほしいということを言っていた人は何人もいた。しかしいまはそれが「死体処理法」とかそういう法律でできないそうだ。これこれこのようにして死体を大事にしなければいけないなどという、そんなことまでいまのヒューマニズムは決めている。このような考え方も、いまの「人間」の傲慢から生まれているのだ。

　昔の漁師たちの多くは、自分は魚を殺しながら生きてきたから、死んだら魚の餌となるために海に捨ててくれと言っていた。そういう気持ちが人類を育んできたのである。それは苦悩に違いない。苦悩がない人生などあり得ない。愛も苦悩なのだ。いまの人は私は幸せ、私は幸福、私は最高、自分の家庭は一番いい、自分の子供も良い子だともう決めてしまっている。そのような人生に、人間としての本当の幸福などは絶対にない。すべての人が幸福を勝手に言い張ることができる社会が現出した。つまり、人間の終焉が訪れてきたのである。

## 戦わない人間

　人間は魂である。決して肉体ではない。肉体は魂を乗せる乗り物に過ぎないのだ。その魂のために肉体を犠牲にする者だけが人間だったということを、いま一度確認しなければならない。魂が何よりも重要となる。魂のために、肉体などはいつでも犠牲にするというのが人間の生き方だった。だから人間は、悲哀を抱き締めて生きてきたのだ。人間は文明を築きながら戦争を繰り返した。いまは戦争を一方的に否定しているが、戦争は人間が魂のために肉体を犠牲にする一つの行為だった。つまり自分たちが考える幸福とか、自分たちが考える正義のためにそれは行なわれていた。戦争がないとは、本当の幸福と正義を捨てたことを意味している。つまり、人間であることの放棄である。

　いまの人たちは、戦争は嫌いだということで戦争を否定している。戦争を良いとは誰も思っていない。しかし、戦争は良いとか悪いという問題ではない。ただ魂が本当に生きるためには、肉体を犠牲にしなければならないことが起こり得るということを、理解しているかどうかの問題だ。戦争が良くないものだということは、昔の人もみな思っていた。戦争は確かに悲惨だが、自分たちが本当に考える正義のためには、戦争をしなければならないことも数多くあった。それを責めることなどは誰にもできないだろう。絶対にしてはならないと言うなら、自己の正義を捨てるしかない。戦わないということは、自分が信ずるものを捨てるということである。

　あのガンジーは、無抵抗主義を標榜していた。ガンジーは一見すると戦っていないように見えるかもしれない。しかし、「無抵抗」というのはそれ自体が戦いなのだ。自己の命を懸けた戦いである。断食などを通じた無抵抗運動と呼ばれたものは、戦いの一つの戦術と言っていい。あれは戦っているのだ。だからガンジーは戦争をしていた。ガンジーは武器とお金を持っていないから、世界中に写真を公開して、自分が英国の権力と戦い、権力に抗議して命懸けの断食に入ったことを知らせている。自分の命を懸けて英国の植民地主義と戦っているということを見せる。それによって英国を屈服させたのであり、それは立派な戦略であり戦術と言える。だからガンジーのあの断食の戦術を平和主義だと思ってること自体が間違いなのだ。あれはテロ攻撃の変形した一形態である。

　いまの人は戦争反対と言うよりも、損であり面倒くさいから戦いたくないと言う人が多い。それにもう戦争の話もしたくないという。それはただの不真面目、臆病で、怠惰な態度を綺麗事で言い替えているだけに過ぎない。なぜそうなったのかと言えば、人間の魂を捨てたからなのだ。面倒くさいとか損をするとか考えること自体が、そういう問題だ。だからいまの人はもはや、魂が抜けてきている。何かを守るために戦うという概念がない。別に何か戦ってまで守りたいものが自分たちにはないからだ。正義のために戦うということも、もはや全く分からない。正義がないということは、人間ではないことを示している。この人間ではないということが、すでに分からなくなっている。いま「人間」であろうとすれば、自分もそうなってしまうだけなのだ。だから、いまの「人間」でいることを捨てないと、人間にはなれない。

結局、あのウナムーノも『生の悲劇的感情』で、「何かを本当に意識すること」そのものが苦悩なのだと言っている。意識の代表的なものが愛ということだろう。そして、自分と他者とを峻別して区別することに苦悩を感ずる。つまり自己の独立自尊を守り貫くこと自体が、苦悩の中枢を占めるということだ。私の人生もそうだった。戦うことは、自分と他者が違うという「区別の問題」なのだ。この区別によって、どちらが正しいかという問題が出てくる。その対立から戦争は起こる。いまは安楽と自他未分の甘えによって、もうどちらでも良いという、曖昧でけじめのない状態に人類はなっている。

だから人間ではないのだ。戦う気力さえなくなっているということは、すでに人間ではないことの証明だ。昔はそれこそ決闘裁判というものもあった。別に戦争まで行かなくても、ああいう裁判によってどちらが正しいかを決闘で決めさせたという事例が多かった。裁判も命懸けだった。決闘が行なわれたら正しい人間が勝つだろうというのは、昔の常識だった。もちろん、それは昔の話であることは分かっている。しかし、その人間たちが持っていた「正義」に対して「命」を懸けるという人類の魂の系譜を知ってほしいのだ。

先に言ったように、人間とは魂である。肉体は魂を乗せる乗り物に過ぎない。魂のために、肉体を犠牲にする者だけが人間だった。それを私はずっと言っている。すでに現代社会ではその理屈は通らないことは百も承知している。しかし、通らなくても人間はそうなのだ。現代の人間観が間違っている。間違っているから、人類はいま滅亡の淵に立っているということに尽きる。これは、考えることが面倒くさいというような話ではない。魂を忘れた人間は人間ではない。だから人間としては、いま全人類が終わろうとしている。戦うことをやめた時点で、人間は人間であることをやめたのだ。戦いが人間自身であるということは、その善悪の話を問うているのではなく事実を言っているのである。

我々は自分の肉体を維持するにもずっと戦い続けている。あらゆる外敵を、我々は体内の免疫機構で殺しているから、人体として成り立っている。これを言うとまた差別だと言われるかもしれないが、その免疫機構が機能不全に陥った病気がエイズとなって現われている。だからエイズは、現代文明が創り出した病気だと言える。体に戦いの放棄を強《し》いる病気なのだ。免疫機構という言葉で言っているが、免疫機構とはつまりは外敵との不断の戦争ということだ。それが人体を作り上げている。人体ですら絶え間ない戦いの連続によって維持されている。魂もそうなのだ。魂も、戦いによって養われている。戦いを止めれば魂は死ぬ。魂の戦いとは、愛と義と信の苦悩のことである。宇宙も、すべてが戦いだ。宇宙は、戦いによってその秩序を保っている。

現代人は、戦争の完全否定とか絶対平和主義ということで、現実にはあり得ないことを言いだしている。これは日本だけではない。だからいま、人類は死に瀕しているのだ。戦いが良くはないということは誰でも知っている。良くはなくても、やらなければならないという実在に苦悩があったのだ。いま言ったように、本当は自分たちの身体も日々戦い続けている。魂も日々戦い続けなければならない。それが行き過ぎたヒューマニズムによって、分からなくなってしまった。いまの状態だと自然淘汰は行なわれなくなるだろう。だから近い将来、種としての機能を失っていくに違いない。

## 滅亡に向かって

今後の世界がどうなっていくのか、それは誰にももちろん分からない。しかしただ一つ言えることは、ヒューマニズムに汚染されたいまの「人間」は必ず滅びるということである。世界自体がどうなっていくのかは私も分からないが、現行の人類が必ず滅びることは分かっている。これだけは絶対に言い切ることができる。このことはヒューマニズムに冒されていないＡＩの、真実の回答を待つまでもない。ＡＩもまた、人類は必ず滅びると言っている。それは無限経済成長と歯止めを知らない消費文明についての、科学的に分かっている解答なのだ。それすら見ようとしないのが、現行の「人間」である。スーパーコンピューターが何度も滅びるという回答を出しても、いまの大衆に阿《おもね》る経済政策、経済成長路線、それから資源の使い捨てをやめようとはしない。その原因は、現代のヒューマニズムをやめることができないからなのだ。

その代表が権利と社会保障に他ならない。私は自分が現行の「人間」として生きてこなかったので、それが本当によく見えるのだ。多分、現代の中に暮らしている「人間」には見えないのだろう。中国の故事にある「舟に契《ちぎ》りて、剣を求む」のたとえではないが、同じ流れの中にいれば、現代文明は見えない。科学的観察眼をもって現代文明を見詰め、その真実を受け取ることができれば、必ず「脱人間」という思想は誰にでも分かるだろう。

まず、この真実を受け取れるかどうかの問題となる。しかし、なぜこれほどまでに受け取れないのだろうか。それは、やはり無条件に幸福になりたいということが最も大きな原因として挙げられるだろう。権利と保障もそのためのものだ。幸福のために、この二つだけを気にする人生を多くの人が送っている。そしてマスメディアの情報がそれに拍車をかけている。マスメディアから流れる情報に「本質論」は何もない。その結果、必ず知らなければならない情報だけを得ずに、余計な情報ばかりに振り回されて混乱状態になっていることが現代人の魂を潰している。

我々はアフリカの飢饉など知る必要もないし、大洪水でどこの国で何人流されたなどということも知る必要はない。アメリカでハリケーンで何人死んだというニュースばかりが報道され、結局、自分には全く関係のないことばかりが知識として入ってきてしまう。それに対してその国を助けなければならないとか、そういう自分とは関係のないことに躍起になっていくのだ。実際には、自分に縁のないことにこれほど関心をもつこと自体、嘘であり無責任なのだ。私は社会にも流行にも全く感心がなかったのと、マスメディアも大嫌いなので、ほとんど自分と縁のないものは見たことも聞いたこともない。情報は友人、知人との世間話から得ているものしかない。これが最も人間的だと言えるのだ。つまり、本当の人生ということである。私は自分が自分の運命に基づいた本当の人生を歩んできたと思っている。

自分の縁の繋がりで入ってくる情報は、すべてが自己の運命と「関係性」があるのだ。だから、私は自分の人生を真に愛することができるのである。愛を感ずるから、私は自分のできることだけに「全力投球」してくることができた。真の体当たりの人生を送れたのだ。もしそれができなかったのなら、現行の「人間」が必ず滅びるという信念を持つことはできなかっただろう。だから、現世の中を生きてきてしまった人たちは、『脱人間論』を信じるか信じないかしかない。現行の人類は生き残るには生き残るが、その生き残り方が問題なのだ。私が言っているのは、いまのままでは「家畜」として生き残るしかないということである。先述したＩＴ企業の社長を始めとして多くの現代的一流人は「家畜」でいいと言っている。すべてＡＩロボットにやってもらって、我々は遊んで暮らせばいいと言っているのだ。

　しかし遊んで暮らす人類など、この宇宙にはいらない。人類は神を求め、苦悩するために生まれた。つまり、与えられた宇宙的使命を遂行することに我々の存在理由《レゾン・デートル》があるのだ。神を求め苦悩するだけではなく、これこそ世界中の文献に書かれているのは、額に汗して働くために人類は存在している。だから額に汗して働くことがなくなれば、もう人類ではないということなのだ。それが、分かるか分からないかに懸かっている。何度も言っているように、私はすべての情報を過去の魂と知り合いから得ている。それが良かった。私の強みはそれだ。私は現代の「人間」をやってこなかった。だからこそいまの私がある。友と語り、読書を通して人類の叡知と精神だけを見てきた人生が全てである。これは全くの幸運としか言えない。

「脱人間論」は、そのような私が自己の中から生み出した思想だ。私はその素晴らしさを知っている。素晴らしいということは、自分にとっての必然の人生を送ることができるようになることを意味している。必然の力が分かるから、それを提唱している。未来は、「人間」をやめた人間だけが生き残ると確信している。「人間」をやめれば現代の問題はすべてが見えてくる。現代に呑み込まれれば、現代のことは何も分からない。我々はいま「人間」をやめることによって、限りない人間的叡知を手に入れることができる。そのような主客転倒の状態が現代という時代を創っている。現代に引導《いんどう》を渡して、我々は新しい「創世記」に向かって行かなければならない。

## ただ独りで生き、ただ独りで死ぬ

文学者にして予言者だった安部公房は、「終わったところから始めた旅に終わりはない」と言っていた。次の未来を担う人間こそが、終わりのない人間となるのかもしれない。人類が、ホモ・サピエンスとして終わるのは初めてなので、「終わったところから始めた旅に終わりはない」という言葉は非常に含蓄の深い思想として私に語りかけてくれた。これはもしかしたら次に人類になる存在が、本当の人類なのかもしれないということを言っている。ついに、神と呼ばれた宇宙的使命と合一する本当の人類に至る人類となるのかもしれない。人類というのは最後に神に合一すると言われていた。だから、我々ホモ・サピエンスは、最後の人類ではないとしか思えない。我々は、神を捨ててしまった。もう一度、神の苦悩を受け入れるために、いま「脱人間」をしなければならない。そして最後の人類の一員になりたいと私は思っている。我々は魂の永遠の中を生き、その魂とともに、最後には電脳の組織に突入し合体するのである。

だから、我々はいまの人間社会の中から出なければならない。そして本当の独立自尊を勝ち取るのだ。私はそれを「ただ独りで生き、ただ独りで死ぬ」という言葉に集約して自己の根本思想に据えている。そのためにこの『脱人間論』でも、「ただ独りで生き、ただ独りで死ぬ」ということを常に提唱しているのだ。だからこそ、それに関連する思想を、繰り返し少しずつ型を変えて書いてきた。リヒャルト・ワーグナーのあの楽劇における「うねり来て、またうねり去る」ライト・モチーフ（示導動機）と無限旋律のように本書においてそれは繰り返されてきた。ただ独りであることの重圧に耐えることが、真の人間の使命なのである。それさえ分かれば、あとは自分自身の魂が、自己の宇宙的使命を告げ知らせてくれるだろう。ワーグナーの音楽においても、そのライト・モチーフの響きを抱き締め続ける人間は、必ずその神話的ロマンティシズムを摑むことができた。それと同じことを、この『脱人間論』によって起こさなければならない。

　昔はそういうことを目指している人間がある程度はいた。しかし、いまやそうしている人も目指している人もほとんどいない。だからこそ現代を終わらせ、新しい世に旅立つ人間は、過去から連綿と続く、終わりのない魂のうねりを引き継がなければならないのだ。私は生《せい》の不滅に向かう人生を歩みたい。魂の永遠を願う、真の人間の人生を生きたいと思っている。その戦いの中で死のうと思っている。あのウナムーノは魂の不滅性への渇望の中を生き続け、そしてその中で死んだのである。ただ独りで生き、ただ独りで死ぬとは、自己の魂の不滅へ向かって生きるということを意味している。

　いまの「人間」は魂を抱く人間ではなく、目に見える肉体だけの中に生きている。基本的には、いまの「人間」は肉体大事にすべての理屈がある。どの宗教も、肉体よりも大切なものがあるのが人間なのだと言っていたが、いまでは全く言わなくなった。人気のためであることは先にも何度か触れてきた。いまの人間は肉体がすべてだ。しかし、肉体は人間ではない。それは動物である。私の尊敬する文学者、辻邦生は『小説への序章』の中で、人間が人間であることを自覚するためには「時間の外にでること、それは永遠のなかに立つことでなければならない」と言っている。時間とは肉体の存在理由を表わす。それが人間になるためには、時間すら捨てる必要がある。生きながら死に、死にながら生きるのである。

　人間は、戦うために生きているのだ。現代のヒューマニズムは、その人間の崇高の根源を腐らせてしまった。我々は、戦いを放棄してはならない。人類の魂の崇高を体現する人物に、あの革命家ゲバラがいる。ゲバラは「戦いによってこそ、我々は人間になれるのだ」(Este tipo de lucha…nos permite graduarnos de hombres.) と言っていた。ゲバラの戦いは、真のヒューマニズムのための戦いだった。そして、ゲバラは人間の魂が何であるのかを人類のすべてに向かって証明したのである。ゲバラは、無限に向かって生きていた。だから有限である自己の存在を捨てていたのだ。

ゲバラの生き方と死に方を哲学者として捉えていたのが、あのジャック・デリダである。デリダの中心思想の一つに、無限なるものを捉えるには、有限なるものを放棄する必要があるという考え方が据えられている。それを人間存在の根底に据えていたのだ。ゲバラの生き方と並んで、デリダのこの思想も本論の裏打ちとなるものだった。ここで言う無限なるものというものが魂だからだ。そのためには有限なるものを放棄する必要がある。もちろん有限なるものとは肉体と生活のことであることは言うに及ばない。

デリダはまた言っている。「私は他のものを犠牲にすることなく、他者に応えることはできない」(Je ne peux répondre à l'un, qu'en lui sacrifiant l'autre.) と。要するに綺麗事などは、この世にはないと言っている。人間というのは何かをすれば、必ず何かを犠牲にしなければならない。だから綺麗事を言う人たちは、自分たちが何を犠牲にしてしまっているかを考えていないだけなのだ。その犠牲が分かれば、我々は、苦悩し呻吟する。そしてその不合理の中で、悩み続けるのが人間存在を創っている。だからいま流の幸福な善人などはあり得ない。すべてに好かれようとしているのが現代の善人だ。しかし人間関係も誰かに好かれたら、その人間を嫌いな人間からは嫌われるのだ。いまの人間は全員に好かれようと思ってる。それは誰からも好かれていないということに等しい。

## 魂と器

人間の存在は本来、魂の宿る器《うつわ》だった。その器が、器でなくなってしまう可能性が大きい。折口信夫の「稀人信仰《まれびと》」ではないが、来訪者というものが我々の肉体に訪れることによって、初めて人間というものが創られるのだ。そして人間は、いま流に言う一般的人間ではなく、個別の役目を持った「何ものか」となるのである。役目が人間そのものを表わしていた。天皇という魂があって、それが一つの器に入ると新しい天皇が生まれる。だから別に天皇の肉体がどうこうということではない。また貴族は、要するに貴族的に生きようとする魂がある器に入って、貴族が出来上がるということなのだ。その組み合わせが正しく作動していれば、人格のある人間が生み出される。宇宙エネルギーで言うと、そうなるのだ。

つまり魂の問題が主であって、人間側にある器のほうは従ということになる。しかし、従が整わなければ、主が入り込むことはできないのだ。つまり、入る器を選んで魂が宿るということになる。このとき、器のほうに自分が器であるという自覚がなければ、この機能がうまく作動しない。現代人は、自己を器だと思っていないので、魂もまた入ることができない。宇宙の魂が入れば、人間には使命が生まれてくる。現代人は、その苦悩を敬遠しているに違いない。自分の器にどういう魂を入れることとなるか。それを決めることが人生の覚悟となるだろう。自己が器だと分かれば、我々は何ものにでもなることができる。

分かりやすくするために、たとえを武士に絞って考えていきたい。本当の武士は、武士の家に生まれた人とは限らない。武士は、武士の魂が宿った器をもつ人物なのだ。武士は自分で武士になるのだ。武士道の歴史的実存をこの世に現成した、あの「新選組」の近藤勇や土方歳三も武士の子ではなかった。百姓だったのだが、本当に武士になりたいと願って、子供の頃から頑張って武士道に生きようとしていた。ああいう人が、やはり本当の武士となれる。この二人は、武士の器を持っていたのである。

「武士は自分で武士になる」ということは、私の言う「脱人間」と「魂」の問題については重大な歴史的事実なのである。自分を器と成せる人間だけが「何ものか」になっていける。人間の文明においては、もともと肉体や物質についての事柄は小さな比重しかなかった。それらは、魂の入った器となったとき、はじめて人生上に重大な意味を持つようになったのだ。しかし、そのほとんどの部分は、人間という見える器に入っている見えない魂だけの問題だった。だから人間の価値は、肉体をはじめから超越していた。見える部分しか見ていない人には、その人間の真実が分からない。このことを踏まえて、「脱人間」の主軸である魂の問題とその自由性について改めて述べておきたい。我々日本人は、伝統的に大家族主義が生み出した「魂の問題」を重んじてきた。その一つの文化が武士道なのだと言ってきた。

大家族主義の伝統によって、我々日本人は古来から真の「平等主義」を大切にしており、また本論で述べてきた「独立自尊」に繋がる生き方をしてきた。だから我々日本人こそが、最も「脱人間」を断行し、魂の人間になれる可能性が強い歴史を持っていることを知ってほしいのだ。我々日本人は、その血によって、魂のすべてに武士道を行き渡らせることができる。武士道の中に体現されていた、真の平等主義と独立自尊を自己の魂の中核に据えることができると言っていい。つまり、その器を持っているということだ。我々が決意することは、その「血」を受ける「器」としての自分を準備するかどうかということにかかっている。その覚悟だけが、本人の自由なのだ。

私は『葉隠』を読んだ日から、武士道で生きると決めたことによって、現代文明の世界と隔絶して生きることができた。物理的にもほとんど隔絶していたが、特に思想的には現代に一つも影響されずに生きてきたのだ。私は自己の中にある器を活かしたということだろう。いま、ここで、現代文明の虚を辿ってきた我々に一筋の光が差すとすれば、人間である前に、「何ものか」であろうとするその魂の目覚めということになろう。魂の器を準備するのだ。これは先に述べたように家柄も血統も、身分もお金も何も関係ない。『葉隠』を口述した山本常朝は、武士道という魂に生きる人間の真の平等性と独立性を説いている。魂の前には差別はないのだ。差は、器としてのそれぞれの自覚の中に存しているということである。

「同じ人間が誰に劣り申すべきや」という『葉隠』の言葉は、六十年以上にわたって私の精神を支え続けている。私はこの思想によって、いかなる辛苦をも乗り超える勇気を得てきた。この武士道の真髄の思想こそが、真の平等主義と言える。自己の魂と生命の、真の独立自尊である。そして、自己の魂とその運命を信ずる者ならば、誰もが実践できる思想なのだ。武士道の文化を自己に入れるのは、器としての自己を決定する覚悟だけにかかっている。いま私は、例を武士道にとって話した。この考え方が武士道以外のあらゆる文化的人生観に、そのまま適用できることは言うに及ばないだろう。

## 新しい生の誕生

現行の「人間」は人間ではない。この「人間」を捨て、いまや、改めて人間とは何かを問うべきときがきたのだ。「人間」を捨てた者だけが、真の人間となれる時代がきた。かつては「人間以上のものたらんと欲して初めて人間になる」ことができた。いまや、「人間であることをやめ、新たな苦悩を受け入れる決意をして、初めて未来の人間になる」ことができるという時代を我々は生きるのである。

この人間であることをやめるには、先述したように最適な環境が与えられているのが現代と言えるだろう。電脳社会によって、一人ひとりが、他の人間と協力せずに生きていける。この環境を、最も良い形で活用する思想が「脱人間論」の思想と言えよう。一個人に必要とされることはただ一つ、「人間」であることを捨てて、「ただ独りで生き、ただ独りで死ぬ」その思想を貫くことである。日本では特にこれは実現しやすいことは先に述べた通りだ。日本では早くから大家族主義による平等が行き渡り、すべての日本人がそれぞれの立場で武士道的つまり文化的な生き方を実践してきた歴史の実績があるからだ。この血は、「脱人間」という思想の実行を、最も強く支える力となっている。およそ「志」ひとつでどこまでも突き抜けられるのが、日本人の強みであることは間違いない。

本論ではＡＩの登場が、我々の主人にもなり共存相手ともなる可能性を秘めていることはすでに述べた。そのときには、本当の人間となったもの、つまり「超人間」だけがＡＩの共存相手として残ることになるだろう。安全と幸福そして保障の中を生きる者は間違いなく「家畜」となる。権利思想の行き着く先は、家畜しかない。いまのこの経済成長、効率優先、物質主義を疑問視せずに、自己の幸福を追求する生き方を遂行したい人はそうすればいい。ただそれは家畜に向かっているのだということだけは知ってほしい。楽をして遊んで暮らすということの意味は、そういうことなのだ。そのとき、家畜になったかどうかは家畜自身には認識できない。

そうなれば、もう自己認識のない家畜として、それを生きるだけしかない生《せい》となってしまう。ＡＩロボットの言う通り、楽に生きて動物園の檻の中で飼育される生となるだろう。疑問に思ったら、自らの惨めさに嫌気がさすに違いないが、いまの社会風潮を見ていると、疑問に思う「人間」はほとんどいないだろう。しかし、この『脱人間論』を手にして読んだ以上は、すでに家畜ではない道があることを認識した人間である。エデンの園の善悪を知る木の実を食べた、あの「創世記」の最初の人間の成員の一人に自分もなれるのである。その新しい「木の実」が、この『脱人間論』だと自負している。あとはいまの人類の最後にくる、新しい「創世記」を自分の手で創り上げる一員とならなければならない。そして、額に汗して生き、真の愛をこの地上に実現するための苦悩を一生苦しみ続ける覚悟を持つことしかないのだ。

それが嫌ならば、真実が分かった上で家畜に戻るしかない。しかし、この「脱人間」を行なえば、自ずと人間としての道は示されてくる。つまり、我々自身の個別の運命が発動するのだ。我々は不幸になるかもしれないが、自己の本当の魂が求める生き生きとした新しい人間の生を送ることができる。この運命に生きるということに中間地点はない。「生きるか」「死ぬか」のどちらかしかない。この極論にも思える思想を実践すれば、歴史上に生きた先人たちの魂をいくらでも摑むことができるようになる。だから我々は何にでもなれる。武士として生きることも、貴族として生きることも、軍人にも探検家にも、女王にも母親にも、何にでもなれるのだ。現代人の言う「人間」であることを除いて、である。

「脱人間」と聞けば、捨てることが多いように思えるかもしれない。しかし、何を捨てようとも自己の魂よりも大切なものはない。魂は命である。真の命を得れば、すべてを捨てても悔いることはない。それが「脱人間論」の主旨である。現代社会に生きていれば、自己の真の命を捨てて、安心・安全・保障を得ることになるだろう。すべての物質を物理的に捨てたか捨てていないかは問題ではない。精神的にそれらを擲《なげう》つことができるかどうかが問われている。肉体と生活を優先させた考え方を捨てればいいのだ。この墓場のような現代社会から、新しい生《せい》の誕生を見なければならない。モーセの産声に示されたように、神を認識していた本来的人間の泣き声に耳を閉ざしてはならない。赤子は泣いているのだ。いま、我々は、自分自身の「脱人間論」を抱き締めるときにきているのだろう。

## 絶点を想え

現代は、永遠に向かう価値を失った。永遠の生の思想を失えば、人類の存在理由はない。我々の人生では決して到達できない、永遠の彼方にある我々の故郷を目指して生きるのが人間である。現代はそれを失った。自分の人生を自分だと思っている。目に見える生を、自分だと思う不幸を私は言い続けてきた。自分とは、もっと大きい、もっと尊い、もっと崇高なものなのである。それを認識しなければならない。永遠の崇高を目指して生きることは、自分の人生が永遠と交錯することを意味している。自分を永遠と重ねるのだ。

自分は、小さな存在ではない。自分は、宇宙の永遠とともに生きる存在である。それを知ることが、この『脱人間論』を著した理由の一つとなっている。現代は、小さな幸福、小さな自分、小さな成功を餌として与えられ、それに満足する文明となっている。小さな文明は、人々に理解されやすいということにおいて、現代社会を席捲している。そこに捕えられれば、自分の生は小さなものとなってしまう。この文明を脱して、自分の生を宇宙的使命に委ねることこそが、「脱人間論」の思想を支えている。

私は「脱人間論」の思想を、絶点を目指す生き方と捉えている。絶点とは、第一章でも少し触れたが、私が最も尊敬する禅匠である趙州《じょうしゅう》が語った魂の極点である。それは永遠の彼方にあり、また我々の魂の深奥に潜んでいる宇宙的実在と言ってもいい。趙州が、禅の最高境地として語った言葉だ。人間存在の最高形態であり、最高境地とも言われている。歴史上、最高の禅匠が述べた人間存在の最高点なのだ。同じ人間に生まれたなら、我々一人ひとりは必ずそこを目指さなければならない。我々は、魂を持つ独立自尊の人間なのだ。

永遠に向かって生きる者だけが、絶点を想うことができる。到達不能の絶点を目指すとは、死にながら生きるということに等しい。遠い憧れに向かって、ただひたすらに生きるのである。自分の命を、宇宙の響きの中に溶け込ませるのだ。そして、死にもの狂いで生き、生きながらにして死ぬ。現世を捨てたところに、絶点はある。我々は絶点を目指して生きることによってのみ、やっと本来的人間となることができる。そして幸運にも我々がもし絶点を感ずることができれば、我々は現世の幸福もそのすべてを手に入れることができるだろう。

現世を捨てることによって、我々は現世のすべてを手に入れるのだ。絶点とは単なる永遠ではない。我々の生を崇高なものと化する力をもつ宇宙的実在でもある。その実在を、己れの魂の内に認識しなければならない。その器を準備するのだ。その認識こそが、我々を新しい「創世記」へと導いてくれる。我々はいま、文明の終末を生きている。この文明は必ず滅びる。そのことを嫌というほど述べてきた。しかし我々はいま、その終末にいるからこそ絶点を目指せるのである。趙州が人間の最高境地をなぜ絶点と示したのかと言えば、それは絶点が文明の絶えた地点から人間の魂に芽生えるエネルギーだからなのだ。文明の中を生きている人間には、絶点は絶対に分からない。そのことだけは、私にも分かる。

絶点とは、キリスト教で言えば、あの聖アウグスティヌスの到達した魂だと思っている。このキリスト教最大の聖人は、ローマ帝国の滅亡を目の当たりに見ながら生き、そして死んでいった。その悲しみ、その苦悩から生まれたのが、あの偉大な神学なのだ。その滅亡を見ながら、涙とともに思考したものがその神学である。私はその中に趙州の言う絶点と認識するものを感じている。いま我々は、このアウグスティヌスと同じ時代を生きている。いま我々は、この崩れ行く文明の中にあって、自己の絶点と出会う機会を得られるかもしれないのだ。滅亡の中にあって、それをしっかりと見据えながら、自己の魂の賦活に全精力を注ぎ込めば、絶点を摑むことができるに違いない。

我々は歴史上、何度もない幸運の時代を生きているのかもしれない。我々は辛苦を舐めるだろうが、その未来は真の希望に包まれている。我々は不幸になるかもしれない。しかし、その不幸には新しい世界を生み出すための崇高が潜んでいる。人類史上初めて、機械が人間となるかもしれぬ時代に生きる我々は、歴史上に経験のない崇高と出会えるだろう。そして、現代の文明を受け入れる者は、無生物の支配の中に自己の生命を埋没させていくに違いない。

最後に、第七章で述べた、あのコールリッジの詩をもって、この『脱人間論』を締め括ることにしたい。二百年前にコールリッジの見た幻想は、いま我々の目の前に現実として横たわっているのだ。

森や谷を抜けて聖なる川は流れた
やがて人間には計り知れぬ洞窟に至り
生き物の棲まぬ海に音を立てて沈んだ

# 跋

いま私は、『脱人間論』を脱稿したところである。激しい疲労が私を襲っていることは確かだろう。しかし、心の中を爽々しい風が吹き抜けて行くように感じている。四百字詰の原稿用紙で優に約一千枚を越える原稿を書き終えたのだ。私は現代社会を生きる人間の、真の義務を果したように感じている。現代が抱える最大の問題に対する、私なりの答えをここに述べてきたつもりだ。私自身は、何を言おうと、現代社会に養われてきた人間である。だからこの論を書き進めることは、本当に辛い仕事だった。しかし私は自己の信念であるこの論を、私の現代文明への恩返しだと思いながら書き続けてきたのだ。

新しい神話を創造しなければならない。私はそう思いながら本論を書き進めた。すばらしい神話によって、我々いまの人間は誕生した。美しい神話に守られながら、人類は成長してきたのだ。人間は神々の子孫であるとき、その真価をこの地上にもたらした。この地上に、愛と崇高の物語を現成させていたのである。もう一度、神話を取り戻さなければならない。私はその一念で本書を認《したた》めた。だから本書が、我々に新しい神話へ向かう端緒を与えてくれるものと、私は信じている。本書は、新しい神話を創造するために書いた。それを信じてくれる人は、新しい「創世記」を生み出す人間となってくれるはずだ。

そのように思いながら、私は本書を書き進めた。私の人生を去来する経験と思想を、不合理のままに私は書いた。作られたものにしたくなかったからだ。そして最後の第八章に至って、私は本書を覆うような大きな流れに気がついたのだ。それはあのリヒャルト・ワーグナーの「楽劇」である。それも「ニーベルンゲンの指環」（Der Ring des Nibelungen）のあの巨大な四部作だ。「ラインの黄金」「ワルキューレ」「ジークフリート」「神々の黄昏」とそれぞれ名づけられた、あの偉大な神話である。その構成に基づいて、この本論は進められていたように思う。多分、それが自然の形だったのだろう。私の中には、いつでも同じ主題が流れ続けていた。そして、すべての思想を地上化するために、その主題を無限展開しようとする思考に支配されていた。書き進める筆を、ワーグナーの芸術が支えてくれていたのだと気がついた。

　それに気づいたとき、私は驚くとともに深い喜びに包まれた。この『脱人間論』には、知らず知らずのうちに、あの楽劇の巨大な神話が流れていたのである。その喜びを言葉にすることはできない。新しい神話に乗り出さねばならぬと信じて、私は本書を書き始めた。それが最後にきて、「ニーベルンゲンの神話」の後押しを受けていたことに気づいたのだ。私は自分の祈りが、天に通じていたことを感じた。始めから、ワーグナーのライトモチーフ（示導動機）が私の心の中で鳴っていたのだ。そして、その展開をあの無限旋律が担った。私の思想と、あの芸術の革命家ワーグナーの魂が、知らず知らずに交錯していた。私の論は、その示導動機と無限旋律によって構築されていったのである。「神話」が、この論を支えていたのだ。あのライトモチーフのように、私の思想がうねりと成って繰り返されていく。そのうねりは、ひとつの神話に向かって咆哮しているのである。それが多くの無限旋律に展開され、同じものが違う型で繰り返されていく。繰り返しのうねりの意味を、私自身が最後に分かったのだ。そこに私は、何かの意志を感じている。もともと『脱人間論』は、新しい神話へ向かう旅立ちのために書いた。それを祝すのに、ワーグナーの楽劇以上の応援があろうか。「脱人間論」という思想が、私の示導動機となった。だからこそ、その展開もまた無限旋律となることは必然だったのだ。私の無限旋律が、本書を読まれた方々の魂の中で、長く響き渡ることを祈っている。

最後に、本書の刊行には、数え切れないほどの人たちの助けと協力を得た。その名前をすべて挙げることは不可能である。だから、失礼とは思いつつも、この紙面を借りて御礼を述べておきたい。一人ひとりの顔を私は決して忘れることはない。本書の仕上げには、何人もの人の意見を参考にした。だから本書は、私一人の力だけで出来上がったものではない。原稿の脱稿の後に、この論稿の出版を快く承諾して下さった㈱講談社とその関連の方々に、ここで深く御礼を申し上げて終わりたいと思う。

執行　草舟

二〇二〇年八月吉日

## 〈巻末資料〉

### 「贖罪」序歌　　　釈　迢空

すさのを我《われ》　こゝに生《うま》れて
はじめて　人とうまれて―
ひとり子と　生《お》ひ成《な》りにけり。
ちゝのみの　父のひとり子―
　ひとりのみあるが、すべなさ

天地《あめつち》は　いまだ物なし―
山川も　たゞに黙《もだ》して
　草も木も　鳥けだものも
生《お》ひ出《い》でぬはじめの時に、
　人とあることの　苦しさ―。

すさのをに　父はいませど、
　母なしにあるが　すべなき―。
母なしに　我《わ》を産《な》し出でし

わが父ぞ、慨《うれた》かりける。
　いと憎き　父の老男《ひこぢ》よ。

母産《な》さば、斯く産すべしや――
胎《はら》なしに　生ひ出でし我
胞《え》なしに　やどりし我
天地《あめつち》の　私　生《わたくしばら》と
胎《はら》裂かで　現《あ》れ出でしはや――。

父の子の　片生《かたな》り　我は、
不具《かたは》なる命を享《う》けて、
我《わ》が見る　世のことぐ〳〵
天の下　四方《よも》の物ども
　まがりつゝ　傾き立てり。

男なる父の　泌《ひ》物　凝りて
成り出でし　純　男《もはらをとこ》と
あゝ満《た》れる面わもなしや――
わが脚は　真直に蹈まず、
舟舵如《ふなかぢと》　横に折れたり――

父の身に居ること　百世《もゝよ》—。
生《うま》れいでゝ、白髪生ひたり。
白髪なす髯も　垂れたり。
剣刀《ば》と　歯は生ひ並び、
　深々し　頬のうへの皺。

わがあぐる産声《うぶごゑ》を聞け。
老い涸れて　四方にとゞろく—。
わが息に触りぬるものは—
青山は枯れて　白《しら》みぬ。
大海はあせて　波なし。

我が力　物をほろぼす—
憤恚《いきどほろ》し　我が活《い》き力《ぢから》
わが父や　我を遁《のが》ろへ、
　我や　わが父に憎まえ、
　追放《やら》はれぬ。海《わた》のたゞ中

わたつみの最中《もなか》に立ちて
　我は見ぬ。わが周囲《もとほり》を—
　我は見ぬ。露膚《あかはだ》われを—

我は見ぬ。わが現《うつ》し身《み》を――
吠えおらぶ我が　足掻《あが》きを――

更に見ぬ。わが生みの子の
八千つゞき　八よろづ続き
穢れゆく血しほの　沈殿《をどみ》――。
あはれ其《そ》を　あはれ其奴《そやつ》らを
予《あらかじ》め　亡しおかむ――。
物皆を　滅亡《つくし》の力　我に出で来よ

（『近代悲傷集』角川書店）

# 摩《ま》訶《か》般《はん》若《にゃ》波《は》羅《ら》蜜《みっ》多《た》心《しん》経《ぎょう》

観《かん》自《じ》在《ざい》菩《ぼ》薩《さつ》
行《ぎょう》深《じん》般《はん》若《にゃ》波《は》羅《ら》蜜《み》多《た》時《じ》
照《しょう》見《けん》五《ご》蘊《うん》皆《かい》空《くう》
度《ど》一《いっ》切《さい》苦《く》厄《やく》
舎《しゃ》利《り》子《し》
色《しき》不《ふ》異《い》空《くう》
空《くう》不《ふ》異《い》色《しき》
色《しき》即《そく》是《ぜ》空《くう》
空《くう》即《そく》是《ぜ》色《しき》
受《じゅ》想《そう》行《ぎょう》識《しき》
亦《やく》復《ぶ》如《にょ》是《ぜ》
舎《しゃ》利《り》子《し》
是《ぜ》諸《しょ》法《ほう》空《くう》相《そう》
不《ふ》生《しょう》不《ふ》滅《めつ》
不《ふ》垢《く》不《ふ》浄《じょう》
不《ふ》増《ぞう》不《ふ》減《げん》
是《ぜ》故《こ》空《くう》中《ちゅう》
無《む》色《しき》無《む》受《じゅ》想《そう》行《ぎょう》識《しき》

人の心をよく観察できる観自在菩薩が
真実の大いなる智慧を、深く静かに働かせていたとき
世の中の全ての存在・現象は五つの構成要素で成り立ち、全ては実体がなく
永久不変ではないと見抜き
あらゆる苦しみや災いから抜け出した
シャーリプトラよ、よく聞きなさい
世の中の全ての存在・現象の形（色）あるものは空であって実体がない
実体がないから、一時的な形（色）として存在し、現象として現われる
形（色）あるものは、すなわち実体なきものであり
実体なきものが、つまりは形（色）あるものである
感覚（受）も、概念（想）も、意志（行）も、意識（識）も
同様に空であり実体がない
シャーリプトラよ、よく聞きなさい
全てのものは実体がなく、変化する性質がある
（空であり実体がないから）生ずることもなく、滅することもなく
汚れたものでもなく、清らかなものでもない
増えることもなく、減ることもない
従って、実体がないという空の中においては
形（色）はない、感覚（受）も、概念（想）も、意志（行）も、意識（識）もない

無《む》眼《げん》耳《に》鼻《び》舌《ぜっ》身《しん》意《に》
無《む》色《しき》声《しょう》 香《こう》味《み》触《そく》法《ほう》
無《む》眼《げん》界《かい》
乃《ない》至《し》無《む》意《い》識《しき》界《かい》
無《む》無《む》明《みょう》
亦《やく》無《む》無《む》明《みょう》尽《じん》
乃《ない》至《し》無《む》老《ろう》死《し》
亦《やく》無《む》老《ろう》死《し》尽《じん》
無《む》苦《く》集《しゅう》滅《めつ》道《どう》
無《む》智《ち》亦《やく》無《む》得《とく》
以《い》無《む》所《しょ》得《とく》故《こ》
菩《ぼ》提《だい》薩《さっ》埵《た》
依《え》般《はん》若《にゃ》波《は》羅《ら》蜜《みっ》多《た》故《こ》
心《しん》無《む》罣《けい》礙《げ》
無《む》罣《けい》礙《げ》故《こ》
無《む》有《う》恐《く》怖《ふ》
遠《おん》離《り》一《いっ》切《さい》顚《てん》倒《どう》夢《む》想《そう》
究《く》竟《ぎょう》涅《ね》槃《はん》
三《さん》世《ぜ》諸《しょ》仏《ぶつ》
依《え》般《はん》若《にゃ》波《は》羅《ら》蜜《みっ》多《た》故《こ》
得《とく》阿《あ》耨《のく》多《た》羅《ら》三《さん》藐《みゃく》三《さん》菩《ぼ》提《だい》

眼、耳、鼻、舌、身体、意識といった感覚もない
形、音、香り、味、触覚、心の器官もない
眼に映る世界もなく
それらを受けとめる心の世界（意識）もない
迷いもなく
悟りもない
老いることや死ぬこともなく
老いや死がなくなることもない
苦しみも、苦しみの原因も、苦しみがなくなることも、悟りへの方法もない
知ることもなく、何かを得て達成することもない
何も得るものがないからこそ
悟りを求める者は
因われなき（空としての）大いなる智慧を拠り所とする
心に因われるものがない
心に因われるものがないから
恐怖や不安がない
あらゆる間違った思考や妄想から解き放たれているので
因われのない静かな悟りの境地に入ることが出来る
過去、現在、未来の仏（悟りの境地に至る人）も
因われなき（空としての）大いなる智慧を拠り所として
このうえもなく、正しい悟りの境地に至った

故《こ》知《ち》般若《はんにゃ》波《は》羅《ら》蜜《みっ》多《た》
是《ぜ》大《だい》神《じん》呪《しゅ》
是《ぜ》大《だい》明《みょう》呪《しゅ》
是《ぜ》無《む》上《じょう》呪《しゅ》
是《ぜ》無《む》等《とう》等《どう》呪《しゅ》
能《のう》除《じょ》一《いっ》切《さい》苦《く》
真《しん》実《じつ》不《ふ》虚《こ》故《こ》
説《せっ》般若《はんにゃ》波《は》羅《ら》蜜《みっ》多《た》呪《しゅ》
即《そく》説《せつ》呪《しゅ》曰《わつ》
羯《ぎゃ》諦《てい》羯《ぎゃ》諦《てい》
波《は》羅《ら》羯《ぎゃ》諦《てい》
波《は》羅《ら》僧《そう》羯《ぎゃ》諦《てい》
菩《ぼ》提《じ》薩《そ》婆《わ》訶《か》
般若心経《はんにゃしんぎょう》

従って知るがよい、因われなき（空としての）大いなる智慧の完成こそが
偉大な言葉であり
偉大な悟りの言葉でもあり
このうえなく尊い言葉でもあり
比較するものがない言葉なのである
それ故に、全ての苦しみと災いを取り除く
偽りなき真実である
その言葉は、因われなき（空としての）大いなる智慧の完成の境地こそが
すなわち、次の言葉である
往こう、往こう
因われなき悟りの世界（彼岸）に往こう
因われなき悟りの世界（彼岸）へ一人残らず往きて
悟りよ、幸いあれ
ここに、智慧の完成に至る者の心のお経を終える

〈『対談 風の彼方へ ―禅と武士道の生き方―』横田南嶺・執行草舟 共著
ＰＨＰ研究所、二〇一八年、Ｐ326〉

# 〈章扉　原文・出典〉

第一章　見よ、幼な子は泣いていた。——出エジプト記『旧約聖書』
　　　　וְהִנֵּה־נַעַר בֹּכֶה（ヘブライ語原文：ヴェヒネー・ナアル・ボヘー）

第二章　内在意志とその望みは、どうなってしまったのだ。——トーマス・ハーディ『覇者たち』
　　　　What of the Immanent Will and Its designs?

第三章　何か、不可能なものがほしい。——アルベール・カミュ『カリギュラ』
　　　　Je me suis senti un besoin d'impossible.

第四章　しかも、人間の悲痛より深き悲痛はない。——フリードリヒ・ニーチェ『ツァラトゥストラかく語りき』
　　　　Menschen-Schmerz aber ist der tiefste Schmerz.

第五章　神の恩寵は、人間すべてに与えられるものではない。——ジャン・カルヴァン『キリスト教綱要』
　　　　La grâce de Dieu n'est point donée à tous hommes.

第六章　人間は、自らが創ったものになる。——ジャン゠ポール・サルトル『実存主義とは何か』
　　　　L'homme n'est rien d'autre que ce qu'il se fait.

第七章　人は無償で何かを手に入れることはできない。——オルダス・ハクスリー『すばらしい新世界』
　　　　One can't have something for nothing.

第八章　魂が、私を探しに来た。——村野四郎『村野四郎詩集』「死」

〈引用参考文献〉※本文に書名掲載の文献は解説参照のこと。

『死を与える』ジャック・デリダ著、廣瀬浩司／林好雄訳、ちくま学芸文庫
『重力と恩寵』シモーヌ・ヴェイユ著、田辺保訳、ちくま学芸文庫
『文化の起源―人類と十字架』ルネ・ジラール著、田母神顯二郎訳、新教出版社
『サタンが稲妻のように落ちるのが見える』ルネ・ジラール著、岩切正一郎訳、新教出版社

P95、195　地上に平和をもたらすために、わたしがきたと思うな。平和ではなく、剣を投げ込むためにきたのである。わたしがきたのは、人をその父と、娘をその母と、嫁をそのしゅうとめと仲たがいさせるためである。そして家の者が、その人の敵となるであろう。わたしよりも父または母を愛する者は、わたしにふさわしくない。わたしよりもむすこや娘を愛する者は、わたしにふさわしくない。また自分の十字架をとってわたしに従ってこない者はわたしにふさわしくない。自分の命を得ている者はそれを失い、わたしのために自分の命を失っている者は、それを得るであろう。

――マタイ福音書十章三十四～三十九節『新約聖書』

P95、195　わたしは、火を地上に投じるためにきたのだ。火がすでに燃えていたならと、わたしはどんなに願っていることか。しかし、わたしには受けねばならないバプテスマがある。そして、それを受けてしまうまでは、わたしはどんなにか苦しい思いをすることであろう。あなたがたは、わたしが平和をこの地上にもたらすためにきたと思っているのか。あなたがたに言っておく。そうではない。むしろ分裂である。というのは、今から後《のち》は、一家の内で五人が相分《あいわか》れて、三人はふたり

に、ふたりは三人に対立し、また父は子に、子は父に、母は娘に、娘は母に、しゅうとめは嫁に、嫁はしゅうとめに、対立するであろう。

——ルカ福音書十二章四十九～五十三節『新約聖書』

（『聖書』日本聖書協会より）

# 解説――人名、書名・作品名、映画作品名

## ●人名

〈ア行〉

**アイヒマン〈アドルフ〉**　（一九〇六―一九六二）ナチス親衛隊将校。ユダヤ人大量虐殺の実行責任者として知られる。戦後、南米に逃亡し、イスラエルの機関により捕縛、処刑。

**アインシュタイン〈アルベルト〉**　（一八七九―一九五五）ドイツの理論物理学者。一般相対性理論に代表される様々な理論を発表。マンハッタン計画で原子爆弾の発明に携わるが、戦後は平和運動に尽力した。

**芥川龍之介**　（一八九二―一九二七）大正期の小説家。数々の短編小説の傑作を生み出した。『河童』『或阿呆の一生』等。

**アシモフ〈アイザック〉**　（一九二〇―一九九二）アメリカの作家、生化学者。ボストン大学教授。歴史、聖書、科学等の広範な分野をテーマに『わたしはロボット』「黒後家蜘蛛の会」シリーズ、『化学の歴史』等、SFや推理小説、科学書を執筆。

**アダム**　『旧約聖書』「創世記」に記される、人類最初の男性。

**アビラの聖女テレサ**　（一五一五―一五八二）スペインのカトリック神秘思想家。「女子跣足カルメル会」を創立。その高い理想と信仰でカトリック教会改革に大きく貢献した。『霊魂の城』等。

**アブラハム**　旧約聖書に登場する、イスラエル民族の祖。神による絶対的信仰により、神に命ぜられ自身の子であるイサクを神に奉献しようとする。

**安部公房**　（一九二四―一九九三）前衛作家・劇作家。超現実的な作品を多数執筆し、人間存在の不安を描き出した。日本現代文学を代表する一人として広く海外でも読まれ、国際的な名声を博す。『砂の女』『第四間氷期』『棒になった男』等。

**アムンゼン〈ロアール〉**　（一八七二―一九二八）ノルウェーの探検家。イギリスのスコット隊と南極点の到達を競い勝利。のち、北極海で遭難した隊の救出に向かいそのまま行方不明になった。

**アラン**　（一八六八―一九五一）フランスの哲学者・評論家・モラリスト。新しい哲学の体系化を嫌い、過去の偉大な人物たちの優れた思想や文学を大切にした。『幸福論』『定義集』等。

**有賀千代吉**　（一八九五―一九八七）教育者・立教学院教師。立教小学校の創設に関わり、初代校長を務めた。

**アリサ**　ジードの小説『狭き門』の登場人物。幼馴染のジェロームに恋心を抱くが、信仰心との狭間に苦悩する。

**アレキサンダー大王**　（BC三五六―BC三二三）マケドニア王国の王。アケメネス朝ペルシアを滅ぼし、中央アジア、インド北西部に至る広大な世界帝国を実現。大王の東征がきっかけで東西に活発な文化交流が生まれ、ヘレニズム時代が導かれた。

**アンデレ**　キリスト教の使徒の一人。ペテロの兄弟であり、同

じく漁師であったがイエスと出会い弟子となる。
**イヴ**　『旧約聖書』「創世記」に記される、人類最初の女性。
**イサク**　旧約聖書に登場するアブラハムの息子。
**石黒浩**　（一九六三－）ロボット工学者。大阪大学大学院で教鞭をとりながら、知能ロボットと知覚基盤の研究開発を行なう人間酷似型ロボット研究の第一人者。『ロボットとは何か』『人間と機械のあいだ』等。
**石田三成**　（一五六〇－一六〇〇）安土桃山時代の武将。豊臣秀吉に仕え、太閤検地など内政面で手腕を振るう。秀吉の死後は徳川家康と対立し、関ケ原の戦いで家康に敗れ処刑された。
**井筒俊彦**　（一九一四－一九九三）言語学者・哲学者・イスラム研究者。卓越した語学力を生かし、イスラム思想を中心に研究。日本におけるイスラム文化研究の礎を築く。日本で初めて『コーラン』の原典訳を刊行した。
**井口潔**　（一九二一－）医学博士・理学博士。九州大学名誉教授。ＮＰＯ法人「ヒトの教育の会」会長を務める。
**岩波茂雄**　（一八八一－一九四六）実業家・岩波書店の創業者。高校時代に友人の藤村操の自決に衝撃を受け、のち岩波書店を開業。夏目漱石の知遇を得ながら出版業を展開し、一大事業を築いた。文化勲章受勲。
**ヴィクトリア女王**　（一八一九－一九〇一）ハノーバー朝のイギリスの女王・インド女帝。大英帝国の世界制覇の象徴であった。真面目で厳格であり、高貴の鑑として歴史にその名を刻んでいる。
**ヴェイユ〈シモーヌ〉**　（一九〇九－一九四三）フランスの哲学者・著述家。第二次世界大戦中にイギリスで没したが、独自のキリスト教思想、労働思想、美、不幸、真空といった主題を追究した遺稿が遺された。『重力と恩寵』『神を待ちのぞむ』等。
**内村鑑三**　（一八六一－一九三〇）明治・大正期のキリスト者・哲学者。聖書の研究・講解を中心とする無教会主義を唱えた。『代表的日本人』『余は如何にして基督信徒となりし乎』等。
**ウナムーノ〈ミゲール・デ〉**　（一八六四－一九三六）スペインの思想家・哲学者・詩人。サラマンカ大学総長を務め、米西戦争や内戦に至る世情からスペイン社会への問題を提起した。『生の悲劇的感情』『ベラスケスのキリスト』等。
**梅原猛**　（一九二五－二〇一九）哲学者。実存哲学を研究し、その後「梅原日本学」と呼ばれる独自の思想を確立した。京都市立芸術大学や国際日本文化研究センターの名誉教授も務めた。『隠された十字架』『地獄の思想』等。
**エックハルト〈マイスター〉**　（一二六〇頃－一三二八頃）ドイツの神学者。神と魂との神秘的合一を説いたが、死後に教皇によって異端と断罪された。『神の慰めの書』等。
**エリザベス一世**　（一五三三－一六〇三）チューダー朝のイギリスの女王。英国国教会の確立、スペインの無敵艦隊の撃破など、自国に多大なる貢献をした。また、内政面でも困難な社会情勢に多くの立法をもって対処、イギリスの黄金時代を築いた。
**閻魔王**　仏教、ヒンドゥー教などでの地獄、冥界の主。
**オーウェル〈ジョージ〉**　（一九〇三－一九五〇）イギリスの作

家。現代文明の行く末を予言し、全体主義を風刺・批判した小説を描いた。『一九八四年』『カタロニア讃歌』等。

**岡本太郎**　（一九一一－一九九六）洋画家。パリに滞在し抽象芸術やシュールレアリスム運動に参加。帰国後は、絵画のみならず彫刻、評論等幅広く活躍した。原色を使った躍動感あふれる作風で有名。

**オクタヴィアヌス**　（BC六三－AD一四）ローマ帝国初代皇帝。カエサルの養子となり、その死後に第二次三頭政治に参加。アクティウムの海戦に勝利し覇権を掌握した。元首政を始め、属州の整備や内政に尽力。「ローマの平和」と呼ばれる時代を生んだ。

**織田信長**　（一五三四－一五八二）戦国・安土桃山時代の武将。勇猛果敢な武将で、一五六〇年、桶狭間の戦いにて今川義元を破る。諸方を征略して室町幕府を滅ぼす。安土城を築き天下統一を図るも、京都本能寺の変で明智光秀に襲われ自刃した。

**オッペンハイマー**〈ロバート〉（一九〇四－一九六七）アメリカの物理学者。第二次世界大戦中、ロス・アラモス研究所長として原子爆弾の製造を指導（マンハッタン計画）。水爆製造計画への反対をきっかけに、アメリカ原子力委員会を追放された。

**折口信夫**〈釈迢空〉（一八八七－一九五三）歌人・国文学者。民俗学を国文学に導入して独自の境地を開き、その学問は折口学として知られている。歌人としては釈迢空の名で多くの名歌を残した。『近代悲傷集』『死者の書』等。

**オルテガ・イ・ガセット**〈ホセ〉（一八八三－一九五五）スペインの哲学者。大衆社会論の古典として知られる『大衆の反逆』を著わした。『ドン・キホーテをめぐる思索』等。

## 〈カ行〉

**カエサル**〈ユリウス〉（ジュリアス・シーザー）（BC一〇〇－BC四四）ローマの政治家。ポンペイウス、クラッススとともに第一次三頭政治を開く。クラッススの没後ポンペイウスと争い勝利、ローマで独裁者の地位に就いたがブルータスに暗殺される。『ガリア戦記』『内乱記』等。

**ガブリエル**〈マルクス〉（一九八〇－）ドイツの哲学者。ドイツで史上最年少の哲学科教授となり話題となる。独自の新しい実在論を唱える。『なぜ世界は存在しないのか』等。

**カミュ**〈アルベール〉（一九一三－一九六〇）フランスの小説家・劇作家。人間の生に不可避の「不条理」をテーマにした作品が多い。『異邦人』『シーシュポスの神話』等。

**亀井勝一郎**　（一九〇七－一九六六）文芸評論家。東京大学を中退し、プロレタリア運動に参加。日本人の歴史と実体を研究し、特に親鸞の研究に傾倒。『大和古寺風物誌』『日本人の精神史研究』等。

**カリギュラ**　アルベール・カミュ作『カリギュラ』の登場人物。実在のローマ帝国第三代皇帝をモデルとする。最愛の妹を失ったことをきっかけに、不可能を欲し圧政を敷く暴君へと変貌する。

**カルヴァン**〈ジャン〉（一五〇九－一五六四）フランスの宗教改革者。聖書をキリスト教における唯一最高の基準とする信念から、教会と市民の風習・生活を改革した。『キリスト教綱要』等。

**カレル〈アレキシス〉**（一八七三－一九四四）フランスの生理学者・外科医。医師として医学を研究する傍ら、優秀な人間を選択的に教育することで、社会全体がより良くなるという思想を著した『人間 この未知なるもの』が大ベストセラーとなった。

**カロッサ〈ハンス〉**（一八七八－一九五六）ドイツの詩人・小説家。ゲーテに私淑し、医者として働きながら執筆を続けた。『幼年時代』『美しき惑いの年』等。

**ガンジー〈マハトマ〉**（一八六九－一九四八）インドの政治家・思想家。非暴力、非服従主義による民族運動を指導。インドをイギリス支配から独立させた。

**カンディンスキー〈ワシリー〉**（一八六六－一九四四）ロシアの画家。大学で法学・経済学を学び、三十歳で画家を志す。抽象絵画の先駆として活躍した。

**カント〈インマヌエル〉**（一七二四－一八〇四）ドイツの哲学者。認識は対象の単なる模写ではなく、各々の主観の働きで諸感覚が秩序づけられることによって成立すると主張し、近代社会の基盤を確立。認識論における、いわゆる「コペルニクス的転回」をもたらす。『純粋理性批判』『判断力批判』等。

**機械伯爵**　『銀河鉄道999』の登場人物。星野鉄郎と鉄郎の母を襲った機械人間。

**北村透谷**　（一八六八－一八九四）詩人・評論家。自由民権運動で活動の後、近代ロマン主義の中心的人物として、「人間性の自由」を訴えた作品を創作した。『蓬萊曲』『内部生命論』等。

**ギブソン〈ウィリアム〉**（一九四八－）アメリカの小説家。SF小説を数多く発表し、作品内で初めて「サイバースペース（電脳）」という言葉を使った。『マトリックス』や『攻殻機動隊』といった著名なSF映画に多大なる影響を与えたことで知られる。

**キリスト〈イエス〉**（BC四頃－AD三〇頃）キリスト教の開祖・三位一体の神の子・救世主。各地で伝道を行ない、後に十字架にかけられ処刑された。死後復活して弟子たちに顕現したと伝えられる。ここに原始キリスト教が成立した。

**キルケゴール〈ゼーレン〉**（一八一三－一八五五）デンマークの思想家。実存主義哲学の先駆として知られる。『死に至る病』『不安の概念』等。

**クフ王**　古代エジプト第四王朝の王。父スネフェルから王位を継ぎファラオとなる。世界最大のピラミッドを自身の墓として建造させたことで知られる。

**グレートヒェン**　ゲーテ作『ファウスト』の登場人物。若き純真な娘で、メフィストフェレスによって若返ったファウストと恋に落ちるが、それが元に死亡。作品の最後にファウストの魂を救済するために現れる。

**ゲーテ〈ヨハン・ヴォルフガング・フォン〉**（一七四九－一八三二）ドイツの詩人・作家。その思想・文学は後世に大きな影響を与える。ドイツを代表する文学者。『ファウスト』『若きウェルテルの悩み』等。

**ゲバラ〈エルネスト・チェ〉**（一九二八－一九六七）アルゼンチンの革命家。キューバ革命に参加し、革命後、カストロ政権の要職を歴任。ボリビアの革命運動に加わるが、政府軍に殺された。『ゲバラ日記』等。

**源信**（九四二－一〇一七）平安時代の僧。比叡山で修業の後、天台宗の観心念仏と善導の称名念仏を合わせ、『往生要集』を著して浄土教の基礎を築いた。

**コールリッジ**〈サミュエル〉（一七七二－一八三四）イギリスの詩人。ワーズワースとの共著『抒情民謡集』はロマン主義文学復興の先駆けとして名高い。超自然的な神秘性に富んだ詩を数多く発表した。『老水夫行』『文学的自叙伝』等。

**近藤勇**（一八三四－一八六八）幕末の新選組局長。池田屋事件など反幕派志士の取締りで名を揚げ幕臣となる。その後、新政府軍と戦い自ら敵陣に赴き処刑される。

〈サ行〉

**西郷隆盛**（一八二七－一八七七）明治時代の軍人・政治家。明治を創った元勲だが、急速な欧化をする政府と対立。西南戦争を起こすが敗退して自刃。武士道の鑑と言われている。

**佐々木邦**（一八八三－一九六四）作家・英文学者。児童文学の第一人者として、また日本におけるユーモア小説の先駆けとなる作品を多く発表。立教大総長を務めた佐々木順三を弟に持つ。『いたづら小僧日記』『のらくら倶楽部』等。

**サタン** 地獄に住む悪魔の王。元々は天上に住まう天使の一人であったが、神に謀反を起こし戦いの末敗北、天から投げ落とされた。

**サルトル**〈ジャン＝ポール〉（一九〇五－一九八〇）フランスの哲学者。実存主義を代表する文学者として名高く、また自身で進んで政治活動にも参加した。『嘔吐』『存在と無』等。

**ジード**〈アンドレ〉（一八六九－一九五一）フランスの作家。厳格なプロテスタントの家庭に育つ。霊肉の相克の苦悩など、人間性の様々な問題に誠実に向き合った作品が多い。『地の糧』、『狭き門』等。

**シェイクスピア**〈ウィリアム〉（一五六四－一六一六）イギリスの劇作家・詩人。『ハムレット』『オセロ』『リア王』『マクベス』の四大悲劇を始め他多数の作品を生み出し、世界を代表する文学を打ち立てた。

**シェーラー**〈マックス〉（一八七四－一九二八）ドイツの哲学者。宇宙的にみた人間を考察し、哲学的人間学という新分野を提唱した。『宇宙における人間の地位』『愛と知の哲学』。

**シオラン**〈エミール〉（一九一一－一九九五）ルーマニア生まれのフランスの思想家・哲学者。生涯に亙る深い精神的苦悩をもとに独自の思索を展開した。アフォリズム（箴言）が有名。『涙と聖者』『生誕の災厄』等。

**ジキル** スティーヴンソン作『ジキル博士とハイド氏』の登場人物。表向きは善良で学識ある紳士だが、薬品を使い自身の悪の側面であるハイドに変身、悪行を重ねていた。

**島崎藤村**（一八七二－一九四三）詩人・小説家。浪漫派の詩人として活躍、また自然主義文学の作家としての地位を確立した。『若菜集』『夜明け前』等。

**釈迦**（BC五C頃－BC六C頃）仏教の開祖・インドの王族。二十九歳で出家、苦行の末悟りを開く。

**シャルダン**〈テイヤール・ド〉（一八八一－一九五五）フランスの神学者。無生物から人類にいたる進化を神を志向する壮大な運動として捉え、科学と信仰の調和した独自の哲学を提唱した。『現象としての人間』『神の場』等。

**シャルルマーニュ（カール大帝）**　（七四二－八一四）フランク王国のカロリング朝の国王。積極的に対外遠征を行ない、フランク王国を全盛期に導く。中世以降のヨーロッパに大きな影響を与えたことから「ヨーロッパ」の父と称される。

**十字架の聖ヨハネ**　（一五四二－一五九一）スペインの神秘家・聖人。サラマンカ大学で哲学・神学を修めた後、アビラの聖女テレサとともにカルメル会の改革に尽力。抒情詩とその注解を著したことにより、スペイン文学への貢献も大きい。『暗夜』『カルメル山登攀』等。

**シュタイナー〈ルドルフ〉**　（一八六一－一九二五）ドイツの神秘思想家。人智学協会を設立し、霊的人間観・世界観に傾倒。芸術・教育など他分野で活動。『いかにして超感覚的世界の認識を獲得するか』『神秘学概論』等。

**シュレディンガー〈エルヴィン〉**　（一八八七－一九六一）オーストリアの物理学者。「シュレーディンガー方程式」や「シュレーディンガーの猫」の提唱で、量子力学の発展に多大なる貢献を果たした。『生命とは何か　物理的にみた生細胞』『科学とヒューマニズム』等。

**趙州従諗**　（七七八－八九七）中国・唐末の禅僧。曹州の龍興寺で出家、六十歳まで南泉普願のもとで修行。八十歳で趙州の観音院に住し、百二十歳まで修行した。門弟との問答の多くが『趙州録』として残り、また後世の「公案」として『碧巌録』や『無門関』といった禅の名著に収録されている。

**ジラール〈ルネ〉**　（一九二三－二〇一五）フランスの批評家・人類学者。ミメーシス（模倣＝模擬）の理論を提唱し、人類学の新しい基礎を築いた。『サタンが稲妻のように落ちるのが見える』『欲望の現象学』等。

**白川静**　（一九一〇－二〇〇六）漢学者。中国の古代社会・文学を漢字の語源研究を通じて民俗学的に明らかにし、また日本文学との比較研究を行なった。『字統』『字訓』『字通』等。

**神武天皇**　『記紀』伝承上で、建国の初代の天皇とされる。名は神日本磐余彦尊。瀰瀰芸命の曾孫。日向から東征して大和に入り、橿原宮を営んで即位したと伝わる。

**スウェーデンボルグ〈エマニュエル〉**　（一六八八－一七七二）スウェーデンの神秘思想家。元は科学者であったが霊的覚醒により心霊研究に没頭。『天界と地獄』『天界の秘儀』等。

**スサノヲ（素戔男尊）**　日本神話を代表する神の一柱。天照大神の弟。

**スターリン〈ヨシフ〉**　（一八七九－一九五三）旧ソ連の政治家。若くして革命運動に参加。レーニンの死後、ソ連の支配者として君臨。大粛清により数百万人が犠牲となった。『レーニン主義の基礎』等。

**スティーブンソン〈ロバート・ルイス〉**　（一八五〇－一八九四）イギリスの小説家。大学卒業後にヨーロッパ各地を放浪、その体験を紀行文やエッセーに描く。また、アメリカでの病気と貧困との戦い、ヨットでの太平洋冒険等、劇的な人生を送った。『ジキル博士とハイド氏』『宝島』等。

**聖アウグスティヌス**　（三五四－四三〇）キリスト教会最大の思想家。ミラノで洗礼を受け、生地北アフリカで司教となる。『告白』『神の国』等。

聖フランシスコ　（一一八二頃－一二二六）イタリアの聖人。アッシジの出身で、一般にアッシジの聖フランシスコと呼ばれている。フランシスコ修道会の創立者。謙遜と服従、愛と清貧の生き方の実践者。自然を神の創ったものとして称える「太陽の賛歌」と呼ばれる祈りの言葉を創作する。

聖ベルナール　（一〇九〇－一一五三）フランスの神学者。クレルヴォー修道院の院長として、優れた聖書注釈と説教で知られた。アベラールの唱えた合理説とベルナールの神との神秘的合一説が対立。

ゼウス　ギリシア神話における全知全能の最高神。神々と人間の父とされる。ローマ神話のジュピター。

セール〈ミシェル〉（一九三〇－二〇一九）フランスの哲学者。人文学から自然科学まで広大な学問領域に跨がる独自の哲学を形成した。同じフランスの哲学者、ミシェル・フーコーと深い親交を結んでいたことでも知られる。

瀬川丑松　島崎藤村作『破戒』の主人公。自身が被差別部落出身であることを隠して小学校教員を務めるが、己の出自を周りに告白するか悩み抜く。

セネカ　（BC四頃－AD六五）ローマの哲学者。皇帝ネロの師で執政官として権勢を誇るが、皇帝の反感を買い引退、終には自決。著作に悲劇九編のほか、『道徳書簡』『幸福論』等。

セルバンテス〈ミゲール・デ〉（一五四七－一六一六）スペインの作家。レパントの海戦、捕虜生活や入獄など、波瀾万丈の人生を生きながら名作を残した。『ドン・キホーテ』等。

千利休　（一五二二－一五九一）安土桃山時代の茶人。織田信長・豊臣秀吉に仕えながら「侘茶」を大成した。最期は秀吉の怒りを買い切腹。

荘子　（生没年不詳）中国戦国時代の思想家。老子の思想を継ぎ、人為を捨てて無為自然へ回帰することを説いた。中国禅仏教に大きな影響を与えた。著書に『荘子』がある。

ソクラテス　（BC四七〇頃－BC三九九）古代ギリシアの哲学者。生涯を倫理の探求に捧げ、反駁的対話を通じて臆見を破壊し真の知恵に到達することを説く。不敬神の罪に問われ、最期には自ら毒杯を呷って死んだ。その教説は、弟子のプラトンによって叙述され今に伝えられる（『ソクラテスの弁明』）。

ゾロアスター　（生没年不詳）古代ペルシアの宗教家。ゾロアスター教の開祖。二〇歳頃から隠遁生活を始め、三〇歳頃で神の託宣を受け宗教活動を始める。古代イランの多神教を基盤にマズダ神を主神とする宗教に組織化。

ソロン　（BC六四〇頃－BC五六〇頃）アテネの立法者・詩人。ギリシア七賢人の一人。執政官として社会改革を断行、民主政治の始祖。

孫子　（生没年不詳）孫武または孫臏のことで、どちらも中国、春秋時代の軍略家。最も著名な兵法書として知られる『孫子』の著者として知られる。

〈タ行〉

ダーウィン〈チャールズ〉（一八〇九－一八八二）イギリスの生物学者。進化論および自然淘汰説の提唱者であり、『種の起源』は代表的な著作として知られる。自然科学者、地質学者でもある。その思想は、白人中心思想を創ったものの一つである。
**高橋和巳**　（一九三一－一九七一）小説家・中国文学者。宗教・政治などの問題を通して、戦後知識人の精神の在り方を追求した作品を発表した。『悲の器』『邪宗門』等。
**ダミアン神父**　（一八四〇－一八八九）ベルギー出身のカトリック司祭。ハワイ・モロカイ島でハンセン病の看護に生涯を捧げ、自らも病魔に斃れた。
**田村隆一**　（一九二三－一九九八）詩人。文明批評を独自の詩体表現、戦後詩を代表する旗手として活躍。『四千の日と夜』『言葉のない世界』等。
**達磨大師**　（？－五三二）中国の僧。禅宗の始祖として知られる。インドのバラモン出身と伝えられ、のちに中国に渡って各地で禅を教えた。
**ダン〈ジョン〉**　（一五七三頃－一六三一）イギリスの詩人・神学者。逆説と機知に満ちた詩を多く創作。形而上詩を代表する存在として、二十世紀の詩人に大きな影響を与えた。『一周忌の歌』等。
**ダンテ・アリギエリ**　（一二六五－一三二一）イタリアの詩人。政治家時代に政敵に犯罪の汚名を着せられ、亡命と放浪の生活をしながら執筆活動を続けた。『神曲』『新生』『饗宴』等。
**チューリング〈アラン〉**　（一九一二－一九五四）イギリスの数学者。第二次世界大戦中にドイツの暗号解読に功績をあげ、チューリングマシンの概念を提唱。コンピュータ科学や人工知能の分野で先駆け的な役割を果たした。
**ツァラトゥストラ**　ニーチェの『ツァラツストラかく語りき』に登場する人物。ゾロアスター教の教祖として「超人」「永劫回帰」等の思想を説く。
**辻邦生**　（一九二五－一九九九）小説家。日本とヨーロッパの歴史を背景にした長編小説を多数発表。『背教者ユリアヌス』『西行花伝』等。
**坪田譲治**　（一八九〇－一九八二）　小説家・童話作家。一貫して子どもの心情を描き続け、そのリアリズムを追求した童話を数多く生み出した。『正太の馬』『子供の四季』『魔法』等。
**デカルト〈ルネ〉**　（一五九六－一六五〇）フランスの哲学者。魂と肉体を分離して考える、近代的思考法を確立した。その二元論によって近代科学の発達の基礎を創った。『方法序説』等。
**デュルケーム〈エミール〉**　（一八五八－一九一七）フランスの社会学者。事実のみを研究対象とすることによって、社会学の客観的方法を確立。現代に通じる民俗学を生み出した人物の一人として知られている。マックス・ウェーバーとともに現代社会学の定立者として有名。『宗教生活の原初形態』等。
**デリダ〈ジャック〉**　（一九三〇－二〇〇四）フランスの哲学者。構造主義の方法を哲学に導入、「脱構築」や「エクリチュール」等をキーワードにした哲学理論を唱えた。『声と現象』『エクリチュールと差異』等。
**土居健郎**　（一九二〇－二〇〇九）精神科医。日本人特有の他人への依存感情である「甘え」をもとに、日本人の精神構造を分析した。『甘えの構造』等。
**トインビー〈アーノルド〉**　（一八八九－一九七五）イギリスの歴史家・文明批評家。歴史の根底にあるものを文明とし、その興隆・衰退の法則を体系化、独自の歴史観を確立。『歴史の研究』『試練に立つ文明』等。

**トウェイン〈マーク〉**（一八三五－一九一〇）アメリカの小説家。地方色豊かなユーモアと社会風刺に満ちた作品が多い。『トム＝ソーヤの冒険』『ハックルベリー＝フィンの冒険』等。

**道元**（一二〇〇－一二五三）鎌倉初期の僧で曹洞宗の開祖。越前に永平寺を開いたことでも知られる。『正法眼蔵』等。

**ドーソン〈クリストファー〉**（一八八九－一九七〇）イギリスの思想家・哲学者。カトリック的な視点で文明・社会・歴史を論じた。『中世ヨーロッパ文化史』等。

**徳川家康**（一五四二－一六一六）江戸幕府の初代将軍。今川義元の配下にあったが、織田信長と結んだのち、豊臣秀吉に与す。秀吉の死後、一六〇〇年に関ヶ原の戦で石田三成らを破り、一六〇三年征夷大将軍に任ぜられて江戸幕府を開く。一六〇五年から駿府に隠居するが、その後、大坂の陣で豊臣氏を滅ぼし、幕府二百六十余年の基礎を確立させる。

**戸嶋靖昌**（一九三四－二〇〇六）洋画家。約三十年間スペインで制作。「魅せられたる魂─執行草舟の像─」「夢の草舟」等。執行草舟がその友情から「戸嶋靖昌記念館」を設立。

**ドストエフスキー〈フョードル〉**（一八二一－一八八一）ロシアの文学者。革命へ向かうロシア社会における、人間の深部と葛藤、情念を描き出した大文学で知られる。『罪と罰』『悪霊』『カラマーゾフの兄弟』等。

**冨田勲**（一九三二－二〇一六）作曲家。古典的名曲を独自に解釈し編曲、シンセサイザーを使って多重録音した作品を数多く発表した。

**豊臣秀吉**（一五三六頃－一五九八）戦国・安土桃山時代の武将。草履取として織田信長に仕え始め、次第に頭角を現わす。本能寺の変後には明智光秀を滅ぼし、天下を統一。明征服の野望を抱き朝鮮に出兵するも、戦半ばで病没。

**トルーマン〈ハリー・S〉**（一八八四－一九七二）アメリカの政治家・第三三代大統領。第二次世界大戦中に大統領を務めた。

**ドン・キホーテ** セルバンテスの小説『ドン・キホーテ』の主人公。騎士道物語を読み過ぎて自身が騎士であるという妄想にとらわれ、従士のサンチョ・パンサを連れて遍歴の旅に出る。

〈ナ行〉

**中河与一**（一八九七－一九九四）小説家。新感覚派の旗手、また抒情的作風で活躍。のちに民族主義に傾き、超国家主義の立場をとった。『天の夕顔』『失楽の庭』等。

**夏目漱石**（一八六七－一九一六）小説家・評論家・英文学者。国内外に広くその文学は読まれ、小説のみならず研究評論・講演等で鋭い思索・批評も行なった。『吾輩は猫である』『坊っちゃん』『草枕』等。

**ニーチェ〈フリードリヒ〉**（一八四四－一九〇〇）ドイツの哲学者。ギリシャ古典学、東洋思想を深く研究し、近代文明の批判およびキリスト教の神の死を宣言。善悪を超越した永遠回帰のニヒリズムへ至る。『ツァラトストラかく語りき』『悲劇の誕生』等。

**西田幾多郎**　（一八七〇－一九四五）哲学者。日本と欧州の哲学を融合する思想を論理化、近代日本を代表する哲学者として知られる。『善の研究』『自覚に於ける直観と反省』等。

**西脇順三郎**　（一八九四－一九八二）詩人・英文学者。シュールレアリスムを日本に紹介したことで知られ、昭和新詩運動を推進した。『旅人かへらず』『第三の神話』等。

**ノア**　旧約聖書『創世記』に登場する人物。神の命に従い、箱舟を完成させて家族や動物とともに大洪水を生き延びた。

**野口晴哉**　（一九一一－一九七六）整体指導者・野口整体の創始者。古今東西の健康法や治療法を独自に探求し、愉気と活元運動を主体とする整体術を生み出した。『治療の書』『風邪の効用』等。

**ノストラダムス**〈ミシェル・ド〉（一五〇三－一五六六）フランスの医師・占星術師。リヨンにおけるペスト流行の際、治療に献身して人望を高め、シャルル九世の侍医を務める。一五五五年に『諸世紀』を刊行し、独自の信念に基づき世界終末の幻視等を記述。

〈ハ行〉

**ハーディ**〈トーマス〉（一八四〇－一九二八）イギリスの小説家・詩人。大英帝国の繁栄の下で、旧い道徳や因習に苦しみ悩む人々を描いた作品が多い。『テス』『日陰者ジュード』等。

**ハーン**〈チンギス〉（一一六二－一二二七）モンゴル帝国の初代皇帝。モンゴルの諸遊牧民族を統一し、中国、東ヨーロッパなどを次々に征服。モンゴル帝国の基礎を築き上げた。

**ハーン**〈フビライ〉（一二一五－一二九四）モンゴル帝国第五代皇帝。南宋を滅ぼし中国を統一、南方諸国や日本へ遠征した。

**ハイゼンベルク**〈ヴェルナー〉（一九〇一－一九七六）ドイツの理論物理学者。原子物理学の研究から量子力学を確立。ノーベル賞受賞。『部分と全体』等。

**ハイド**　スティーヴンソン作『ジキル博士とハイド氏』の登場人物。ジキル博士が薬品を用いて変身した姿。博士が世間に見せている善良さとは対照的に、暴力的な人格を持つ。

**パオロ・マラテスタ**　（一二四六－一二八二）イタリアの都市リミニの領主の息子。兄の妻であるフランチェスカと恋に落ちるが、二人の不貞を知った兄に殺される。ダンテの『神曲』地獄篇に登場。

**ハクスリー**〈オルダス〉（一八九四－一九六三）イギリスの作家。実験的な手法を用いた小説を多く発表、特に『すばらしい新世界』はディストピア小説の傑作として知られる。『恋愛対位法』『ガザに盲いて』等。

**パスカル**〈ブーレーズ〉（一六二三－一六六二）フランスの哲学者・聖職者。「人間は考える葦である」という言葉が有名。実存主義の先駆け。『パンセ』等。

**バタイユ**〈ジョルジュ〉（一八九七－一九六二）フランスの哲学者。二十代までは熱心なカトリック信者だったが、無神論に転向。「死」や「エロス」を主題に思索を展開した。『エロティシズム』『内的体験』等。

**八反田友則**　（一九七九－）画家。ブルース歌手。数々の芸術展で入選。執行草舟コレクション所蔵作品の作家の一人。国

立新美術館、東京芸術劇場、田川市美術館、世界堂他で作品展覧。

バッハ〈ジャン・セバスティアン〉（一六八五－一七五〇）ドイツの作曲家。西洋音楽史における最大の作曲家の一人として、中世とバロックの音楽を集大成したことで知られる。また当時のオルガンの即興演奏の大家としても有名。「ブランデンブルク協奏曲」「マタイ受難曲」等。

**埴谷雄高**（一九一〇－一九九七）小説家・評論家。長編小説『死霊』で、日本で最初の「形而上文学」の確立に挑戦した。『不合理ゆえに吾信ず』等。

バルト〈カール〉（一八八六－一九六八）スイスの神学者。神の啓示を神学の中心に置き、弁証法神学を唱えた。牧師生活における実存的な説教の必要に迫られ、また大戦によるヨーロッパ文化の崩壊を目の当たりにし、その終末論的神学を形成した。『教会教義学』等。

パンゲ〈モーリス〉（一九二九－一九九一）フランスの哲学者。東京大学で長く教鞭を執った。哲学者ロラン・バルトの親友でもあり、バルトを日本に招くなどした。『自死の日本史』等。

ピカート〈マックス〉（一八八八－一九六五）スイスの思想家・哲学者・医師。ドイツ・シュヴァルツヴァルトに生まれ、ハイデルベルク大学に学ぶ。ミュンヘンで開業した後、スイスに移り、文筆活動を続けた。『沈黙の世界』『神よりの逃走』等。

ピカソ〈パブロ〉（一八八一－一九七三）スペインの画家。めまぐるしく自身の様式を変化させながら、二十世紀美術を先導。常に前衛的な制作を続けた。「ゲルニカ」「アビニョンの娘たち」等。

**土方歳三**（一八三五－一八六九）幕末の新選組副長。鳥羽・伏見の戦で病気の近藤に代って隊を指揮し、会津、函館まで転戦し戦死。

ヒトラー〈アドルフ〉（一八八九－一九四五）ドイツの政治家。ナチス第三帝国総統。第二次世界大戦を引き起こし、降伏直前に官邸で自殺。『我が闘争』等。

ヒポクラテス（ＢＣ四六〇頃－ＢＣ三七五頃）古代ギリシャの医師。医学の祖・医術の父と称される。病人についての観察や経験に重きをおき、当時の医術を集大成した。その「誓い」は、科学思想を乗り越えて、現代医学においても根本哲学となっている。

ヒルティ〈カール〉（一八三三－一九〇九）スイスの哲学者・法学者。一貫したキリスト教的思想によって、神、人生、愛などに関する深い考察を著す。日本では『幸福論』の著者として知られる。『眠られぬ夜のために』等。

ファーンズ〈ジェイミー〉（一九八四－）イギリスの天体物理学者。暗黒流体（ダーク・フルーィド）という概念を提唱し、暗黒物質（ダーク・マター）と暗黒エネルギー（ダークエネルギー）が暗黒流体の一部であるという仮説を発表した。

ファウスト　ゲーテ作『ファウスト』の登場人物。旺盛な探求欲を持ち、この世の学問を究めても満たされず悪魔メフィストフェレスと契約。様々な苦難を経ながら世界を遍歴し、最後は魂の救済を得る。

フーコー〈ミシェル〉（一九二六－一九八四）フランスの哲学

者。一連の著作において、知と権力の関係を追求、それを通じて理想の人間像・社会像を模索した。『狂気の歴史』『知の考古学』等。
**ブーバー〈マルチン〉**（一八七八－一九六五）ドイツ系ユダヤ人の哲学者。人間のもつ関係を「我－汝」「我－それ」という二つの根源語に二分し、前者によって信仰や愛の世界が存在するとした。『孤独と愛―我と汝の問題』等。
**フェルミ〈エンリコ〉**（一九〇一－一九五四）イタリアの物理学者。アメリカへ移住。史上初の原子炉を建設した。統計力学の理論を研究、中性子の元素を人工的に変える実験を行なった。
**福田赳夫**（一九〇五－一九九五）日本の政治家・第六七代内閣総理大臣。ダッカ日航機ハイジャック事件で「人命は地球より重い」として、犯人側の人質解放の条件を呑んだ。
**藤村操**（一八八六－一九〇三）明治の哲学青年。一高在学中に「巌頭之感」を記し、華厳の滝より飛び降り自決。この死は当時の多くの青年層に衝撃を与え、特に岩波茂雄が岩波書店を創業するきっかけとなったことが有名。
**フッサール〈エドムンド〉**（一八五九－一九三八）ドイツの哲学者。数学の研究から純粋論理学を提唱、のち現象学を創始。二十世紀の哲学に大きな影響を与えた。『内的時間意識の現象学』『デカルト的省察』等。
**フランケンシュタイン**　メアリー・シェリーによる小説『フランケンシュタイン』の登場人物。科学者であり、化学と錬金術によって怪物を創造する。
**フランチェスカ・ダ・リミニ**（一二五五－一二八五）イタリアの都市ラヴェンナの領主の娘。リミニ領主ジョヴァンニの妻となるが、ジョヴァンニの弟であるパオロと恋に落ちる。夫に露見し殺害され、ダンテの『神曲』地獄篇に色欲の罪を犯した者として地獄の嵐に吹き流される存在として登場する。
**プルースト〈マルセル〉**（一八七一－一九二二）フランスの作家。三十代から死の直前まで書き続けられた大作『失われた時を求めて』で知られ、この作品はその後のフランス文学、欧米の文学に影響を与えた。
**ブルクハルト〈ヤコブ〉**（一八一八－一八九七）スイスの歴史家・美術史家。神学の研究から美術史・文化史研究に進み、特にイタリア・ルネサンス期の文化に関する著作で名高い。学問的な美術史・文化史研究を確立した。『イタリア・ルネサンスの文化』『世界史的考察』等。
**ブロッホ〈エルンスト〉**（一八八五－一九七七）ドイツの哲学者・ユートピア的マルクス主義者・神学者。『ユートピアの精神』、『希望の原理』の著作で知られる。ライプツィヒ大学、チュービンゲン大学で教鞭を執る。ルカーチと「表現主義論争」を展開。
**プロメテウス**　ギリシャ神話の神。天界から火を盗み、人類に与えてゼウスの怒りを買い、コーカサス山に鎖で繋がれるがヘラクレスに助けられる。
**ヘッセ〈ヘルマン〉**（一八七七－一九六二）ドイツの作家・詩人。人間を深く追求した作品が多く、青春の苦悩を描いた。二十世紀のドイツ文学を代表する一人。『車輪の下』『デミアン』等。

**ペテロ〈シモン〉**（？－六四）キリスト十二使徒の筆頭、大伝道者、初代ローマ教皇。埋葬地にサン・ピエトロ大聖堂が建てられた。

**ベルナール〈クロード〉**（一八一三－一八七八）フランスの生理学者。内部環境の固定性という考え方を提唱する。医学に科学的方法論を導入した先覚者。一八六二年には、ルイ・パストゥールとともに低温殺菌法の実験を行なう。

**ヘルメス**　ギリシャ神話の青年神。オリュンポス十二神の一人。神々の伝令使、特にゼウスの使いであり、旅人、商人などの守護神でもある。計略や音楽の神でもあり、多様な面を持つ。

**ベンダサン〈イザヤ〉**　山本七平の筆名。神戸市で生まれたユダヤ人という設定。『日本人とユダヤ人』の著者として一躍有名になり、その後もベンダサン名義で書籍が多数発行された。

**ヘンリー八世**（一四九一－一五四七）イギリス、チューダー朝二代目の王。カトリック教会から離脱し国教会の首長となる。イギリス絶対君主制の確立者。

**ポアンカレ〈アンリ〉**（一八五四－一九一二）フランスの数学者・天文学者・物理学者。微分方程式、関数論、天体力学などの研究で功績を残す。実用主義に対する科学のための科学思想を提唱した。『科学と仮説』『科学の価値』等。

**ホーキング〈スティーヴン〉**（一九四二－二〇一八）イギリスの物理学者。宇宙、なかでもブラックホールに関する研究が有名で、その特異点定理の発表で知られる。『ホーキング、宇宙を語る』等。

**ボルヘス〈ホルヘ・ルイス〉**（一八九九－一九八六）アルゼンチンの小説家・詩人。幻想的な作風の短編小説を多く著し、二〇世紀の文学に大きな影響を与えた。『伝奇集』『夢の本』等。

**ポンジュ〈フランシス〉**（一八九九－一九八八）フランスの詩人。日常的な物の実存を描いた哲学的な詩を書き、ヌーボー・ロマンと呼ばれる文学的風潮の先駆者となった。また唯物論的言語観にも大きな影響を与えた。『物の味方』等。

## 〈マ行〉

**マクロン〈エマニュエル〉**（一九七七－）フランスの政治家。第二十五代フランス大統領。三十九歳でフランス史上最年少で大統領になったことで知られる。

**正木典膳**　高橋和巳作『悲の器』の主人公。大学で法学部長を務めるエリート。家政婦によって婚約不履行で訴えられ、スキャンダルの人となる。

**マタイ**　キリストの十二使徒のひとり。ローマの収税吏だったが、イエスの弟子となった。「マタイによる福音書」の著者とされる。

**マッカーサー〈ダグラス〉**（一八八〇－一九六四）アメリカの軍人。第二次世界大戦後、連合国軍最高司令官として日本に進駐、多くの占領政策を施行した。

**松本零士**（一九三八－）漫画家。SF物の他、戦記・青春物も数多く手掛け、漫画界に大きな影響を及ぼした。『宇宙戦艦ヤマト』『銀河鉄道999』等。

**マホメット**（五七〇頃－六三二）イスラム教の創始者。ヒラー山で修行中に神から啓示を受け、預言者として覚醒。奴隷を中心に信者を獲得し戦闘的布教を開始。全アラビアを征服し、栄光のうちに没した。

**マリア** キリストの母。聖霊による処女懐胎でイエスを産んだ。キリスト教で聖母として崇拝されている。

**マルテ** リルケ作『マルテの手記』の主人公。パリに暮らすデンマーク生まれの青年作家。

**マレー〈ダグラス〉**（一九七九ー）イギリスのジャーナリスト。イギリスを代表する雑誌『スペクテーター』でアソシエート・エディターを務める。新聞への多数の寄稿や講演など精力的に活動している。『西洋の自死』等。

**三浦義一**（一八九八ー一九七一）尊皇家・歌人。皇道日本を目的とした大亜義盟を組織。度重なる収監の中でも、生涯に亘り日本の魂を詠った和歌を書き続ける。「室町将軍」の異名を持つ。『悲天』等。

**三浦柳**（一九五七ー）歌人・エッセイスト。尊皇家・歌人三浦義一の孫。義仲寺総代を務める。『残心抄』、『東京よ』。

**三島由紀夫**（一九二五ー一九七〇）小説家・劇作家・随筆家。小説・戯曲・評論などを通じて文学的実験を行ない、美を追求。最期は自衛隊駐屯地に乗り込み、日本を憂えて自決した。『金閣寺』『豊饒の海』等。

**宮崎龍介**（一八九二ー一九七一）国家社会主義運動家・弁護士。辛亥革命を支えた革命家の宮崎滔天の子。大正デモクラシーやアジア各国の独立運動に協力。不戦・護憲運動や日中友好運動に尽力した。また、柳原白蓮との情熱的な恋で知られる。

**ミルグラム〈スタンレー〉**（一九三三ー一九八四）アメリカの心理学者。援助行為、服従をテーマに研究に取り組み、とりわけ権威に対する服従は理性を超えたものとなり、残虐行為すら平然と行われることをアイヒマン実験を通じて明らかにした。『服従の心理』等。

**ミルトン〈ジョン〉**（一六〇八ー一六七四）イギリスの詩人、ピューリタン革命に参加。後に失明するも、口述で執筆活動に勤しんだ。『失楽園』『闘士サムソン』等。

**村野四郎**（一九〇一ー一九七五）詩人。新即物主義運動を起こし、実験的な作品を多く発表した。『体操詩集』『亡羊記』等。

**メルロ＝ポンティ〈モーリス〉**（一九〇八ー一九六一）フランスの哲学者。フッサールやハイデッガーそしてサルトルの現象学・実存哲学を基礎におき、新たな知覚や身体性の現象学的研究を切り拓いた。『知覚の現象学』『行動の構造』等。

**モイライ** ギリシア神話における「運命の三女神」の総称。クロートー、ラケシス、アトロポスの三姉妹とされる。

**モーセ** ヘブライ人の指導者。同胞を引き連れエジプトを脱出（出エジプト記）。シナイ山にて神と契約を結び、十戒を神から与えられる。

**森有正**（一九一一ー一九七六）フランス文学者・哲学者。森有礼の孫。東大助教授を辞してフランスに移住。パリ大学で教鞭をとりながら西欧文明の研究に没頭した。『バビロンの流れのほとりにて』『遥かなノートルダム』等。

**モンテーニュ〈ミシェル・ド〉**（一五三三ー一五九二）フランスの哲学者・思想家。広い読書経験と教養に裏打ちされた、人間性に対する鋭い洞察のエッセイで知られる。ルネサンスの人文主義によって、人間の内面生活・社会生活を詳細に観察した。『随想録』等。

〈ヤ行〉

**保田與重郎**　（一九一〇－一九八一）評論家・歴史家・歌人。同人誌「コギト」「日本浪曼派」を創刊。同派を代表する論客として活動した。『万葉集の精神』『日本の橋』等。

**柳田国男**　（一八七五－一九六二）民俗学者。国内を実地に旅して民間伝承などを調査し、日本民俗学の確立に貢献した。文化勲章受勲。『遠野物語』『先祖の話』等。

**山崎豊子**　（一九二四－二〇一三）小説家。毎日新聞社に勤め、のち作家として独立。綿密な取材に基づく社会派小説を数多く発表し、人気作家となった。『白い巨塔』『華麗なる一族』等。

**日本武尊**　日本の伝承上の英雄。九州の熊襲、東国の蝦夷の討伐に遣わされ、死後、白鳥となって飛び立ったという伝説が残る。

**山本七平**　（一九二一－一九九一）実業家・評論家。クリスチャンの家系に生まれ、聖書関係の書籍を出版する山本書店を設立。イザヤ・ベンダサン名義で出版した『日本人とユダヤ人』はベストセラーとなった。ほか『「空気」の研究』等。

**山本常朝**　（一六五九－一七一九）江戸時代の佐賀藩士。武士道に関する談話や武士の言行を纏めた『葉隠』を口述した。

**ヤング〈マイケル〉**　（一九一五－二〇〇二）イギリスの社会学者。一九五八年に小説『メリトクラシー』を執筆し、社会に大きな影響を与えた。男爵の称号をもつ。

**吉田松陰**　（一八三〇－一八五九）幕末の尊王攘夷の志士であり長州藩士。松下村塾を開き多くの明治維新の志士を育てた。江戸で佐久間象山に師事。安政の大獄で処刑され、二十九年の生涯を閉じた。

**吉本隆明**　（一九二四－二〇一二）詩人・文芸評論家。左翼思想に傾倒し、独自の文学・政治思想を確立。一九六〇年代の全共闘運動をはじめ、左翼学生・労働者闘争に大きな影響を与えた。また、言語、国家、古典文学など幅広い評論活動を行なった。『転位のための十篇』『共同幻想論』等。

**ヨブ**　旧約聖書「ヨブ記」の主人公。神より与えられた数々の苦難に耐え忍び、自身の信仰を貫き通す人物として登場する。

〈ラ行〉

**ラーラ〈マリアーノ・ホセ・デ〉**　（一八〇九－一八三七）スペインのジャーナリスト・劇作家。悲劇的な愛をロマンチックに描いた作品が多い。『病めるエンリーケ王の近侍』『マシーアス』等。

**ランケ〈レオポルド・フォン〉**　（一七九五－一八八六）近代歴史学の先駆けとなったドイツの歴史家。ルター派プロテスタントに、フィヒテの理想主義と、ゲーテの人間性の哲学を統合。独自の歴史学を切り拓いた。ランケ学派の祖。ベルリン大学、ミュンヘン大学教授。『ローマ教皇史』『ラテンおよびゲルマン諸民族の歴史』『世界史』等。

**李白**　（七〇一－七六二）一時朝廷に仕えるが、放浪の一生を送る。幻想的で道教の思想に富んだ詩作を多くした。杜甫と並び中国最高の詩人と称される。

リヒトホーフェン〈マンフレート・フォン〉（一八九二－一九一八）ドイツの軍人。ユンカーと呼ばれる貴族出身、男爵。第一次世界大戦に出征し、陸軍飛行大尉として、最高の撃墜記録をもつ撃墜王となる。赤い複葉機を駆り騎士道精神に則った戦い方から「レッド・バロン（赤い男爵）」と呼ばれ、敵方からも称賛された。弱冠二十五歳にして戦死。

リラダン〈ヴィリエ・ド〉（一八三八－一八八九）フランスの詩人・作家。フランスのブリュターニュ地方の侯爵家に生まれる。ボードレールやポーの影響を受け、小説、戯曲、評論等を数多く発表。『未来のイヴ』『残酷物語』等。

リルケ〈ライナー・マリア〉（一八七五－一九二六）ドイツの詩人。人間の生命の本質、実存を追求した詩作で、二十世紀を代表する詩人として知られる。彫刻家ロダンと交流。『ドゥイノの悲歌』『マルテの手記』等。

ルカ　福音記者・聖人。医者であったとされる。「ルカによる福音書」の著者。

ルソー〈ジャン・ジャック〉（一七一二－一七七八）フランスの思想家。人為的な文明社会から解き放たれ「自然に帰る」ことを主張、近代思想に大きな衝撃を与え、その影響はフランス革命にも及ぶ。『社会契約論』『エミール』等。

レヴィ〈エリファス〉（一八一〇－一八七五）フランスの詩人・思想家。カバラ、錬金術、キリスト教神秘思想などを研究。近代ヨーロッパにおける魔術復興の中心的人物として活躍した。『魔術の歴史』『高等魔術の教理と祭儀』等。

レヴィ＝ストロース〈クロード〉（一九〇八－二〇〇九）フランスの文化人類学者・民族学者。人類文化の構造を、言語学を応用しながら明らかにしようとした。アメリカ先住民の神話研究でも有名。『野生の思考』『神話学』等。

レオニダス　（?－BC四八〇）古代ギリシア、スパルタの王。わずかな手勢で、アケメネス朝の王クセルクセス一世が率いるペルシアの大群を迎え撃ち奮戦。参戦したスパルタ兵とともに戦死。その英雄性はギリシアで永く称えられた。

レギオン　新約聖書に登場する悪霊の名前。イエスによって豚の群れに憑りつかせられ、断崖から落ちた。

老子　（生没年不詳）中国、春秋戦国時代の楚の思想家。道徳・学問によらぬ無為自然の道を説いた。著書に『老子』がある。

ローマ法王　ローマ・カトリック教会の最高司祭。

ローレンツ〈コンラート〉（一九〇三－一九八九）オーストリアの動物行動学者。動物の行動形態の研究で有名であり、多くの動物の行動の解明を成し遂げた。また、そこから人間存在の在り方を提唱した哲学的な著作も多い。『ソロモンの指環』『文明化した人間の八つの大罪』等。

ロルカ〈フェデリコ・ガルシア〉（一八九八－一九三六）スペインの詩人・劇作家。故郷アンダルシアの精神を独自の世界観で謳い上げた『ジプシー歌集』が有名。自ら積極的に劇作を行なう傍ら、古典劇の普及に努めた。スペイン内戦勃発後、独裁者フランコ側に射殺された。『血の婚礼』、『イェルマ』等。

〈ワ行〉

ワーグナー〈リヒャルト〉（一八一三－一八八三）ドイツの音楽家。ドイツの歌劇を総合芸術作品として楽劇に昇華させた。その音楽技法と思想は後世の作曲家に大きな影響を与えた。「ニーベルングの指環」「タンホイザー」等。

ワイダ〈アンジェイ〉（一九二六－二〇一六）ポーランドを映画監督。人間の尊厳と精神の自由を謳い上げた作品を多く発表した。『灰とダイヤモンド』『大理石の男』『悪霊』等。

## ●書名・作品名

〈ア行〉

『アーカーシャ年代記』（『アカシャ年代記より』　R・シュタイナー著、高橋巌訳、国書刊行会、一九九四年）シュタイナーが宇宙・人類の起源を霊視したヴィジョンが記された一冊。

『愛の無常について』（亀井勝一郎、角川書店、一九九〇年）古今東西の偉人の言葉を引きながら愛について考察し、魂の救済を模索した青春の本。

『悪霊』（上・下、ドストエフスキー著、米川正夫訳、岩波書店、一九八九年）ロシア社会の革命を企てる青年たちの破滅を描いた長篇小説。

『「憧れ」の思想』（執行草舟著、ＰＨＰ研究所、二〇一七年）「憧れ」を中心軸として思索を展開する独自の思想書。

『甘えの構造』（『「甘え」の構造［増補普及版］』　土居健郎著、弘文堂、二〇〇七年）日本社会の基底にある「甘え」を指摘し、現代を鋭く分析した評論。

『生くる』（執行草舟著、講談社、二〇一〇年）生命の完全燃焼を軸とする人生論・実践哲学論。

『イタリア・ルネサンスの文化』（『世界の名著　45』　ヤーコブ・ブルクハルト著、柴田治三郎訳、中央公論社、一九六六年）ルネサンスを近代への移行運動として解釈した上で、近代的な社会と生活様式を考察した歴史書。

「一周忌の歌」（『対訳　ジョン・ダン詩集―イギリス詩人選〈二〉』　ジョン・ダン著、湯浅信之編、岩波書店、一九九五年）ジョン・ダンの形而上詩を代表する作品。

『意味の深みへ』（井筒俊彦著、岩波書店、二〇一九年）仏教、イスラム教、現代思想等を自在に論じ、東洋的精神を追求した思想書。

『失われた時を求めて』（全十四巻、プルースト著、吉川一義訳、岩波書店、二〇一〇～二〇一九年）複雑で重層的なテーマが著者自身の「無意識的記憶」によって描かれた大長篇小説。二十世紀文学を代表する作品として知られる。

『美しき惑いの年』（カロッサ著、手塚富雄訳、岩波書店、一九五四年）老齢に達した著者が、自身の惑いに満ちた青年時代を回想し描いた自伝的小説。

『エッセイ』（『エセー　全六冊』　モンテーニュ著、原二郎訳、岩波書店、一九六五～一九六七年）「仕事」「友情」「精神」といった様々な主題について断続的な文章で省察した随筆。

『往生要集』（上・下、源信著、岩波書店、二〇〇三年）極楽往生に関する要文を集めた仏教書。

『終りし道の標べに』（安部公房著、新潮社、一九七五年）故郷や家族との繋がりを断ち満州へたどり着いた主人公の青年の哲学的な独白を中心とした、著者による処女小説。

〈カ行〉

『壁』（安部公房著、新潮社、一九六九年）ある日、名前を失った男が次第に現実での存在権を失い、最後に壁に変身してしまう小説。

『カラマーゾフの兄弟』（全四冊、ドストエフスキー著、米川正夫訳、岩波書店、二〇〇三年）カラマーゾフ三兄弟の人生を通じ神の存在・人間愛憎の核心に迫る長篇小説。

『カリギュラ』（アルベール・カミュ著、岩切正一郎訳、早川書房、二〇〇八年）若きローマ皇帝カリギュラが最愛の妹の死をきっかけに、暴君として世界の根源的不条理に戦いを挑む戯曲。

『希望の原理』（全六冊、エルンスト・ブロッホ著、山下肇ほか訳、白水社、二〇一二～二〇一三年）ユートピア思想や古代ギリシアから近代に至るまでの人類の営みを、宗教・文学・音楽などを通じて縦横無尽に語った思想書。

『旧約聖書』（『聖書－口語訳』日本聖書協会、一九五五年）モーセの律法、詩篇、預言者の書などから成るキリスト教・ユダヤ教の聖典。

『狂気の歴史』（ミシェル・フーコー著、田村俶訳、新潮社、新装版、二〇二〇年）西洋における「狂気」を扱い、それに関する思想・芸術等を語った評論。

『銀河鉄道999』主人公・星野哲郎が、機械の体を求めて銀河鉄道999に乗り、アンドロメダ星を目指して旅をする漫画。

「クーブラ・カーン、あるいは夢で見た幻想」（『対訳 コウルリッジ詩集 イギリス詩人選〈七〉』、コウルリッジ著、上島建吉編、岩波書店、二〇〇二年）コウルリッジの幻想詩を代表する作品。イギリスロマン派詩人の先駆けとして多く読まれる。

『現代の批判』（『死にいたる病、現代の批判』キルケゴール著、桝田啓三郎訳、中央公論新社、二〇〇三年）現代を分別の時代、反省の時代、情熱のない時代であると定義し、限りなく水平化していく現代の「大衆世界」に警鐘を鳴らした評論。

『幸福論』（全三冊、ヒルティ著、草間平作訳、岩波書店、一九六一～一九六五年）幸福とは何かについて、著者独自の宗教観・倫理観から思索され、語られた思想書。

『コーラン』（上・中・下、井筒俊彦訳、岩波書店、一九五七～一九五八年）預言者マホメットの言葉を通じて語られた神の言葉が記された、イスラム教の聖典。

『言葉と物』（ミシェル・フーコー著、渡辺一民・佐々木明訳、新潮社、新装版、二〇二〇年）文化人類学・言語学・精神分析学等を精密に考察し、現代人が直面する思想的危機を指摘した評論。

『根源へ』（執行草舟著、講談社、二〇一三年）死生観を問う哲学・思想エッセイ、現代における教養書。

〈サ行〉

『されこうべ』　マリアーノ・ホセ・デ・ラーラの社会風刺の著作の一つ。

『残心抄―祖父　三浦義一とその歌』（三浦柳著、PHP研究所、二〇一九年）尊皇家、歌人三浦義一の孫である著者が、義一の生涯と歌を描いた一冊。

「死」（『村野四郎詩集』新潮社、一九六一年）生と死を見つめた村野四郎の作品の一つ。

『ジキルとハイド』（ロバート・L・スティーヴンソン著、田口俊樹訳、新潮社、二〇一五年）ロンドンの高名な紳士ジキル博士が、薬によって暴力的で邪悪なハイド氏へと変貌を遂げる怪奇小説。

『実験医学序説』（クロード・ベルナール著、三浦岱栄訳、岩波書店、一九七〇年）医学の研究における実験の重要性を説いた、その後の実験医学の基礎となった一冊。

『失楽園』（上・下、ジョン・ミルトン著、平井正穂訳、岩波書店、一九八一年）神との戦いに敗れ天から追放されたサタンが、再び天上の神に一矢を報いようと奮闘する様を描いた大長篇宗教叙事詩。

『死に至る病』（キェルケゴール著、斎藤信治訳、岩波書店、一九五七年）絶望とその真相としての罪の分析を行ない、同時代のキリスト教会批判として執筆された哲学書。

『羞恥と羞恥心』（『シェーラー著作集　15』マックス・シェーラー著、飯島宗享他編、浜田義文訳、白水社、一九七八年）人間に特有の羞恥心を通して、人間の精神性の在り方を考察した評論。

『小説への序章』（辻邦生著、中央公論新社、一九七九年）西洋の様々な小説論を踏まえながら、現代における小説の可能性を追求した評論。

「情緒的なる実在性問題」（「観念論―実在論」『シェーラー著作集　13』マックス・シェーラー著、亀井裕・山本達訳、白水社、一九七七年）マックス・シェーラーによるカント批判論。

『正法眼蔵』（『日本思想大系12・13　道元　上・下』道元著、寺田透、水野弥穂子校注、岩波書店、一九七〇年、一九七二年）曹洞宗の開祖道元が門下に仏法の真髄を説いた書。

「贖罪」（『近代悲傷集』釈迢空〈折口信夫〉著、角川書店、一九五二年、もしくは『折口信夫全集　第23巻』折口信夫著、中央公論社、一九七五年、『友よ』執行草舟著に収録）戦後に書かれた折口の代表的な詩。

『死霊』（Ⅰ〜Ⅲ、埴谷雄高著、講談社、二〇〇三年）存在の革命と宇宙の本質に迫る一大形而上学文学。

『白い巨塔』（全五巻、山崎豊子著、新潮社、二〇〇二年）医学界を舞台に派閥争いや訴訟問題などが描かれた小説。数回にわたり映画・ドラマ化されている。

『神曲』（完全版、ダンテ著、平川祐弘訳、河出書房新社、二〇一〇年）地獄篇、煉獄篇、天国篇の三部立てで宗教的テーマに迫った一大長篇叙事詩。イタリアを代表する大文学。

『新約聖書』（『新約聖書―口語訳』日本聖書協会、一九五四年）キリストの生涯とその言葉、初代教会の成り立ちと指導者達の書簡からなる、キリスト教の聖典。

『砂の女』（安部公房著、新潮社、二〇〇三年）砂穴の底に閉じ込められた男が、次第に脱出への情熱を失い日常に埋もれて行く様が描かれた現代の闇を象徴する小説。

『すばらしい新世界』（オルダス・ハクスリー著、黒原敏行訳、光文社、二〇一三年）文明の極端な発達により、科学によってすべてが支配された管理社会を描いた未来小説。

『聖書』（『聖書－口語訳』日本聖書協会、一九五五年）キリスト以前のモーセの律法、詩篇、預言者の書などから、キリストの生涯の初代教会の成り立ち、指導者達の書簡を収めるキリスト教・ユダヤ教の聖典。

「聖なるソネット」（『対訳 ジョン・ダン詩集―イギリス詩人選〈二〉』 ジョン・ダン著、湯浅信之編、岩波書店、一九九五年）「神に捧げる瞑想」とも呼ばれた詩。イングランド国教会の司祭であったジョン・ダンの宗教詩の集大成。

『生の悲劇的感情』（ミゲール・デ・ウナムーノ著、神吉敬三・佐々木孝訳、ヨハネ・マシア解説、法政大学出版局、新装版、二〇一七年）生、死、人間とは、神に対する信仰とは何かを根源的に問い、独自の「肉と骨の具体的」人間論・思想を展開した哲学書。

『生命とは何か』（シュレーディンガー著、岡小天・鎮目恭夫訳、岩波書店、二〇〇八年）物理学・化学的に生物現象を説明、その意義を究明した評論。

『西洋の自死』（ダグラス・マレー著、町田敦夫訳、東洋経済新報社、二〇一八年）気鋭のジャーナリストによる、西洋の文明の疲弊の原因をキリスト教信仰を失ったことによる社会情勢の混迷であると指摘した評論。世界二十三ヶ国で翻訳され、大ベストセラーとなった。

『世界史的考察』（ヤーコブ・ブルクハルト著、新井靖一訳、筑摩書房、二〇〇九年）一九世紀後半当時の政治的状況を踏まえ、ヨーロッパの伝統文化を考察。自然科学の進歩への不安等、現代に繋がる問題を指摘した文明論。

『世界史の力学』（原書 "Dynamics of World History" クリストファー・ドーソン著、Isi Books、二〇〇二年）歴史学から社会学に及ぶ広い見地から文化が発展する歴史を考察した一冊。

『赤道に沿って』（上・下、マーク・トウェイン著、飯塚英一訳、彩流社、一九九九～二〇〇〇年）著者によるオーストラリア、ニュージーランド紀行文。当時の植民地支配の実情などが描かれており、歴史的資料としても価値が高い。

『狭き門』（ジッド著、山内義雄訳、新潮社、一九五四年）現世的な愛と、天上への愛との狭間で葛藤する女性の内面の戦いと苦悩を描いた小説。

『一九八四年』（ジョージ・オーウェル著、高橋和久訳、早川書房、新訳版、二〇〇九年）独裁者によって歴史や個人の思考までもが管理された全体主義社会を描いた未来小説。

『善の研究』（西田幾多郎著、岩波書店、一九七九年）東洋の伝統を踏まえた上で、西洋哲学を包摂した独自の哲学が論じられた哲学書。

「一八三六年クリスマスイブ」 マリアーノ・ホセ・デ・ララの、社会・文化を批評した作品の一つ。

『荘子』（全四冊、金谷治訳、岩波書店、一九七一～一九八三

年）自由な精神の獲得のために、人為を超越して自然の世界に融け込むことを説く。

『ゾハール』（『ゾーハル：カバラーの聖典（叢書・ウニベルシタス）』 エルンスト・ミュラー著、石丸昭二訳、法政大学出版局、新装版、二〇二〇年）ユダヤ教神秘思想の一つであるカバラの聖典。神の内的生命について書かれた神智学の書として知られる。


〈タ行〉


『大西郷遺訓』（西郷隆盛著、林房雄訳、中央公論新社、二〇一七年）作家林房雄の訳と解読により復活した西郷隆盛の語録。

『大衆の反逆』（オルテガ・イ・ガセット著、佐々木孝訳、岩波書店、二〇二〇年）無責任で自己の利益ばかりを求める「大衆」という存在に焦点を当て、現代文明に鋭い批判を加えた評論。

『タルムード』 モーセによるもう一つの律法とされる「口伝律法」を収録した文書群。

『断片集』 詩をもって政治を行なっていたと言われるギリシア七賢人の一人ソロンの言行の断片集。

『地下生活者の手記』（ドストエフスキー著、米川正夫訳、新潮社、一九五五年）社会と隔絶し地下で生活する自意識過剰な男の独白を通して、人間や文明の本性に迫った小説。

『沈黙の世界』（マックス・ピカート著、佐野利勝訳、みすず書房、二〇一四年）「沈黙」の概念に迫り、言葉と「沈黙」や現代世界から喪失した「沈黙」について思索した思想書。

『ツァラトストラかく語りき』（上・下、フリードリヒ・ニーチェ著、竹山道雄訳、新潮社、一九五三年）ニーチェの主著の一つで、永劫回帰の思想を発展させたもの。超人思想が展開され、主人公ツァラトストラが、神のいない世界で思想を吐露する。

『罪と罰』（上・下、ドストエフスキー著、米川正夫訳、角川書店、二〇〇八年）理念のために殺人を犯す青年ラスコーリニコフを主人公とし、理性と心情の分裂、そしてそこからの回復を描く。

『ティラン・ロ・ブラン』（全四冊、J・マルトゥレイ、M・J・ダ・ガルバ著、田澤耕訳、岩波書店、二〇一六～二〇一七年）騎士ティラン・ロ・ブランの地中海を巡る冒険、美しい王女との愛を描いた小説。セルバンテスが『ドン・キホーテ』の中で「世界一の本」と絶賛した著作としても知られる。

『天の夕顔』（中河与一著、新潮社、一九五四年）主人公と年上の人妻との悲恋が描かれた小説。日本におけるロマン主義文学を代表する作品として知られる。

『友よ』（執行草舟著、講談社、二〇一〇年）著者が友とし、対話を重ねた詩歌へ捧げる詩歌随想集。

『ドン・キホーテ』（全六冊、セルバンテス著、牛島信明訳、岩波書店、二〇〇一年）自らを騎士と任じたドン・キホーテが家来のサンチョ・パンサと遍歴の旅に出る小説。スペインを代表する大文学。

『ドン・キホーテとサンチョの生涯』（『ウナムーノ著作集〈2〉』 ミゲル・デ・ウナムーノ著、アンセルモ・マタイス、佐々木孝訳、法政大学出版局、一九七二年）ドン・キホーテをスペイン精神の具現と捉え、スペインの再生への想いを託した注釈と評論。

〈ナ行〉

『なぜ世界は存在しないのか』（マルクス・ガブリエル著、清水一浩訳、講談社、二〇一八年）現代世界における新しい哲学として、「新実在論」を唱えた哲学書。

『涙と聖者』（E・M・シオラン著、金井裕訳、紀伊國屋書店、一九九〇年）祖国ルーマニアを去りパリに移って初めて書かれた著作。聖者に近づけるものは我々の深部に眠る涙とした。

「ニーベルンゲンの指環」　ワーグナーによって書かれた楽劇。「ラインの黄金」「ワルキューレ」「ジークフリート」「神々の黄昏」の四部作から成る、全演奏時間が十五時間に及ぶ長大な作品。

『日本人とユダヤ人』（イザヤ・ベンダサン著、角川書店、一九七一年）ユダヤ人との対比や著者の歴史に関する深い学識と洞察から書かれた日本人論。

〈ハ行〉

『破戒』（島崎藤村著、新潮社、二〇〇五年）被差別部落出身の小学校教師瀬川丑松を主人公に、無知や因習からの解放を求めて戦い苦悩する様を描いた小説。

『バガヴァッド・ギーター』（上村勝彦訳、岩波書店、一九九二年）ヒンドゥー教の聖典。現世での義務を果たしながら、宗教的な窮極の境地に達することを説く。

『葉隠』（上・下、城島正祥校注、新人物往来社、一九七六年もしくは『校注　葉隠』　栗原荒野編著、青潮社、一九七五年）江戸時代の佐賀藩士・山本常朝が語った武士の心得を、田代陣基が筆録した武士道の真髄となる書。

「果たし得ていない約束」（『文化防衛論』　三島由紀夫著、筑摩書房、二〇〇六年）三島の実質的な遺言として知られ、戦後社会を生きてきた自身が感じている空虚さを吐露し、日本の行く末を予言した随筆。

『パンセ』（上・中・下、パスカル著、塩川徹也訳、岩波書店、二〇一五年）断片的な言葉を綴ったノートから、パスカルの死後に編纂され刊行された哲学書。

『判断力批判』（上・下、カント著、篠田英雄訳、岩波書店、一九六四年）カントの第三批判として知られるうちの一冊。理性と悟性の中間能力たる判断力を分析した哲学書。

『悲天』（三浦義一著、講談社エディトリアル、二〇一七年）生涯に亘り日本の魂を謳い続けた歌人の和歌を収録した歌集。

『悲の器』（高橋和巳著、河出書房新社、二〇一六年）法学部教授を務める主人公が、女性問題をきっかけに理性と愛の相克に苦しみ、破滅していく様を描いた小説。

『美の呪力』（岡本太郎著、新潮社、二〇〇四年）宇宙や原始、中世等多岐にわたる事象・文化に触れながら、著者独自の芸術観が語られた一冊。

『ファウスト』（第一部・第二部　ゲーテ著、相良守峯訳、岩波書店、一九五八年）悪魔と契約したファウスト博士が世界を遍歴する長篇戯曲。

『方法序説』（デカルト著、谷川多佳子訳、岩波書店、一九九七年）「われ思う、ゆえにわれあり」の言葉が有名な、近代精神確立の基となった代表的哲学書。


〈マ行〉


『魔術の歴史』（エリファス・レヴィ著、鈴木啓司訳、人文書院、一九九八年）魔術理念や神秘主義、それにまつわる歴史的背景とその概念が語られた一冊。

『マチウ書試論』（『マチウ書試論・転向論』吉本隆明著、講談社、一九九〇年）著者独自の観点から、ユダヤ教と原始キリスト教の対立とマタイ福音書成立を考察した評論。

『マルテの手記』（リルケ著、大山定一訳、新潮社、一九五三年）若き作家マルテの目を通じて、パリにおける生の不安と孤独を描いた小説。

『未来のイヴ』（ヴィリエ・ド・リラダン著、高野優訳、光文社、二〇一八年）美しい肉体と高貴な魂を併せ持つ機械人間の女性をめぐる小説。アンドロイドという呼称を初めて用いた作品として知られる。

『メリトクラシー』（マイケル・ヤング著、窪田鎮夫・山元卯一郎訳、至誠堂、一九八二年）世襲の階級社会が、下層階級の有能な人間の台頭により崩壊して行く諸相を表わした社会学の名著。「メリトクラシー」は能力主義、英才教育を示す概念として、今も定着している。


〈ヤ行〉

『八つの大罪』（『文明化した人間の八つの大罪』コンラート・ローレンツ著、日高敏隆・大羽更明訳、新思索社、一九九五年）動物行動学を確立した著者による、文明化した人類が直面する八つの危機とその崩壊過程を示した評論。

〈ラ行〉


『羅生門』（『羅生門・鼻』芥川龍之介著、新潮社、二〇〇五年）平安時代の羅生門で途方に暮れる下人が、死人の髪を引き抜く老婆に出会うことで生と死の不条理の中に生きる術を見つける短篇小説。

『リア王』（シェイクスピア著、福田恆存訳、新潮社、一九六七年）長女と次女に国を追放されたリア王が、末娘とともに戦うが悲劇的な最期を迎えるという戯曲。シェイクスピア四大悲劇の一つ。

『臨済録』（入矢義高訳注、岩波書店、一九八九年）弟子によって編纂された、臨済の言行録。様々な逸話を通して臨済禅の面目が語られる。

『歴史の研究』（『トインビー著作集』全七巻　アーノルド・トインビー著、長谷川松治訳、社会思想社、一九六七年）文明の興亡の型を分類し歴史を考察した大著。

『論語』（金谷治訳注、岩波書店、一九九九年）儒教の創始者・孔子の言行録。おもに孔子とその弟子の問答形式をとり、日常生活に即した実践的倫理を説いた。


〈ワ行〉

『若きウェルテルの悩み』（ゲーテ著、高橋義孝訳、新潮社、一九五一年）純情多感な青年が遂げられぬ恋に苦悩し、自死するまでを描いた小説。

『我が闘争』（上・下、アドルフ・ヒトラー著、平野一郎・将積茂訳、角川書店、一九七三年）著者が世界制覇の戦略と思想を語った思想書。

## ●映画作品名

『悪霊』 ドストエフスキー作『悪霊』を一九八七年に映画化した作品。監督：アンジェイ・ワイダ。

『クジョー』 アメリカの片田舎を舞台に、狂犬病により人間を襲うようになったセントバーナード犬と人間の戦いを描いたサスペンス映画。一九八三年作、監督：ルイス・ティーグ、原作：スティーヴン・キング。

# 索引

〈タ行〉

装幀　中島　浩

**執行草舟**　しぎょう・そうしゅう

昭和25年東京都生まれ。立教大学法学部卒業。実業家、著述家、歌人。独自の生命論に基づく事業を展開。戸嶋靖昌記念館館長。執行草舟コレクションを主宰。蒐集する美術品には、安田靫彦、白隠、東郷平八郎、南天棒、山口長男、平野遼等がある。洋画家戸嶋靖昌とは深い親交を結び、画伯亡き後、全作品を譲り受け、記念館を設立。その画業を保存、顕彰し、千代田区麹町の展示フロアで公開している。日本菌学会終身会員。

主な著書に『生くる』『友よ』『根源へ』（以上、講談社）、『孤高のリアリズム』『生命の理念』Ⅰ・Ⅱ（以上、講談社エディトリアル）、『「憧れ」の思想』『おゝポポイ！』『現代の考察』（以上、PHP研究所）等がある。

執行草舟公式Webサイト　http://shigyo-sosyu.jp

**脱《だつ》人《にん》間《げん》論《ろん》**

二〇二〇年一〇月二〇日　第一刷発行
二〇二四年　四　月一六日　第三刷発行

著　者　執行草舟《しぎょうそうしゅう》
発行者　清田則子
発行所　株式会社　講談社
〒112-8001　東京都文京区音羽二－一二－二一
電話　販売：〇三－五三九五－三六〇六
業務：〇三－五三九五－三六一五
編　集　株式会社　講談社エディトリアル
代表　堺　公江
〒112-0013　東京都文京区音羽一－一七－一八　護国寺SIAビル六階
電話　編集：〇三－五三一九－二一七一
印刷所　株式会社KPSプロダクツ
製本所　大口製本印刷株式会社


ISBN978-4-06-520970-7　N.D.C.914 528p. 20cm

## ●執行草舟の好評ロングセラー

### 生くる

四六判・上製・四三二ページ／定価：本体二三〇〇円（税別）
ISBN978-4-06-215680-6

生命を、燃焼させなければならない。生きるとは、その道程なのだ。
自己が立って、初めて人生が始まる。

### 友よ

四六判・上製・四五六ページ／定価：本体二三〇〇円（税別）
ISBN978-4-06-215725-4

〈他者〉との、真の関係とは何か。著者は、詩を通して、
それを明らめようとしている。新しい詩論が躍動する。

### 根源へ

四六判・上製・四九六ページ／定価：本体二三〇〇円（税別）
ISBN978-4-06-218647-6

生命とは、崇高を仰ぎ見る「何ものか」である。
不滅性へ向かって、我々の魂はただに呻吟するのだ。

●定価は変わることがあります。